Kartellrechtliche Grenzen für Beschränkungen des Wettbewerbs bei der Leistungsbeschaffung im Gesundheitswesen

Europäische Hochschulschriften
Publications Universitaires Européennes
European University Studies

Reihe II
Rechtswissenschaft

Série II Series II
Droit
Law

Bd./Vol. 3948

PETER LANG
Frankfurt am Main · Berlin · Bern · Bruxelles · New York · Oxford · Wien

Alexander Kämmer

Kartellrechtliche Grenzen für Beschränkungen des Wettbewerbs bei der Leistungsbeschaffung im Gesundheitswesen

PETER LANG
Europäischer Verlag der Wissenschaften

Bibliografische Information Der Deutschen Bibliothek
Die Deutsche Bibliothek verzeichnet diese Publikation in der Deutschen Nationalbibliografie; detaillierte bibliografische Daten sind im Internet über <http://dnb.ddb.de> abrufbar.

Zugl.: Konstanz, Univ., Diss., 2003

D 352
ISSN 0531-7312
ISBN 3-631-52684-9

www.peterlang.de

Vorwort

Die vorliegende Arbeit lag im Wintersemester 2003/2004 der Rechtswissenschaftlichen Fakultät der Universität Konstanz als Dissertation vor. Die mündliche Prüfung fand am 08.12.2003 statt. Für die Veröffentlichung konnten nachfolgende Entwicklungen bis Ende Dezember 2003 berücksichtigt werden.

Mein herzlicher Dank gilt an erster Stelle meinem verehrtem Doktorvater, Herrn Prof. Dr. Andreas Fuchs, Universität Osnabrück, Direktor des Osnabrücker Instituts für Handels- und Wirtschaftsrecht, der die Arbeit stets vorbildlich betreute und förderte. Dank gebührt auch Herrn Prof. Dr. Boecken, Universität Konstanz, für die Erstellung des Zweitgutachtens. Den Herausgebern danke ich für die Aufnahme der Arbeit in die Reihe „Europäische Hochschulschriften". Zum Dank verpflichtet bin ich weiterhin der Fazit-Stiftung, die durch die Gewährung eines Promotionsstipendiums eine zügige Fertigstellung der Arbeit ermöglichte.

Schließlich möchte ich all jenen danken, die mich während der Entstehung der Arbeit unterstützt haben, insbesondere Herrn Michael Melber und meiner Mutter für die Unterstützung und Anregungen bei der Korrektur der Arbeit, sowie meinem Bruder Stefan Kämmer für die Hilfe bei der Vorbereitung der Arbeit zur Drucklegung.

Ganz besonders danken möchte ich Tanja für ihre Nachsicht und Unterstützung, insbesondere in der Endphase der Fertigstellung der Dissertation.

Ich widme diese Arbeit meinen Eltern. Sie haben mich – nicht nur während des Studiums – in jeder Hinsicht mehr als großzügig unterstützt und mir in allen Lebenslagen stets Rückhalt gegeben.

Stuttgart, den 17.03.2004

Inhaltsübersicht

Inhaltsverzeichnis

Abkürzungsverzeichnis

a.A.	andere Ansicht
a.a.O.	am angegebenen Ort
ABl.	Amtsblatt der Europäischen Gemeinschaften
Abs.	Absatz
a.F.	alte Fassung
Art.	Artikel
Az.	Aktenzeichen
BB	Der Betriebs-Berater
BG	Die Berufsgenossenschaft
BGB	Bürgerliches Gesetzbuch
BGH	Bundesgerichtshof
BGHZ	Entscheidungen des Bundesgerichtshofs in Zivilsachen
BKartA	Bundeskartellamt
BKK	Die Betriebskrankenkasse
BPI	Bundesverband der Pharmazeutischen Industrie
BR-Drucks.	Bundesratsdrucksache
BSG	Bundessozialgericht
BSGE	Entscheidungen des Bundessozialgerichts
BT-Drucks.	Drucksachen des Deutschen Bundestages
BVerfG	Bundesverfassungsgericht
BVerfGE	Entscheidungen des Bundesverfassungsgerichts
BVerwG	Bundesverwaltungsgericht
BVerwGE	Entscheidungen des Bundesverwaltungsgerichts
CML Rev.	Common Market Law Review
DB	Der Betrieb
ders./dies.	derselbe/dieselbe(n)
Diss.	Dissertation
DOK	Die Ortskrankenkasse
DVBl.	Deutsche Verwaltungsblätter
E.C.L.R.	European Competition Law Report
EG	Vertrag zur Gründung der europäischen Gemeinschaft
Einf.	Einführung
EuG	Europäisches Gericht erster Instanz
EuGH	Europäischer Gerichtshof
EuR	Europarecht
EuZW	Europäische Zeitschrift für Wirtschaftsrecht
EWiR	Entscheidungen zum Wirtschaftsrecht

EWS	Europäisches Wirtschafts- und Steuerrecht
FAZ	Frankfurter Allgemeine Zeitung
Fn.	Fußnote
Fordham Corp. Law Inst.	Fordham Corporate Law Institute
FS	Festschrift
GG	Grundgesetz
G+G	Gesundheit und Gesellschaft
GKV	Gesetzliche Krankenversicherung
GmS OGB	Gemeinsamer Senat der Obersten Gerichtshöfe des Bundes
GRUR	Gewerblicher Rechtsschutz und Urheberrecht
GRUR Int.	Gewerblicher Rechtsschutz und Urheberrecht international
GSP	Gesundheits- und Sozialpolitik
GWB	Gesetz gegen Wettbewerbsbeschränkungen
Hrsg.	Herausgeber
i.V.m.	in Verbindung mit
JZ	Juristenzeitung
KG	Kammergericht
KOM	Kommission
LG	Landgericht
LSG	Landessozialgericht
MedR	Medizinrecht
m.w.N.	mit weiteren Nachweisen
NJW	Neue Juristische Wochenschrift
NJW-RR	Neue Juristische Wochenschrift/Rechtsprechungsreport
n. rk.	nicht rechtskräftig
NZS	Neue Zeitschrift für Sozialrecht
OLG	Oberlandesgericht
Pharm. Ind.	Pharmazeutische Industrie
RVO	Reichsversicherungsordnung
PKR	Pflege- und Krankenhausrecht
RabelsZ	Rabels Zeitschrift für ausländisches und internationales Privatrecht
Rn.	Randnummer
Rs.	Rechtssache
SG	Sozialgericht
SGb	Die Sozialgerichtsbarkeit
SGB V	Fünftes Sozialgesetzbuch – Gesetzliche Krankenversicherung

SGB X	Zehntes Sozialgesetzbuch – Verwaltungsverfahren
SGB XI	Elftes Sozialgesetzbuch – Soziale Pflegeversicherung
SGG	Sozialgerichtsgesetz
Slg.	Sammlung der Rechtsprechung des Gerichtshofs der Europäischen Gemeinschaften
SozSich	Soziale Sicherheit
u.a.	und andere
UWG	Gesetz gegen den unlauteren Wettbewerb
v.	vom, von
VO	Verordnung
Vorbem.	Vorbemerkung
VSSR	Vierteljahresschrift für Sozialrecht
WRP	Wettbewerb in Recht und Praxis
WuW	Wirtschaft und Wettbewerb
WuW/E	Wirtschaft und Wettbewerb – Entscheidungssammlung zum Kartellrecht
ZESAR	Zeitschrift für europäisches Sozial- und Arbeitsrecht
ZEuP	Zeitschrift für europäisches Privatrecht
ZHR	Zeitschrift für das gesamte Handels- und Wirtschaftsrecht
ZIAS	Zeitschrift für ausländisches und internationales Arbeits- und Sozialrecht
ZRP	Zeitschrift für Rechtspolitik

Einleitung

1. Problemstellung

Erkrankt ein Versicherter der gesetzlichen Krankenversicherung, so stehen ihm Ansprüche gegen seine Krankenkasse zu, die auf Zur-Verfügung-Stellung der zur Genesung notwendigen Güter und Dienstleistungen gerichtet sind[1]. Die Krankenkassen trifft eine Pflicht zur Sicherstellung dieser Leistungen. Dieser sozialrechtlich als „Leistungserbringung"[2] bezeichnete Vorgang ist dadurch geprägt, dass die Krankenkassen die Leistungen regelmäßig nicht persönlich, sondern durch dritte Personen oder Unternehmen zur Verfügung stellen, mit denen sie hierzu Verträge abschließen. Die Krankenkassen beschaffen somit wie Nachfrager Leistungen auf den Märkten, um ihre Verpflichtungen gegenüber den Versicherten zu erfüllen[3].

Diese Beschaffungsmärkte sind jedoch durch umfangreiche staatliche Regulierungen gekennzeichnet, welche die Wettbewerbsbedingungen zugunsten der Krankenkassen verändern. Der Gesetzgeber greift in vielfältiger Weise steuernd in den Wettbewerbsprozess ein, um die starken Ausgabenzuwächse in diesem Bereich zu vermindern und so die finanzielle Stabilität der gesetzlichen Krankenversicherung zu sichern[4]. Als Beispiel lässt sich die den Spitzenverbänden als Zusammenschluss der Krankenkassen eingeräumte Befugnis zur Festsetzung sogenannter Festbeträge anführen[5]: Sie ermöglicht es diesen, den Anbietern faktisch die Preise vorzuschreiben, zu denen die Leistungen und Güter abgesetzt werden können. Derartige Eingriffe widersprechen jedoch dem Grundgedanken einer Wirtschaftsordnung, in der das Marktgeschehen primär durch den Wettbewerb und damit durch die autonomen Entscheidungen der Marktteilnehmer gesteuert werden soll. Sie geraten damit auch mit den Vorschriften in Konflikt, welche den Schutz dieses Wettbewerbs vor Beschränkungen zum Ziel haben. Die Untersuchung greift diesen Konflikt auf: Sie geht der Frage nach, welche Grenzen sich aus dem nationalen und europäischen Wettbewerbsrecht für derar-

---

1 Daneben stehen dem Versicherten nach Maßgabe der §§ 20 bis 26 SGB V Ansprüche auf Leistungen zur Verhütung und Früherkennung von Krankheiten zu.

2 *Zechel*, Territorial begrenzte Leistungserbringung, S. 6.

3 Ausführlich zu diesem Sachleistungs- und Vertragsprinzip und seinen Folgen im ersten Teil unter § 1 A II.

4 Von 1992 bis 2000 stiegen die Ausgaben der GKV für Hilfsmittel um 61, 8%, bei den Arzneimittelausgaben waren es im gleichen Zeitraum 25,1 %; vgl. Statistisches Bundesamt, Gesundheitsausgaben 1992 bis 2000, S. 15.

5 Ausführlich zur Konzeption der Festbeträge im ersten Teil unter § 2 II 5.

tige sozialpolitisch motivierte Beschränkungen des Wettbewerbs bei der Leistungsbeschaffung ergeben.

Auf nationaler Ebene wird in der Rechtsprechung bereits seit den sechziger Jahren die Anwendung des GWB und des UWG auf entsprechende Eingriffe im Rahmen von Beschaffungsvorgängen vertreten[6]. Auch wissenschaftlich wurden die kartellrechtlichen Sanktionierungsmöglichkeiten bereits umfassend untersucht[7]. Mit dem Gesundheitsreformgesetz 2000[8] stellt sich die Frage der kartellrechtlichen Kontrolle wettbewerbsbeschränkender Verhaltensweisen im Rahmen der Leistungsbeschaffung allerdings neu. Im Zentrum steht dabei die Änderung des § 69 SGB V, mit der der Gesetzgeber ganz offensichtlich in Reaktion auf die Rechtsprechung den Versuch unternahm, weitere „Eingriffe der Zivilgerichte" in die Leistungsbeschaffungstätigkeit der Krankenkassen zu unterbinden. Unklar ist allerdings, ob die Neufassung des § 69 SGB V bloß prozessuale Bedeutung hat und die ausschließliche Zuständigkeit der Sozialgerichte begründet, oder ob darüber hinaus sogar materiell die Anwendbarkeit des UWG und GWB ausgeschlossen wurde. Sollte letzteres der Fall sein, könnten dem nationalen Lauterkeits- und Kartellrecht keine Grenzen für Eingriffe in den Wettbewerb mehr entnommen werden, was angesichts des damit verbundenen Wegfalls der Sanktionsmöglichkeiten die Frage nach der Vereinbarkeit dieses Ausschlusses mit den Grundrechten aufwirft.

Noch brisanter ist die Frage, in welchem Umfang das europäische Wettbewerbsrecht gegen entsprechende Beschränkungen des Wettbewerbs im Rahmen der Leistungsbeschaffung herangezogen werden kann. Der Markt der von Unternehmen zugunsten der Träger der gesetzlichen Krankenversicherung erbrachten Leistungen ist aufgrund seines Volumens von erheblicher Bedeutung[9]; auf ihm sind auch zahlreiche ausländische Anbieter tätig[10]. Eingriffe in den Wettbewerb berühren daher die Wirtschaftsgemeinschaft. Gleichzeitig stehen die Kompetenzen im Sozialbereich und damit auch im Bereich der Leistungsbeschaffung noch weitgehend den Mitgliedstaaten zu. Entsprechende Lenkungsmaßnahmen zur Sicherung der finanziellen Stabilität sind in allen Mitgliedstaaten üblich und in

---

6 Statt aller BGHZ 36, 91 ff. – Gummistrümpfe.

7 Siehe insbesondere *Neumann*, Kartellrechtliche Sanktionierung von Wettbewerbsbeschränkungen im Gesundheitswesen, Baden-Baden 2000.

8 BGBl. I, S. 2626.

9 Die gesetzliche Krankenversicherung gab im Jahre 1998 beispielsweise für Arzneimittel 37, 3 Mrd. DM und für Hilfsmittel 9,2 Mrd. DM aus, vgl. Statistisches Taschenbuch Gesundheit, Tabelle 10.1.

10 So entfallen beispielsweise vom Gesamtumsatz auf dem deutschen Arzneimittelmarkt 59,1 % auf ausländische Konzerne bzw. ihre deutschen Tochter- und Vertriebsfirmen, vgl. BPI, Pharma Daten 2001, S. 13.

ihrer grundsätzlichen Notwendigkeit auch anerkannt. Beschränken diese den Wettbewerb, kommt es zu einem Konflikt zwischen den europäischen Wettbewerbsregeln und den nationalen Kompetenzen im Sozialbereich.

Wie dieser Konflikt zu lösen ist, ist nach wie vor offen. Während nationale Gerichte zum Teil die europäischen Wettbewerbsregeln ohne weiteres auf die Leistungsbeschaffungstätigkeit der Krankenkassen angewendet haben[11], steht eine eindeutige Entscheidung des Europäischen Gerichtshofs auf diesem Gebiet noch aus[12]. Den bisher zu den nationalen Sozialversicherungsmonopolen ergangenen Urteilen lassen sich gegensätzliche Tendenzen entnehmen. Einerseits scheint der Gerichtshof von einer grundsätzlichen Anwendung der Wettbewerbsregeln auch im Sozialbereich auszugehen. Auf der anderen Seite hat er Tätigkeiten von Sozialversicherungsträgern wegen ihres „sozialen" bzw. „solidarischen" Charakters bereits als „nicht-wirtschaftlich" qualifiziert und so dem Anwendungsbereich der Art. 81 ff. EG entzogen[13]. Hier wird im Laufe der Untersuchung nachzuweisen sein, dass nicht der Unternehmensbegriff, sondern die Ausnahmevorschrift des Art. 86 Abs. 2 EG den Schlüssel zum Ausgleich der widerstreitenden Interessen von Mitgliedstaaten und Gemeinschaft darstellt. Sie ermöglicht die Verfolgung sozialpolitischer Ziele auch im Widerspruch zu den Anforderungen des europäischen Wettbewerbsrechts, begrenzt diese jedoch durch das Wettbewerbsinteresse der Gemeinschaft.

2. Gang der Untersuchung

Der erste Teil der Untersuchung dient der Darstellung des Spannungsverhältnisses, das aufgrund der Verpflichtung der Krankenkassen zur Leistungsbeschaffung unter Wettbewerbsbedingungen auf der einen und den Eingriffen in den Wettbewerb auf der anderen Seite besteht. Der Schwerpunkt liegt dabei in der Darstellung einzelner, beispielhaft aufgeführter Steuerungsinstrumente, die im Verlauf der Untersuchung konkret auf ihre Vereinbarkeit mit dem Wettbewerbsrecht überprüft werden.

Im zweiten Teil wird geprüft, welche Schranken sich für entsprechende Wettbewerbseingriffe aus den Verbotstatbeständen des GWB und des UWG, aber auch aus dem Grundgesetz ergeben. Im Zentrum steht dabei der Nachweis, dass

---

[11] OLG Düsseldorf, NZS 1998, 567 (569); OLG Düsseldorf, Pharma Recht 1999, 283 (290 ff.), n. rk.

[12] Mit Beschluss vom 03.07.2001 hat der Bundesgerichtshof dem EuGH die Frage vorgelegt, ob die Festbetragsfestsetzung nach § 35 SGB V mit dem europäischen Wettbewerbsrecht vereinbar ist, vgl. BGH WuW/E DE-R 747.

[13] EuGH Slg. 1993, I-637 – Poucet et Pistre.

mit § 69 SGB V in der Fassung vom 01.01.2000 die Anwendbarkeit beider Gesetze für den Bereich der Leistungsbeschaffung durch den Gesetzgeber ausgeschlossen wurde.

Der dritte Teil befasst sich mit der Frage, welche Grenzen sich für entsprechende Beschränkungen aus der Anwendung der Grundfreiheiten und der europäischen Wettbewerbsregeln ergeben. Dabei ist zunächst zu klären, ob die Krankenkassen bei der Leistungsbeschaffung einer Kontrolle durch die Wettbewerbsregeln unterliegen. Im Zentrum der Untersuchung steht die Frage, ob Art. 86 Abs. 2 EG einen tauglichen Ansatz zur Rechtfertigung von Wettbewerbseingriffen im Rahmen der Leistungsbeschaffung liefert. Neben der Bindung der Krankenkassen wird auch die Bindung der Bundesrepublik Deutschland als Mitgliedstaat an die Wettbewerbsregeln aufgrund von Art. 86 Abs. 1 EG und der vom Gerichtshof entwickelten Verpflichtung aus Art. 3 Abs. 1 lit. g, 10 Abs. 2 i.V.m. 81, 82 EG untersucht. Ergänzend soll der Frage nachgegangen werden, ob darüber hinaus auch staatliche Regulierungen, die in Form von Rechtsverordnungen direkt in den Wettbewerb bei der Leistungsbeschaffung eingreifen, einer wettbewerbsrechtlichen Kontrolle unterzogen werden können.

Teil 1 – Das Spannungsverhältnis zwischen Regulierung und Wettbewerb im Bereich der Leistungsbeschaffung

§ 1 Wettbewerb bei der Versorgung mit Sach- und Dienstleistungen im Gesundheitsbereich

A. Die Organisation der Leistungserbringung im Gesundheitsbereich

Um die Frage nach Wettbewerbsbeziehungen und wettbewerbsrelevanten Eingriffen beurteilen zu können, ist es unumgänglich, zunächst die Organisation der Leistungserbringung im System der gesetzlichen Krankenversicherung zu skizzieren.

I. Institutionen in der gesetzlichen Krankenversicherung

Mit der Wahrnehmung von Aufgaben im Zusammenhang mit der Leistungsbeschaffung sind in der gesetzlichen Krankenversicherung verschiedene Institutionen beauftragt. Besondere Bedeutung erlangen dabei im Verlauf dieser Untersuchung die Krankenkassen, ihre Verbände sowie der Bundesausschuss der Ärzte und Krankenkassen.

1. Die Krankenkassen als Träger der gesetzlichen Krankenversicherung

Die Sozialversicherung in Deutschland ist nach dem Selbstverwaltungsprinzip organisiert. Als gemeinsame Vorschrift der Sozialversicherung regelt § 29 Abs. 1 SGB V, dass die Träger der Sozialversicherung rechtsfähige Körperschaften des öffentlichen Rechts mit Selbstverwaltung sind. § 4 SGB V wiederholt diesen Grundsatz für den Bereich der gesetzlichen Krankenversicherung. Eine bundeseinheitliche Krankenkasse existiert nicht. Die gesetzlichen Aufgaben, die aus der Durchführung des SGB V resultieren, werden auf eine Vielzahl von Trägern organisatorisch verteilt[1]. So existierten im Jahre 2001 insgesamt 459 Orts-, Betriebs- und andere gesetzliche Krankenkassen, bei denen direkt oder als Familienangehörige 89 % der Bevölkerung versichert waren[2]. Die Durchführung der gesetzlichen Krankenversicherung ist damit keine staatliche Aufgabe, sondern rechtlich selbständigen Organisationen übertragen, die allerdings Bestandteil mittelbarer Staatsverwaltung sind[3]. Eine zentrale Rolle nehmen die Krankenkas-

---

1 Schulin-*Schnapp*, Handbuch KV, § 49 Rn. 75.
2 BPI, Pharma Daten 2001, S. 32.
3 Maaßen-*Zipperer*, § 4 SGB V Rn. 2; Krauskopf-*ders.*, § 4 SGB V Rn. 3.

sen daher auch im Bereich der Leistungserbringung ein[4]. Die Dezentralisierung ist aber durch Schaffung von größeren Verbänden der Krankenkassen und der Übertragung von Aufgaben auf diese eingeschränkt.

2. Die Verbände der Krankenkassen

Orts-, Betriebs- und Innungskrankenkassen sind auf Landes- und Bundesebene in Verbänden organisiert.

a. Landes- und Bundesverbände

Die Krankenkassen bilden in jedem Land kassenartspezifisch Landesverbände nach § 207 SGB V, die Körperschaften des öffentlichen Rechts sind. Die Landesverbände wiederum bilden (getrennt in Orts-, Betriebs- und Innungskrankenkassen) jeweils einen Bundesverband (§ 212 SGB V). Die Verbände nehmen die gesetzlich zugewiesenen Aufgaben wahr (§§ 211 Abs. 1, 217 Abs. 1 SGB V) und unterstützen die Mitgliedskassen. Teil der gesetzlich zugewiesenen Aufgaben ist auch der Abschluss von Verträgen im Bereich der Leistungserbringung (z.B. §§ 125 Abs. 2, 127 Abs. 1 SGB V).

b. Spitzenverbände

Auf oberster Stufe stehen die Spitzenverbände der Krankenkassen (§ 213 SGB V). Sie setzen sich aus dem Bundesverband der Krankenkassen, der Bundesknappschaft, den Verbänden der Ersatzkassen und der See-Krankenkasse zusammen. Diese Verbände sind unter anderem für die Festsetzung der Arzneimittelfestbeträge zuständig (§ 35 Abs. 3 SGB V).

Wettbewerbsbeschränkungen, die infolge einer Ausübung einer gesetzlich zugewiesenen Aufgabe eintreten, sind nicht der einzelnen Krankenkasse, sondern dem Landes- oder Spitzenverband als eigenständiger Körperschaft zuzurechnen. Dieser rückt kartellrechtlich als Urheber einer solchen Wettbewerbsbeschränkung in den Vordergrund.

---

4 Die Unterteilung in Orts-, Betriebs-, Innungs- und ähnliche Krankenkassen nach § 4 Abs. 2 SGB V ist für die Leistungsbeschaffung ohne Bedeutung und wird folglich hier nicht erörtert.

3. Der Bundesausschuss der Ärzte und Krankenkassen

Eine Zwitterstellung nimmt der Bundesausschuss der Ärzte und Krankenkassen ein, der durch die Bundesverbände der Krankenkassen, die kassenärztlichen Bundesvereinigungen, die Bundesknappschaft sowie die Verbände der Ersatzkassen gebildet wird. Es handelt sich um ein paritätisch mit Vertretern der Krankenkassen und der Ärzte sowie drei unparteiischen Mitgliedern besetztes Gremium der gemeinsamen Selbstverwaltung der Ärzte und Krankenkassen. Der Gedanke der gemeinsamen Selbstverwaltung bezeichnet das Zusammenwirken der zugelassenen Ärzte (Vertragsärzte) und Krankenkassen bei der Sicherstellung der Versorgung[5]. Der Ausschuss fasst Beschlüsse mit verbindlicher Wirkung sowohl für die Kassen wie auch für die Ärzte. Die Vertreter der Kassen und der Ärzte sind bei der Beschlussfassung gemäß §§ 91 Abs. 2 S. 5 i.V.m. 90 Abs. 3 S. 2 SGB V nicht von Weisungen ihrer Verbände abhängig. Obwohl die Tätigkeit des Bundesausschusses sich somit in erster Linie auf Ärzte und Krankenkassen bezieht, können seine Beschlüsse auch unmittelbare Auswirkungen auf Dritte haben[6].

Mit dem GKV-Modernisierungsgesetz vom 14.11.2003[7] wird der Bundesausschuss der Ärzte und Krankenkassen im SGB V ab dem 01.04.2003 durch einen „Gemeinsamen Bundesausschuss" ersetzt. Ihm gehört gemäß § 91 SGB V in der Fassung ab dem 01.04.2004 neben den gerade genannten Verbänden auch die Deutsche Krankenhausgesellschaft an. Der Gemeinsame Ausschuss tritt im SGB V die Rechtsnachfolge[8] des bisherigen Bundesausschusses an. Ihm obliegt beispielsweise zukünftig der Beschluss von Arzneimittelrichtlinien.

II. Sachleistungs- und Vertragsprinzip als Kern des Leistungserbringungsrechts

Die Beziehungen der Krankenkassen zu den Versicherten werden nicht vom Leistungserbringungs-, sondern vom Leistungsrecht geregelt[9]. Aus ihm ergibt sich, wann ein Anspruch des Versicherten gegen seine Krankenkasse besteht[10]. Die Erfüllung dieses Anspruches regelt dagegen das Leistungserbringungsrecht,

---

5 Schulin-*ders.*, Handbuch KV, § 6 Rn. 97.

6 Siehe hierzu unter § 2 II 4.

7 Gesetz zur Modernisierung der gesetzlichen Krankenversicherung, BGBl. I (2003), S. 2190.

8 Vgl. Art. 36 § 6 des GKV-Modernisierungsgesetzes, BGBl. I (2003), S. 2190 (2257).

9 Zum Leistungsrecht Schulin-*Kummer*, Handbuch KV, § 20; näher zu den wettbewerbsrechtlichen Problemen in diesem Bereich, insbesondere im Hinblick auf den Wettbewerb der Krankenkassen um Mitglieder *Mühlhausen*, NZS 1999, S. 120 ff.; BSG SGb 1999, S. 365.

10 Zu den Voraussetzungen *Zechel*, Territorial begrenzte Leistungserbringung, S. 6 ff.

das maßgeblich vom Sachleistungs- sowie dem ihm folgenden Vertragsprinzip geprägt wird[11].

1. Verpflichtung der Krankenkassen zur Naturalleistung

Ansprüche der Versicherten könnten auch dadurch erfüllt werden, dass die Krankenkasse den zur Behandlung notwendigen Geldbetrag dem Versicherten vorab zur Verfügung stellt. Diesen Weg geht das SGB V nicht; auch eine Erstattung der vom Versicherten aufgewendeten Kosten findet, anders als bei der privaten Krankenversicherung, im Grundsatz nicht statt[12]. § 2 Abs. 2 Satz 1 SGB V normiert das Sachleistungsprinzip und verpflichtet die Krankenkassen als Versicherungsträger, den Versicherten die Leistungen als Sach- und Dienstleistungen zur Verfügung zu stellen. Diese erhalten die Leistungen[13] somit in natura von ihrer Krankenkasse, ohne dafür Geld vorstrecken zu müssen, wenngleich sie mittelbar über ihre Versicherungsbeiträge an der Bezahlung beteiligt sind[14]. Damit wird sichergestellt, dass auch die Versicherten, die aus finanziellen Gründen nicht in der Lage wären die Behandlungskosten vorzustrecken, Leistungen in Anspruch nehmen[15]. Daneben soll der Aufwand für die Leistungen preispolitisch steuerbar sein[16]. Die teilweise bestehende Zuzahlungspflicht der Versicherten (§§ 31 Abs. 3, 32 Abs. 2, 33 Abs. 2 SGB V) stellt keine Ausnahme vom Sachleistungsprinzip dar, sondern soll das Inanspruchnahmeverhalten des Versicherten durch eine Beteiligung an den Kosten beeinflussen[17].

---

[11] BSG SGb 1992, S. 312 (315); *Gitter*, Sozialrecht, S. 93.

[12] *Kulbe*, Die gesetzliche und private Krankenversicherung S. 27; *Zechel*, Territorial begrenzte Leistungserbringung, S. 5. Durchbrechungen des Grundsatzes finden sich beispielsweise in §§ 13, 29 ff. SGB V. Ab dem 01.01.2004 können auch Pflichtversicherte grundsätzlich zwischen Sachleistung und Kostenerstattung wählen, vgl. Art. 1 des GKV Modernisierungsgesetzes, BGBl. I (2003), S. 2190 (2191).

[13] Erfasst vom Sachleistungsprinzip werden trotz des Wortlautes neben Sach- auch Dienstleistungen, vgl. *Meydam*, SGb 1991, S. 377 (378). Trotz des insoweit genaueren Begriffes „Naturalleistungsprinzip" wird im Rahmen dieser Arbeit der gängigere Begriff „Sachleistungsprinzip" verwendet.

[14] Maaßen-*Zipperer*, § 2 SGB V Rn. 8; *Kulbe*, Die gesetzliche und private Krankenversicherung, S. 27; daneben besteht eine Zuzahlungspflicht des Versicherten, vgl. *Schulin/Igl*, § 12 Rn. 270 ff.

[15] *Schulin/Igl*, § 12 Rn. 266; *Behrends*, Grenzen des Privatrechts, S. 13; *Schmitt*, Leistungserbringung durch Dritte, S. 63.

[16] Schulin-*ders.*, Handbuch KV, § 6 Rn. 111; *Gitter*, Sozialrecht, S. 93.

[17] Krauskopf-*Wagner*, § 31 SGB V Rn. 11; *Behrends*, Grenzen des Privatrechts, S. 26.

2. Vertragsabschlüsse mit privaten Anbietern

Aus dem Sachleistungsprinzip folgt nicht zwingend, dass die Krankenkassen zur Leistungsbeschaffung bei privaten Anbietern verpflichtet sind: Prinzipiell wäre auch denkbar, dass sie selbst Dienstleistungen und Sachmittel zur Verfügung stellen. Die unmittelbare Leistungserbringung ist den Krankenkassen jedoch nur in Ausnahmefällen gestattet (z.B. §§ 20, 140 SGB V). § 2 Abs. 2 Satz 2 SGB V verpflichtet die Krankenkassen vielmehr, die Sach- und Dienstleistungen von Dritten (sogenannten Leistungserbringern) zu beschaffen, indem sie mit diesen nach Maßgabe der §§ 69 ff. SGB V Verträge abschließen[18]. Das Vertragsprinzip ergänzt somit das Sachleistungsprinzip und führt zum Entstehen einer vertraglichen Dreiecksbeziehung: Neben den Rechtsbeziehungen des Versicherten zu seiner Kasse bestehen Rechtsbeziehungen der Krankenkasse zu den Leistungserbringern[19]. Daneben stellt sich die Frage bestehender Rechtsbeziehungen zwischen dem Versicherten und den Leistungserbringern[20]. Sachleistungs- und Vertragsprinzip führen somit dazu, dass die Krankenkassen als „Leistungsbeschaffer“ auftreten[21].

III. Die rechtlichen Beziehungen der Krankenkassen zu den Leistungserbringern

Beschränkungen des Wettbewerbs seitens der Krankenkassen bei der Leistungsbeschaffung betreffen in erster Linie die Personen, Einrichtungen oder Unternehmen, welche die Leistungen zugunsten der Versicherten erbringen. Im Vordergrund der Untersuchung stehen daher die in den §§ 69 ff. SGB V geregelten rechtlichen Beziehungen der Krankenkassen zu diesen Leistungserbringern. Wegen der Vielfalt der möglichen Leistungsansprüche der Versicherten und der daraus folgenden Vielfalt an Anbietern (z.B. Krankenhäuser, Krankentransportunternehmen, Ärzte, Zahnärzte) sind die Vertragsverhältnisse nicht einheitlich und für alle gemeinsam geregelt; im Detail ergeben sich starke Unterschiede, deren ausführliche Darstellung den Rahmen dieser Untersuchung sprengen würde. Die Übersicht unter Ziff. 1 beschränkt sich daher auf einen Überblick über die Rechtsbeziehungen, soweit er zum Verständnis der weiteren Ausführungen

---

[18] Zu den Besonderheiten bei der Beschaffung von Arzneimitteln siehe im Folgenden unter III 1 c.

[19] Bei den Vertragsärzten bestehen zusätzliche Beziehungen zu der Kassenärztlichen Vereinigung, so dass es zu einer „Viereckbeziehung“ kommt, vgl. *Schmitt*, Leistungserbringung durch Dritte, S. 120.

[20] Im Bereich der Privatversicherung existieren dagegen keine Rechtsbeziehungen zwischen Krankenkasse und Leistungserbringern: Der Versicherte als Vertragspartner bezahlt die Leistung und bekommt das Geld dann von seiner Versicherung erstattet.

[21] BSGE 69, 170 (172 ff.).

erforderlich ist[22]. Da ein Teil der ausgewählten und noch zu untersuchenden Wettbewerbsbeschränkungen am Verhältnis der Krankenkassen zu den nichtärztlichen Leistungserbringern ansetzt, sind die rechtlichen Beziehungen in diesem Bereich näher zu erörtern (unten 2. und 3.)

1. Überblick über die Leistungserbringer im SGB V

Im Hinblick auf die unterschiedliche rechtliche Ausgestaltung lassen sich grob die Beziehungen zu den Ärzten, Zahnärzten und Krankenhäusern von den Beziehungen zu den nichtärztlichen Leistungserbringern unterscheiden.

a. Ärzte, Zahnärzte und Krankenhäuser

Die Beziehungen zu Ärzten und Zahnärzten sowie zu den Krankenhäusern sind im zweiten und dritten Abschnitt des vierten Kapitels geregelt. Kennzeichnend für die Stellung der Ärzte ist das ihnen gesetzlich eingeräumte Behandlungsmonopol, sie sind mit den Krankenkassen in ein öffentlich-rechtliches Sicherstellungssystem eingebunden und durch die „gemeinsame Selbstverwaltung" mit den Krankenkassen bei der Erfüllung des Sicherstellungsauftrages verbunden[23]. Zu diesem Zweck bilden die Ärzte Kassenärztliche Vereinigungen, welche die Aufgabe haben, gemeinsam mit den Krankenkassen und ihren Verbänden die vertragsärztliche Versorgung sicherzustellen[24]. Im Rahmen der Leistungserbringung kommt den Ärzten eine zentrale Rolle zu, da sie nach § 73 Abs. 2 Nr. 5 bis 9, Nr. 12 SGB V durch die Verordnung bei der Behandlung weitere Leistungen der gesetzlichen Krankenversicherung veranlassen[25]. Auch die Krankenhäuser sind über die Versorgungsverträge in ein ähnliches öffentlich-rechtliches Sicherstellungssystem mit einbezogen (§§ 109 ff.).

b. Nichtärztliche Leistungserbringer

Die Abschnitte fünf bis acht regeln die Beziehungen zu den nichtärztlichen Leistungserbringern, die ihre Leistungen als selbständige Unternehmer erbringen. Hierzu gehören etwa die Heil- und Hilfsmittelerbringer. Der Begriff Heilmittel erfasst persönliche medizinische Dienstleistungen, die zur Behandlung von Krankheiten äußerlich angewendet werden, beispielsweise die Tätigkeit von Masseuren oder Physiotherapeuten. Hilfsmittel sind dagegen alle sächlichen

---

[22] Ausführlich zu den vielfältigen Rechtsbeziehungen Schulin, Handbuch KV, § 32 und §§ 38 bis 45; *Kulbe*, Die gesetzliche und private Krankenversicherung, S. 260 ff.
[23] Schulin-*Funk*, Handbuch KV, § 32 Rn. 36; Krauskopf-*ders.*, § 72 SGB V Rn. 4.
[24] *Kulbe*, Die gesetzliche und private Krankenversicherung, S. 262.
[25] Krauskopf-*ders.*, § 73 SGB V Rn. 14a.

Mittel, die dazu dienen, zum Erfolg einer Heilbehandlung beizutragen, mit Ausnahme der Arzneimittel[26]. Die Rechtsbeziehungen dieser Unternehmen zu Krankenkassen sind durch eine Dreiteilung in Zulassung, Kollektivverträge und Individualbeziehung gekennzeichnet[27]. Zu den nichtärztlichen Leistungserbringern gehören auch die sonstigen Leistungserbringer wie etwa Hebammen oder Krankentransportunternehmen, deren Beziehungen zu den Krankenkassen im achten Abschnitt geregelt sind[28].

c. Sonderstellung der Arzneimittelhersteller

Eine Sonderstellung nehmen die Arzneimittelhersteller ein. Für sie ist weder ein Zulassungsverfahren vorgeschrieben, noch sind zwingende vertragliche Beziehungen zwischen Krankenkassen und Arzneimittelherstellern vorgesehen[29]. Die Versorgung mit Arzneimitteln erfolgt über die Apotheker als zugelassene Leistungserbringer: Der Versicherte erwirbt durch Vorlage des von einem Arzt ausgestellten Rezepts das Arzneimittel vom Apotheker[30]. Den Kaufpreis mit Ausnahme der vom Versicherten zu leistenden Zuzahlung trägt aber die jeweilige Krankenkasse gemäß dem nach § 129 Abs. 2 SGB V abzuschließenden Rahmenvertrag zwischen den Spitzenverbänden der Krankenkassen und der entsprechenden Spitzenorganisation der Apotheker[31]. Formal sind die Arzneimittelhersteller nicht in das Verfahren mit einbezogen und daher auch keine Leistungserbringer im engeren Sinne, sondern Dritte. Allerdings unterliegt die Tätigkeit der Arzneimittelhersteller, insbesondere die Preisbildung, vielfältigen Eingriffen; es kann daher auch gegenüber den Arzneimittelherstellern als „Dritten" direkt zu wettbewerbsrelevanten Handlungen kommen[32].

---

26 Krauskopf-*Knittel*, § 124 SGB V Rn. 3; § 126 SGB V Rn. 2.

27 Näher hierzu im Folgenden unter Ziff. 2.

28 Zu den nichtärztlichen Leistungserbringern gehören zudem die Apotheker, deren Rechtsbeziehungen in den §§ 129 ff. SGB V geregelt sind. Da ihre Tätigkeit jedoch im Zusammenhang mit den Arzneimittelherstellern steht, werden sie unter c) erörtert.

29 Die Rahmenverträge nach § 131 Abs. 2 SGB V erlauben nur die Bestimmung therapiegerechter Packungsgrößen und die Erfassung von Arzneimitteldaten. Höchstpreise oder ähnliche Preisvorgaben ermöglicht die Ermächtigung nicht.

30 Schulin-*Schmitt*, Handbuch KV, § 29 Rn. 43.

31 *Neumann*, Kartellrechtliche Sanktionierung, S. 56 f.

32 *Neumann*, a.a.O., S. 58; Hierzu zählt in erster Linie die Festbetragsfestsetzung, vgl. unter § 2 II 5.

2. Dreiteilung der Rechtsbeziehungen zu den nichtärztlichen Leistungserbringern

Kennzeichnen für die Rechtbeziehungen der Krankenkassen zu den nichtärztlichen Leistungserbringern ist deren Unterteilung in mehrere Stufen, wobei maximal drei Beziehungsebenen unterschieden werden können.

a. Zulassung

Heil- und Hilfsmittelerbringer können nur dann Leistungen zu Lasten der gesetzlichen Krankenkassen erbringen, wenn sie von den Landesverbänden der Krankenkassen hierfür zugelassen wurden (§§ 124 Abs. 5, 126 Abs. 3 SGB V). Bei dieser Zulassung wird unter anderem geprüft, ob die angebotenen Leistungen von der Qualität und Wirksamkeit her dem allgemein anerkannten Stand der medizinischen Erkenntnisse entsprechen (§ 2 Abs. 1 S. 3 SGB V). Versagt werden kann die Zulassung nur, wenn der Unternehmer eine der Zulassungsvoraussetzungen nicht erfüllt; ein darüber hinausgehender Entscheidungsspielraum steht dem Landesverband nicht zu. Der Unternehmer hat dann einen Anspruch darauf, als Heil- bzw. Hilfsmittelerbringer zugelassen zu werden.

b. Rahmenverträge

Des weiteren sind bei allen nichtärztlichen Leistungserbringern Rahmenverträge vorgesehen[33]. Sie werden bei den Heil- und Hilfsmittelerbringern als Kollektivverträge nach Kassenarten getrennt gemäß §§ 125, 127 SGB V zwischen den Landesverbänden der Krankenkassen und den Verbänden der Leistungserbringer geschlossen. Möglich ist nach §§ 125 Abs. 2 S. 1, 127 Abs. 1 SGB V auch ein Abschluss mit einzelnen Leistungserbringern. Kollektivverträge werden nach § 129 Abs. 2 SGB V auch zwischen den Spitzenverbänden der Krankenkassen und der Spitzenorganisation der Apotheker geschlossen. Bei den sonstigen Leistungserbringern können einzelne Krankenkassen, aber auch Krankenkassenverbände direkt mit den einzelnen Leistungserbringern kontrahieren (§§ 132 Abs. 1, 133 Abs. 1 SGB V).

Diese Rahmenverträge regeln in erster Linie die Vergütung und Abrechnung der von den Leistungserbringern an die Versicherten zu erbringenden Leistungen. Die vereinbarten Abgabepreise werden dabei gesetzlich als Höchstpreise fest-

[33] Eine Ausnahme gilt nur bei den Hebammen: Nach § 134 SGB V wird die Vergütung per Rechtsverordnung festgesetzt.

gelegt (z.B. § 125 Abs. 2 S. 4 SGB V)[34]. Gebunden werden die Krankenkassen an die Kollektivvereinbarungen durch eine entsprechende Anordnung (§§ 125 Abs. 2, 127 Abs. 1 SGB V). Für die Leistungserbringer, die Mitglieder des abschließenden Verbandes sind, ergibt sich die Bindung aus einer entsprechenden Regelung in der Verbandssatzung, ansonsten wird die Bindungswirkung über eine rechtsgeschäftliche Bevollmächtigung nach §§ 164 ff. BGB erreicht[35]. Nicht verbandsangehörige Leistungserbringer werden durch die Kollektivverträge dagegen zunächst nicht gebunden. Ihre Einbeziehung erfolgt erst über die Regelung des § 124 Abs. 2 Nr. 4 SGB V, welcher vorsieht, dass ein Leistungserbringer nur zugelassen werden darf, wenn er die für die Versorgung der Versicherten geltenden Vereinbarungen anerkennt. Hierzu gehören insbesondere die kollektiven Rahmenverträge zwischen Krankenkassen- und Leistungserbringerverbänden. Da deren Anerkennung Zulassungsvoraussetzung ist, kann der Inhalt der Vereinbarungen gegenüber allen, auch den nicht verbandsgebundenen Leistungserbringern umfassend durchgesetzt werden[36]. Dies gilt nach Ansicht des Bundessozialgerichts insbesondere auch für die vereinbarten Höchstpreise[37], die damit faktisch Drittwirkung erlangen. Auf dieses Zusammenspiel von Kollektivverträgen, Zulassungsvoraussetzung und Höchstpreisfestsetzung wird wegen seines wettbewerbsbeschränkenden Charakters noch unter § 2 II 1 einzugehen sein.

c. Abrechnungsverhältnis

Nimmt der Versicherte einen zugelassenen Leistungserbringer in Anspruch, entsteht schließlich ein Abrechnungsverhältnis zwischen Krankenkasse und Leistungserbringer, dessen Gegenstand die Übernahme der Behandlungs- oder Sachkosten durch die Krankenkasse unter Zugrundelegung der in den Rahmenverträgen vereinbarten Preise ist[38]. Daneben entsteht ein Behandlungs- oder Kaufvertrag, wobei unklar ist, ob der Versicherte insoweit als Vertreter für

---

34 Bei den Rahmenverträgen mit Hilfsmittelerbringern kommt eine Vereinbarung von Höchstpreisen nur in Betracht, wenn keine Festbeträge für Hilfsmittel festgesetzt sind, vgl. § 127 Abs. 2 SGB V.

35 *Neumann*, Kartellrechtliche Sanktionierung, S. 47.

36 *Neumann*, a.a.O., ebenda.

37 BSG NZS 1996, S. 426 (428); dagegen *Heinze*, Versorgung mit Arznei-, Heil- und Hilfsmitteln, S. 69 (70 ff.) in: Freiheit und Bindung.

38 Ähnliches gilt für die Versorgung mit Arzneimitteln unter Zwischenschaltung der Apotheker, vgl. § 129 SGB V; zu den Vertragsbeziehungen hier vgl. Schulin-*Henninger*, KV, § 44 Rn. 24.

seine Krankenkasse fungiert oder selbst Vertragspartner ist[39]. Für das Abrechnungsverhältnis ist diese Frage unerheblich, da es unabhängig davon in Umsetzung des Sachleistungsprinzips gewährleisten muss, dass der Versicherte keine Kosten aus der Behandlung zu tragen hat[40].

Diese Dreiteilung der Beziehungen ist von erheblicher Bedeutung für die wettbewerbsrechtliche Beurteilung. Auch wenn der einzelne Versicherte die Leistung auswählt, sind es doch die Krankenkassen, welche die Leistungsinhalte und Preise mit den Anbietern aushandeln und die nachgefragte Leistung bezahlen. Die Krankenkasse ist somit der eigentliche, „mittelbare" Nachfrager; der Versicherte nimmt die beschaffte Leistung nur in Anspruch[41].

3. Rechtsnatur der Beziehungen der Krankenkassen zu den nichtärztlichen Leistungserbringern

Während das Verhältnis des Versicherten zu seiner Krankenkasse übereinstimmend dem öffentlichen Recht zugeordnet wird[42], ist die rechtliche Qualifikation der Beziehungen zu den Leistungserbringern nicht einheitlich. Ihr wird jedoch teilweise für die Frage der materiellen Anwendbarkeit des GWB und UWG Bedeutung zugemessen[43]. Daher ist an dieser Stelle auf die Fragen zur Rechtsnatur dieser Beziehungen und insbesondere der sich hier aus § 69 SGB V in der Fassung des Gesundheitsreformgesetzes 2000 ergebenden Änderungen kurz einzugehen[44].

---

39 Für einen Vertrag zwischen Leistungserbringer und Versicherten Peters-*Hencke*, § 128 SGB V Rn. 9; OLG Dresden, NZS 2002, S. 33 (34) n. rk.; dagegen KassKom-*Hess*, § 125 SGB V Rn. 6; BSGE 79, 28 (30).

40 Die Konstruktionen variieren; *Schmitt* geht von einem Vertrag zwischen Leistungserbringer und Versicherten und einer antizipierten Schuldübernahme durch die Krankenkassen aus, Schulin-*Schmitt*, KV § 30 Rn. 53.

41 *Neumann*, Kartellrechtliche Sanktionierung, S. 37; näher im zweiten Teil unter § 1 A II 1 a.

42 *Schmitt*, Leistungserbringung durch Dritte, S. 212; *Gitter*, Sozialrecht, S. 58.

43 Siehe ausführlich im zweiten Teil unter § 1 A II 2.

44 Die Beziehungen zwischen Versicherten und Leistungserbringer sind kartellrechtlich nicht relevant. Vergleiche zur Rechtsnatur: *Heinze*, Versorgung mit Arznei-, Heil- und Hilfsmitteln, S. 69 (81) in: Freiheit und Bindung; *Schmitt*, Leistungserbringung durch Dritte, S. 524.

a. Zulassung

Die Zulassung der Heil- und Hilfsmittelerbringer durch die Krankenkassenverbände erfolgt in Form eines Verwaltungsakts im Sinne des § 31 SGB X[45]. Die hier bestehenden Beziehungen sind daher öffentlich-rechtlicher Natur.

b. Rahmenverträge

Die Rahmenverträge wurden dagegen bis zu der Neufassung des § 69 SGB V durch das Gesundheitsreformgesetz 2000[46] überwiegend als privatrechtliche Verträge eingestuft[47]. Abgestellt wurde darauf, dass die Beschaffung von Sach- und Dienstleistungen von gewerblichen Anbietern als Gegenstand des Vertrages außerhalb des öffentlich-rechtlichen Fürsorgeverhältnisses erfolge und deshalb als privatrechtlich zu qualifizieren sei; der Zusammenhang mit der Erfüllung der Versorgungspflicht gegenüber dem Versicherten ändere daran nichts[48]. Denn die Tatsache, dass die nachgefragten Leistungen am Ende der Erfüllung einer öffentlich-rechtlichen Pflicht dienen, genüge nicht für eine öffentlich-rechtliche Qualifizierung: Es gäbe sonst keine zivilrechtliche Tätigkeit der öffentlichen Hand mehr, obwohl das zivilrechtliche Handeln gerade bei der Beschaffungsverwaltung anerkannt ist[49]. Diese Einordnung hat auch der Gesetzgeber bei der Änderung des § 51 Abs. 2 SGG durch das Gesundheitsreformgesetz 1989 bestätigt und ausgeführt, dass die vorgenommene Zuweisung der Rechtsstreitigkeiten aus den Verträgen an die Sozialgerichte nichts an deren privatrechtlichen Charakter ändere[50]. Die Gegenansicht vertrat dagegen mit Blick auf die Stellung der Ermächtigung im öffentlich-rechtlichen SGB V die Ansicht, die Rahmenverträge seien öffentlich-rechtlicher Natur[51].

Mit der Neufassung des § 69 SGB V durch das GKV-Reformgesetz 2000 hat sich nunmehr letztere Ansicht durchgesetzt. Nach Satz 1 der Vorschrift soll das

---

45 Begründung zu § 133 SGB V, BT-Drucks. 11/2237, S. 204; *Schmitt*, Leistungserbringung durch Dritte, S. 212; Schulin-*Schmitt*, Handbuch KV § 30 Rn. 20.

46 BGBl. I, S. 2626

47 BGHZ 36, 91 (93); BGHZ 102, 280 (285); BSGE 79, 28 (29); Peters-*Hencke*, § 125 SGB V Rn. 8; *Gitter*, Sozialrecht, S. 120; anders ist dies aber bei dem Rahmenvertrag zwischen Krankenkassen- und Apothekerverbänden, bei dem es sich um einen öffentlich-rechtlichen Vertrag handelt, vgl. zu den Gründen *Zechel*, Territorial begrenzte Leistungserbringung, S. 10; Schulin-*Henninger*, Handbuch KV, § 44 Rn. 22.

48 GmS OGB NJW 1986, S. 2359 (2360).

49 *Maydell*, DB 1985, S. 276 (280).

50 BT-Drucks. 11/3480, S. 77 f.

51 So etwa Krauskopf-*Knittel*, § 125 SGB V Rn. 4; *Schmitt*, Leistungserbringung durch Dritte, S. 214 ff.

vierte Kapitel des SGB V abschließend die Rechtsbeziehungen der Krankenkassen zu den Leistungserbringern regeln. Die Vorschriften des Bürgerlichen Gesetzbuches sollen nach Satz 3 der Vorschrift nur ergänzend zur Anwendung kommen und dies auch nur dann, soweit dies mit den Aufgaben und Pflichten nach dem 4. Kapitel des SGB V vereinbar ist. Diese Regelung gilt nach Satz 4 auch dann, wenn durch die Rechtsbeziehungen Dritte betroffen sind.

Die „entsprechende" Geltung des BGB kann nur bedeuten, dass die Rechtsbeziehungen nicht privatrechtlicher Natur sind, da anderenfalls das BGB unmittelbar zur Anwendung käme[52]. § 69 SGB V stellt somit eine gesetzliche Fiktion dar und regelt konstitutiv, dass die Rechtsbeziehungen zu allen Leistungserbringern und damit auch die Rahmenverträge öffentlich-rechtlicher Natur sind[53]. Bestätigt wird dieses Auslegungsergebnis durch die Gesetzesbegründung, welche die Vorschrift ausdrücklich dahingehend verstanden wissen will, dass diese die sozialversicherungsrechtliche (und damit öffentlich-rechtliche) Rechtsnatur der genannten Rechtsbeziehungen festlege[54]. Eine Zuordnung der Verträge im Bereich der Leistungserbringung zum Zivilrecht scheidet daher zukünftig aus[55].

Aus dieser Einordnung ergibt sich allerdings nicht unmittelbar, ob Wettbewerbsbeschränkungen im Bereich dieser Beziehungen zukünftig durch das Wettbewerbsrecht kontrolliert werden können. Dies wäre nur dann zu verneinen, wenn dessen Anwendung auf Wettbewerbsbeschränkungen im Rahmen öffentlich-rechtlicher Beziehungen prinzipiell ausgeschlossen wäre. Es wird Aufgabe des zweiten Teils sein darzulegen, dass dies gerade nicht der Fall ist, sondern dass nur die Wirkung auf den Wettbewerb für die Kontrolle anhand der Normen des GWB und UWG entscheidend ist[56].

---

[52] *Knispel*, NZS 2001, S. 466 (469).

[53] *Peikert/Kroel*, MedR 2001, S. 14 (18); zur Befugnis des Gesetzgebers, ein Recht konstitutiv als öffentlich-rechtlich zu benennen *Gern*, ZRP 1985, S. 56 (57); *Knispel*, NZS 2001, S. 466 (469); a.A. *Wigge*, NZS 2000, S. 534.

[54] BT-Drucks. 14/1245, S. 67; der letztlich Gesetz gewordene Entwurf mit der Stellungnahme des Bundesrates verweist auf diese ursprüngliche Entwurfsbegründung, BT-Drucks. 14/1721, S. 4.

[55] KassKom-*Hess*, § 69 SGB V Rn. 3; Krauskopf-*ders.*, § 69 SGB V Rn. 2; *Engelmann*, NZS 2000, S. 213 (219); *Boecken*, NZS 2000, S. 269 (270); *Bumiller*, GRUR 2000, S. 484 (487); *Boerner*, NJW 2000, S. 2718 (2719); *Knispel*, NZS 2001, S. 466 (468); Peters-*Hencke*, § 69 SGB V Rn. 16.

[56] Ausführlich dort unter § 1 A II 3.

c. Einzelverträge

Für das Abrechnungsverhältnis gilt das soeben Gesagte: Aufgrund der gesetzlichen Fiktion sind auch die hier bestehenden Rechtsbeziehungen seit dem 01.01.2000 dem öffentlichen Recht zuzuordnen.

IV. Grundprinzipien des SGB V

Das SGB V und damit auch der Bereich der Leistungserbringung wird von Grundprinzipien beherrscht, die als allgemeine Leitgedanken die Einzelregelungen des SGB V tragen und bestimmen[57]. Die Krankenkasse als öffentlichrechtliche Körperschaft ist an Gesetz und Recht gebunden (Art. 20 Abs. 3 GG). Sie hat diese Grundprinzipien auch bei der Nachfrage nach Leistungen zwingend zu beachten.

1. Wirtschaftlichkeitsgebot

Im Zentrum der Leistungserbringung steht das Wirtschaftlichkeitsgebot: Leistungen dürfen gemäß § 2 Abs. 1 SGB V nur unter Beachtung dieses Grundsatzes von den Krankenkassen an die Versicherten abgegeben werden. Damit wird auch die Leistungsbeschaffungstätigkeit der Krankenkassen von dem Wirtschaftlichkeitsgebot beherrscht. § 12 Abs. 1 SGB V definiert das Wirtschaftlichkeitsgebot dahingehend, dass Leistungen ausreichend, zweckmäßig und wirtschaftlich im engeren Sinne sein müssen. Diese Begriffe beschreiben eine günstige Zweck-Mittel-Relation: Im Vordergrund muss das Ziel stehen, mit dem Einsatz geringster Mittel den größtmöglichen Erfolg zu erreichen[58]. Vereinfacht unter dem Gesichtspunkt der Leistungsbeschaffung ausgedrückt bedeutet dies, dass die Krankenkassen verpflichtet sind, Sach- und Dienstleistungen möglichst preiswert zu beschaffen.

Die zentrale Bedeutung dieses Grundsatzes zeigt sich in der Tatsache, dass das SGB V gleich an mehreren Stellen die Krankenkassen, Leistungserbringer und die Versicherten auf dieses Gebot einschwört. § 4 Abs. 4 SGB V wiederholt die Pflicht der Krankenkassen zur Beachtung des Wirtschaftlichkeitsgebots, § 12 Abs. 1 und § 70 Abs. 1 SGB V verpflichten die Leistungserbringer zur Beachtung des Gebots. Umgesetzt wird diese Bindung durch die Zulassungsvorschriften: Können die Personen oder Unternehmen keine wirtschaftliche Versorgung

[57] Schulin-*ders.*, Handbuch KV, § 6 Rn. 6.

[58] BSGE 59, 197 (198); Krauskopf-*Käsling*, § 12 Rn. 5 f.; Peters-*ders.*, § 12 SGB V Rn. 25; Schulin-*Schneider*, Handbuch KV, § 22 Rn. 6.

gewährleisten, kann ihre Zulassung als Leistungserbringer verweigert (§§ 124 Abs.1, 126 Abs. 1 SGB V) und eine bereits erteilte Zulassung widerrufen werden (§§ 124 Abs. 6, 126 Abs. 4 SGB V). Schließlich begrenzt das Wirtschaftlichkeitsgebot die Leistungsansprüche der Versicherten[59]: Leistungen, die nicht dem Wirtschaftlichkeitsgebot entsprechen, können die Versicherten nicht auf Kosten der Krankenkasse beanspruchen.

Die allgemeinen Rechtsbegriffe des § 12 Abs. 1 SGB V sind in der Regel aber zu unbestimmt, um im Einzelfall bewerten zu können, ob eine Leistung unwirtschaftlich ist. Daher sieht das Gesetz an mehreren Stellen Konkretisierungen vor, etwa in Form der Arzneimittelrichtlinien nach § 92 SGB V oder der Festbeträge nach den §§ 35, 36 SGB V. Diese Instrumente steuern die Leistungsbeschaffung in vielfältiger Weise, um die preisgünstige Versorgung der Versicherten sicherzustellen. Da sie sich damit gleichzeitig auf die Tätigkeit der Anbieter auswirken, stehen sie im Mittelpunkt dieser Untersuchung.

2. Beitragssatzstabilität

Zusätzlich zu beachten ist der Grundsatz der Beitragssatzstabilität. Dieser in § 141 Abs. 2 SGB V verankerte Grundsatz soll gewährleisten, dass Beitragssatzerhöhungen ausgeschlossen werden, und repräsentiert so den Gedanken einer einnahmeorientierten Ausgabenpolitik, wonach für Leistungen nicht mehr aufgewendet werden soll, als den Krankenkassen an Beiträgen zufließt[60]. Obwohl der Grundsatz der wirtschaftspolitischen Globalsteuerung dient, ist er auch bei Rahmenverträgen zu beachten, wie § 71 SGB V zeigt[61]. Die Leistungserbringer werden verpflichtet, ihre Verträge so zu gestalten, dass zu erwartende Belastungen mit den geltenden Beitragssätzen finanziert werden können[62]. Vergütungen dürfen eine in § 71 Abs. 3 SGB V festgelegte Veränderungsrate nicht überschreiten.

3. Solidarprinzip

Die gesetzliche Krankenversicherung beruht nicht auf dem kommerziellen Prinzip der Äquivalenz. Der Beitrag des Versicherten bestimmt sich nach dessen individuellen Leistungsfähigkeit, dem Einkommen (§§ 226 ff. SGB V), bei im

---

[59] Krauskopf-*Käsling*, § 12 SGB V Rn. 9.
[60] BT-Drucks. 11/2237, S. 134.
[61] *Freudenberg*, Beitragssatzstabilität, S. 145.
[62] Krauskopf-*ders.*, § 71 SGB V Rn. 3.

Grundsatz gleichen Leistungen für alle[63]. Kern der darin zum Ausdruck kommenden solidarischen Finanzierung ist einerseits die Umverteilung zwischen „armen" und „reichen" Pflichtversicherten, andererseits die Umverteilung zugunsten von Familien. Für versicherte Familienmitglieder werden nach dem in § 3 S. 2 SGB V verankerten Familienlastenausgleich keine Beiträge erhoben.

Dieses Solidarprinzip ist auf den Pflichtversicherungsbereich beschränkt und kann nicht auf den Bereich der Leistungsbeschaffung erweitert werden[64]. Die Umverteilung zwischen den Versicherten der Solidargemeinschaft Krankenversicherung kann unabhängig von der Ausgestaltung des Leistungsbeschaffungsrechts erfolgen. Sie wäre auch dann möglich, wenn statt des Sachleistungs- ein Kostenerstattungsverfahren eingeführt würde[65]. An der Umverteilung zwischen den Versicherten sind die Anbieter daher nicht beteiligt. Dies ist insofern von Bedeutung, als der Europäische Gerichtshof im Hinblick auf die solidarische Funktion einer Tätigkeit die Unternehmenseigenschaft und damit die Anwendbarkeit der Wettbewerbsregeln auf Sozialversicherungsträger verneint hat[66]. Da das Solidarprinzip im Bereich der Leistungsbeschaffung gerade nicht zur Geltung kommt, dürfte diese Rechtsprechung nicht ohne weiteres übertragbar sein. Soweit von einem Solidarbeitrag der Leistungserbringer, insbesondere der Arzneimittelindustrie die Rede ist[67], beziehen sich diese Überlegungen darauf, den Leistungserbringern zur Erhaltung der Finanzierbarkeit der gesetzlichen Krankenversicherung ein Opfer in Form von Umsatzminderungen abzuverlangen. Dies korrespondiert mit dem oben erörterten Grundsatz des Wirtschaftlichkeitsgebots und der Beitragssatzstabilität. Ziel dieser Überlegungen ist somit eine verstärkten Bindung der Leistungserbringer an diese Prinzipien. Mit dem Solidarbereich der gesetzlichen Krankenversicherung im Sinne von § 3 SGB V hat dies nichts zu tun.

---

63 Maaßen-*Zipperer,* § 1 SGB V Rn. 6; Krauskopf-*ders.*, § 3 SGB V Rn. 2; Schulin-*ders.*, Handbuch KV, § 6 Rn. 46; *Kulbe*, Die gesetzliche und private Krankenversicherung, S. 26.

64 *Ebsen*, Rechtliche Instrumente der Freiheitssicherung und Steuerung bei der Leistungserbringung, S. 7 (9), in: Freiheit und Bindung.

65 *Gassner*, VSSR 2000, S. 121 (143).

66 EuGH Slg. 1993, I-637 – Poucet et Pistre.

67 So etwa *Kulbe*, Die gesetzliche und private Krankenversicherung, S. 190, 210; BT-Drucks. 12/3608, S. 73.

B. Leistungserbringung und Wettbewerb

Eine Ermittlung der kartellrechtlichen Grenzen für Beschränkungen des Wettbewerbs bei der Leistungserbringung setzt zunächst Klarheit über den Gegenstand der Beschränkung, den Wettbewerb voraus. Nationales Lauterkeits- und Kartellrecht verwenden diesen Begriff, ohne ihn allerdings näher zu definieren. Dies gilt auch für den EG-Vertrag, der in Art. 3 Abs. 1 lit. g EG die Schaffung eines „Systems unverfälschten Wettbewerbs" fordert. Als Gegenstand einer möglichen Beschränkung bedarf der Begriff Wettbewerb aber einer Konkretisierung. In einem ersten Schritt soll daher der Versuch unternommen werden, den Begriff im Hinblick auf das nationale und europäische Wettbewerbsrecht zu präzisieren (unten I.), bevor in einem zweiten Schritt untersucht wird, ob im Bereich der Leistungsbeschaffung Wettbewerbsbeziehungen bestehen, welche eingeschränkt werden können (unten II.). Schließlich ist der Frage nachzugehen, ob dieser Wettbewerb im Bereich der Leistungsbeschaffung funktionsfähig ist (unten III.).

I. Wettbewerb als Gegenstand einer Beschränkung

1. Versuch einer Konkretisierung des Begriffs Wettbewerb

a. Wettbewerb als nicht definierbares Phänomen

Für die wirtschaftstheoretische Erklärung, was Wettbewerb ist, stehen eine Vielzahl von Theorien zur Verfügung[68]. Gleichwohl ist es bis heute nicht gelungen, eine das Phänomen „Wettbewerb" in all seinen Facetten umfassende Definition zu entwickeln. Die wohl bekannteste Formulierung zur Beschreibung des wirtschaftlichen Wettbewerbs im Sinne des Rechts der Wettbewerbsbeschränkungen stammt von *Fikentscher*: Wirtschaftlicher Wettbewerb ist danach geprägt durch

„das selbständige Streben sich gegenseitig im Wirtschaftserfolg beeinflussende Anbieter oder Nachfrager (Mitbewerber) nach Geschäftsverbindungen mit Dritten (Kunden) durch Inaussichtstellen möglichst günstiger Geschäftsbedingungen"[69].

---

[68] Überblick bei *Mikroulea*, Wettbewerbsbeschränkende Maßnahmen S. 42 ff.; *Emmerich*, Kartellrecht, § 1 Ziff. 2.

[69] *Borchardt/Fikentscher*, Wettbewerb, Wettbewerbsbeschränkung, Marktbeherrschung S. 15.

Der Begriff „wirtschaftlicher Wettbewerb“ beschreibt somit, wie sich der Austausch von Gütern und Dienstleistungen vollzieht[70]. Nicht zentrale Lenkung und Planung, sondern die individuellen und autonomen Entscheidungen der einzelnen Akteure regeln den Güteraustausch. Anbieter und Nachfrager eines bestimmten Wirtschaftsgutes treffen in einem offenen Verhaltensprozess auf dem Markt als gedachten Ort aufeinander; Ergebnis ist die Abstimmung von Angebot und Nachfrage, die den unbekannten Preis eines Wirtschaftsgutes, den Marktpreis, ermittelt[71]. Dieser Charakter eines auf individuelle Entscheidungen gestützten Verfahrens des Güteraustausches macht das Phänomen des wirtschaftlichen Wettbewerbs aus: Es handelt sich um einen dynamischen Prozess, dessen Erscheinungsformen und Ergebnisse von einer Vielzahl von Einzelentscheidungen abhängen und daher nicht steuerbar oder planbar sind; eine positive Definition der Begriffe Wettbewerb oder Wettbewerbsbeschränkung ist daher nicht möglich[72].

Dagegen lassen sich Grundlage und Bedingung von Wettbewerb bestimmen: Wettbewerb beruht auf der Freiheit der wirtschaftlichen Betätigung aller Marktteilnehmer und ist damit zugleich ein Prinzip der Individualfreiheit[73]. Seine Entstehung und seine Wirksamkeit hängt somit maßgeblich von der Gewährung individueller Handlungsfreiheiten und deren Absicherung durch rechtliche Rahmenbedingungen ab[74]. Ein Schutz des Wettbewerbs als System der Wirtschaftssteuerung setzt somit primär den Schutz der Handlungsfreiheit des einzelnen im Marktprozess voraus[75].

b. Wettbewerb als Verfassungsprinzip des EG-Vertrages

Im Gegensatz zum Grundgesetz[76] taucht der Begriff „Wettbewerb“ im EG-Vertrag in unterschiedlichem Zusammenhang gleich an mehreren Stellen auf: In der Präambel verpflichten sich die Unterzeichnerstaaten zur Gewährleistung eines „redlichen“ Wettbewerbs. Art. 3 Abs. 1 lit. g EG beschreibt als Tätigkeitsbe-

---

70 *Neumann*, Kartellrechtliche Sanktionierung, S. 26.

71 *Fezer*, JZ 1990, S. 657; *Willemsen*, Wettbewerbstheorie - Wettbewerbspolitik, S. 71.

72 *Gleiss/Hirsch*, Art. 85 (1) Rn. 113; Immenga/Mestmäcker-*Emmerich*, EG-Wettbewerbsrecht Band 1, Art. 85 Kap. A Rn. 137; *Baumbach/Hefermehl*, Allgemeines, Rn. 25; *Rittner*, Wettbewerbs- und Kartellrecht, § 6 Rn. 35; *Herdzina*, Wettbewerbspolitik, S. 7 f.

73 *Fezer*, JZ 1990, S. 657 (660).

74 Langen/Bunte-*Bunte*, Art. 85 EG Generelle Prinzipien Rn. 36; *Mestmäcker*, Europäisches Wettbewerbsrecht, S. 172 ff.; *Gleiss/Hirsch*, Art. 85 (1) Rn. 132 ff.; Immenga/Mestmäcker-*Immenga*, GWB, § 1 Rn. 184; *Möschel*, Wettbewerbsbeschränkungen, Rn. 67-70, 79.

75 *Birk*, Prinzip des unverfälschten Wettbewerbs, S. 166.

76 Zur Frage der Wirtschaftsverfassung im zweiten Teil unter § 1 B III 1.

reich der Gemeinschaft zur Umsetzung der in Art. 2 EG genannten Ziele, insbesondere zur Errichtung des Gemeinsamen Marktes ein „System, das den Wettbewerb innerhalb des Binnenmarktes vor Verfälschungen schützt". Art. 4 Abs. 1 EG legt schließlich fest, dass die Wirtschaftspolitik dem Grundsatz einer offenen Marktwirtschaft mit freiem Wettbewerb verpflichtet ist.

In diesen Vorschriften wird zu Recht das Bekenntnis zu einer grundsätzlich vom Wettbewerb geprägten Marktwirtschaft gesehen[77]. Der nach Art. 2 EG zu errichtende Gemeinsame Markt soll primär durch die dem Marktprozess innewohnende Reaktion und Anpassung der Akteure auf die geänderten Rahmenbedingungen und nicht durch einen übergeordneten Wirtschaftsplan verwirklicht werden[78]. Wirtschaftliche Rationalität als Folge freier Ressourcenallokation wird damit zum Gemeinschaftsziel und zum Integrationsinstrument[79]. Einzelne Ermächtigungen zu nicht marktkonformen Eingriffen können diese konstituierende Funktion des Wettbewerbs nicht in Frage stellen[80]. Dem System unverfälschten Wettbewerbs kommt so innerhalb des EG-Vertrages Verfassungsrang zu[81].

Erfüllt werden kann die Integrationsaufgabe mit den Worten des Gerichtshofs nur von einem wirksamen Wettbewerb: Der von Art. 3 Abs. 1 lit. g vorausgesetzte unverfälschte Wettbewerb setzt

„das Vorhandensein von wirksamem Wettbewerb (workable competition) auf dem gemeinsamen Markt voraus; es muss also so viel Wettbewerb vorhanden sein, dass die grundlegenden Forderungen des Vertrages erfüllt und seine Ziele, insbesondere die Bildung eines einzigen Marktes mit binnenmarktähnlichen Verhältnissen, erreicht werden"[82].

---

77 Callies/Ruffert-*Häde*, Art. 4 EG Rn. 8; Lenz-*Grill*, Vorb. Art. 81-86 EG, Rn.2; *Fesenmair*, Öffentliche Dienstleistungsmonopole, S. 147; *Stumpf*, Aufgabe und Befugnis, S. 130 ff.; *Mestmäcker*, Europäisches Wettbewerbsrecht, S. 14.

78 Groeben-*Schröter*, Vorbem. Art. 85-94 EG, Rn. 13; Ausführlich zum Einfluss der unternehmerischen Entscheidungen auf die Integration: *Willemsen*, Wettbewerbstheorie – Wettbewerbspolitik, S. 115 f.

79 *Fesenmair*, Öffentliche Dienstleistungsmonopole, S. 148; *Stumpf*, Aufgabe und Befugnis, S. 129.

80 EuGH Slg. 1985, 1 (29) Rn. 8 – Leclerc/Au Blé Vert ; Slg. 1991, I-1223 (1269) Rn. 41 – Telekommunikationsendgeräte.

81 Groeben-*Schröter*, Vorbem. Art. 85 bis 94, Rn. 14; *van der Esch*, WuW 1988, S. 563 (565); Monopolkommission, Hauptgutachten 1988/89, S. 408; Immenga/Mestmäcker-*Mestmäcker*, EG-Wettbewerbsrecht Band 1, Einl. Rn. 68 ff.

82 EuGH Slg. 1977, 1875 (1905) – Rn. 20 – Metro/Kommission.

Eine völlige Ausschaltung des Wettbewerbs wäre mit dem vom Vertrag geforderten Mindestmaß an Wettbewerb nicht vereinbar[83]. Im Umkehrschluss lässt sich daraus ableiten, dass ein Höchstmaß an Wettbewerb in der Regel auch die weitestgehende Verwirklichung der allgemeinen Vertragsziele verwirklicht[84]. Die das Prinzip des Art. 3 Abs. 1 lit. g EG konkretisierenden Vorschriften sind daher so auszulegen und anzuwenden, dass ein möglichst umfassender und geschlossener Wettbewerbsschutz verwirklicht wird[85]. Hierfür muss der ungehinderte Zugang zum Markt und die Möglichkeit freier wirtschaftlicher Betätigung als Voraussetzungen für Wettbewerb sichergestellt werden. Anbieter müssen ihre Leistungen in bezug auf Preis, Güte, Service und andere Aktionsparameter frei bestimmen, Nachfrager die ihnen angebotene Leistung frei auswählen können. Ohne eine solche Handlungsfreiheit kann Wettbewerb weder entstehen noch sich entfalten[86]. Eine Behinderung dieser Handlungsfreiheit kann sowohl auf staatlichen Maßnahmen als auch auf dem Verhalten von Marktteilnehmern beruhen.

2. Schutz vor Wettbewerbsbeschränkungen durch das Wettbewerbsrecht

Ein effizienter Wettbewerbsschutz setzt somit den Schutz der individuellen Handlungsfreiheiten des einzelnen voraus. Es muss aber auch Vorsorge dahingehend getroffen werden, dass sich der Wettbewerb zum Nutzen aller frei und lauter entfalten kann. Dem dienen auf nationaler Ebene zum einen das auch als Kartellrecht bezeichnete Gesetz gegen Wettbewerbsbeschränkungen, zum anderen das als Wettbewerbsrecht im engeren Sinne oder Lauterkeitsrecht bezeichnete Gesetz gegen den unlauteren Wettbewerb. Auf europäischer Ebene sollen primär die Wettbewerbsregeln der Art. 81 ff. EG einen funktionsfähigen Wettbewerb sichern.

a. GWB und UWG als Wettbewerbsrecht im weiteren Sinne

Das Gesetz gegen Wettbewerbsbeschränkungen (GWB) hat die Aufgabe, die Freiheit des Wettbewerbs sicherzustellen und wirtschaftliche Macht zu beseitigen[87]. Die zentrale Vorschrift des § 1 GWB verbietet daher in Anlehnung an Art. 81 EG jede Verhinderung, Einschränkung oder Verfälschung dieses Wett-

---

[83] EuGH Slg. 1973, 215 (244) Rn. 24 – Continental Can/Kommission.
[84] Groeben-*Schröter*, Art. 85 EG Einführung, Rn. 17.
[85] Lenz-*Grill*, Vorb. Art. 81-86 EG Rn. 5; *van der Esch*, WuW 1988, S. 563 (564).
[86] *Baumbach/Hefermehl*, Allgemeines Rn. 17; *Plassmann*, JZ 1968, S. 81 (87).
[87] Langen/Bunte-*Bunte*, Einf. GWB Rn. 48; Begründung zum Gesetzentwurf, BT-Drucks. 2/1158, S. 21; *Rittner*, Wettbewerbs- und Kartellrecht, § 5 Rn. 41; Immenga/Mestmäcker-*Immenga*, Einleitung Rn. 1.

bewerbs. In Anbetracht der fehlenden Definition des Begriffs Wettbewerb und der individuellen Handlungsfreiheit des Einzelnen als Grundvoraussetzung des Wettbewerbs lässt sich das Verbot dahingehend präzisieren, dass die Verhinderung von künstlichen Beschränkungen der unternehmerischen Handlungsfreiheit im Vordergrund steht[88]. Besondere Gefahr droht dabei von einer Beeinträchtigung der Funktion von Angebot und Nachfrage und damit des Marktpreises als Steuerungsfaktor des Wirtschaftsablaufes. Die Erhaltung dieser Funktion durch das GWB wurde daher in der Gesetzesbegründung besonders betont[89].

Dem UWG kommt dagegen primär die Aufgabe zu, das Verhalten der Unternehmen im Wettbewerb zu steuern. Ein schrankenloser Wettbewerb, der jedes Mittel erlaubt, ist unerwünscht. Bekämpft werden sollen daher unlautere Wettbewerbsmethoden, die zu verfälschten Wettbewerbsergebnissen führen[90]. Auch das UWG dient so der Aufrechterhaltung einer funktionsfähigen Wettbewerbsordnung, ohne damit die Zielsetzung des GWB zu übernehmen. Bei der Prüfung der Unlauterkeit einer Maßnahme werden aber auch die Auswirkungen auf den Markt berücksichtigt, wenn die Mitbewerber als Anbieter oder Nachfrager vom Markt verdrängt werden und so der Wettbewerb vollständig oder teilweise aufgehoben wird[91].

Beide Gesetze ergänzen sich, da das Lauterkeitsrecht den Bestand einer Wirtschaftsordnung voraussetzt, in der es überhaupt Wettbewerb gibt. Dies und die sich teilweise überschneidenden Anwendungsbereiche beider Gesetze rechtfertigen es, Lauterkeits- und Kartellrecht im Rahmen dieser Untersuchung einheitlich zu beurteilen, nicht zuletzt deshalb, weil sich die spezifischen Fragen der Anwendbarkeit im Hinblick auf die Beschaffungstätigkeit der Krankenkassen bei beiden Gesetzen in gleicher Weise stellen. Im Folgenden bezeichnet der Begriff „Wettbewerbsrecht" daher GWB und UWG als Wettbewerbsrecht im weiteren Sinne.

b. Art. 81 ff. EG

Neben den Art. 87 bis 89 EG, welche die Chancengleichheit der Wettbewerber sichern, dienen in erster Linie die Wettbewerbsregeln der Art. 81 bis 86 EG dem von Art. 3 Abs. 1 lit. g EG aufgegebenen Schutz des Wettbewerbs. Auch hier steht die Sicherung der wirtschaftlichen Handlungsfreiheit des einzelnen als

---

[88] Langen/Bunte-*Bunte*, § 1 GWB Rn. 125; *Emmerich*, Kartellrecht, § 3 Ziff. 8 b.
[89] BT-Drucks. 2/1158, S. 22.
[90] *Baumbach/Hefermehl*, Allgemeines Rn. 76.
[91] *Baumbach/Hefermehl*, Einleitung Rn. 119.

Grundbedingung für Wettbewerb im Vordergrund. Der Europäische Gerichtshof vertritt insoweit ein Selbständigkeitspostulat, wonach

„jeder Unternehmer selbständig zu bestimmen hat, welche Politik er auf dem Gemeinsamen Markt betreiben und welche Bedingungen er seiner Kundschaft gewähren will“[92].

Dabei hängt der Schutz nicht vom Vorliegen idealtypischer Marktformen ab. Vielmehr wird der Wettbewerb in all seinen Erscheinungsformen so, wie ihn die Marktteilnehmer jeweils vorfinden, geschützt[93]. Einen grundsätzlichen Vorrang einzelner Wettbewerbsformen wie beispielsweise dem Preiswettbewerb gibt es nicht[94]. Eingeschränkt ist der Schutz insoweit, dass gemäß der Präambel nur der rechtmäßige und lautere (redliche) Wettbewerb geschützt wird[95]. Als Primärrecht nehmen die unmittelbar anwendbaren Wettbewerbsregeln am Vorrang des Gemeinschaftsrechts vor dem nationalen Recht teil[96]. Kommt es zu einem Konflikt zwischen den europäischen Wettbewerbsregeln und nationalen Vorschriften, ist dieser nach dem Grundsatz des Vorrangs des Gemeinschaftsrechts zu lösen[97]: Die nationale Vorschrift findet keine Anwendung.

Das in Art. 3 Abs. 1 lit. g EG niedergelegte System unverfälschten Wettbewerbs und die es konkretisierenden Normen wirken sich nicht nur auf die Tätigkeit von Unternehmen aus. An dieses Verfassungsprinzip sind auch die Mitgliedstaaten gebunden[98]. Für sie ergeben sich daher Verpflichtungen, das Prinzip unverfälschten Wettbewerbs zu beachten[99].

3. *Einschränkungen des Wettbewerbsschutzes?*

Das Wettbewerbsprinzip wird weder im EG-Vertrag noch im nationalen Kartellrecht absolut gesetzt, sondern erfährt Durchbrechungen. Die Ausnahmen vom Kartellverbot (§§ 2 ff. GWB, Art. 81 Abs. 3, Art. 86 Abs. 2 EG), die ein Kartell

---

92 EuGH Slg. 1975, 1663 (1945) Rn. 173, 174 – Suiker Unie.

93 EuGH Slg. 1980, 2511 (2536) Rn. 24 – Lancome; Slg. 1985, 3933 (3943) Rn. 11 – ETA/DK Investment; *Heiduk/Emmerich*, Arzneimittelmarkt und europäisches Wettbewerbsrecht, S. 191.

94 EuGH Slg. 1977, 1875 (1906) Rn. 21 – Metro/SABA.

95 EuGH Slg. 1966, 457 (483) – Italien/Rat.

96 EuGH Slg. 1969, 1, 13 f. – Walt Wilhelm/Bundeskartellamt; EuG Slg. 1995, II-1127 (1141) Rn. 26 – Sotralentz/Kommission.

97 EuGH Slg. 1964, 1251 (1270) – Costa/ENEL; Slg. 1969, 1 (14) Rn. 6 – Walt Wilhelm.

98 Zum Ausdruck kommt diese Bindung der Mitgliedstaaten vor allem in den Art. 4 Abs. 1, 98 S. 2 EG.

99 *Emmerich*, Kartellrecht, § 36 Ziff. 1; Siehe ausführlich im dritten Teil unter § 3.

und damit eine Beschränkung von Freiheit legalisieren zeigen, dass im Einzelfall das Interesse an der Sicherung der freien Betätigung zugunsten anderer Interessen zurücktreten muss. Die Frage nach einer Einschränkung des Wettbewerbsschutzes stellt sich vor allem dann, wenn der Wettbewerb scheinbar seine Funktion einer optimalen Ressourcenallokation nicht zu erfüllen vermag (unten a.). Auf der Ebene des Gemeinschaftsrechts besteht zudem das Problem fortbestehender nationaler Kompetenzbereiche, die bei einer unbegrenzten Anwendung der in den Art. 81 ff. EG niedergelegten Verbote möglicherweise in unzulässiger Weise beschränkt werden könnten (unten b.).

a. Wettbewerbsdefizite

Wettbewerb wird nicht um seiner selbst Willen geschützt, sondern wegen der mit ihm verfolgten gesellschafts- und wirtschaftspolitischen Ziele. Der Wettbewerb kann seine Funktion aber, ungeachtet der den Marktteilnehmern zur Verfügung stehenden Handlungsfreiheiten, nicht oder nur eingeschränkt erfüllen, wenn wesentliche Wettbewerbsparameter nicht zur Geltung kommen. Verfügt etwa der Nachfrager über unbegrenzte Finanzmittel oder ist der Preis eines Gutes für seine Nachfrageentscheidung aus anderen Gründen irrelevant, tritt der Faktor Preis in seiner Bedeutung in den Hintergrund. Greift der Staat zur Ausgleichung des Defizits in den Wettbewerb ein und beschränkt er dabei die Handlungsfreiheiten von Marktteilnehmern, stellt sich die Frage, ob in dieser Beschränkung von Handlungsfreiheiten zugleich eine Wettbewerbsbeschränkung zu sehen ist.

b. Kollision des Gemeinschaftsinteresses mit nationaler Kompetenzzuständigkeit im Sozialbereich

Das Ziel eines umfassenden Wettbewerbsschutzes muss möglicherweise auch dort zurücktreten, wo nicht allein das Gemeinschaftsinteresse an einem unverfälschten Wettbewerb im Raum steht, sondern wo auch Interessen der Mitgliedstaaten an der Durchsetzung politischer Ziele berührt werden. Ungeachtet der fortschreitenden Integration kommt den Mitgliedstaaten in einigen Politikbereichen nach wie vor die alleinige Gestaltungskompetenz zu. Als Beispiel zu nennen ist die Wirtschaftspolitik, die bis auf die Kompetenzen der Gemeinschaft zur Koordinierung (Art. 98 f. EG) ausschließlich in den Bereich nationaler Zuständigkeit fällt. Aber auch im hier relevanten Bereich der sozialen Sicherheit sind die Mitgliedstaaten weitgehend allein zuständig: Art. 137 Abs. 2, 3 EG erlaubt lediglich den einstimmigen Erlass von Richtlinien zur Setzung von Mindestvorschriften auf dem Gebiet der sozialen Sicherheit. Die Kompetenz der Gemeinschaft ist auf eine bloße Unterstützung der Mitgliedstaaten und eine Ergänzung ihrer Tätigkeit beschränkt[100]. Art. 140 EG schließlich sieht die Förderung der Zusammenarbeit zwischen den Mitgliedstaaten durch die Kommission auf dem Gebiet der sozialen Sicherheit vor, ermächtigt aber nur zu nicht verbindlichen Handlungen[101]. Das Gemeinschaftsrecht erlaubt somit weder eine Harmonisierung des Rechts der Mitgliedstaaten noch gar die Schaffung eines gemeinschaftsrechtlichen Sozialversicherungssystems[102]. Die Kernkompetenzen im Bereich der Sozialversicherung im Allgemeinen und der Krankenversicherung im Besonderen stehen weiterhin den Mitgliedstaaten zu. Es kommt zu einem Nebeneinander von nationalen Sozialverfassungen und europäischer Wirtschaftsverfassung, das dort zu Konflikten führt, wo beide Bereiche tangiert werden.

Fraglich ist, ob dieser Konflikt dadurch gelöst werden kann, dass das Gemeinschaftsinteresse an einem unverfälschten Wettbewerb zugunsten der nationalen Interessen zumindest teilweise zurücktritt. Bei der Frage der Rechtfertigung von Verstößen im Rahmen der Grundfreiheiten hat der Gerichtshof mehrfach die Befugnis der Mitgliedstaaten betont, ihre Sozialversicherungssysteme auszugestalten[103]. Welche Konsequenzen dies aber genau für die Anwendung des Gemeinschaftsrechts hat, ist nach wie vor offen. Ein möglicher Ansatz zum Ausgleich der widerstreitenden Interessen könnte das Verhältnismäßigkeitsprinzip sein. Es gehört zu den tragenden Grundsätzen des Gemeinschaftsrechts und wird an anderen Stellen im Gemeinschaftsrecht, etwa Art. 30 EG herangezogen, wenn es um den Ausgleich nationaler und Gemeinschaftsinteressen geht[104]. Mit seinem Abwägungsprozess könnte dieses Prinzip ein geeignetes Instrument zur Bewältigung des notwendigen Rechtsgüterausgleiches darstellen[105].

II. Wettbewerb im Bereich der Leistungsbeschaffung

Wettbewerbsbeziehungen bestehen im Bereich des Gesundheitswesens etwa zwischen den gesetzlichen Krankenkassen auf dem Mitgliedermarkt: Das durch das Gesundheitsstrukturgesetz zum 01.01.1996 eingeführte Kassenwahlrecht nach § 173 SGB V gibt jedem Versicherten das Recht, seine Krankenkasse zu

---

100 Callies/Ruffert-*Krebber*, Art. 137 EG Rn. 2; Schwarze-*Rebhahn*, Art. 137 EG Rn. 16.

101 Schwarze-*Rebhahn*, Art. 140 EG Rn. 1.

102 Callies/Ruffert-*Brechmann*, Art. 42 EG Rn. 13.

103 EuGH Slg. 1984, 523 (540) Rn. 16 – Duphar/Niederlande; EuGH Slg. 1998, I-1931 (1948) Rn. 41 – Raymond Kohll/Union des caisses de maladie; Slg. 1998, I-1831 (1884) Rn. 39 – Nicolas Decker/Caisse de maladie des employés privés.

104 *Bach*, Wettbewerbsrechtliche Schranken, S. 261; näher zu dem Grundsatz der Verhältnismäßigkeit im Gemeinschaftsrecht *Schwarze*, Europäisches Verwaltungsrecht, S. 661 ff.

105 *Steinberger*, Staatliche Wirtschaftsinterventionen, S. 121; Schwarze-*Becker*, Art. 30 EGV Rn. 63.

wechseln[106]. Entscheidend für die vorliegende Untersuchung ist jedoch, ob im Bereich der Leistungsbeschaffung Wettbewerb existiert, der beschränkt werden kann. Wie im folgenden zu zeigen sein wird, hat der Gesetzgeber eine eindeutige Grundentscheidung getroffen: Die Beschaffung von Leistungen soll auf dem freien Markt unter Ausnutzung des Wettbewerbs erfolgen.

1. Freie Wahl der Versicherten unter den zugelassenen Leistungserbringern

§ 2 Abs. 3 SGB V berechtigt die Versicherten, zwischen den zugelassenen Leistungserbringern frei zu wählen. Entgegen dem missverständlichen Wortlaut regelt die Vorschrift kein Recht der Krankenkassen, selektiv einzelne Leistungserbringer auszuwählen. Ein solches Recht gibt es rechtlich und praktisch nicht, da jeder Leistungserbringer zugelassen werden muss, der die Voraussetzungen erfüllt. Auf diese Weise wird sichergestellt, dass auf dem Markt eine Vielzahl von Anbietern tätig sind, zwischen denen Wettbewerb entstehen kann[107]. § 2 Abs. 3 SGB V ist Ausdruck dieses Wettbewerbs zwischen den Leistungserbringern[108]. Nur bei freiem Wettbewerb zwischen den Leistungserbringern macht das Wahlrecht der Versicherten Sinn, da anderenfalls gar nicht genug Anbieter für eine Auswahl existieren. § 2 Abs. 3 SGB V setzt somit voraus, dass es für eine bestimmte Sach- oder Dienstleistung nicht nur einen, sondern viele Anbieter gibt, zwischen denen Wettbewerb herrscht.

2. Beachtung der Vielfalt der Leistungserbringer durch die Krankenkassen

Ein Wahlrecht der Versicherten wäre wirkungslos, wenn sich die Krankenkasse auf Vertragsabschlüsse mit jeweils nur einem Anbieter beschränken könnte. § 2 Abs. 3 SGB V verpflichtet die Krankenkassen daher auch, mit möglichst vielen Leistungserbringern Verträge abzuschließen und so für eine reichhaltige Angebotsstruktur zu sorgen[109]. Von diesem Verbot kann nur in Ausnahmefällen abgewichen werden[110]. Mit § 2 Abs. 3 SGB V nicht vereinbar wäre es beispielsweise, wenn die Krankenkassen nur mit dem jeweils preisgünstigsten Anbieter Vertragsbeziehungen eingehen würden[111].

---

106 Der Wettbewerb zwischen den Krankenkassen war ausdrückliches Ziel des Gesetzgebers, vgl. BT-Drucks. 12/3608, S. 68.

107 *Bieback*, NZS 1997, S. 393 (394); Bei den Vertragsärzten besteht über den Bedarfsplan nach § 99 SGB V die Möglichkeit der Anordnung von Zulassungsbeschränkungen, vgl. Schulin-*Funke*, Handbuch KV, § 32 Rn. 65.

108 Krauskopf-*ders.*, § 2 SGB V Rn. 13.

109 Maaßen-*Zipperer*, § 2 SGB V Rn. 11; KassKom-*Peters*, § 2 SGB V Rn. 7.

110 Peters-*ders.*, § 2 SGB V Rn. 15 m.w.N.

111 Schulin-*Henninger*, Handbuch KV, § 41 Rn. 6.

3. Wettbewerb als Mittel zur Umsetzung des Wirtschaftlichkeitsgebotes

Die Pflicht der Krankenkassen, jeden zugelassenen und vom Versicherten gewählten Leistungserbringer zu vergüten, steht in einem gewissen Spannungsverhältnis mit dem Wirtschaftlichkeitsgebot. Versicherte lassen sich bei der Wahl des Leistungserbringers nicht von dessen wirtschaftlicher Effizienz leiten, da sie keinerlei Einblick in den Betriebsablauf haben. Da die Krankenkassen die Vielfalt der Leistungserbringer beachten müssen, könnte es so zur Übernahme der Kosten unwirtschaftlicher Leistungen kommen.

Diese bestehende Gefahr hat der Gesetzgeber dadurch entschärft, dass die Gewährleistung einer wirtschaftlichen Versorgung Zulassungsvoraussetzung ist (§§ 124 Abs. 1, 126 Abs. 1 SGB V). Da die Versicherten nur unter zugelassenen Leistungserbringern auswählen dürfen, wird die Einhaltung des Wirtschaftlichkeitsgebotes bereits auf erster Stufe der Beziehungen zwischen Krankenkasse und Leistungserbringer sichergestellt. Zudem zeigt § 127 Abs. 3 SGB V, dass der Gesetzgeber Wirtschaftlichkeit und Wettbewerb bei der Leistungserbringung nicht nur als vereinbar, sondern sogar als zwingend zusammengehörend ansieht: Die im Dienste des Wirtschaftlichkeitsgebots stehende Vorschrift ermöglicht es den Krankenkassen, Preisvergleiche bei den Leistungserbringern durchzuführen und die Versicherten über preisgünstige Versorgungsmöglichkeiten zu informieren[112]. Dieser Preisvergleich setzt aber notwendigerweise voraus, dass es auf dem Markt eine Vielzahl von Anbietern gibt, zwischen denen Preiswettbewerb besteht[113]. Wenn viele Leistungserbringer miteinander im Wettbewerb stehen und Vertragsbeziehungen mit den Krankenkassen suchen, ermöglicht diese Konstellation der Krankenkasse die Erschließung günstiger Versorgungsmöglichkeiten. Nach der Konzeption des SGB V soll so der Wettbewerb mit seiner Preissteuerungsfunktion eine möglichst wirtschaftliche Versorgung gewährleisten[114].

Die Grenze für die Ausnutzung von Wirtschaftlichkeitsreserven ist dann erreicht, wenn die Krankenkassen durch Konzentration auf wenige Anbieter eine Kostensenkung zu erreichen suchen. Das Bundessozialgericht hat ausdrücklich klargestellt, dass ein solches Verhalten nicht mehr vom Wirtschaftlichkeitsgebot gedeckt ist, da es der Intention des Gesetzgebers, das Wirtschaftlichkeitsgebot mit Mitteln des Wettbewerbs zu erfüllen, widerspricht[115]. Etwas anderes kann nur gelten, wenn die Krankenkassen hierzu durch Ermächtigungsnormen legiti-

112 Krauskopf-*Knittel*, § 127 SGB V Rn. 7.
113 BGH NJW 1991, S. 2963 (2967); *Beuthien*, MedR 1994, S. 253 (261).
114 *Beuthien*, a.a.O., S. 253 (261); *Boecken*, NZS 2000, S. 269 (273).
115 BSGE 77, 119 (126).

miert sind. Entsprechende Beschränkungen des Wettbewerbs sind daher bereits sozialrechtswidrig.

III. Defizite marktwirtschaftlicher Steuerung im Bereich der Leistungserbringung

Als unmittelbare Folge der dargestellten Organisation der Leistungsbeschaffung bestehen allerdings Steuerungsmängel im Rahmen dieses Wettbewerbs, welche seine Fähigkeit zur optimalen Allokation in Frage stellen.

1. Steuerungsmängeln als Folge der dreigeteilten Nachfrage bei der Leistungserbringung

Auf gewöhnlichen Märkten definiert der Einzelne seinen Bedarf, deckt diesen Bedarf durch Auswahl geeigneter Güter oder Leistungen und trägt mit den Kosten die finanziellen Folgen seiner Bedarfsentscheidung. Im Bereich der Leistungserbringung führt das Sachleistungsprinzip zu einer „Aufspaltung" der Nachfrageseite: Der Versicherte als Konsument definiert den Bedarf; ihm fehlt jedoch die medizinische Sachkenntnis, die konkrete, zur Befriedigung dieses Bedarfs notwendige Leistung nachzufragen. Konkretisiert wird die Nachfrageentscheidung erst durch den Arzt, der die Behandlungen bzw. Sachmittel verschreibt, und der damit zum eigentlichen Disponenten im Nachfrageprozess wird. Schließlich werden die Kosten dieser Auswahlentscheidung nicht von den Versicherten, sondern von den Krankenkassen getragen, die selbst nicht direkt an der Auswahl beteiligt sind. Aus dieser Dreiteilung der Nachfrageseite resultieren Wettbewerbsdefizite.

a. Preisunempfindlichkeit der Nachfrage

Die Nachfrage durch die Versicherten wird aus soziapolitischen Gründen nicht durch Preise reguliert: Niemand soll von den Leistungen des Gesundheitssystems wegen mangelnder Zahlungsfähigkeit ausgeschlossen werden[116]. Damit fehlt aber für die Versicherten zugleich der Anreiz, sich wirtschaftlich zu verhalten. Da sie nicht direkt mit den finanziellen Folgen ihres Handelns konfrontiert werden, fragen sie die bestmöglichsten Leistungen in großem Umfang nach[117]. Steigende Beiträge als mittelbare Folge dieses Verhaltens führen nur dazu, dass die Versicherten versuchen, noch mehr Leistungen in Anspruch zu

---

116 *Lampert*, Sozialpolitik, S. 246.

117 *Lampert*, a.a.O., ebenda; *Freudenberg*, Beitragssatzstabilität, S. 24; *Gitter/Oberender*, Möglichkeiten und Grenzen, S. 17.

nehmen[118]. Das System setzt so Anreize für eine übermäßige Nachfrage nach Gesundheitsgütern, bei welcher der Preis als Entscheidungskriterium kaum Bedeutung erlangt[119].

b. Angebotsinduzierte Nachfrage

Der Arzt konkretisiert nach dem oben Gesagten die Nachfrage des Versicherten und wird damit in gewissem Sinne selbst zum Nachfrager; er ist jedoch zugleich Leistungserbringer und damit Anbieter medizinischer Leistungen. Diese Doppelfunktion birgt die Gefahr in sich, dass die Nachfrage nach Gesundheitsleistungen bewusst erhöht wird, um den eigenen Umsatz und damit auch den Gewinn zu erhöhen (sog. „angebotsinduzierte Nachfrage“)[120]. Die Preise können somit auch hier keine ausgabenkontrollierende Funktion wahrnehmen. Dies trifft in erster Linie nicht den Versicherten, sondern die Krankenkasse: Als Kostenträger ist sie, von der Möglichkeit einer Wirtschaftlichkeitsprüfung einmal abgesehen, zur Zahlung verpflichtet.

2. Marktintransparenz

Als weiterer Steuerungsmangel im Bereich der Leistungserbringung wird die Intransparenz auf den Märkten, insbesondere dem Arzneimittelmarkt genannt[121]. Hier ist der Markt aufgrund der Vielzahl zugelassener Arzneimittel, unterschiedlicher Packungsgrößen, Darreichungsformen oder therapeutischer Wirksamkeit der Mittel kaum mehr überschaubar[122]. Arzt und Verbraucher sind daher gar nicht in der Lage, entsprechend dem Wirtschaftlichkeitsgebot bei gleicher Wirksamkeit und Qualität das preisgünstigste Arzneimittel auszuwählen[123]. Diese Intransparenz erschwert es den Marktkräften zusätzlich, ihre preisregulierende Funktion zu entfalten.

---

118 Sog. „*Moral-Hazard-Phänomen*“, vgl. *Gitter/Oberender*, Möglichkeiten und Grenzen, S. 19 m.w.N.

119 *Vogelbruch*, Festbeträge für Arzneimittel, S. 85.

120 *Lampert*, Sozialpolitik, S. 246 f.; *Gitter/Oberender*, Möglichkeiten und Grenzen, S. 19.

121 *Lampert*, a.a.O., S. 249; *Ramsauer*, Arzneimittelversorgung, S. 148 ff.

122 Beim Bundesgesundheitsamt sind über 140000 Arzneimittel zugelassen oder registriert, vgl. Bericht der Enquete-Kommission „Strukturreform in der GKV“, BT-Drucks. 11/6380, S. 242.

123 *Ramsauer*, Arzneimittelversorgung, S. 146.

3. Zwischenergebnis

Die Analyse hat deutlich gemacht, dass bei dem Vorgang der Leistungserbringung Wettbewerbsdefizite bestehen. Insbesondere dem Wettbewerbsparameter Preis kommt abweichend vom „normalen" Marktmodell eine geringere Bedeutung zu.

Dennoch hat der Gesetzgeber vorgesehen, dass die Krankenkassen die Leistungen von privaten Unternehmern zu beschaffen und dabei mit möglichst vielen Anbietern Rahmenverträge abzuschließen haben. Das Streben der miteinander konkurrierenden Anbieter um günstige Geschäftsabschlüsse mit den Krankenkassen führt zum Entstehen von Wettbewerbsbeziehungen. Dies zeigt etwa der Blick auf den Arzneimittelmarkt, auf dem sich ungeachtet der Steuerungsmängel Wettbewerbsprozesse beobachten lassen. So kommt es zwischen Herstellern von Originalpräparaten und den Herstellern von Nachahmerpräparaten (sog. „Generika") zu einem Verdrängungswettbewerb, der auch über den Wettbewerbsparameter Preis erfolgt, während zwischen den Herstellern von Originalpräparaten die Wettbewerbsparameter Produktinnovation, Qualität und Werbung im Vordergrund stehen[124]. Ungeachtet der Defizite besteht bei der Leistungsbeschaffung somit ein schutzwürdiger und durch das Wettbewerbsrecht prinzipiell vor Eingriffen zu bewahrender Wettbewerb[125].

§ 2 Einschränkungen des Wettbewerbs bei der Leistungsbeschaffung

I. Kostensteuerung durch Eingriffe in den Wettbewerb

Die bisherige Untersuchung hat deutlich gemacht, dass sich die Leistungsbeschaffung durch die Krankenkassen unter Wettbewerbsbedingungen vollzieht, und dass dies auch gewollt ist, um sich die preisregulierende Funktion des Wettbewerbs zunutze zu machen. Auf der anderen Seite stellen aber Wettbewerbsdefizite als Folge der Organisation der Leistungserbringung gerade diese preisregulierende Funktion in Frage. Damit wird zugleich die Umsetzung des Wirtschaftlichkeitsgebots mit dem Ziel einer kostengünstigen Beschaffung der Leistungen erschwert. Soll dieses Ziel erreicht werden, bedarf es Maßnahmen zum Ausgleich dieser Wirtschaftlichkeitsdefizite.

---

124 *Vogelbruch*, Festbeträge für Arzneimittel, S. 94 ff.; eine ausführliche empirische Analyse des Wettbewerbs auf dem Arzneimittelmarkt findet sich bei *Heiduk/Emmerich*, Arzneimittelmarkt und europäisches Wettbewerbsrecht, S. 53 ff.

125 *Heiduk/Emmerich*, a.a.O., S. 205.

Der Gesetzgeber hat sich nicht dafür entschieden, durch eine Umorganisation des Leistungserbringungsrechts mehr Wettbewerb zuzulassen[126]. Statt dessen sollen primär steuernde Eingriffe in den Wettbewerb sicherstellen, dass die Krankenkassen das Ziel einer günstigen Beschaffung von Leistungen unter den gegebenen Bedingungen erreichen können (unten 1.). Häufig kommt es in der Praxis zudem zu wettbewerbsbeschränkenden Verhaltensweisen einzelner Kassen, um entsprechend günstige Geschäftsbedingungen zu erreichen (unten 2.).

1. Staatliche Regulierung des Wettbewerbs

Eine Senkung der Ausgaben für Leistungen lässt sich zum einen direkt durch staatliche Eingriffe in den Marktprozess erreichen. Der Wettbewerb wird nicht dem freien Spiel von Angebot und Nachfrage überlassen, sondern reguliert, indem die Wettbewerbsbedingungen zugunsten der Krankenkassen verändert werden. Der Form nach handelt es sich bei diesen Eingriffen im Rahmen des SGB V teilweise um Rechtsverordnungen. Es können aber auch staatliche Regelungen die Krankenkassen oder ihre Verbände ermächtigen, bei der Beschaffungstätigkeit in nicht wettbewerbskonformer Weise auf das Marktverhalten der Anbieter Einfluss zu nehmen. Als Beispiel lässt sich etwa die Festbetragsfestsetzung nach §§ 35, 36 SGB V anführen, mit welcher die Spitzenverbände der Krankenkassen den Arzneimittelherstellern faktisch die Verkaufspreise vorschreiben können[127]. Solche regulierende Eingriffe, mit denen versucht werden soll, den Wettbewerbsprozess auf ein bestimmtes Ergebnis hin zu steuern, stehen in besonderem Widerspruch zu dem Charakter des Wettbewerbs als Entdeckungsverfahren, dessen Ergebnisse nicht vorhergesagt werden können[128]. Sie schränken zudem die wirtschaftliche Handlungsfreiheit der Anbieter ein und berühren damit ein Schutzgut des nationalen wie des europäischen Wettbewerbsrechts.

Im Bereich des SGB V gibt es unterschiedliche Formen solcher regulierende Eingriffe, die auf verschiedene Weise den Wettbewerb beschränken. Unter II. und III. werden einzelne dieser Steuerungsinstrumente vorgestellt und auf ihre wettbewerbsbeschränkenden Wirkungen hin untersucht.

---

126 Eine Übersicht über Vorschläge zu einer mehr marktwirtschaftlichen Orientierung des Gesundheitswesens findet sich im Bericht der Enquete-Kommission zur Strukturreform, BT-Drucks. 11/6380, S. 320 ff.

127 Näher hierzu im Folgenden unter § 2 II 5.

128 *Gitter/Oberender*, Grenzen und Möglichkeiten, S. 32.

2. Wettbewerbsbeschränkendes Marktverhalten der Krankenkassen

Den oben unter Ziff. 1. beschriebenen Fällen ist gemeinsam, dass eine Regelung im SGB V entweder direkt in den Wettbewerb eingreift oder doch die Krankenkassen zu einem solchen Verhalten ermächtigt oder sogar verpflichtet. Letztere sind indes auch unabhängig von solchen Ermächtigungsnormen zur Beachtung des Wirtschaftlichkeitsgebots bei der Leistungsbeschaffung verpflichtet. Dies kann dazu führen, dass einzelne Krankenkassen bei der Beschaffungstätigkeit unter Berufung auf das Wirtschaftlichkeitsgebot auch ohne eine solche ausdrückliche Ermächtigung in den Wettbewerbsprozess eingreifen, um eine möglichst günstige Leistungsbeschaffung sicherzustellen. In der Entscheidungspraxis der Sozial- wie auch der Zivilgerichte gibt es hierfür vielfältige Beispiele:

So kommt es häufig dazu, dass einzelne Anbieter gegenüber anderen beim Abschluss oder beim Vollzug von Verträgen benachteiligt bzw. ungleich behandelt werden. Als Beispiel lässt sich das Urteil des Bundesgerichtshofs vom 12.03.1991 anführen, dass die Beziehung zwischen einer allgemeinen Ortskrankenkasse und einem privaten Krankentransportunternehmen betraf[129]. Wie beim öffentlichen Rettungsdienst erfolgte die Abrechnung der Kosten bei Transporten von Versicherten durch dieses Unternehmen zunächst direkt mit der Krankenkasse. Diese verweigerte dann aber die Direktabrechnung mit der Begründung, sie wolle aus Kostengründen zukünftig nur noch öffentliche Rettungsdienste in Anspruch nehmen. Der Privatunternehmer transportierte weiterhin Versicherte, es wurde aber nicht mehr wie bei öffentlichen Rettungsdiensten unmittelbar mit der Kasse abgerechnet. Die Versicherten mussten die Rechnung selbst begleichen und über ein umständliches Kostenerstattungsverfahren den Betrag von der Kasse zurückfordern. Auch in anderen Fällen wurde eine ungleiche Behandlung der Anbieter mit Kostenaspekten zu rechtfertigen versucht[130]. Schließlich wird vereinzelt auch ein offensichtlich vertragswidriges Verhalten[131], oder das gezielte Einwirken auf Versicherte mit dem Ziel, sie zur Auswahl bestimmter Leistungserbringer zu bewegen, mit dem sozialrechtlichen Auftrag zur Kostendämpfung begründet[132].

Daneben gibt es Fälle, in denen Krankenkassen zum Boykott bestimmter Anbieter aufrufen, um höhere Ausgaben für die Leistungsbeschaffung zu vermei-

---

129 BGHZ 114, 218 – Einzelkostenerstattung.

130 BGH ZIP 1994, S. 806 – Orthopädisches Schuhwerk; BGH WuW/DE-R 839 – Privater Pflegedienst; BSGE 77, 119; OLG Karlsruhe, WuW/E OLG 5066 – Direktabrechnungsausschluss; OLG Dresden NZS 2002, S. 33 n. rk.

131 SG Berlin, Beschluss v. 1.03.02, Az. S 82 KR 304/02 ER.

132 OLG Thüringen, WuW/E DE-R 500 – Enteralernährung.

den. In einem vom Bundesgerichtshof entschiedenen Fall hatte ein Privatunternehmer ein speziell für Rettungseinsätze und Notarztfahrten mit Neu- und Frühgeborenen eingerichtetes Fahrzeug angeschafft, das im Bedarfsfall insbesondere von Kinderkrankenhäusern angefordert wurde[133]. Die zur Kostentragung verpflichtete Krankenkasse hatte sich an den Geschäftsführer eines Kinderkrankenhauses gewandt und erklärt, dass durch die Beautragung des Unternehmers vermeidbare Mehrkosten entstünden, da der öffentliche Rettungsdienst durch ein von allen Kassen getragenes Gesamtbudget finanziert werde. Daher müsse zukünftig der öffentliche Rettungsdienst in Anspruch genommen werden, die durch die Beauftragung privater Unternehmer entstehenden Kosten würden nicht mehr übernommen. Das Kinderkrankenhaus verzichtete daraufhin auf eine weitere Beauftragung des Privatunternehmers[134].

Schließlich werden im Rahmen der Leistungsbeschaffung vielfach auch gezielte Empfehlungen an die Ärzte und Versicherten gerichtet, bestimmte preisgünstige Versorgungsmöglichkeiten in Anspruch zu nehmen. So hat beispielsweise eine Krankenkasse ihren Versicherten empfohlen, Brillen bei einem bestimmten Brillenanbieter zu kaufen[135]. In einem anderen Fall hat ein Spitzenverband der Krankenkassen die Erstellung und Verbreitung einer von der Landesärztekammer herausgegebene Liste gefördert, in der Ärzten die ausschließliche Verschreibung der in der Liste aufgeführten Medikamente empfohlen wurde[136].

In all diesen Fällen stellt sich die Frage, ob das Verhalten der Krankenkassen mit dem GWB und UWG sowie den europäischen Wettbewerbsregeln vereinbar ist. Dabei geht es nicht nur darum, ob die Krankenkassen überhaupt Normadressaten des nationalen wie europäischen Wettbewerbsrechts sein können. Da sie zur Beachtung des Wirtschaftlichkeitsgebots verpflichtet sind, wird sich im folgenden auch die Frage stellen, ob eventuelle Verstöße gegen das Wettbewerbsrecht angesichts des Ziels, in Umsetzung dieses Gebots eine günstige Leistungsbeschaffung zu gewährleisten, gerechtfertigt werden können.

---

133 BGH GRUR 1990, S. 474 – Neugeborenentransporte.

134 Zu der wettbewerbsrechtlichen Bewertung dieses Verhaltens siehe im zweiten Teil unter § 1 A III 6 b.

135 OLG Düsseldorf, WRP 1994, S. 345.

136 OLG Düsseldorf, WuW/E DE-R 183.

II. Einzelne Steuerungsinstrumente zur Durchsetzung des Wirtschaftlichkeitsgebots

Im Folgenden sollen einzelne der im SGB V verankerten Steuerungsinstrumente näher dargestellt werden, bevor im Anschluss auf deren wettbewerbsbeschränkende Wirkungen eingegangen wird. Wie die Beispiele zeigen, greift der Gesetzgeber dabei auf unterschiedliche Ansätze zurück, um angesichts der Marktdefizite eine günstige Beschaffung der Leistungen sicherzustellen.

1. Kombination von Kollektivverträgen, Höchstpreisfestsetzung und Zulassungsregulierung

Ein Steuerungsinstrument stellt die bereits erörterte Ausgestaltung der Rahmenverträge dar, in der kollektive Vertragsabschlüsse mit einer gesetzlichen Anordnung von Höchstpreisen und Zulassungsregelungen kombiniert werden[137]. Die Höchstpreisregelung dient dabei im Kern der Umsetzung des Wirtschaftlichkeitsgebots: Nach der Konzeption des Gesetzgebers soll sich ein Preiswettbewerb nur unterhalb des Höchstpreispegels entwickeln, um die Ausgabenentwicklung zu bremsen und zur Sicherung der finanziellen Stabilität der Krankenversicherung beizutragen[138]. Die einzelne Kasse ist daher auch nur befugt, örtlich oder regional geringere Abgabepreise mit einzelnen oder allen Leistungserbringern zu vereinbaren[139]. Einseitig abweichende Preisfestsetzungen durch die Krankenkassen, die über den Höchstpreisen liegen, sind ausgeschlossen; Fest- oder Mindestpreise dürfen ebenfalls nicht vereinbart werden[140].

Um diese Höchstpreise umfassend durchzusetzen, werden keine Einzelvertragsabschlüsse, sondern Kollektivverträge zwischen den jeweiligen Verbänden vorgeschrieben. Ergänzt wird dies durch die Ausgestaltung der Anerkennung der Höchstpreise als Zulassungsvoraussetzung für Anbieter, die nicht Mitglied in einem vertragsabschließenden Leistungserbringerverband sind. Wegen der Bindungswirkung dieser Anerkennung können daher auch diese Anbieter nicht über den Höchstpreis abrechnen[141]. Das Ziel dieser Kombination von hoheitlicher

137 Siehe bereits oben unter § 1 A III 2 b.

138 BT-Drucks. 9/845 S. 1, 11, 15 f. zu RVO § 376d a.F.

139 Krauskopf-*Knittel*, § 125 SGB V Rn. 8.

140 Für das Jahr 1999 durften sich die Preise aufgrund einer gesetzlichen Festlegung bei den Verträgen mit Heilmittelerbringern und Krankentransportunternehmen zudem nur um eine an den beitragspflichtigen Einnahmen orientierten Rate verändern, vgl. §§ 125 Abs. 2 S. 2, 133 Abs. 1 S. 4 SGB V.

141 Maaßen-*Orlowski*, § 127 SGB V Rn. 6; KassKom-*Hess*, § 127 SGB V Rn. 3; *Zechel*, Territorial begrenzte Leistungserbringung, S. 12; a.A. Schulin-*Heinze*, Handbuch KV § 40 Rn. 45.

Preisfestsetzung, kollektivvertraglichen Vereinbarungen und Zulassungsvoraussetzung ist daher in erster Linie in der Sicherung günstiger Einkaufspreise für die Krankenkassen in Umsetzung des Wirtschaftlichkeitsgebots zu sehen.

2. Positivliste

Die Positivliste nach § 33a SGB V[142], welche nur bei Arzneimitteln vorgesehen war, nimmt Einfluss auf das Nachfrageverhalten der Versicherten[143]. Sie beschränkt deren Anspruch auf Versorgung mit Arzneimitteln, indem anhand therapeutischer Kriterien aus dem zur Verfügung stehenden Arzneimittelangebot eine bestimmte Anzahl von Arzneimitteln ausgewählt wird, die von den Versicherten beansprucht und von den Ärzten zu Lasten der gesetzlichen Krankenversicherung verordnet werden dürfen. Nicht in der Positivliste aufgeführte Mittel, etwa solche, deren Wirkung nicht mit ausreichender Sicherheit beurteilt werden kann (§ 33a Abs. 7 SGB V), sind im Regelfall nicht zu Lasten der gesetzlichen Krankenkasse nachfrage- oder verordnungsfähig und müssen daher vom Patienten privat bezahlt werden[144]. Die Positivliste wird durch eine Vorschlagsliste eines Institutes für Arzneimittelverordnung beim Bundesministerium für Gesundheit vorbereitet, welche die Arzneimittel nach Anwendungsgebieten und Stoffgruppen ordnet (§ 33a Abs. 6 SGB V). Kriterium für die Auswahl ist die Gewährleistung einer zweckmäßigen und ausreichenden Behandlung. Der eigentliche Erlass soll dann durch eine Rechtsverordnung des Bundesministers für Gesundheit erfolgen (§ 33a Abs. 1 SGB V)[145].

---

142 Die Vorschrift tritt zum 01.01.2004 außer Kraft, vgl. GKV-Modernisierungsgesetzes vom 14.11.2003, BGBl. I (2003), S. 2190, 2194.

143 Eine entsprechende Ermächtigung wurde in Gestalt des damaligen § 34 a SGB V bereits durch das Gesundheitsstrukturgesetz vom 21.12.1993 (BGBl. I, S. 2266) geschaffen, erlangte aber keine praktische Bedeutung und wurde drei Jahre später wieder aufgehoben.

144 *Thier*, Das Recht des EG-Arzneimittelmarktes, S. 65; in begründeten Ausnahmefällen kann ein Arzt nach § 33a SGB V ein ausgeschlossenes Arzneimittel zu Lasten der GKV verschreiben.

145 Ein Erlass der Positivliste auf der Grundlage des § 33a SGB V ist nicht erfolgt. Die Regelung des § 33a SGB V wurde – als Teil des „Gesundheitskompromisses" zwischen CDU/CSU und SPD/Grüne - durch das GKV Modernisierungsgesetz mit Wirkung zum 01.01.2004 aufgehoben, vgl. BGBl. I (2003), S. 2190 (2194). Die Umsetzung des von der Regierung eingebrachten Entwurfs eines Gesetzes über eine Liste verordnungsfähiger Arzneimittel in der vertragsärztlichen Versorgung (BT-Drucks. 15/800), welcher eine neue Rechtsgrundlage für den Erlass einer Positivliste schaffen sollte (§ 1 Arzneimittel-Positivlisten-Gesetz, AmPoLG), wurde ebenfalls auf unbestimmte Zeit verschoben.

Obwohl die Auswahl der Arzneimittel anhand therapeutischer Kriterien erfolgt, darf nicht verkannt werden, dass für den Gesetzgeber die Begrenzung des von der gesetzlichen Krankenversicherung zu finanzierenden Arzneimittelangebots bei der Schaffung der Rechtsgrundlage im Vordergrund stand[146]. Die Positivliste kann daher ebenfalls als Steuerungsinstrument zur Durchsetzung des Wirtschaftlichkeitsgebots begriffen werden.

3. Negativliste, § 34 Abs. 3 SGB V

Die Negativliste nach § 34 SGB V enthält vier verschiedene Möglichkeiten der Begrenzung von Leistungen. Abs. 1 schließt bestimmte Bagatellarzneimittel, bei denen wegen der geringen medizinischen Bedeutung eine Eigenversorgung zuzumuten ist, von der Verordnungsfähigkeit kraft Gesetzes aus. Weitere Arzneimittel gegen geringfügige Störungen können nach Abs. 2 durch Rechtsverordnung ausgeschlossen werden, die gleiche Möglichkeit besteht nach Abs. 4 für Heil- und Hilfsmittel mit geringem therapeutischem Nutzen. Diese Ausschlussmöglichkeiten aus therapeutischen Gründen werden im Rahmen dieser Untersuchung nicht behandelt. Untersucht wird die Negativliste im Sinne des Abs. 3, die einen Ausschluss unwirtschaftlicher Arzneimittel durch eine vom Bundesminister für Gesundheit im Einvernehmen mit dem Bundeswirtschaftsminister zu erlassende Rechtsverordnung erlaubt.

Diese Negativliste stellt in ihrer Wirkungsweise gewissermaßen das Gegenstück zur Positivliste dar: In der Liste aufgenommene „unwirtschaftliche" Arzneimittel können vom Versicherten gemäß § 31 Abs. 1 SGB V nicht beansprucht und vom Arzt nicht zu Lasten der gesetzlichen Krankenversicherung verordnet werden[147]. Der Begriff unwirtschaftlich wird von § 34 Abs. 3 SGB V dabei anhand therapeutischer Kriterien konkretisiert: Erfasst werden solche Mittel, die nicht erforderliche Bestandteile enthalten, deren Wirkung nicht mit ausreichender Sicherheit beurteilt werden können oder deren Nutzen nicht nachgewiesen ist. Die Negativliste soll das Wirtschaftlichkeitsgebot konkretisieren und die gesetzliche Krankenversicherung von Kosten für unwirtschaftliche Arzneimittel entlasten[148]. Sie ist daher ebenfalls als Steuerungsinstrument der genannten Art einzuordnen, und begrenzt nach § 31 Abs. 1 SGB V ausdrücklich den Leistungsanspruch des

---

146 So die Begründung des Gesetzentwurfs, BT-Drucks. 14/1245, S. 54.
147 *Thier*, Das Recht des EG-Arzneimittelmarktes, S. 67.
148 Peters-*Hauck*, § 34 SGB V Rn. 37; Maaßen/Schermer-*Orlowski*, § 34 SGB V Rn. 26; KassKom-*Hess*, § 34 SGB V Rn. 2.

Versicherten. Auf Grundlage der Ermächtigung wurde eine Verordnung erlassen, die seit dem 21.02.1990 in Kraft ist[149].

4. Verordnungsausschluss durch Richtlinien der Bundesausschüsse

Die Richtlinien nach § 92 SGB V dienen dem Wortlaut nach der Sicherung der ärztlichen Versorgung. Sie sind ebenfalls als Steuerungsinstrumente einzuordnen, da sie das Wirtschaftlichkeitsgebot im Bereich der vertragsärztlichen Versorgung konkretisieren[150]. Wie § 92 Abs. 1 SGB V klarstellt, können Richtlinien für alle Leistungen erlassen werden, insbesondere auch für die Verordnung von Arznei- und Heilmitteln (§ 92 Abs. 1 Nr. 6 SGB V). Diese sollen nach § 92 Abs. 2 SGB V durch Zusammenstellung der Arzneimittel in Gruppen dem Arzt eine therapie- wie auch preisgerechte Auswahl der Arzneimittel ermöglichen; er wird beispielsweise bei der Verordnung von Mitteln mit zweifelhafter therapeutischer Wirksamkeit zu „besonderer Aufmerksamkeit" angehalten (§ 92 Abs. 2 Nr. 3 SGB V). Da sie nur das Wirtschaftlichkeitsgebot konkretisieren, dürfen sie den Leistungsanspruch des Versicherten nicht einschränken. Bedeutung erlangen die Arzneimittelrichtlinien zudem im Rahmen der noch zu erörternden Festbeträge, da sie bestimmen, für welche Gruppen von Arzneimitteln überhaupt Festbeträge festgesetzt werden können.

Der Erlass erfolgt durch den Bundesausschuss der Ärzte und Krankenkassen[151], wobei die Richtlinien gemäß § 94 SGB V erst durch Vorlage beim Bundesminister für Gesundheit wirksam werden, dem ein Beanstandungs- und Ersatzvornahmerecht zusteht (§ 94 Abs. 1 SGB V). Sie sind gemäß § 92 Abs. 8 SGB V Bestandteil der Bundesmantelverträge und nach § 81 Abs. 3 Nr. 1 SGB V über die Satzung der kassenärztlichen Vereinigung für den einzelnen Arzt verbindlich[152]. Dieser ist daher an die in der Richtlinie zum Ausdruck kommende Einschätzung über die Wirtschaftlichkeit bestimmter Mittel gebunden, ohne dass damit ein Verordnungsverbot verbunden wäre[153]. Er kann daher auch ein Arz-

---

149 Verordnung über unwirtschaftliche Arzneimittel in der GKV vom 21.02.1990 (BGBl. I, S. 301), zuletzt geändert durch Änderungsverordnung vom 16.11.2000 (BGBl. I, S. 1593).

150 BSGE 63, S. 163 (165); KassKom-*Hess*, § 92 SGB V Rn. 3; Peters-*Hencke*, § 92 SGB V Rn. 5.

151 Ab dem 01.01.2004 erfolgt der Erlass durch den Gemeinsamen Bundesausschuss.

152 Nach Ansicht des Bundessozialgerichts folgt daraus eine normative Wirkung der Richtlinien, die sich auch auf die Versicherten erstreckt, BSGE MedR 1997, S. 123 (126); gegen eine Bindung der Versicherten Krauskopf-*Knittel*, § 92 SGB V Rn. 41.

153 BSGE 63, 163 (164); Maaßen-*Wiegand*, § 92 SGB V Rn. 4.

neimittel verordnen, das in den Richtlinien als unwirtschaftlich eingeordnet wurde, wenn er die Wirtschaftlichkeit im konkreten Fall nachweist[154].

Obwohl die Arzneimittelrichtlinien damit zunächst nur eine an den Arzt gerichtete Handlungsanweisung darstellen und ein Ausschluss von Arzneimitteln von der Verordnungsfähigkeit zu Lasten der gesetzlichen Krankenversicherung nicht ausdrücklich vorgesehen ist, sieht sich der Bundesausschuss durch den Auftrag zur Konkretisierung des Wirtschaftlichkeitsgebots genau dazu befugt: In einzelnen Richtlinien hat er unter Berufung hierauf angeblich unwirtschaftliche Arzneimittel von der Verordnungsfähigkeit ausgeschlossen[155]. Ein solches faktisches Verordnungsverbot hat für die Krankenkassen den Vorteil, dass diese Arzneimittel von den Ärzten auch nicht mehr ausnahmsweise verordnet werden und damit die Ausgaben für die Arzneimittel insgesamt gesenkt werden können. Die folgende Untersuchung konzentriert sich daher auf diesen Verordnungsausschluss durch Arzneimittelrichtlinien.

Bedenken gegen diesen Verordnungsausschluss bestehen insbesondere vor dem Hintergrund des § 34 Abs. 3 SGB V, der einen Ausschluss unwirtschaftlicher Arzneimittel durch Rechtsverordnung vorsieht. Angesichts der dort aufgeführten strengen Voraussetzungen erscheint es problematisch, dieselbe Kompetenz aus einer bloßen Interpretation des Wirtschaftlichkeitsgebotes herzuleiten. Auch aus § 31 SGB V ergibt sich kein Hinweis auf eine entsprechende Kompetenz des Bundesausschusses. Die Vorschrift legt ausdrücklich fest, dass die Versicherten Anspruch auf Versorgung mit Arzneimitteln haben, soweit diese nicht nach § 34 SGB V ausgeschlossen sind. Das Bundessozialgericht hat sich in einem Fall bezogen auf Heil- und Hilfsmittelrichtlinien gegen eine aus § 92 SGB V folgende Kompetenz des Bundesausschusses ausgesprochen und dabei darauf hingewiesen, dass sich auch aus dem Zusammenhang von § 34 und § 92 SGB V kein Hinweis auf eine parallele Zuständigkeit von Minister und Bundesausschuss entnehmen lasse[156]. Bei Arzneimitteln ist die Sachlage nicht anders. Es ist daher davon auszugehen, dass ein Ausschluss von Arzneimitteln von der Verord-

---

154 Peters-*Hencke*, § 92 SGB V Rn. 23.

155 Siehe nur die Richtlinien vom 08.01.1999 über die Verordnung von Arzneimitteln in der vertragsärztlichen Versorgung, geändert am 26.03.1999; in den Richtlinien wurden mit Wirkung vom 01.04.1999 zehn von 22 Gruppen von Arzneimitteln als nicht mehr erstattungsfähig eingestuft.

156 BSG SGb 2000, S. 641 (645); zustimmend Peters-*Hencke*, § 92 SGB V Rn. 23; a.A. *Knispel*, NZS 2000, S. 441 (442).

nungsfähigkeit nach der bisherigen Fassung des § 92 SGB V nicht mehr von der durch die Vorschrift eingeräumten Kompetenz gedeckt ist[157].

Allerdings hat der Gesetzgeber hier mittlerweile auf die Zweifel an der Rechtmäßigkeit eines Verordnungsausschlusses reagiert: Mit dem GKV-Modernisierungsgesetz wurde § 92 Abs. 1 SGB V dahingehend ergänzt, dass der Gemeinsame Ausschuss – als Rechtsnachfolger des Bundesausschusses – auch zum Ausschluss von Maßnahmen von der Verordnung berechtigt ist, wenn deren Wirtschaftlichkeit oder medizinische Notwendigkeit nicht nachgewiesen ist[158]. Welche Auswirkungen dies und die bisherige Rechtswidrigkeit eines Verordnungsausschlusses auf die wettbewerbsrechtliche Beurteilung hat, wird bei der Untersuchung des Verordnungsausschlusses anhand der Normen des nationalen und europäischen Wettbewerbsrechts erörtert[159].

5. Festbeträge

Die Festbeträge setzen ebenfalls an dem Leistungsanspruch des Versicherten an und konkretisieren das Wirtschaftlichkeitsgebot. Der Leistungsanspruch des Versicherten gegenüber seiner Kasse wird der Höhe nach auf einen bestimmten Betrag begrenzt: Nach § 12 Abs. 2 SGB V erfüllt die Krankenkasse ihre Leistungspflicht mit diesem Festbetrag[160]. Anders als beispielsweise bei der Negativliste ist mit der Festsetzung dieses „Erstattungshöchstbetrages"[161] aber kein Verordnungsverbot verbunden. Wird jedoch eine Leistung verordnet, deren tatsächlicher Preis den Festbetrag übersteigt, so muss der Versicherte den Differenzbetrag selbst tragen. Auf diese Folge muss der verschreibende Arzt den Versicherten hinweisen (§ 73 Abs. 5 S. 2 SGB V). Da der Erwerb von im Preis über dem Festbetrag liegenden Gütern beim Versicherten eine Belastung verursacht, weicht dieser letztlich auf solche Mittel aus, die zum Festbetrag erhältlich sind. Die Beschränkung der Leistungspflicht gegenüber den Versicherten dient somit dazu, deren Konsumentenverhalten so zu beeinflussen, dass nur noch wirtschaftliche Arzneimittel ausgewählt werden.

---

157 Ebenso OLG München, NZS 2000, S. 457 (460); OLG Hamburg, EuZW 2001, S. 638 (640).

158 Art. 1 des GKV-Modernisierungsgesetzes, BGBl. I (2003), S. 2190 (2211).

159 Siehe zur Vereinbarkeit mit GWB und UWG im zweiten Teil unter § 1 B III 3, zur Vereinbarkeit mit den europäischen Wettbewerbsregeln im dritten Teil unter § 4 III.

160 Die Festbeträge ändern nichts am Sachleistungsprinzip: Dem Versicherten steht nach wie vor ein Anspruch gegen seine Krankenkasse auf Zurverfügungstellung des Arzneimittels und nicht auf Kostenerstattung zu, vgl. BSG NZS 2002, S. 502 (505).

161 Krauskopf-*Wagner*, § 35 SGB V Rn. 2.

Die Bedeutung dieser Regelung lässt sich am Beispiel der Arzneimittel erläutern. Festbeträge werden hier gemäß § 35 Abs. 1 SGB V jeweils für Gruppen therapeutisch gleichwertiger Arzneimittel festgesetzt. Mit der beschriebenen Einflussnahme auf das Konsumentenverhalten der Versicherten wird erreicht, dass innerhalb dieser Gruppen jeweils nur die günstigsten Arzneimittel zu Lasten der gesetzlichen Krankenversicherung verordnet werden. Damit gleicht die Festbetragsregelung die beschriebene Preisunempfindlichkeit der Nachfrage aus und stellt eine möglichst günstige Leistungsbeschaffung sicher. Dementsprechend verweist die Gesetzesbegründung auch darauf, dass die Festbetragsregelung den Wettbewerb zwischen den Arzneimittelherstellern intensivieren soll, um eine qualitativ hochwertige Versorgung auf niedrigem Preisniveau zu erreichen[162]. Dies darf jedoch nicht darüber hinwegtäuschen, dass nicht die Verstärkung des Wettbewerbs, sondern die Reduzierung der Ausgaben und damit die finanzielle Konsolidierung bei Schaffung der Regelungen im Vordergrund stand[163]. Dafür spricht etwa die gezielte Vorgabe des § 35 Abs. 5 S. 3 SGB V, Festbeträge für Arzneimittel im unteren Drittel des Preissegments auf dem Markt festzusetzen, sowie die in der Gesetzesbegründung zum Ausdruck gebrachten Erwartung von Einsparungen in Höhe von 2 Mrd. DM durch die Festbeträge für Arzneimittel[164]. Diese Größenordnung macht deutlich, dass es sich um ein bedeutendes Steuerungsinstrument zur Sicherung der finanziellen Stabilität der gesetzlichen Krankenversicherung handelt.

Festbeträge können neben Arzneimitteln auch für Hilfsmittel festgesetzt werden. Bei Arzneimitteln gibt es aufgrund einer Gesetzesänderung zudem zwei Festsetzungsverfahren, die allerdings nicht parallel anzuwenden sind.

a. Festbetragsfestsetzung für Arzneimittel gemäß § 35 SGB V

§ 35 SGB V sieht die Festsetzung von Festbeträgen für Arzneimittel durch die Spitzenverbände der Krankenkassen vor, wobei das Verfahren zweistufig ausgestaltet ist: Während der Bundesausschuss in den schon beschriebenen Arzneimittelrichtlinien bestimmt, für welche Gruppen von Arzneimitteln Festbeträge festgesetzt werden können, erfolgt die eigentliche Festsetzung für die jeweiligen Gruppen nach Abs. 3 „gemeinsam und einheitlich“ durch die Spitzenverbände. Sie haben sich dabei an den Vorgaben des § 35 Abs. 5 SGB V zu orientieren, wonach die Festbeträge nicht nur eine ausreichende, zweckmäßige und wirtschaftliche Versorgung zu gewährleisten haben, sondern auch einen wirk-

162 BT-Drucks. 11/2237, S. 148.
163 *Axer*, NZS 2002, S. 57 (61); *Oppermann*, SozSich 2001, S. 93 (97).
164 BT-Drucks. 11/2237, S. 275.

samen Preiswettbewerb auslösen sollen. Die Festbeträge sollen im unteren Drittel der Preisspanne auf dem Markt liegen und sind mindestens einmal im Jahr zu überprüfen (§ 35 Abs. 5 S. 3, 4 SGB V). Diese engen Vorgaben beschränken den Beurteilungsspielraum der Spitzenverbände bei der Konkretisierung des Wirtschaftlichkeitsgebotes[165]. Für das Verfahren zur Festsetzung verweist § 35 Abs. 6 SGB V auf § 213 Abs. 2 und 3 SGB V: Kommt die nach § 213 Abs. 2 SGB V vorgesehene gemeinsame Festsetzung durch die Spitzenverbände nicht zustande, entscheidet gemäß § 213 Abs. 3 SGB V der Bundesminister für Gesundheit im Einvernehmen mit dem Bundesminister für Wirtschaft. Im Falle der Nichtfestsetzung besteht so ein Ersatzvornahmerecht.

Das soeben beschriebene Verfahren fand allerdings zunächst keine Anwendung mehr: Nach § 35 Abs. 8 SGB V, der mit dem Festbetrags-Anpassungsgesetz vom 27.07.2001[166] eingefügt wurde, sind die Absätze 1 bis 7 für die Festsetzung von Arzneimittelfestbeträgen bis zum 31.12.2003 nicht mehr anzuwenden[167]. Bis zu diesem Datum erfolgt die Festsetzung durch Rechtsverordnung nach § 35a SGB V, die unter b) behandelt wird. Die Festsetzung erfolgt somit ab dem 01.01.2004 wieder durch die Spitzenverbände. Diese ungewöhnliche Festlegung einer „vorläufigen" Nichtanwendung ist nur vor dem Hintergrund gerichtlicher und behördlicher Entscheidungen verständlich, welche unter verschiedenen rechtlichen Gesichtspunkten Zweifel an der Rechtmäßigkeit des § 35 SGB V äußerten.

Zunächst sah das Bundessozialgericht das Verfahren nach § 35 SGB V als verfassungswidrig an. Es trat der Einschätzung des Gesetzgebers entgegen, der die an eine Vielzahl von Versicherten gerichtete Begrenzung des Leistungsanspruches als gestaltenden Verwaltungsakt in Form der Allgemeinverfügung gemäß § 31 S. 2 SGB X qualifiziert hatte[168]. Im Hinblick auf den – nach Ansicht des Bundessozialgerichts vorliegenden – Eingriff in das Grundrecht der Berufsfreiheit der Leistungserbringer sei die Festsetzung der Festbeträge durch Verwaltungsakt verfassungswidrig, da es sich dem Inhalt nach um Rechtsetzung handle[169]. Als solche müsse sie den Anforderungen des Art. 80 Abs. 1 S. 1 GG genügen, was hier aber aus Sicht des Bundessozialgerichts wegen Nichteinhaltung

---

165 Zu den möglichen Folgen dieses engen Spielraumes im Hinblick auf die kartellrechtliche Beurteilung siehe im dritten Teil unter § 4 IV 1 b.

166 Festbetrags-Anpassungsgesetz (FB-AG) vom 27.07.2001, BGBl. I (2001), S. 1948.

167 Für die noch zu erörternden Festbeträge für Hilfsmittel findet dagegen die Verweisung des § 36 Abs. 3 auf einzelne Absätze des § 35 SGB V weiter Anwendung.

168 BT-Drucks. 11/3480, S. 54

169 BSG NZS 1995, S. 502 (508).

der Kriterien nach Art. 80 Abs. 1 S. 4 GG nicht der Fall sei[170]. Wegen seiner Zweifel legte es daher dem Bundesverfassungsgericht 1995 im Wege der konkreten Normenkontrolle die Frage nach der Verfassungsmäßigkeit des § 35 SGB V vor[171].

Das Bundesverfassungsgericht verneinte in seinem hierzu am 17.12.2002 ergangenen Urteil bereits eine Grundrechtsbetroffenheit der Leistungserbringer, und sah lediglich die Berufsausübungsfreiheit der Ärzte und die Handlungsfreiheit der Versicherten durch die Regelung des § 35 SGB V tangiert[172]. Anders als das Bundessozialgericht stufte das Bundesverfassungsgericht die Festbetragsfestsetzung nach § 35 SGB V inhaltlich als eine Maßnahme des Verwaltungsvollzuges, und nicht als Rechtssetzung ein; im Hinblick auf das in § 35 SGB V geregelte Verfahren genügten die Ermächtigungen dem rechtsstaatlichen Bestimmtheitsgebot[173]. Die in § 35 und § 36 SGB V enthaltenen Ermächtigungen seien daher mit dem Grundgesetz vereinbar[174].

Während die Frage der Verfassungsmäßigkeit somit mittlerweile „im Sinne" des Gesetzgebers entschieden wurde, ist die Frage der Vereinbarkeit der Festbetragsfestsetzung mit dem europäischen Wettbewerbsrecht noch offen. Hier ging das OLG Düsseldorf von einem Verstoß gegen das europäische Wettbewerbsrecht aus; der mit der Revision gegen dieses Urteil befasste Bundesgerichtshof legte diese Frage dem Europäischen Gerichtshof zur Prüfung vor[175]. In einem weiteren Verfahren betreffend die Festbetragsfestsetzung legte auch das OLG Düsseldorf dem Europäischen Gerichtshof entsprechende Fragen nach der Vereinbarkeit der Festbetragsregelung mit dem europäischen Wettbewerbsrecht vor[176]. Eine Entscheidung des Europäischen Gerichtshofs hierzu steht noch aus[177]. Schließlich kündigte auch das Bundeskartellamt wegen kartellrechtlicher

---

170 BSG a.a.O., ebenda; ausführlich im zweiten Teil unter § 2 III 1 b.

171 Az.: 1 BvL 28/95 u.a.

172 BVerfG NJW 2003, S. 1232 ff.

173 BVerfG NJW 2003, S. 1232, 1233 ff.

174 Siehe zur Frage der Verfassungsmäßigkeit im Einzelnen in Teil 2 unter § 2 III. Ziff. 1 a. aa) und Ziff. 1 b. aa.

175 OLG Düsseldorf, Pharma Recht 1999, S. 283 (293), n.rk.; BGH, WuW/E DE-R 747.

176 OLG Düsseldorf, Beschluss vom 18.05.2001, Az.: U (Kart) 28/00, nicht veröffentlicht – zitiert nach *Axer*, NZS 2002, S. 57 Fn. 5.

177 In seinen Schlussanträgen vom 22.05.2003 zu den Vorlageverfahren kommt Generalanwalt *Jacobs* zu dem Schluss, dass die Festbetragsfestsetzung durch die Spitzenverbände zwar gegen Art. 81 Abs. 1 EG verstoße, jedoch unter bestimmten Voraussetzungen nach Art. 86 Abs. 2 EG gerechtfertigt werden könne, vgl. Schlussanträge in den Rechtssachen C-264/01, C-306/01, C-354/01, C-355/01 (nicht veröffentlicht). Siehe im Einzelnen im dritten Teil unter § 2 B I 3.

Bedenken ein Vorgehen gegen die Spitzenverbände an, sollte es zu einer weiteren Festsetzung der Arzneimittelfestbeträge kommen[178].

Mit der Änderung des Festsetzungsverfahrens reagierte der Gesetzgeber auf diese Bedenken: Ausdrücklich nennt die Gesetzesbegründung die „rechtliche Unsicherheit" aufgrund von gerichtlichen und behördlichen Entscheidungen als Hintergrund der Änderung[179]. Befristet sollten daher die Festbeträge durch Rechtsverordnung festgesetzt werden, um Rechtssicherheit zu schaffen. Der Gesetzgeber rechnete damit, dass bis zum 31.12.2003 die höchstrichterliche Rechtsprechung Klarheit über die Zulässigkeit der Festbetragsfestsetzung nach § 35 SGB V bringt[180]. Freilich lässt die bloß „vorrübergehende" Festsetzung der Festbeträge durch Rechtsverordnung sowie die fortbestehende Rechtsgrundlage des § 35 SGB V keinen Zweifel daran, dass der Gesetzgeber die Festsetzung durch die Spitzenverbände favorisiert und auf entsprechende Entscheidungen zugunsten des Festsetzungsverfahrens nach § 35 SGB V hofft. Inwieweit diese Hoffnung berechtigt ist, die Ermächtigung des § 35 SGB V also mit dem Wettbewerbsrecht vereinbar ist, wird in den beiden folgenden Teilen der Arbeit untersucht. Dabei wird auch der Frage nachgegangen, ob mit der Festbetragsfestsetzung durch Rechtsverordnung nach § 35a SGB V tatsächlich ein „rechtssicherer", mit dem nationalen und europäischen Wettbewerbsrecht vereinbarer Weg gefunden wurde.

b. Festbetragsfestsetzung für Arzneimittel durch Rechtsverordnung, § 35a SGB V

Mit dem Festbetrags-Anpassungsgesetz wurde lediglich das Festsetzungsverfahren geändert, die Konzeption und Wirkungsweise der Festbeträge als solche wurde dagegen im wesentlichen beibehalten. Die Kompetenz zur Festsetzung wurde den Spitzenverbänden entzogen und dem Bundesminister für Gesundheit übertragen, der die Festbeträge bis zum 31.12.2003 durch Rechtsverordnung im Einvernehmen mit dem Bundesministerium für Wirtschaft erlässt. Nach § 35a Abs. 1 Nr. 1, 2 SGB V beschränkt sich die Kompetenz auf eine einmalige Festsetzung, in Ausnahmefällen können Gruppen auch neu gebildet werden. Abs. 2 nennt im wesentlichen die gleichen Anforderungen an die Festsetzung wie

---

178 Ankündigung vom 22.01.2001 (Geschäfts-Zeichen B 1014/01) vgl. *Kaesbach*, BKK 2001, S. 161 (164), sowie FAZ v. 29.01.2001, „Bundeskartellamt hegt Bedenken gegen Festbeträge für Medikamente", S. 13 f.

179 Vgl. Begründung des Entwurfs zum Festbetrags-Anpassungsgesetz, BT-Drucks. 14/6408, S. 1.

180 So ausdrücklich die Begründung zum Entwurf, BT-Drucks. 14/6408, S. 1; *Axer*, NZS 2002, S. 57 (58).

§ 35 Abs. 5 SGB V: Die Festbeträge sollen eine ausreichende, zweckmäßige und wirtschaftliche Versorgung gewährleisten und Preiswettbewerb bei den Herstellern auslösen. Die Regelung des § 35 Abs. 5 S. 3 SGB V, wonach die Festbeträge im unteren Preisdrittel festgesetzt werden sollen, wurde allerdings nicht übernommen.

c. Festbetragsfestsetzung für Hilfsmittel gemäß § 36 SGB V

§ 36 SGB V sieht schließlich die Festsetzung von Festbeträgen für Hilfsmittel vor. Dabei bestimmen die Spitzenverbände die Hilfsmittel, für die Festbeträge festgesetzt werden sollen, und teilen diese nach ihrer Funktion in Gruppen ein (§ 36 Abs. 1 SGB V). Festgesetzt werden die Festbeträge dann von den Landesverbänden der Krankenkassen (§ 36 Abs. 2 SGB V). Mit dieser Festsetzung auf Landesebene sollen regionale Preisunterschiede ausgenutzt werden[181]. Hinsichtlich der Festsetzungskriterien verweist § 36 Abs. 3 SGB V auf die Regelungen des § 35 Abs. 5 SGB V. Der Festsetzungsspielraum der Landesverbände ist hier aber größer, da auf die Drittel-Regelung des § 35 Abs. 5 S. 3 SGB V gerade nicht verwiesen wird. Auch steht dem Bundesminister für Gesundheit bei den Festbeträgen für Hilfsmittel kein Ersatzvornahmerecht zu: § 36 Abs. 4 SGB V verweist auf § 213 Abs. 2 SGB V, nicht aber auf Abs. 3 der Vorschrift.

6. Preisvergleiche und Empfehlungen

Der Durchsetzung des Wirtschaftlichkeitsgebots dienen auch die Möglichkeiten der Krankenkassen, ihre Versicherten oder Ärzte auf bestimmte, besonders preisgünstige Versorgungsmöglichkeiten hinzuweisen. Hierunter fällt der schon angesprochene § 127 Abs. 3 SGB V, wonach die Krankenkassen bei Leistungserbringern Preisvergleiche durchführen und ihre Versicherten über günstige Leistungserbringer informieren dürfen. § 305 a SGB V erlaubt den Krankenkassen zur Steuerung der Ausgaben im Hinblick auf die Wirtschaftlichkeit, die Vertragsärzte über verordnungsfähige Leistungen und deren Preise sowie über den therapeutischen Nutzen zu informieren[182]. Auf diese Weise soll der Marktintransparenz entgegengewirkt und mehr Vergleichsmöglichkeiten eröffnet werden[183]. Dabei ist aber stets die Wahlfreiheit der Versicherten zu beachten: Empfehlungen bestimmter Leistungserbringer sind durch § 127 Abs. 3 oder § 305a SGB V nicht gedeckt[184]. In diesen Fällen bewegt sich die Krankenkasse außerhalb der gesetzlichen Ermächtigung.

---

181 Maaßen-*Orlowski*, § 36 SGB V Rn. 5.
182 BT-Drucks. 14/1245, S. 107.
183 Krauskopf-*Knittel*, § 127 SGB V Rn. 7.
184 Peters-*Hencke*, § 127 SGB V Rn. 6; *Beuthien*, MedR 1994, S. 253 (259).

III. Einordnung der Steuerungsinstrumente unter wettbewerbsrechtsrelevanten Gesichtspunkten

Die Darstellung unter II. hat deutlich gemacht, dass der Gesetzgeber ganz unterschiedliche Steuerungsinstrumente mit dem Ziel der Kostendämpfung eingeführt hat. Sie wurden entsprechend ihrer Stellung im Leistungs- und Leistungserbringungsrecht erläutert. Geht man der Frage nach den wettbewerbsrechtlichen Grenzen für solche Maßnahmen nach, kann es aber nicht auf deren sozialrechtliche Stellung ankommen. Im Vordergrund müssen vielmehr wettbewerbsbezogene Gesichtspunkte, insbesondere die Auswirkungen der konkreten Maßnahme auf den Wettbewerb, stehen (unten 1.). Daneben lassen sich die Steuerungsinstrumente danach unterteilen, ob der hoheitlich handelnde Staat oder die Krankenkassen bzw. ihre Verbände die Beschränkungen vornehmen (unten 2.).

1. Unterscheidung nach den Auswirkungen auf den Wettbewerb

Die dargestellten Steuerungsinstrumente wirken in ganz unterschiedlicher Weise auf den Vorgang der Leistungsbeschaffung ein. Dementsprechend schränken sie auch auf verschiedene Art den Wettbewerb ein.

a. Ausschluss von Produkten und Dienstleistungen vom Markt

Der Wettbewerb als Allokationsverfahren wird beschränkt, wenn die Zahl der Produkte auf einem Markt von vornherein durch steuernde Eingriffe von außen begrenzt wird. Wenn mittels gesetzlicher Bestimmungen oder in ähnlicher Weise verhindert wird, dass Produkte auf dem Markt angeboten werden können, kann der Wettbewerb seine Funktion, die Zusammensetzung des Güterangebotes entsprechend der Nachfrage auch in quantitativer Hinsicht zu steuern, nicht mehr wahrnehmen. Im Rahmen der hier erörterten Steuerungsinstrumente bewirken Positiv- und Negativliste eine solche Wettbewerbsbeschränkung in Form des Ausschlusses bestimmter Güter vom Markt: Die Zahl der verordnungspflichtigen Arzneimittel wird begrenzt, da nur die explizit aufgeführten Güter vom Arzt verschrieben (Positivliste) bzw. nicht verschrieben werden dürfen (Negativliste). Da die Verordnung auch Grundlage für den Anbieter ist, die erbrachte Leistung mit der Krankenkasse abzurechnen, hat dies zur Folge, dass diese Arzneimittel nicht mehr zu Lasten der gesetzlichen Krankenversicherung erbracht werden können. Sie sind vom diesem Markt, der immerhin alle Kassenpatienten und damit knapp 90% der Bevölkerung erfasst, ausgeschlossen, und mit ihrem Angebot auf den Markt der kassenfreien, privaten Nachfrage beschränkt. Eine solche Wettbewerbsbeschränkung in Form eines Ausschlusses vom Markt wird auch von Arzneimittelrichtlinien bewirkt, wenn diese, obwohl bisher gesetzlich nicht vorgesehen, bestimmte Arzneimittel von der Verordnungsfähigkeit ausnehmen. Da Ärzte diese Mittel nicht mehr verordnen dürfen, können die betroffenen Hersteller ihre Produkte nicht mehr über die gesetzliche Krankenversicherung absetzen und erleiden Umsatzeinbußen[185]. Diese sind nicht Folge eines Unterliegens im Wettbewerb, sondern Folge des auf die Ärzte ausgeübten Zwangs. Einzelne Gerichte haben daher in diesem faktischen Verordnungsausschluss einen Wettbewerbsverstoß gesehen[186].

b. Eingriffe in die Preisgestaltungsfreiheit der Leistungsanbieter

Das freie Spiel von Angebot und Nachfrage als Grundlage des Wettbewerbs setzt wie erörtert die Freiheit jedes Marktakteurs voraus, autonom über den Einsatz bestimmter Wettbewerbsparameter bestimmen zu können. Dazu gehört auch die Freiheit des Anbieters zu versuchen, sein Produkt zu einem bestimmten Preis auf dem Markt zu verkaufen und ihn entsprechend der Reaktion des Nachfragers anzupassen. Mit einer Beschränkung dieser Preisgestaltungsfreiheit wird die Funktion des Wettbewerbs als Entdeckungsverfahren eingeschränkt. Von den dargestellten Steuerungsinstrumenten bewirken die Festbetragsregelungen eine solche Wettbewerbsbeschränkung, da sie dem Anbieter faktisch den zu fordernden Preis vorschreiben.

Formal beschränken die Festbeträge allerdings wie erörtert zunächst nur den Anspruch des Versicherten gegen seine Krankenkasse. Ein Ausschluss vom Markt ist mit der Festsetzung nicht verbunden. Der einzelne Anbieter kann seine Produkte weiterhin zu Lasten der gesetzlichen Krankenversicherung absetzen; die über dem Festbetrag liegenden Mehrkosten werden vom Versicherten getragen. Dieser Umweg über das Leistungsrecht kann aber nicht über das eigentliche Ziel der Festbetragsregelung hinwegtäuschen: Die Kosteneinsparungen sollen nicht durch zusätzliche Eigenleistungen der Versicherten erreicht werden, sondern dadurch, dass die Hersteller in Reaktion auf das geänderte Konsumentenverhalten ihre Preise senken[187]. Wie die Funktionsweise der Festbetragsregelung gezeigt hat, reagieren die Versicherten auf die Festbeträge in der Weise, dass sie nur noch Produkte nachfragen, die zum Festbetrag erhältlich sind. Es bleibt dem Hersteller zwar unbenommen, seine Produkte weiterhin zu einem über dem Festbetrag liegenden Preis anzubieten. Will er aber langfristig keine Marktan-

---

185 Maaßen-*Wiegand*, § 92 SGB V Rn. 7.

186 OLG München, NZS 2000, S. 457 (459), zu § 1 UWG; einen Verstoß gegen Art. 81 EG nehmen das LG Hamburg (Az. 315 O 143/99, 315 O 115/99, 315 O 129/99, n.v., redaktioneller Leitsatz in MedR 1999, 268) und ihm folgend das OLG Hamburg an, vgl. OLG Hamburg, EuZW 2001, S. 638.

187 *Schulin*, Patentschutz und Festbeträge, S. 16.

teile verlieren, muss er die Preise auf Festbetragsniveau senken, da Preise oberhalb der Festbeträge kaum mehr durchzusetzen sind[188]. Zu dieser Reaktion ist er praktisch gezwungen, da die Krankenkassen als Mitglieder der festsetzenden Krankenkassenverbände 90% der unmittelbaren Nachfrager repräsentieren. Ein Ausweichen auf die private, kassenfreie Nachfrage kann die Umsatzverluste nicht ausgleichen[189]. Dieser Zwang auf die Hersteller zu Preissenkungen ist der eigentliche Zweck des Festbetragssystems[190].

Die Preissenkung ist somit nicht das Ergebnis eines unbeeinflußten Wettbewerbsprozesses, sondern Reaktion auf die Tatsache, dass mit der für die Krankenkassen verbindlichen Festsetzung durch die Verbände zureichende Ausweichmöglichkeiten auf andere Nachfrager nicht mehr bestehen. Wegen des kollektiven Vorgehens ist die Festbetragsfestsetzung insoweit einem Preiskartell vergleichbar[191]. Die Festbeträge wirken wegen ihres nachfragesteuernden Effektes mittelbar wie Höchstpreise für die betroffenen Produkte[192]. Tatsächlich mussten einzelne Hersteller die Preise drastisch senken, um ihre Produkte weiterhin über die gesetzliche Krankenversicherung absetzen zu können[193].

c. Wettbewerbsbeschränkungen durch Kombination von Kollektivverträgen, Höchstpreisfestsetzung und Zulassungsregulierung

Differenzierter sind die wettbewerbsbeschränkenden Wirkungen, die als Folge der Kollektivverträge zwischen Kassenverbänden und den Verbänden der Leistungserbringer für Heil- und Hilfsmittel sowie der ergänzenden Regelungen entstehen. Der Rahmenvertrag selbst stellt ein einheitliches Regelwerk von Vertikal- und Horizontalvereinbarungen dar, dessen wettbewerbsbeschränkende Wirkungen einerseits durch die Festlegung der ausgehandelten Preise als Höchstpreise, andererseits über die Durchsetzung dieser Höchstpreise als Zulassungsvoraussetzung nach §§ 124 Abs. 2 Nr. 4, 126 Abs. 1 S. 2 SGB V verstärkt wer-

---

188 BGH WuW/E 747 (753); *Manhardt*, Festbetragsregelung, S. 25.

189 So macht beispielsweise der auf die gesetzliche Krankenversicherung entfallende Arzneimittelumsatz 75% des Gesamtumsatzes der Arzneimittelhersteller aus, vgl. Sachverständigenrat für die Konzertierte Aktion im Gesundheitswesen, Addendum zum Gutachten 2000/2001, S. 18.

190 Der Gesetzgeber geht ausdrücklich davon aus, dass die Einsparungen über Umsatzeinbußen der Anbieter erreicht werden sollen, vgl. BT-Drucks. 11/2237, S. 274.

191 *Vogelbruch*, Festbeträge für Arzneimittel, S. 177.

192 *Koenig/Sander*, WuW 2000, S. 975 (977); *Manhardt*, Festbetragsregelung, S. 146.

193 So ist der Preis für ein Originalpräparat mit dem festbetragsgebundenen Wirkstoff „Nifedipin“ innerhalb von 11 Jahren um 42% gesunken, vgl. *Kaesbach*, BKK 2001, S. 161.

den[194]. Es erscheint angebracht, angesichts dieser Kombination von hoheitlichen und kollektivvertraglichen Elementen im Hinblick auf die einzelnen Wettbewerbsbeschränkungen zu unterscheiden.

aa. Ausschluss des Nachfragewettbewerbs zwischen Krankenkassen

Auf horizontaler Ebene ist der Wettbewerb zwischen den Krankenkassen als Nachfrager um Geschäftsabschlüsse mit Anbietern zugunsten eines kollektiven Vorgehens ausgeschlossen. Die Rahmenverträge gelten kraft gesetzlicher Anordnung unmittelbar für die Mitgliedskassen, eine Ermächtigung zu einem einzelvertraglichen Abschluss besteht nicht[195]. Dieses kollektive Vorgehen soll günstige Konditionen beim Einkauf, insbesondere in Form von niedrigen Preisen gewährleisten. Damit wird aber die Verteilungs- und Steuerungsfunktion des Wettbewerbs tangiert und der Anreiz zur Ausweitung des Güterangebots vermindert. Die kartellrechtliche Relevanz einer solchen Einschränkung des Nachfragewettbewerbs ist daher mittlerweile anerkannt[196].

bb. Kombination von Vertikalvereinbarungen und Höchstpreisen

Neben der Beschränkung des horizontalen Wettbewerbs zwischen den Krankenkassen bewirkt der Rahmenvertrag auch eine Beschränkung des Wettbewerbs zwischen den jeweiligen Verbänden der Kassen auf der einen und den Leistungserbringerverbänden auf der anderen Seite. Die maßgeblichen Konditionen in Form von Preisen und Einzelheiten der Versorgung werden, mit bindender Wirkung für beide Seiten, festgelegt. Die darin liegende Beschränkung des Wettbewerbs im Vertikalverhältnis wird verstärkt durch die gesetzliche Festlegung der vereinbarten Preise als Höchstpreise. Der Inhalt der Rahmenverträge wird so partiell gesetzlich festgelegt[197]. Die dadurch bewirkte Einschränkung des Wettbewerbsparameters Preis ist also auch Folge einer gesetzlichen Regelung, so dass sich die Frage stellt, wie diese mit wettbewerbsrechtlichen Mitteln erfasst werden kann. Das Bundesverfassungsgericht hat in einem Verfahren die Auffassung vertreten, die Wirkung der Höchstpreise trete nicht kraft Gesetzes, sondern als Folge der von den Vertragsparteien geschlossenen Vergütungsver-

194 *Neumann*, Kartellrechtliche Sanktionierung, S. 153.

195 Bei Verträgen mit Anbietern von Krankentransportleistungen besteht auch eine Abschlusskompetenz der einzelnen Krankenkasse, vgl. § 133 Abs. 1 S. 1 SGB V.

196 BGH WuW/E 2049; KG WuW/E OLG 2745, 2751; *Fikentscher*, Freiheit des Wettbewerbs, S. 175; Immenga/Mestmäcker-*Zimmer*, GWB § 1 Rn. 161; *Plassmann*, JZ 1968, S. 81 (86); Langen/Bunte-*Bunte*, Einf. GWB Rn. 64; *Sandrock*, Grundbegriffe, S. 104.

197 BVerfG 70, 1, (22).

einbarungen ein; eine unmittelbare Betroffenheit der Beschwerdeführer in ihren Grundrechten wurde daher verneint[198].

cc. Kombination von Höchstpreisen und Zulassungsregelungen

Schließlich wird der Preiswettbewerb auch im Hinblick auf die Anbieter beschränkt, die nicht über einen Verband an dem Kollektivvertrag beteiligt sind: Wollen sie Leistungen zugunsten der gesetzlichen Krankenversicherung erbringen, müssen sie zum Erhalt der Zulassung die Vergütungsvereinbarungen und damit auch die Höchstpreise anerkennen[199]. Ein Preiswettbewerb oberhalb der Höchstpreisgrenze wird so ausgeschlossen.

2. Unterscheidung zwischen Regelungen hoheitlichen und wirtschaftlichen Charakters

Für das nationale wie auch das europäische Wettbewerbsrecht ist die Frage, ob eine Maßnahme „hoheitlicher" Natur ist, von zentraler Bedeutung, grenzt sie doch den Anwendungsbereich der Vorschriften ein. Die Steuerungsinstrumente lassen sich daher unter wettbewerbsrelevanten Gesichtspunkten auch danach unterscheiden, ob es sich um hoheitliche Regelungen handelt oder nicht. Unter hoheitlichen Regelungen wird in diesem Zusammenhang die Ausübung staatlicher Gewalt durch Rechtsetzung verstanden. Gesetze oder Verordnungen des Staates können marktlenkende oder markteingreifende Wirkungen haben, ebenso Satzungen öffentlicher Körperschaften. Letztere werden aber, da sie kartellrechtlich anders zu beurteilen sind, nicht unter den Begriff hoheitliche Regelungen gefasst[200].

Wendet man dies auf die dargestellten Steuerungsinstrumente an, können die in Form von Rechtsverordnungen in den Wettbewerb eingreifenden Steuerungsinstrumente ohne weiteres als hoheitliche Regelungen eingeordnet werden. Dies betrifft die Positiv- und die Negativliste sowie die Festbetragsfestsetzung durch Rechtsverordnung nach § 35a SGB V. Weniger klar ist dies dagegen bei den anderen Regelungen, welche die Krankenkassen oder deren Verbände zu wettbewerbsbeschränkendem Verhalten ermächtigen. Diese werden nach wie vor als Marktteilnehmer bei der Beschaffung von Leistungen tätig. Ob allein die gesetzliche Ermächtigung zu Wettbewerbsbeschränkungen dazu führen kann, dass

---

198 BVerfG 68, 193 (214).

199 *Neumann*, Kartellrechtliche Sanktionierung, S. 48.

200 *Neumann*, Kartellrechtliche Sanktionierung, S. 100 (zu Art. 81 EG); *Schwarz*, Wirtschaftliche Betätigung, S. 29.

diese Tätigkeit hoheitlicher Natur ist, wird im zweiten und dritten Teil der Untersuchung zu erörtern sein.

IV. Zusammenfassung

Die an die Versicherten abzugebenden Leistungen sind von den Krankenkassen unter Wettbewerbsbedingungen auf dem freien Markt zu beschaffen. Zum Ausgleich von Marktdefiziten und zur Kostensenkung besteht aber eine Vielzahl von gesetzlicher Einwirkungsmöglichkeiten, die teils hoheitlicher Art sind, teilweise aber auch den Krankenkassen als Marktteilnehmern zur Verfügung stehen. Dazu kommen wettbewerbsbeschränkende Verhaltensweisen, die von den Krankenkassen unabhängig von solchen Ermächtigungsnormen vorgenommen werden. Diese Beschränkungen des Wettbewerbs stehen in Konflikt mit der Grundentscheidung des SGB V für Wettbewerb bei der Leistungsnachfrage. Es stellt sich die grundsätzliche Frage einer Kontrolle dieser wettbewerbsbeschränkenden Verhaltensweisen durch das Kartellrecht.

Diese Aussage geht von der Annahme aus, dass der Schutz der Institution Wettbewerb Ziel des GWB ist. Dafür spräche der in § 1 GWB angesprochene Schutz des Wettbewerbs vor Verhinderung, Einschränkung und Verfälschung. Es fragt sich dennoch, ob das GWB, das an anderer Stelle die Handlungsfreiheiten des Einzelnen schützen will (§ 14 GWB), nicht primär dem Individualschutz des Einzelnen dient. Die Beschränkung des Wettbewerbs als solchen könnte dann keine Grundlage für Eingriffe nach dem GWB sein, wenn sie nicht gleichzeitig mit einer Beschränkung der Handlungsfreiheit des Einzelnen verbunden ist. Individual- und Institutionenschutz sind jedoch nicht zwingend als Gegensatz zu begreifen. Erst der Gebrauch von Handlungsfreiheiten führt zu Wettbewerb. Wettbewerb wiederum entsteht aus nicht beschränktem Marktverhalten und bewahrt dadurch die Handlungsmöglichkeiten Dritter. Handlungsfreiheit und Wettbewerb sind daher nicht zu trennen. Ist dies aber der Fall, können auch Institutionenschutz und Individualschutz keine Gegensätze sein. Richtigerweise ist daher davon auszugehen, dass das Kartellrecht beide Aspekte schützt[201]. Davon zu unterscheiden und nur im Einzelfall zu beurteilen ist der Schutzgesetzcharakter einer bestimmten Norm innerhalb des GWB.

Eine Kontrolle dieser Wettbewerbsbeschränkung setzt jedoch die Anwendbarkeit des Wettbewerbsrechts auf die Beschaffungstätigkeit der Krankenkassen

---

201 Immenga/Mestmäcker-*Zimmer*, GWB, § 1 Rn. 8; *Möschel*, Wettbewerbsbeschränkungen, § 4 Rn. 111; *Rittner*, Wettbewerbs- und Kartellrecht, § 5 Rn. 48; *Gandenberger*, Unternehmen, S. 19; a.A. *Würdinger*, WuW 1953, S. 721 (727 ff.).

voraus. Wirtschaftliche Macht bedroht die Freiheit des Wettbewerbs, unabhängig von ihrer Urheberschaft. Dies spricht dafür, auch die wirtschaftliche Macht der öffentlichen Hand[202] der Kontrolle durch das GWB zu unterziehen. Das die öffentliche Hand bei ihrem Handeln nicht völlig aus dem Geltungsbereich des GWB ausgenommen ist, zeigt schon der Wortlaut des § 130 Abs. 1 GWB. Das GWB findet danach

„*auch Anwendung auf Unternehmen, die ganz oder teilweise im Eigentum der öffentlichen Hand stehen oder die von ihr verwaltet oder betrieben werden*".

Eine eindeutige Antwort auf die Reichweite der Anwendbarkeit des GWB auf die öffentliche Hand bleibt die Vorschrift aber schuldig. Sie stellt nur fest, dass das GWB nicht allein deshalb ausgeschlossen ist, weil die öffentliche Hand ein Unternehmen innehat. Der Begriff „Unternehmen" bedarf aber selbst der Erläuterung. Nur wenn die Eigenschaft als Unternehmen vorliegt, können wettbewerbsbeschränkende Verhaltensweisen der Krankenkassen nach dem GWB sanktioniert werden.

---

[202] Der Begriff „öffentliche Hand" wird hier als Synonym für alle Rechtssubjekte des öffentlichen Rechts im Gegensatz zu denen des Privatrechts gebraucht. Er umfasst die Staaten, die Territorialkörperschaften sowie die sonstigen Körperschaften, Anstalten und Stiftungen des öffentlichen Rechts. Erfasst werden somit auch die Krankenkassen.

Teil 2 – Der Schutz des Wettbewerbs bei der Leistungserbringung nach nationalem Recht

§ 1 Schutz vor Eingriffen in den Wettbewerb durch das GWB und UWG

Die Reichweite des Schutzes durch das Wettbewerbsrecht hängt somit davon ab, ob die Krankenkassen bei der Leistungsbeschaffung die von den Normen des GWB und UWG aufgestellten Tatbestandsvoraussetzungen erfüllen. Im Hinblick auf die dargestellten Kostensteuerungsinstrumente im Gesundheitswesen kommt es dabei zentral auf die Frage an, welches staatliche Handeln mit Auswirkungen auf den Markt nicht mehr dem GWB und UWG unterfällt. Anhand des Meinungsstandes in Rechtsprechung und Literatur zur Anwendbarkeit des Wettbewerbsrechts auf die Sozialversicherungsträger sollen daher zunächst die sich bisher aus dem Wettbewerbsrecht ergebenden Schranken für entsprechende Eingriffe ermittelt werden. Mit diesem Ausgangspunkt ist in einem zweiten Schritt dann auf die Änderungen einzugehen, die § 69 SGB V für die kartell- und lauterkeitsrechtliche Beurteilung bringt.

A. Anwendbarkeit des GWB und UWG bei der Leistungsbeschaffung

Kartellrechtlich ist zunächst der Frage nachzugehen, unter welchen Voraussetzungen Rechtssubjekte der öffentlichen Hand als Unternehmen im Sinne des GWB handeln. Die dabei auftretenden Schwierigkeiten bei der Erfassung des Verhaltens der Krankenkassen stellen sich auch im Bereich des Unlauterkeitsrechts. Die Anwendungsbereiche beider Gesetze decken sich faktisch, wobei das UWG nicht an den Unternehmensbegriff, sondern an die Wettbewerbshandlung anknüpft[1]. Im Hinblick auf die Verantwortlichkeit der Krankenkassen bei der Leistungsbeschaffung stimmen Problemstellung und Rechtsprechungsentwicklung bei GWB und UWG im wesentlichen überein, weshalb die Anwendbarkeit beider Gesetze im Zusammenhang erörtert wird.

I. Rechtssubjekte der öffentlichen Hand als Normadressaten des Wettbewerbsrechts

Es bedarf keiner Erläuterung, dass sich Rechtssubjekte der öffentlichen Hand ebenso wettbewerbsbeschränkend oder unlauter verhalten können wie private Wirtschaftsteilnehmer, wenn sie als Nachfrager oder Anbieter auf einem Markt auftreten. Dies zwingt dazu, die Normen des Wettbewerbsrechts auch auf die öffentliche Hand anzuwenden.

---

[1] *Emmerich*, Unlauterer Wettbewerb, § 4 Ziff.1.

1. Unternehmenseigenschaft im Sinne des § 1 GWB bei wirtschaftlicher Tätigkeit

a. Wirtschaftliche Tätigkeit als Ausübung von Unternehmensfunktionen

Die Regelung des § 1 GWB und anderer Vorschriften des GWB setzen das Handeln eines Unternehmens voraus. Dieser Begriff ist nicht mit dem Unternehmensbegriff in anderen Gesetzen identisch, sondern unabhängig von diesen und orientiert am Gesetzeszweck des GWB zu ermitteln. Dem Gesetz kommt wie erörtert die Aufgabe zu, die marktwirtschaftliche Ordnung funktionsfähig zu erhalten[2]. Dies erfordert die Sicherstellung der Funktion von Angebot und Nachfrage und damit des Marktpreises als Steuerungsfaktor des Wirtschaftsablaufes. Dem Gesetz liegt daher ein funktionaler Unternehmensbegriff zugrunde, der die Wahrnehmung bestimmter wirtschaftlicher Funktionen ausreichen lässt: Unternehmen im Sinne des Kartellrechts ist danach jede selbständige, nicht rein private und außerhalb des Erwerbslebens liegende Tätigkeit einer natürlichen oder juristischen Person in der Erzeugung oder Verteilung von Waren oder gewerblichen Leistungen, womit jede Tätigkeit im geschäftlichen Verkehr erfasst wird[3]. Für den kartellrechtlichen Unternehmensbegriff kommt es somit nur darauf an, ob die Funktion des Anbietens oder Nachfragens bei der Teilnahme am Güter- oder Dienstleistungsmarkt tangiert wird[4].

Wie § 130 Abs. 1 GWB bestätigt, ist es auch irrelevant, ob das handelnde Rechtssubjekt privatrechtlich oder öffentlich-rechtlich organisiert ist, sofern es nur wirtschaftlich (als Anbieter oder Nachfrager von Waren) tätig wird. Nicht die Beschaffenheit, sondern das Marktverhalten eines Wirtschaftssubjektes gibt somit den Ausschlag für dessen Unternehmenseigenschaft[5]. Unberücksichtigt muss schließlich auch der Umstand bleiben, dass öffentliche Unternehmen gerade auch bei der Nachfrage nach Gütern und Leistungen mittelbar öffentliche Zwecke erfüllen, da diese in der Regel zur Bewältigung von Verwaltungsaufgaben beschafft werden. Würde man der mittelbaren Erfüllung öffentlicher Zwecke kartellrechtsbefreiende Wirkung beimessen, wäre die öffentliche Hand

---

2 Begründung Regierungsentwurf, BT-Drucks. 2/1158, S. 22.

3 BGHZ 19, 72 (79f.); BGHZ 31, 105 (109); BGHZ 52, 65 (66); BGHZ 64, 232 (234f.) BGHZ 69, 59 (60); BGHZ 137, 297 (304); BGH WRP 1998, 188; BGH NJW 2000, 866; *Mestmäcker*, NJW 1969, S. 1 (4); *Lange*, Handbuch Kartellrecht, Kap. 2 § 1 Rn. 4; *Gandenberger*, Unternehmen, S. 21 f.; Langen/Bunte-*Bunte*, § 1 GWB Rn. 13 ff.; Immenga/Mestmäcker-*Zimmer*, GWB, § 1 Rn. 30.

4 *Gandenberger*, Unternehmen, S. 22.

5 BGH WuW/E BGH 1142 (1143) – Volksbühne II; WuW/E BGH 1246 (1247) – Feuerwehrschutzanzüge; Begr. Reg-Entw. BT-Drucks. 2/1158, S. 31; Langen/Bunte- *Bunte*, § 1 GWB Rn. 13.

insgesamt vom GWB freigestellt, da letztlich jede staatliche Wirtschaftstätigkeit in irgendeiner Form mittelbar öffentlichen Zwecken dient[6]. Unbeachtlich für die Unternehmenseigenschaft ist schließlich auch die Frage der Gewinnerzielungsabsicht, da auch gemeinnützige Rechtsträger Wettbewerbsbeschränkungen bewirken können[7].

b. Notwendig: Wirtschaftliche Handlungsfreiheit

Damit die Unternehmenseigenschaft bejaht werden kann, muss ein eigenständiges, marktbezogenes Handeln des Rechtssubjekts möglich sein[8]. Das Gesetz geht davon aus, dass der Wettbewerb von autonomen Marktteilnehmern getragen wird, folglich können auch nur diese verpflichtet sein, ihn nicht zu beschränken[9]. Voraussetzung für die Unternehmenseigenschaft ist daher, dass eine wirtschaftliche Handlungsfreiheit gegeben ist, die es dem (privaten oder öffentlichen) Rechtsträger ermöglicht, aus Handlungsalternativen auszuwählen[10]. An einer solchen Handlungsfreiheit fehlt es insbesondere dann, wenn das Handeln des Rechtsträgers durch ein Gesetz oder eine Verordnung strikt vorgeschrieben wird, ohne dass bei der Umsetzung der Norm ein wettbewerbsrelevanter Handlungsspielraum verbleibt[11].

2. Wirtschaftliche Tätigkeit als Handlung im geschäftlichen Verkehr im Sinne von § 1 UWG

Das UWG verfügt über keine dem § 130 Abs. 1 GWB entsprechende Norm, lässt aber bereits über den Wortlaut („*Wer...*“) eine Erfassung der Rechtssubjekte der öffentlichen Hand zu. Die Anwendung der Vorschriften gegen den unlauteren Wettbewerb orientiert sich allein am Tatbestandsmerkmal des „geschäftlichen Verkehrs“. Funktional entspricht es dem Unternehmensbegriff des GWB und wird dementsprechend weit ausgelegt: Erfasst wird jede Tätigkeit, die irgendwie der Förderung eines beliebigen Geschäftszwecks dient, und in der eine selbständige Teilnahme am Erwerbsleben zum Ausdruck kommt[12]. Rechtsform oder Gewinnerzielungsabsicht sind, wie beim GWB, irrelevant.

---

6 *Schwarz*, BB 1973, S. 1284; *Neumann*, Kartellrechtliche Sanktionierung, S. 131.
7 Immenga/Mestmäcker-*Zimmer*, GWB, § 1 Rn. 57.
8 *Lange*, Handbuch Kartellrecht, Kap. 2 § 1 Rn. 17.
9 Immenga/Mestmäcker-*Zimmer*, GWB, § 1 Rn. 36; Langen/Bunte-*Bunte*, § 1 GWB Rn. 144.
10 *Neumann*, Kartellrechtliche Sanktionierung, S. 123.
11 *Neumann*, a.a.O., S. 126.
12 BGHZ 19, 299 (303); *Rittner*, Wettbewerbs- und Kartellrecht, § 2 Rn. 3 f.

3. *Ausschluss hoheitlicher und privater Tätigkeiten*

Außerhalb der Anwendungsbereiche von GWB und UWG stehen der private Verbrauch sowie die hoheitlichen Tätigkeiten[13]. Die Gesetzesbegründung verweist darauf, dass das GWB keine Leistungen erfassen soll, die aufgrund hoheitlicher Bestimmungen gegeben oder gefordert werden[14]. Somit muss das wirtschaftliche Verhalten öffentlicher Rechtsträger, das nach dem oben Gesagten auch den Regelungen des GWB unterfällt, von dem nicht vom GWB erfassten hoheitlichen Handeln abgegrenzt werden. Ähnliches gilt für das UWG, dass rein amtliche Tätigkeiten, insbesondere die Ausübung von Hoheitsrechten, nicht erfassen soll[15]. Schwierig zu beantworten ist freilich die sich anschließende Frage, wann hoheitliches Handeln vorliegt. Literatur und Rechtsprechung bieten hier kein klares Bild[16].

Sicherlich erfasst von diesem Begriff ist die staatliche Marktlenkung durch Gesetze oder Rechtsverordnungen. Dies ergibt sich aus dem Anknüpfungspunkt für eine wettbewerbsrechtliche Kontrolle des wirtschaftlichen Handelns der öffentlichen Hand. So unterfällt die Nachfragetätigkeit öffentlicher Unternehmen dem GWB, weil sie sich nicht von der Nachfragetätigkeit privater Unternehmen unterscheidet und die Wettbewerber hier genauso schutzwürdig sind. Schon aus dem verfassungsrechtlichen Gleichbehandlungsgebot folgt daher, dass es für die öffentliche Hand keine Privilegien geben darf[17]. Positivrechtlicher Beweis dafür ist § 130 Abs. 1 GWB. Daraus lässt sich aber in einem Gegenschluss ableiten, dass auf die gerade nur der öffentlichen Hand mögliche Marktlenkung durch förmliche Gesetze oder Rechtsverordnungen das GWB und UWG keine Anwendung findet. Diese können zwar erheblich den Wettbewerb beschränken, jedoch ist diese Beschränkung nicht Folge einer jedermann möglichen, marktbezogenen Tätigkeit. Nach Ansicht des Gesetzgebers sollte sich das GWB nur gegen solche wettbewerbsbeschränkenden Verhaltensweisen richten, die „*innerhalb des Gebietes wirtschaftlicher Vorgänge...*" bleiben[18]. Die Marktlenkung durch förmliche Gesetze oder Rechtsverordnungen greift demgegenüber von außen in einen Markt ein. Der Staat wird hier in seiner Funktion als parlamenta-

---

13 Für den Bereich des GWB: *Rittner*, Wettbewerbs- und Kartellrecht, § 6 Rn. 4; Langen/Bunte-*Bunte*, § 1 GWB Rn. 22; Immenga/Mestmäcker-*Zimmer*, GWB, § 1 Rn. 28; für den Bereich des UWG: *Emmerich*, Unlauterer Wettbewerb, § 4 Ziff. 2; *Franke*, NZS 2000, S. 318.

14 Begr. Regierungsentwurf, BT-Drucks. 2/1158, S. 31.

15 *Emmerich*, Der unlautere Wettbewerb der öffentlichen Hand, S. 10.

16 Überblick bei *Neumann*, Kartellrechtliche Sanktionierung, S. 74 f.

17 *Schwarz*, Wirtschaftliche Betätigung, S. 25.

18 Begründung Regierungsentwurf, BT-Drucks 2/1158, S. 30.

rischer Gesetzgeber tätig[19]. Auch der Wortlaut des § 1 GWB spricht gegen eine Kontrolle wettbewerbsbeschränkender Gesetze: Das Kartellverbot wendet sich nur gegen Verträge, abgestimmte Verhaltensweisen und Beschlüsse. Gleiches gilt im Bereich des Lauterkeitsrechts: Markteingreifende Wirkungen, die durch förmliche Gesetze hervorgerufen werden, können schwerlich als Handlung im geschäftlichen Verkehr angesehen werden.

Weitaus schwieriger zu beurteilen sind dagegen die Fälle, in denen Rechtssubjekte der öffentlichen Hand aufgrund bestimmter Ermächtigungen in wettbewerbsbeschränkender Weise tätig werden. Hier stellt sich die Frage, ob allein das Bestehen einer solchen Ermächtigung zur Annahme einer hoheitlichen Handlung führt. Die skizzierten Probleme treten in besonderer Weise bei den Krankenkassen auf, denen durch das SGB V zahlreiche Befugnisse zur Regulierung des Wettbewerbs eingeräumt werden. Sie werden daher im Zusammenhang mit der Rechtsprechung zur Beschaffungstätigkeit der Krankenkassen erörtert[20].

II. Leistungsbeschaffung und Wettbewerbsrecht bis zum 01.01.2000

Die Feststellung, dass Rechtssubjekte der öffentlichen Hand bei einer wirtschaftlichen Tätigkeit dem Wettbewerbsrecht unterfallen, lässt sich nun im Hinblick auf die Leistungsbeschaffung durch die Krankenkassen präzisieren.

1. Die Rechtsprechung zur Leistungsbeschaffung von Sozialversicherungsträgern

a. Beschaffungstätigkeit als Ausübung von Unternehmensfunktionen

Grundlegend mit der Unternehmenseigenschaft von Krankenkassen bei der Leistungsbeschaffung befasste sich erstmals das Urteil des Bundesgerichtshofs vom 26.10.1961[21]. Eine Lieferantin von Gummistrümpfen klagte gegen eine Allgemeine Ortskrankenkasse auf Zulassung zur Leistungserbringung. Hintergrund war ein zwischen dem Landesverband der Ortskrankenkassen und dem Landesverband für das Bandagisten-, Orthopädie- und Chirurgiemechaniker-Handwerk geschlossener Rahmenvertrag, der die Zulassung leistungsbereiter

---

[19] *Neumann*, Kartellrechtliche Sanktionierung, S. 128.
[20] Siehe im Folgenden unter II.
[21] BGHZ 36, 91 ff. – Gummistrümpfe.

Lieferanten von der zuständigen allgemeinen Ortskrankenkasse vorsah[22]. Der Antrag der Filiale der Klägerin auf Aufnahme in die Liste der zugelassenen Lieferanten wurde abgelehnt, obwohl die Klägerin die Zulassungsvoraussetzungen erfüllte. Nach Ansicht der prüfenden Krankenkasse bestand kein Bedürfnis für die Zulassung eines weiteren Lieferanten von Gummistrümpfen. Im Rahmen von § 26 Abs. 2 GWB (jetzt § 20 Abs. 1 GWB) ging es um die Frage, ob die Krankenkasse als Unternehmen handelte oder nicht.

Die Bewertung dieses Verhaltens durch den Bundesgerichtshof kann nach dem oben Gesagten nicht mehr überraschen. Er ging davon aus, dass die Krankenkassen bei der Nachfrage nach Leistungen Unternehmensfunktionen erfüllen. In Übereinstimmung mit der Begründung zum Regierungsentwurf sei davon auszugehen, dass jede Tätigkeit im geschäftlichen Verkehr die Unternehmenseigenschaft begründe, ohne Rücksicht auf die rechtliche oder wirtschaftliche Organisation des Rechtsträgers[23]. Die Sozialversicherungsträger seien daher unbeschadet ihrer öffentlich-rechtlichen Aufgabe und Struktur als Unternehmen im Sinne des GWB zu betrachten. Die Nachfrage durch die Krankenkasse sei schließlich auch nicht mit der Nachfrage durch Private vergleichbar. Vielmehr sei der wirtschaftliche Gesamtvorgang dadurch geprägt, dass die Krankenkassen mit Gewerbetreibenden Vereinbarungen treffen, ob und zu welchen Bedingungen diese die Sozialversicherten beliefern dürfen. Angesichts dieses rechtlichen und wirtschaftlichen Unterschieds sei es nicht gerechtfertigt und „lebensfremd", die Krankenkassen bei der Leistungsbeschaffung privaten Endverbrauchern gleichzustellen[24]. In folgenden Entscheidungen haben die Gerichte daran festgehalten, dass die Krankenkassen Unternehmensfunktionen erfüllen, wenn sie für ihre Versicherten Leistungen auf einem Markt beschaffen[25].

Daran ändert die Tatsache nichts, dass letztlich die Versicherten und nicht die Krankenkassen die konkreten Leistungen auswählen und den Leistungserbringern gegenüber in tatsächlicher Hinsicht somit als Nachfrager auftreten.

---

[22] Ein öffentlich-rechtliches Zulassungsverfahren existierte nach der damals geltenden Reichsversicherungsordnung nicht; zwischen Leistungserbringern und Krankenkassen war insoweit nur der Abschluss von Rahmen- und Einzelverträgen vorgesehen, vgl. Schulin-*Schmitt*, Handbuch KV, § 28 Rn. 34 ff.

[23] BGHZ 36, 91 (103).

[24] BGH a.a.O., 103 f.

[25] BGH NJW-RR 1990, S. 1256 (1257); BGH WuW/E 2665 (2666); BGHZ 82, 375 (383); BGH ZIP 1994, S. 806 (807) – Orthopädisches Schuhwerk; BGHZ 114, 218 (230) - Einzelkostenerstattung; BGH WuW/E DE-R 839 (841) – Privater Pflegedienst; OLG Karlsruhe, WuW/E OLG 5066 – Direktabrechnungsausschluss; OLG Thüringen, WuE/E DE-R 500; OLG Düsseldorf WuW/E DE-R 183; OLG Celle WuW/E DE-R 433; OLG Dresden NZS 2002, S. 33 (34) n. rk.

Es wurde bereits darauf hingewiesen, dass die Kassen, die 90% dieser Versicherten repräsentieren, über die Rahmenverträge die Einzelheiten der Leistungserbringung sowie die Preise aushandeln und die Kosten tragen[26]. Die wesentlichen wettbewerbsrelevanten Entscheidungen werden somit durch die Krankenkassen im Verhältnis zu den Anbietern getroffen. Die vom Versicherten ausgewählte Leistung wird zu diesen Bedingungen und Preisen erbracht; bei funktionaler Betrachtung handelt dieser somit bei der Auswahl der Leistungen nicht als eigenverantwortlicher Nachfrager, sondern als Repräsentant der Krankenkasse[27]. Das GWB, das sich gegen wettbewerbsbeschränkende Verhaltensweisen richtet, muss diese Aufspaltung der Nachfrageseite berücksichtigen und darauf abstellen, dass allein die Krankenkassen aufgrund ihrer Stellung als Vertragspartner zu eben diesen wettbewerbsbeschränkenden Verhaltensweisen imstande sind[28]. Bei funktionaler Betrachtung treten als Folge des Sachleistungs- und Vertragsprinzips daher die Krankenkassen als Nachfrager auf dem jeweiligen Markt auf[29].

b. Keine Bereichsausnahme

Eine Bereichsausnahme sieht das GWB für die Leistungsnachfrage im Gesundheitswesen oder den Gesundheitsbereich insgesamt nicht vor. Die Träger der Sozialversicherung sind von den Regelungen des GWB nicht befreit. Das GWB findet damit auf die Beschaffungstätigkeit vollumfänglich Anwendung.

c. Beschaffungstätigkeit als Handlung im geschäftlichen Verkehr

Die vom Bundesgerichtshof im Gummistrumpf-Fall zum GWB getroffenen Feststellungen lassen sich auf den Bereich des UWG übertragen. Die Beschaffungstätigkeit der Krankenkassen dient der Förderung eines Geschäftszwecks. Sie gleicht insoweit der Nachfrage privater Wirtschaftssubjekte und stellt damit regelmäßig eine Handlung im geschäftlichen Verkehr dar[30].

2. Notwendigkeit privatrechtlicher Rechtsbeziehungen?

Die bisherigen erörterten Feststellungen haben die Frage offengelassen, ob bei der Leistungsnachfrage hoheitliches Handeln vorliegt. Wäre dies der Fall,

---

26 Siehe im ersten Teil unter § 1 A III 2 b.
27 OLG Dresden, NZS 2002, S. 33 (34) n.rk., m.w.N.
28 Dies verkennt BGH NZS 2000, S. 399 (400) – Zahnersatz aus Manila.
29 *Engelmann*, NZS 2000, S. 213; *Pitschas*, VSSR 1999, S. 221 (225).
30 BGH WRP 1999, S. 941 (942) - sitzender Krankentransport; OLG Frankfurt a.M., WRP 1997, S. 1205; OLG München, NZS 2000, S. 457 (459).

müsste nach dem oben Gesagten sowohl die Unternehmenseigenschaft wie auch eine Handlung im geschäftlichen Verkehr ausscheiden. Der Bundesgerichtshof hat in seinem Gummistrumpf-Urteil bei der Prüfung der Unternehmenseigenschaft dazu nicht explizit Stellung genommen. Er hat vielmehr eine scheinbar zusätzliche Voraussetzung für die Anwendbarkeit des Wettbewerbsrechts aufgestellt: Das Vorliegen privatrechtlich geregelter Rechtsbeziehungen.

Noch vor der Feststellung der Unternehmenseigenschaft der beklagten AOK ging der Bundesgerichtshof der Frage nach, welcher Art die Rechtsbeziehungen der Krankenkassen zu den Leistungserbringern sind. Rechtsverhältnisse, deren Inhalt durch frei vereinbarte privatrechtliche Verträge bestimmt werden, sollen dem GWB unterliegen, nicht dagegen Rechtsverhältnisse öffentlich-rechtlicher Natur[31]. Aufgrund dieser vom Bundesgerichtshof vorgenommenen Prüfung wird teilweise bis heute davon ausgegangen, dass bei der Anwendung des GWB auf öffentlich-rechtliche Rechtssubjekte vorrangig das Vorliegen privatrechtlicher Rechtsbeziehungen zu prüfen ist, bevor sich dann die Frage nach der Unternehmenseigenschaft dieses Rechtssubjektes stellt[32]. Im Folgenden soll ein Überblick über den Meinungsstand zur Bestimmung der privatrechtlichen bzw. öffentlich-rechtlichen Rechtsbeziehungen gegeben werden. Darauf aufbauend wird unter Ziff. 3 der Nachweis zu führen sein, dass es sich bei den als „öffentlich-rechtlich" bezeichneten Rechtsbeziehungen letztlich um Fälle handelt, in denen das Verhalten des Rechtsträgers als hoheitlich zu qualifizieren ist und daher nicht der Kontrolle durch das GWB und das UWG unterfällt.

a. Kriterien „privatrechtlicher" Rechtsbeziehungen

Zur Bestimmung des Anwendungsbereichs stellte die Praxis anfangs schlicht darauf ab, ob die Leistungsbeziehungen des Rechtsträgers zu Dritten öffentlich-rechtlicher oder privatrechtlicher Natur waren. So war beispielsweise im Gummistrumpf-Fall eine Klausel im Rahmenvertrag entscheidungserheblich, die eine Bedarfsprüfung mit der Möglichkeit der Zulassungsverweigerung vorsah. Folgerichtig stellte der Bundesgerichtshof auf die Rechtnatur dieses Rahmenvertrages zwischen der Krankenkasse und dem Leistungserbringer ab. Da die Rahmen- und Einzelverträge bis zur Neufassung des § 69 SGB V als privatrechtlich angesehen wurden, kam der Bundesgerichtshof so zu einer Anwendbarkeit des GWB auf diese Verträge[33]. Er hat damit an eine zum damaligen Zeitpunkt im Bereich des UWG vorherrschende Praxis angeknüpft, die ebenfalls auf die Rechtsnatur

---

[31] BGHZ 36, 96 (98).
[32] Vgl. statt aller Immenga/Mestmäcker-*Emmerich*, GWB, § 130 Abs. 1 Rn. 10.
[33] BGHZ 36, 96 (101).

der Beziehungen der öffentlichen Hand zu Dritten abstellte, um den sachlichen Anwendungsbereich des Gesetzes zu bestimmen[34]. Die Normen des Wettbewerbsrechts finden danach keine Anwendung, wenn sich die Krankenkassen im Rahmen eines öffentlich-rechtlichen Leistungsverhältnisses betätigen[35]. Dies führt allerdings dazu, dass die Geltung des GWB, aber auch des UWG praktisch zur Disposition der öffentlichen Hand gestellt wird, da sie oft wählen kann, in welcher Rechtsnatur sie ihre Tätigkeiten wahrnimmt[36]. Schutzwürdige Wettbewerbsbeziehungen entstehen jedoch auch bei öffentlich-rechtlichen marktbezogenen Tätigkeiten. Der Anwendungsbereich der Gesetze muss daher nach wettbewerblichen Kriterien ermittelt werden[37].

Diesen Schritt ging der Bundesgerichtshof ab den siebziger Jahren, indem er formal an dem Erfordernis privatrechtlicher Rechtsbeziehungen festhielt, nun aber zwischen den Leistungsbeziehungen und den sogenannten Wettbewerbsbeziehungen trennte: Unabhängig von der öffentlich-rechtlichen Rechtsnatur der Leistungsbeziehungen des Rechtsträgers zu seinen Abnehmern könne gleichzeitig ein privatrechtliches Wettbewerbsverhältnis zwischen den öffentlichen Rechtsträgern und potentiellen Wettbewerbern entstehen[38]. Ein solches „privatrechtliches" Rechtsverhältnis komme immer dann zustande, wenn der Rechtsträger neben anderen auf einem Markt Leistungen und Waren anbietet oder nachfragt[39]. Das Handeln des öffentlichen Rechtsträgers hat somit eine „Doppelnatur" und führt zum Entstehen zweier Rechtsverhältnisse, die rechtlich unterschiedlich bewertet werden können[40]. Beispielhaft zeigt sich dies bei den

---

[34] BGH GRUR 1956, S. 227; BGH JZ 1962, S. 237.

[35] BGH GRUR 1962, 159 (160) - Blockeis; BGHZ 37, 1 (16); BGH GRUR 1964, S. 210 (211) - Landwirtschaftsausstellung.

[36] *Loytved*, Krankenversicherung, S. 25; *Emmerich*, Unlautere Wettbewerb der öffentlichen Hand, S. 16; *ders.*, Wirtschaftsrecht, S. 285; *Schwarz*, Wirtschaftliche Betätigung, S. 12.

[37] *Gandenberger*, Unternehmen, S. 43; *Mestmäcker*, NJW 1969, S. 1 (3).

[38] BGH NJW 1976, S. 1941 (1942) ff.– Auto-Analyzer; BGHZ 66, 229 (233) - Studentenversicherung; BGHZ 82, 375 (382) - Brillenselbstabgabestellen; BGHZ 102, 280 (285 f.); GmS OGB BGH NJW 1976, 794; GmS OGB BGHZ 97, 312 (316); ebenso Langen/Bunte-*Jungbluth*, § 130 Abs. 1 GWB Rn. 10 ff; *Emmerich*, Wirtschaftsrecht, S. 286.

[39] BGHZ 82, 375 (382 ff.) - Brillenselbstabgabestellen; BGHZ 121, 126 (128 ff.) - Vermessungsämter; BGH NJW 2000, S. 866 (868) – Kartenlesegerät; *Mestmäcker*, NJW 1969, S. 1 (3 ff.); Immenga/Mestmäcker-*Emmerich*, GWB, § 130 Rn. 13; „Michel" Gutachten, BT-Drucks. 5/2120, S. 212; *Baumbach/Hefermehl*, § 1 Rn. 919; teilweise findet sich in diesem Zusammenhang auch die Formulierung, die Beziehung zu den Konkurrenten müsse vom Grundsatz der Gleichordnung geprägt sein, vgl. BGH NJW 1976, 1941 (1942) –Auto-Analyzer; BGHZ 102, 280 (284); hierzu *Neumann*, Kartellrechtliche Sanktionierung, S. 117.

[40] *Neumann*, Kartellrechtliche Sanktionierung, S. 79.

Rahmenverträgen der Krankenkassen mit den Anbietern: Obwohl sie dazu dienen, die öffentlich-rechtliche Pflicht der Kassen gegenüber den Versicherten zur Bereitstellung von Leistungen zu erfüllen, entstehen aufgrund der Nachfragetätigkeit privatrechtliche Wettbewerbsbeziehungen, die der Kontrolle durch das Wettbewerbsrecht unterliegen[41]. Entsprechende Verbote aufgrund des GWB oder des UWG können sich so auch auf den öffentlich-rechtlichen Tätigkeitsbereich auswirken[42].

Diese Qualifikation nach wettbewerblichen Gesichtspunkten gewährleistet eine Umsetzung des in § 130 Abs. 1 GWB ausgedrückten Gedankens, wonach die öffentliche Hand wie ein privates Unternehmen dem GWB unterliegt, wenn sie wie ein solches am Marktgeschehen teilnimmt. In der Rechtsprechung wird sie seitdem beibehalten: Neuere Entscheidungen gehen schlicht davon aus, dass die Krankenkassen bei der Nachfrage nach Leistungen wirtschaftlich tätig werden und damit der Kontrolle durch GWB und UWG unterliegen, ohne dass die Gerichte „privatrechtliche" Wettbewerbsbeziehungen überhaupt erwähnen[43]. Dies dürfte auch damit zu erklären sein, dass das Kriterium der „privatwirtschaftlichen" Wettbewerbsbeziehungen, das Auftreten als Anbieter oder Nachfrager auf einem Markt, letztlich auch als wirtschaftliche Tätigkeit im Rahmen des funktionalen Unternehmensbegriffs zur Bestimmung der Unternehmenseigenschaft Anwendung findet. Bereits dies deutet darauf hin, dass es sich bei den sogenannten „privatrechtlichen" Rechtsbeziehungen um keine eigenständige Anwendungsvoraussetzung handelt, sondern dass der sachliche und persönliche Anwendungsbereich des GWB allein über den Unternehmensbegriff festgelegt wird.

b. Ausschluss der Anwendbarkeit des Wettbewerbsrechts bei öffentlich-rechtlichen Wettbewerbsbeziehungen

Die Anwendbarkeit des GWB wie des UWG soll dann ausgeschlossen sein, wenn die Wettbewerbsbeziehungen als öffentlich-rechtlich zu qualifizieren sind. Dabei lassen sich im wesentlichen zwei Ansichten unterscheiden[44].

---

41 GmS OGB BGHZ 97, 312 (315).

42 *Schultz*, NZS 1998, S. 269 (270); Ähnlich BGHZ 110, 371 (381) – Sportübertragungen, zur Tätigkeit öffentlich-rechtlicher Rundfunkanstalten.

43 BGH ZIP 1994, S. 806 (807) – Orthopädisches Schuhwerk; OLG Stuttgart, WuW-E DE-R 307; OLG Thüringen, WuW/E DE-R 500; OLG Celle, WuW-E DE-R 433.

44 Nicht einheitlich beurteilt wird, ob die im Folgenden diskutierten Ausnahmen die Anwendbarkeit des GWB bereits ausschließen oder ob das GWB anwendbar ist, Wettbewerbsbeschränkungen der öffentlichen Hand aber gerechtfertigt sind. Vgl. statt aller *Kracht*, NJW 1962, S. 187 (188) einerseits; *Sandrock*, Grundbegriffe, S. 311 ff. andererseits.

Die überwiegende Ansicht geht dann von „öffentlich-rechtlichen" Wettbewerbsbeziehungen aus, wenn das wirtschaftliche Verhalten der Rechtsträger „öffentlich-rechtlichen Sonderregeln" unterliegt[45]. Gemeint sind damit Fälle, in denen öffentliche Unternehmen durch Normen zu einem bestimmten wirtschaftlichen Verhalten gezwungen werden, mit dem sie zwangsläufig gegen das GWB oder UWG verstoßen. Diese Kollision der zwingenden Norm mit den Wettbewerbsregeln müsse dahingehend gelöst werden, dass die öffentlich-rechtliche Regelung als lex specialis dem GWB vorgeht[46]. Denn wenn die ermächtigende Vorschrift überhaupt nur in der Weise zur Anwendung kommen kann, dass gleichzeitig eine Verletzung einer Norm des GWB bewirkt wird, beweise ihre Existenz als Rechtsnorm, dass sie im Konfliktfall die Oberhand behalten soll[47]. Entsprechende Sonderregeln würden schließlich auch die Grundlage für die Anwendung des UWG entfallen lassen[48]. Der in einer öffentlich-rechtlichen Norm zum Ausdruck kommenden politischen Entscheidung, ein bestimmtes wirtschaftliches Verhalten eines öffentlichen Rechtsträgers dem Wettbewerbsprinzip zu entziehen, wird Vorrang vor der Anwendung des GWB und UWG eingeräumt. Sofern allerdings der Rechtsträger den durch die Sonderregel eingeräumten Ermächtigungsrahmen überschreitet, soll das Wettbewerbsrecht anwendbar sein[49]. Die überwiegende Ansicht in der Literatur geht im Zusammenhang mit den wettbewerbsbeschränkenden Verhaltensweisen der Krankenkassen davon aus, dass die hierzu ermächtigenden Normen des SGB V als lex specialis dem GWB bzw. UWG vorgehen[50]. Auch das Bundessozialgericht hat in seinem Vorlagebeschluss an das Bundesverfassungsgericht in der Ermächtigung zur

---

45 *Mestmäcker*, NJW 1969, S. 1 (3); *Emmerich*, Wirtschaftsrecht, S. 287; *Gassner*, VSSR 2000, S. 121 (130).

46 BSG NZS 1995, S. 502 (504); OLG Frankfurt a. M. NJW-RR 1994, S. 432, sowie OLG Frankfurt a. M. WRP 1997, S. 1205 (1206), zu § 129 bzw. § 127 Abs. 3 SGB V als „speziellere" Regelung; *Loytved*, Krankenversicherung, S. 32; *Mestmäcker*, NJW 1969, S. 1 (3 f.); *Schwarz*, Wirtschaftliche Betätigung, S. 32; *Möschel*, Wettbewerbsbeschränkungen, § 4 Rn. 100; Tätigkeitsbericht BKartA 1959, S. 14 ff.; GK-*Autenrieth*, § 98 Abs. 1 Rn. 31.

47 *Sandrock*, Grundbegriffe, S. 313; vgl. auch *Larenz/Canaris*, Methodenlehre, S. 268.

48 *Emmerich*, Unlautere Wettbewerb der öffentlichen Hand, S. 19; *Baumbach/Hefermehl*, § 1 UWG Rn. 921.

49 GK-*Autenrieth*, § 98 GWB Abs. 1 Rn. 31.

50 *Bauer/Mühlhausen*, DOK 1997, S. 285 (286); *Giesen*, G+G 2001, Beilage Nr. 2, S. 19; *ders.*, Wettbewerb zwischen Sozialversicherungsträgern und Privatversicherungen nach europäischem Kartellrecht, S. 123 (125), in: Soziale Sicherheit und Wettbewerb; *Gassner*, VSSR 2000, S. 121 (130); *Knispel*, G+G 2001, Beilage Nr. 2, 7; *Steinmeyer*, Wettbewerbsrecht im Gesundheitswesen, S. 65; *Schwerdtfeger*, Pharm. Ind. 2000, S. 106 (108); *Wigge*, Die kartellrechtliche Stellung der Leistungsträger, S. 79 (87), in: Soziale Sicherheit und Wettbewerb.

Festbetragsfestsetzung für Arzneimittel nach § 35 SGB V eine die Normen des GWB verdrängende, speziellere Vorschrift gesehen[51].

Nach einer weitergehenden Ansicht soll dagegen bereits die Erfüllung gesetzlich übertragener öffentlicher Aufgaben als solche zu „öffentlich-rechtlichen" Wettbewerbsbeziehungen und damit zur Nichtanwendbarkeit des UWG und des GWB führen. Dies steht in einem gewissen Widerspruch zum funktionalen Unternehmensbegriff, bei dem die Erfüllung öffentlicher Zwecke wie erörtert nichts an der Unternehmenseigenschaft ändert. Das Bestehen „öffentlich-rechtlicher" Wettbewerbsbeziehungen aufgrund der Erfüllung öffentlicher Aufgaben soll daher von weiteren Voraussetzungen abhängen: Teilweise wird danach gefragt, ob sich die das Wettbewerbsrecht verdrängenden öffentlichen Interessen aus den Sondergesetzen als übergeordnetes Ganzes herleiten lassen[52]. Andere sehen parallel zu dem oben beschriebenen Fall öffentlich-rechtlicher Sondernormen dann ein Zurücktreten des Wettbewerbsrechts als geboten an, wenn die Erfüllung öffentlicher Aufgaben nur unter Durchbrechung des GWB bzw. UWG möglich sei[53]. *Sandrock* macht eine Ausnahme dagegen davon abhängig, ob sich eine gesetzlich anerkannte Institution wettbewerbsbeschränkend verhalte; sei dies zu bejahen, müsse der Normkomplex, auf dem die gesetzlich anerkannte Institution beruhe, mit § 1 GWB im Hinblick auf die jeweils geschützten Rechtsgüter und Interessen gegeneinander abgewogen werden[54]. Diese Ansicht, die mit unterschiedlichen Nuancen bereits bei Erfüllung gesetzlich begründeter Aufgaben ein Zurücktreten des Wettbewerbsrechts annimmt, erlangt im Rahmen dieser Untersuchung besonders vor dem Hintergrund des Wirtschaftlichkeitsgebots Bedeutung: Wettbewerbsbeschränkende Verhaltensweisen könnten mit dem Hinweis auf das zu beachtende Wirtschaftlichkeitsgebot einer Kontrolle durch das GWB bzw. UWG entzogen werden, was auf eine Relativierung des Wettbewerbsschutzes im Bereich der Leistungsbeschaffung hinausliefe[55].

---

51 BSG, NZS 1995, S. 502 (506).

52 GK-*Autenrieth*, § 98 Abs. 1 Rn. 34; für eine Abwägung auch *Bieback*, NZS 1997, S. 393 (396 f.).

53 BGH NJW 1964, S. 2208 (2209); Emmerich, Wirtschaftsrecht, S. 289; *Mestmäcker*, NJW 1969, S. 1 (3 f.); der gleiche Gedanke findet sich auf europäischer Ebene in der Regelung des Art. 86 Abs. 2 EG.

54 *Sandrock*, Grundbegriffe, S. 328.

55 Davon zu unterscheiden ist die Frage, ob das Wirtschaftlichkeitsgebotes bei der Interessenabwägung im Rahmen des § 20 Abs. 1 GWB Berücksichtigung finden kann, vgl. unten unter § 1 A III 6 a dd.

c. Die Kritik an der Trennung privatrechtlicher und öffentlich-rechtlicher Wettbewerbsbeziehungen

Gegen diese Doppelqualifikation des Handelns öffentlicher Rechtsträger wurde in der Vergangenheit insbesondere in der Richtung Kritik geübt, dass es nicht auf die Auswirkungen einer Handlung ankommen könne, sondern nur darauf, welchem Rechtsbereich diese Handlung zuzuordnen sei[56]. Da damit jedoch wie erörtert die Geltung des Wettbewerbsrechts wegen der Wahlfreiheit der öffentlichen Hand letztlich zu deren Disposition stünde, konnte sich diese Ansicht nicht durchsetzen.

Einen anderen Kritikansatz wählt dagegen *Neumann*, die sich grundsätzlich gegen die Konstruktion privatrechtlicher Rechtsverhältnisse ausspricht. Gegenstand kartellrechtlicher Ge- und Verbote seien allein tatsächliche, wettbewerbsbeschränkende Verhaltensweisen und nicht Rechtsverhältnisse[57]. Bei der Anwendung des GWB auf wettbewerbsbeschränkende Verhaltensweisen der öffentlichen Hand komme es daher gar nicht auf Rechtsverhältnisse und ihre Rechtsnatur, sondern allein auf das Vorliegen einer funktional unternehmerischen Tätigkeit an[58]. Die Prüfung „privatrechtlicher" Wettbewerbsbeziehungen hat nach *Neumann* zwei Ursachen. Zum einen werde aus dem tatsächlichen, der kartellrechtlichen Kontrolle unterliegenden Wettbewerbsverhältnis fälschlicherweise ein Rechtsverhältnis konstruiert, was dann zur Qualifikation der Rechtsnatur nötige[59]. Zum anderen werde das GWB unzutreffend dem Privatrecht zugeordnet; tatsächlich sei es als Teil des Wirtschaftrechts dem „allgemeinen" Recht zuzuordnen und damit auch auf wettbewerbsbeschränkende Verhaltensweisen der öffentlichen Hand anwendbar: Die Rechtssätze des GWB aktualisierten sich hier im Einzelfall als öffentlich-rechtlich[60]. Nach *Neumann* gibt es jedoch auch Ausnahmefälle, bei denen wettbewerbsbeschränkendes wirtschaftliches Verhalten eines öffentlichen Rechtsträgers keiner kartellrechtlichen Kontrolle unterliege. Neben den Fällen eines fehlenden Handlungsspielraumes[61] sei dies vor allem dann anzunehmen, wenn der Gesetzgeber den Wettbewerb als Ordnungsprinzip ausschalte und durch ein kollektives Verfahren gleichmächtiger Organisationen

---

56 *Brohm*, NJW 1994, S. 281 (287 ff.); *Bettermann*, DVBl. 1977, S. 182; *Knispel*, NZS 1998, S. 563 (565); *Ebsen*, Öffentlich-rechtliches Handeln als Gegenstand des Wettbewerbsrechts ?, S. 298 (304), in: Igl (Hrsg.), Gesundheitswesen in der Wettbewerbsordnung.

57 *Neumann*, Kartellrechtliche Sanktionierung, S. 109; *dies.*, WuW 1999, S. 961 (963).

58 *Neumann*, Kartellrechtliche Sanktionierung, S. 114; ähnlich *Gandenberger*, Unternehmen, S. 43, wonach es allein darauf ankomme, *„ob eine öffentlich-rechtliche Organisation gegen die Spielregeln des marktwirtschaftlichen Wettbewerbs verstoßen könne."*

59 *Neumann*, a.a.O., S. 118.

60 *Neumann*, a.a.O., S. 115 f.

61 Siehe hierzu bereits oben unter I 1 b.

ersetze, bei denen ein „Machtausgleich" gewährleistet sei[62]. Dies gelte im Bereich des SGB V etwa für die Kollektivverträge der Organisationen der Ärzte und Zahnärzte mit den Kassenverbänden, bei denen ein Schiedsamtsverfahren nach § 89 SGB V und damit ein Machtausgleich gesichert sei[63]. Die bloße Erfüllung einer öffentlichen Aufgabe führe dagegen genauso wenig wie das Tätigwerden aufgrund einer Befugnisnorm des SGB V zur Nichtanwendung des GWB[64]. Nur wenn Normen einen Unternehmensträger bewusst und eindeutig zu Eingriffen in Wettbewerbsverhältnisse ermächtigen, gehe diese Regelung als lex specialis dem GWB vor[65].

3. Stellungnahme

Betrachtet man die Kriterien, nach denen die Praxis den Anwendungsbereich von GWB bzw. UWG auf öffentliche Rechtsträger allgemein und die Krankenkassen im besonderen bestimmt, so zeigt sich, das es letztlich keines „privatrechtlichen" Wettbewerbsverhältnisses bedarf. In Übereinstimmung mit der Ansicht *Neumanns* steht vielmehr die Wirkung der Verhaltensweise auf den Wettbewerb im Vordergrund (unten a.). Die Fälle sogenannter „öffentlich-rechtlicher" Wettbewerbsbeziehungen bezeichnen demgegenüber den Versuch, die nicht unter das Wettbewerbsrecht fallenden Verhaltensweisen hoheitlicher Natur abzugrenzen (unten b.).

a. Auswirkungen des Handelns auf den Wettbewerb als Anwendungskriterium

Die Formulierung, es bedürfe „privatrechtlicher" Rechtsbeziehungen zur Anwendung des Wettbewerbsrechts täuscht darüber hinweg, dass die skizzierte Rechtsprechung und Literatur im Anschluss an das Gummistrumpf-Urteil in erster Linie wettbewerbsbezogen über die Anwendbarkeit der Normen des GWB und UWG entscheidet. GWB wie UWG verstehen und erfassen wirtschaftliches Verhalten im Sinne tatsächlicher Marktteilnahme[66]. Daher lässt es die herrschende Meinung schon dann für „privatrechtliche" Wettbewerbsbeziehungen ausreichen, wenn die öffentliche Hand im Wettbewerb mit anderen als Anbieter oder Nachfrager auf einem Markt auftritt. Tatsächlich wird damit aber nicht

---

62 *Neumann*, Kartellrechtliche Sanktionierung, S. 133 ff.

63 Die Rahmenverträge mit den Heil- und Hilfsmittelerbringerverbänden sollen dagegen nicht darunter fallen, da es hier an entsprechenden Konfliktlösungsmechanismen fehle, vgl. *Neumann*, a.a.O., S. 135.

64 *Neumann*, a.a.O., S. 131, 137.

65 *Neumann*, a.a.O., S. 138 f., die allerdings von einem Verstoß gegen europäisches Recht ausgeht.

66 *Scholz*, ZHR 132 (1969), S. 97 (109).

mehr auf die Rechtsform, sondern auf die wettbewerbliche Wirkung des Handelns abgestellt[67]. Das Wettbewerbsrecht soll letztlich überall dort zur Anwendung kommen, wo sich Wettbewerbsbeziehungen ergeben können, weil überall dort der Wettbewerb schutzwürdig ist[68]. Selbst ein öffentlich-rechtlicher Vertrag kann danach der wettbewerbsrechtlichen Kontrolle unterfallen, wenn von ihm wettbewerbsbeschränkende Wirkungen ausgehen[69]. Die vom Bundesgerichtshof gewählte Formulierung, die Wettbewerbsbeziehungen müssten „privatrechtlich" sein, ist daher irreführend. Auf dieser Linie liegt auch *Neumann*, wenn sie ausführt, dass das GWB gegen jegliche wettbewerbsbeschränkende Verhaltensweisen richte, eine Konstruktion von Rechtsverhältnissen somit nicht notwendig sei[70]. Die „Doppelqualifizierung" von Handlungen schließlich beschreibt lediglich eine Konsequenz aus dem funktionalen Unternehmensbegriff, nach dem jede einzelne Tätigkeit auf ihren wirtschaftlichen Charakter hin zu untersuchen ist: Handelt eine Krankenkasse, beispielsweise bei der Nachfrage wirtschaftlich, so ist es für ihre Unternehmenseigenschaft in diesem Bereich irrelevant, ob sie bei Ausübung anderer Funktionen hoheitlich handelt.

Die sogenannten „privatrechtlichen" Wettbewerbsbeziehungen stellen somit weder eine besondere Voraussetzung für die Anwendbarkeit des GWB auf, noch führen sie dazu, dass die Anwendbarkeit des Kartellrechts auf öffentlich-rechtliche Verträge beispielsweise ausgeschlossen ist. Sie umschreiben lediglich das Erfordernis des funktionalen Unternehmensbegriffs, wonach der Rechtsträger wirtschaftlich, somit als Anbieter oder Nachfrager von Waren handeln muss, da in diesen Fällen der Wettbewerb tangiert werden kann. Damit ist die Frage, ob es sich bei dem GWB um Privatrecht oder gemeinsames Recht handelt, für die materielle Anwendbarkeit ohne Bedeutung. Eine Stütze findet dieses Ergebnis schließlich auch in der Begründung zum Entwurf des GWB. Zwar wird dort ausgeführt, das sich das Gesetz nur

„gegen Verträge und Beschlüsse richtet,... die innerhalb des Gebietes wirtschaftlicher Vorgänge bleiben, die durch privatrechtliche Rechtsgeschäfte abgewickelt werden"[71].

Diese Beschreibung sollte aber nur klarstellen, dass sich der Anwendungsbereich des Gesetzes auf Wettbewerbsbeschränkungen als Folge von Marktteil-

---

[67] *Haverkate*, VSSR 1999, S. 177 (191).
[68] *Emmerich*, Unlautere Wettbewerb der öffentlichen Hand, S. 18.
[69] *Von Maltzahn*, GRUR 1993, S. 240; *Heinze*, SGb 1992, S. 33 (34).
[70] *Neumann*, Kartellrechtliche Sanktionierung, S. 118.
[71] Begründung Regierungsentwurf, BT-Drucks. 2/1158, S. 30.

nahme beschränkt. Dies ergibt sich aus der Begründung im folgenden Satz, wenn es heißt, dass das Gesetz keine Leistungen erfasst, die

„auf Grund hoheitlicher Bestimmungen gegeben oder gefordert werden“[72].

Damit hat der Gesetzgeber zum Ausdruck gebracht, dass hoheitliche Maßnahmen aus dem Anwendungsbereich des Gesetzes ausgeschlossen werden sollen. Eine Beschränkung des GWB auf privatrechtliche Rechtsbeziehungen folgt daraus aber nicht.

b. Abgrenzung hoheitlicher Tätigkeiten

Bedeutet das Erfordernis sogenannter „privatrechtlicher“ Wettbewerbsbeziehungen somit nichts anderes als die Notwendigkeit eines im Einzelfall wirtschaftlichen Verhaltens der Krankenkasse, so lässt sich bereits vermuten, dass die sogenannten „öffentlich-rechtlichen“ Wettbewerbsbeziehungen letztlich die Fälle des hoheitlichen Handelns der Krankenkassen bezeichnen. Es handelt sich um Tätigkeiten, die ungeachtet ihres wirtschaftlichen Charakters aufgrund vorrangiger Ermächtigungsnormen der wettbewerbsrechtlichen Kontrolle entzogen sind.

aa. Gesetzliche Ermächtigung bzw. Verpflichtung zu wettbewerbsbeschränkendem Verhalten

Eine Anwendung des GWB bzw. UWG ist dann nicht angebracht, wenn der öffentliche Rechtsträger durch Gesetz ausdrücklich zu dem wettbewerbsbeschränkenden Verhalten ermächtigt bzw. verpflichtet wurde. Werden die Spitzenverbände der Krankenkassen beispielsweise durch die Festsetzungskompetenz für Festbeträge nach § 35 SGB V eindeutig dazu ermächtigt, in Wettbewerbsverhältnisse einzugreifen, so muss dieser gesetzgeberische Wille akzeptiert werden[73]. Er darf nicht dadurch unterlaufen werden, dass das wettbewerbsbeschränkende Verhalten und damit mittelbar die auf gleicher Stufe wie das GWB stehende Ermächtigungsnorm des SGB V an den Ge- und Verboten des Wettbewerbsrechts gemessen wird[74]. Mit der Schaffung der Ermächtigung bringt der Gesetzgeber inzident zum Ausdruck, dass das entsprechende Verhalten keiner wettbewerbsrechtlichen Kontrolle unterliegen, sondern der Güteraus-

---

[72] Begründung Regierungsentwurf, BT-Drucks. 2/1158, S. 31.

[73] *Neumann*, Kartellrechtliche Sanktionierung, S. 138 f.

[74] Hier kommt es vielmehr auf die Frage der Vereinbarkeit dieser Ermächtigungsgrundlagen mit Verfassungs- bzw. EG-Recht an, vgl. im Folgenden unter § 2 III sowie im dritten Teil unter § 4 IV.

tausch abweichend vom Wettbewerbsprinzip geregelt werden soll. Damit liegt aber die eigentliche Verantwortung für die Wettbewerbsbeschränkung bei dem die Norm schaffenden Staat, so dass insoweit von einer „hoheitlichen" Wettbewerbsbeschränkung gesprochen werden kann. Voraussetzung ist aber stets, dass der Rechtsträger über einen entsprechenden Handlungsspielraum verfügt, da es ansonsten schon an einem unternehmerischen Verhalten fehlt[75]. Die Frage, ob ein wirtschaftliches Verhalten wegen entsprechender Ermächtigungsnormen ausnahmsweise als hoheitlich einzuordnen ist, stellt sich dann nicht.

Betrachtet man die Rechtsprechung zur Leistungsbeschaffung der Krankenkassen unter diesem Blickwinkel, so zeigt sich, dass nicht der öffentlich-rechtliche Charakter der Rechtsbeziehungen entscheidend war, sondern die Frage, ob sich der Rechtsträger auf vorrangige Sondernormen berufen konnte. So entschied sich der Bundesgerichtshof in der „Gummistrumpf"-Entscheidung für die Anwendbarkeit des GWB, da sich die im Fall von den Heilmittellieferanten zu erbringenden Leistungen nicht aus hoheitlichen Bestimmungen ergaben[76]. Der Gemeinsame Senat ging in seinem Beschluss vom 10.04.1986 ebenfalls nur der Frage nach, ob sich aus der RVO ein Hinweis auf die hoheitliche Natur der Beschaffungstätigkeit entnehmen lasse[77]. Auch das OLG Stuttgart hat ein von einer öffentlich-rechtlichen Landesapothekenkammer beschlossenes Rabattverbot für die Apotheken ihres Kammerbezirks zunächst daraufhin überprüft, ob es zu dem der Apothekenkammer kraft Gesetzes übertragenen Aufgabengebiet gehört[78]. Da dies nicht der Fall war, wurde ein Verstoß gegen § 1 GWB bejaht. Die Anwendbarkeit des GWB scheidet damit auch aus Sicht der Rechtsprechung nur dann aus, wenn die marktbezogene Tätigkeit durch eine Rechtsnorm gedeckt ist, die das GWB zu respektieren hat[79]. In diesen Fällen ist davon auszugehen, dass der Rechtsträger hoheitlich tätig wird. Demgegenüber folgt aus der öffentlich-rechtlichen Rechtsform der wirtschaftlichen Betätigung noch nicht zwangsläufig, dass das Verhalten dem Wettbewerbsrecht entzogen ist.

Stets im Einzelfall zu prüfen ist aber, ob die von dem Rechtsträger getroffene Maßnahme tatsächlich auch von der Sondervorschrift erfasst wird, da andernfalls das Wettbewerbsrecht Anwendung findet. Denn mit der gesetzgeberischen Ermächtigung zu wettbewerbsbeschränkendem Verhalten wird ein prinzipiell wirtschaftliches Verhalten der Überprüfung durch das Kartell- und Lauterkeitsrecht entzogen. Handelt die öffentliche Hand außerhalb dieser Ermächtigung,

---

[75] *Neumann*, Kartellrechtliche Sanktionierung, S. 139.
[76] BGHZ 36, 96 (101).
[77] GmS OGB BGHZ 97, 312 (315).
[78] OLG Stuttgart, WuW/E OLG 545 (548).
[79] *Schwarz*, Wirtschaftliche Betätigung, S. 17.

besteht für eine solche Privilegierung schlichtweg keine Rechtsgrundlage. Dies hat der Bundesgerichtshof in einem Fall klargestellt, wo eine Apothekenkammer bestimmte Werbemaßnahmen einzelner Apotheken als berufsrechtswidrig beanstandet und Sanktionen angedroht hatte. Dies war aus Sicht des Bundesgerichtshofs nicht durch die Berufsordnung gedeckt. Da mit der Beanstandung der öffentlich-rechtliche Kompetenzbereich deutlich verlassen wurde, sei eine Kontrolle durch das Wettbewerbsrecht geboten[80].

bb. Nicht ausreichend: Erfüllung öffentlicher Aufgaben

Es wurde im wesentlichen bereits bei der Darstellung des Unternehmensbegriffs erörtert, dass die Erfüllung einer öffentlichen Aufgabe für sich genommen nicht dazu führen kann, die Unternehmenseigenschaft eines wirtschaftlich handelnden Rechtsträgers in Frage zu stellen. Der öffentlichen Hand würden sonst wegen der stets zu beachtenden öffentlichen Interessen weitreichende Möglichkeiten zur Umgehung des Wettbewerbsrechts offen stehen. Soll das Wettbewerbsrecht zurücktreten, bedarf es vielmehr eindeutiger Anhaltspunkte in Gestalt entsprechender Normen, die dem Rechtsträger eine Sonderstellung in der Wettbewerbsordnung zuweisen[81]. Allgemeine öffentlich-rechtliche Grundsätze reichen hierfür nicht aus[82]. Ebenso wenig vermag eine außerökonomische Belange bewertende Güterabwägung im Einzelfall eine Ausnahme von den Wettbewerbsregeln zu begründen[83]. Der Bundesgerichtshof hat daher die Heranziehung allgemeiner Interessen zur Begründung einer Ausnahme von der Anwendbarkeit ausdrücklich verworfen[84].

c. Zusammenfassung

Die Anwendbarkeit des GWB und UWG ist nicht vom Vorliegen privatrechtlicher Rechtsbeziehungen abhängig. Sachlicher und persönlicher Anwendungsbereich des Gesetzes entscheiden sich allein über den Unternehmensbegriff, der auf eine bestimmte Tätigkeit abstellt und damit jedes diese Tätigkeit ausübende Rechtssubjekt als Normadressat erfasst. Die Tatsache, dass viele Gerichte vor der Prüfung der Unternehmenseigenschaft auf die Frage der sachlichen Anwendbarkeit des Gesetzes eingehen, dürfte vor allem daran liegen, dass wegen § 13 GVG zur Feststellung des Rechtsweges die Rechtsnatur der Streitigkeit

---

80 BGH WuW/E BGH 2688 (2694) – Warenproben in Apotheken.

81 *Emmerich*, Wirtschaftsrecht, S. 291; *ders.*, Unlautere Wettbewerb der öffentlichen Hand, S. 20.

82 *Bauer/Mühlhausen*, DOK 1997, S. 285 (286).

83 *Neumann*, Kartellrechtliche Sanktionierung, S. 131 f.

84 BGH ZIP 1999, S. 1021 (1024) – Lottospielgemeinschaft.

festgelegt werden muss. Materiellrechtlich geht es dagegen allein um die Frage, ob aufgrund bestehender Sondernormen von hoheitlichem Verhalten ausgegangen werden muss. Für eine solche Abgrenzung des Anwendungsbereichs über den Unternehmensbegriff spricht mit *Neumann* letztlich auch der Vergleich mit den Wettbewerbsregeln im EG-Vertrag[85]. Hier besteht kein Zweifel daran, dass der Anwendungsbereich der Wettbewerbsregeln allein vom Vorliegen wirtschaftlicher Verhaltensweisen in Abgrenzung zu hoheitlichem Handeln abhängt[86]. Dies wird auch von den Befürwortern einer Anwendungsbeschränkung des GWB auf privatrechtliche Rechtsbeziehungen erkannt, die jedoch die Konsequenz für das deutsche Recht, den Anwendungsbereich des Gesetzes allein über die Ausübung von Unternehmensfunktionen zu bestimmen, nicht ziehen[87]. Die Ausführungen sind oftmals verwirrend, weil hoheitlich im Sinne des Unternehmensbegriffs mit öffentlich-rechtlichen Rechtsbeziehungen gleichgesetzt wird und damit unklar bleibt, welche Abgrenzungsfunktion die privat- bzw. öffentlich-rechtlichen Rechtsbeziehungen erfüllen sollen[88]. Zur Bestimmung des Anwendungsbereichs genügt auch im deutschen Recht allein der funktionale Unternehmensbegriff. Voraussetzung ist nur, dass der Rechtsnormkongruenz von Wettbewerbsrecht und SGB V in der oben beschriebenen Weise Rechnung getragen wird: Verhaltensweisen, die auf eindeutig zu wettbewerbsbeschränkenden Handlungen ermächtigenden Normen des SGB V beruhen, sind als hoheitliche Tätigkeiten einer wettbewerbsrechtlichen Kontrolle entzogen.

Mit der hier vertretenen Ansicht lässt sich schließlich auch die früher umstrittene Frage beantworten, ob die „Sonderregeln" bereits die Anwendbarkeit der Wettbewerbsgesetze ausschließen oder ob sie als Rechtfertigungsgrund dienen. Die Einordnung einer Verhaltensweise als hoheitlich führt dazu, dass die Krankenkasse im konkreten Fall keine unternehmerische bzw. geschäftliche Tätigkeit ausübt. Damit wird bereits die Anwendbarkeit des GWB und des UWG ausgeschlossen.

---

85 *Neumann*, WuW 1999, S. 961 (964).

86 *Gleiss/Hirsch*, Art. 85 (1) Rn. 35, 40; Schwarze-*Brinker*, Art. 81 Rn. 23 f.

87 Immenga/Mestmäcker-*Emmerich*, GWB, § 130 Abs. 1 Rn. 9.

88 Siehe besonders Langen/Bunte-*Bunte*, § 1 GWB Rn. 22 einerseits und die Kommentierung Langen/Bunte-*Jungbluth*, § 130 Abs. 1 GWB Rn. 8 ff. andererseits; ebenso Immenga/ Mestmäcker-*Zimmer*, GWB, § 1 Rn. 28, wonach offensichtlich die Trennung Wettbewerbs-/Leistungsbeziehungen zur Bestimmung hoheitlicher Tätigkeiten herangezogen werden soll.

III. Reichweite des kartell- und lauterkeitsrechtlichen Schutzes vor Wettbewerbsbeschränkungen

Deutlich wurde, dass die Beschaffungstätigkeit der Krankenkassen als Nachfrage nach Gütern grundsätzlich dem Wettbewerbsrecht unterfällt. Anhand der ausgewählten Beispiele ist nunmehr die konkrete Reichweite des durch GWB und UWG gewährleisteten Schutzes zu ermitteln.

1. Wettbewerbsbeschränkungen durch Regelungen hoheitlichen Charakters

Wettbewerbsbeschränkungen durch Regelungen hoheitlichen Charakters in dem im ersten Teil unter § 2 III 2 definierten Sinne sind dadurch gekennzeichnet, dass von außen in den Markt eingegriffen wird. Ein Schutz durch das GWB bzw. UWG scheidet hier aus, da es an einem wirtschaftlichen Verhalten bzw. einem Handeln im geschäftlichen Verkehr fehlt.

Dies gilt für die Positiv- und Negativliste, ebenso für die Festbetragsfestsetzung durch Rechtsverordnung nach § 35a SGB V. In allen drei Fällen sind die wettbewerbsbeschränkenden Wirkungen nicht Folge eines wirtschaftlichen Verhaltens, sondern unmittelbar auf die vom Bundesminister für Gesundheit erlassene Rechtsverordnung zurückzuführen. Die Zulässigkeit solcher Rechtsverordnungen bestimmt sich allein nach dem zum Erlass derselben ermächtigenden förmlichen Gesetz, das den Regelungsspielraum des Verordnungsgebers gemäss Art. 80 Abs. 1 S. 2 GG nach Inhalt, Zweck und Ausmaß bestimmen muss. Das Wettbewerbsrecht kann hier nicht herangezogen werden, da damit mittelbar das förmliche Gesetz überprüft werden würde[89]. Auf nationaler Ebene bleibt hier nur der Rückgriff auf das Verfassungsrecht[90].

2. Wettbewerbsbeschränkungen durch Kombination von Kollektivverträgen, Höchstpreisfestsetzung und Zulassungsregulierung

Die vielfältigen wettbewerbsbeschränkenden Wirkungen im Zusammenhang mit der Ausgestaltung der Kollektivverträge können in mehrfacher Hinsicht kartellrechtlich bedenklich sein. Sie beschränken wie erörtert den Wettbewerb zwischen den Krankenkassen untereinander wie auch den Preiswettbewerb zwischen Anbietern und den Krankenkassen als Nachfragern, und weiten diese Beschränkung über das Zulassungsmonopol der Krankenkassenverbände auf nicht verbandsgebundene Anbieter aus. Eine isolierte kartellrechtliche Untersuchung

---

[89] *Schwarz*, Wirtschaftliche Betätigung, S. 29.

[90] Siehe hierzu unter § 2.

dieser einzelnen Wettbewerbsbeschränkungen würde allerdings der Funktion dieser Kombination nicht gerecht. Der Ausschluss des Nachfragewettbewerbs steht im Zusammenhang mit der Höchstpreisanordnung und den Zulassungsvorschriften. Es soll insgesamt sichergestellt werden, dass die Anbieterseite mit den Krankenkassen nicht über einem bestimmten Preisniveau abrechnen kann. Das gesamte Vertragsgeflecht unter Einschluss der hoheitlichen Preisfestsetzung und der Zulassungsregeln hat somit ein einheitliches Nachfrageverhalten der Krankenkasse zum Ziel und schränkt den Preiswettbewerb ein. Es ist daher als ganzes an § 1 GWB zu messen.

Es besteht zunächst kein Zweifel daran, dass die Landesverbände Normadressaten des § 1 GWB sein können. Auch wenn sie selbst nicht direkt Leistungen nachfragen, ist es doch Ziel der Landesverbände, die Tätigkeit ihrer Mitgliedskassen für bestimmte, vom Gesetz näher bezeichnete Bereiche zu bündeln. Damit handeln sie als Unternehmensvereinigung im Sinne des § 1 GWB, da ihr Handeln auf die Beeinflussung und Koordinierung fremder unternehmerischer Tätigkeit gerichtet ist[91]. Die beschriebene Ausgestaltung dient allein dazu, bestimmte Höchstpreise festzulegen, damit die einzelnen Krankenkassen möglichst günstig Leistungen auf dem Markt beschaffen können.

Fraglich ist die Anwendung des GWB aber im Hinblick auf den hier fehlenden autonomen Handlungsspielraum. Das Kartellverbot nach § 1 GWB erfasst die Koordination unternehmerischen Verhaltens auf dem Markt, was notwendigerweise Entscheidungsfreiheit über das Verhalten am Markt voraussetzt. Fehlt es an dieser unternehmerischen Freiheit, greift § 1 GWB nicht ein, da dann eine rechtlich gar nicht gegebene Handlungsfreiheit eingeschränkt wird[92]. Ähnlich argumentiert der Bundesgerichtshof bei der Frage, ob Wettbewerbsbeschränkungen durch den Deutschen Toto- und Lottoblock gegen § 1 GWB verstoßen: Eine Anwendung der Vorschrift komme dann nicht in Betracht, wenn zwischen den Mitgliedern ein Wettbewerb nicht stattfinde und dies Folge der Lotteriehoheit sei[93].

Die Wettbewerbsbeschränkungen im Zusammenhang mit den Kollektivverträgen sind Folge des gesetzlich angeordneten Zusammenwirkens der Krankenkassen. Faktisch wird zwar gegen § 1 GWB verstoßen, bei Abschluss der Rahmenverträge halten sich die Parteien aber im Rahmen der §§ 125 Abs. 2, 127 Abs. 2 SGB V. Durch die Vorgabe eines harmonisierten Zusammenwirkens sind die

---

91 Langen/Bunte-*Bunte*, § 1 GWB Rn. 30; Immenga/Mestmäcker-*Zimmer*, GWB, § 1 Rn. 74.
92 Langen/Bunte-*Bunte*, § 1 GWB Rn. 144.
93 BGH ZIP 1999, S. 1021 (1024) - Lottospielgemeinschaft.

Krankenkassen kraft Gesetzes zu einem Nachfragekartell zusammengeschlossen[94]. Auch die kollektive Verständigung zwischen den Leistungserbringer- und Krankenkassenverbänden ist gesetzlich vorgegeben. Zwar werden die Preise durch die Leistungserbringer- und Krankenkassenverbände ausgehandelt. Die Eigenschaft als Höchstpreise und damit auch die von ihnen ausgehenden wettbewerbsbeschränkenden Wirkungen beruhen jedoch auf der gesetzlichen Festlegung der ausgehandelten Preise als Höchstpreise, ohne dass die beteiligten Vertragsparteien darauf Einfluss nehmen könnten. Es fehlt daher an dem erforderlichen Kausalverhältnis zwischen Absprache und Wettbewerbsbeschränkung[95]. Schließlich ist auch die Zulassungsbefugnis den Krankenkassenverbänden kraft Gesetzes übertragen. Diese dürfen einen Leistungserbringer nur bei Vorliegen der gesetzlichen Voraussetzungen, wozu auch die Anerkennung der Höchstpreise gehört, zulassen. Einen Handlungsspielraum in bezug auf diese Voraussetzung der Zulassung haben sie auch hier nicht.

Diese Ausgestaltung führt dazu, dass den Krankenkassen bzw. ihren Verbänden letztlich kein Raum für wettbewerbskonforme Verhaltensweisen verbleibt[96]. Die Einschränkung des Wettbewerbs beruht nicht kausal auf autonomen Entscheidungen der Krankenkassen und ihrer Verbände, sondern ist auf die rechtliche Ausgestaltung durch den Gesetzgeber zurückzuführen. Daher ist das gesamte Vertragsgeflecht der Anwendung des GWB entzogen[97].

3. Verordnungsausschluss durch Arzneimittelrichtlinien

Der Ausschluss bestimmter Arzneimittel von der Verordnungsfähigkeit durch Arzneimittelrichtlinien könnte sowohl gegen § 1 GWB wie auch gegen §§ 19, 20 GWB und § 1 UWG verstoßen.

a. Verstoß gegen das Kartellverbot gemäß § 1 GWB

aa. Bundesausschuss als Unternehmensvereinigung

In dem Bundesausschuss sind neben den kassenärztlichen Bundesvereinigungen die Bundesverbände der Krankenkassen als Unternehmensvereinigung vertreten.

---

[94] OLG Thüringen, WuW/E DE-R 500 (503) – Enteralernährung.

[95] A.A. BVerfGE 68, 193 (214).

[96] BKartA, Tätigkeitsbericht 1987/88, S. 107.

[97] GK-*Autenrieth,* § 98 Abs. 1 Rn. 31; Langen/Bunte-*Bunte,* § 1 GWB Rn. 205; BKartA, a.a.O., ebenda; *Reimann*, WRP 1962, S. 151; *Jaeger*, Krankenkassen als Adressaten des Kartellrechts, S. 23 (27), in: Löwisch (Hrsg.), Reform des Gesundheitswesens; a.A. *Neumann*, Kartellrechtliche Sanktionierung, S. 154.

Das kartellrechtliche Verbot ist auch auf Vereinigungen von Unternehmensvereinigungen anwendbar[98]. Fraglich ist allerdings, wie es sich auswirkt, dass mit den unparteiischen Vertretern auch Nichtunternehmen im Ausschuss vertreten sind. Die Beteiligung von Nichtunternehmen steht der Annahme einer Unternehmensvereinigung dann nicht entgegen, wenn im übrigen mindestens zwei oder mehr Unternehmen vorhanden sind[99]. Da zumindest die Bundesverbände der Krankenkassen Unternehmensfunktionen ausüben, liegen diese Voraussetzungen vor. Wegen der angesprochenen Bindungswirkung der Richtlinien für die Beteiligten über die Bundesmantelverträge verfügt der Bundesausschuss über die kraft seiner gemeinschaftlichen Organisation bestehende Möglichkeit, Einfluss auf das wirtschaftliche Verhalten seiner Mitglieder zu nehmen.

bb. Keine hoheitliche Tätigkeit, da Überschreiten der eingeräumten Befugnis

Ein Handeln als Unternehmensvereinigung muss verneint werden, wenn das Verhalten durch eine speziellere Norm gedeckt ist, da damit kein wirtschaftliches, sondern hoheitliches Handeln vorliegt. Wird einer Unternehmensvereinigung die Kompetenz zu wettbewerbsbeschränkendem Verhalten eingeräumt, kann ein Verhalten, dass sich im Rahmen des öffentlich-rechtlichen Kompetenzbereichs bewegt, nicht als das einer Vereinigung von Unternehmen bewertet werden[100]. Mit dem Ausschluss von Arzneimitteln von der Verordnungsfähigkeit überschreitet der Bundesausschuss jedoch seine Befugnisse, da die bisherige Regelung des § 92 SGB V hierfür nach dem oben Gesagten keine Kompetenz einräumt. Das Kartellrecht ist daher auch auf entsprechende Richtlinienbeschlüsse vollumfänglich anwendbar[101].

Anders ist dies dagegen bei einer vom Gemeinsamen Bundesausschuss ab dem 01.04.2004 vorgenommenen Einschränkung der Verordnungsfähigkeit durch Arzneimittelrichtlinien. § 92 Abs. 1 SGB V in der Fassung ab dem 01.04.2004 ermächtigt den Gemeinsamen Bundesausschuss ausdrücklich dazu, Leistungen unter bestimmten Voraussetzungen auszuschließen. Eine Überschreitung der Befugnisse liegt hier gerade nicht vor. Da das wettbewerbsbeschränkende Verhalten durch speziellere Normen vorgeschrieben ist, handelt der Gemeinsame Bundesausschuss dann nach dem oben Gesagten hoheitlich und nicht wirtschaftlich. Eine wettbewerbsrechtliche Kontrolle scheidet insoweit aus.

---

98 Immenga/Mestmäcker-*Zimmer*, GWB, § 1 Rn. 79.

99 Immenga/Mestmäcker-*Zimmer*, GWB, § 1 Rn. 78; BKartA WuW/E BKartA 145 – Doppelstecker; BGH WuW/E BGH 1313 (1315).

100 BGH WuW/E BGH 2688 (2694) – Warenproben in Apotheken.

101 OLG München, NZS 2000, S. 457 (460); *Neumann*, Kartellrechtliche Sanktionierung, S. 167.

cc. *Wettbewerbsbeschränkender Beschluss*

Der Tatbestand des § 1 GWB erfasst auch Beschlüsse, durch die eine Unternehmensvereinigung ihren Willen bildet und die darauf abzielen, den zwischen den Unternehmen bestehenden Wettbewerb zu beschränken[102]. Ein Beschluss von Richtlinien mit dem Inhalt, bestimmte Arzneimittel von der Verordnungsfähigkeit auszuschließen, koordiniert das Verhalten der im Bundesausschuss vertretenen Vereinigungen und Verbände und deren Mitglieder, und fällt daher unter § 1 GWB[103]. Dass der Verordnungsausschluss letztlich der Kostendämpfung dient, steht der Annahme einer „bezweckten" Wettbewerbsbeschränkung nicht entgegen. Dieses Merkmal ist bereits dann erfüllt, wenn wie hier die objektive Tendenz der Beschränkung der Handlungsfreiheit nicht zweifelhaft sein kann; dass die Parteien mit der Vereinbarung bzw. dem Beschluss subjektiv weitere Zwecke wie beispielsweise die Einsparung von Kosten verfolgen, ist dann irrelevant[104].

Die überwiegende Ansicht in der Literatur folgt zusätzlich aus dem Wortlaut „miteinander im Wettbewerb stehend"[105], dass sich die Beschränkung aufgrund des Beschlusses gerade auf den zwischen den Parteien bestehenden Wettbewerb beziehen muss[106]. Eine ausschließliche Beeinträchtigung des Wettbewerbes auf einem Drittmarkt reiche für eine Anwendung des § 1 GWB nicht aus, sofern die Parteien der Vereinbarung bzw. des Beschlusses auf diesem Markt nicht als aktuelle oder potentielle Wettbewerber tätig sind[107]. Der Verordnungsausschluss wirkt sich primär auf dem Markt der Arzneimittelhersteller aus, auf dem die in

---

102 *Emmerich*, Kartellrecht, § 3 Ziff. 6; Langen/Bunte-*Bunte*, § 1 GWB Rn. 51.

103 Wegen der funktionalen Betrachtungsweise ist insoweit irrelevant, dass es sich bei den Arzneimittelrichtlinien der Sache nach um Rechtsnormen handelt, vgl. *Neumann*, Kartellrechtliche Sanktionierung, S. 165.

104 Langen/Bunte-*Bunte*, § 1 GWB Rn. 165 ff.; a.A. LG Köln, WuW/E DE-R 844 (845) – Zytostatika.

105 Entgegen dem Wortlaut ist dieses Merkmal nicht nur bei Vereinbarungen, sondern auch bei Beschlüssen und aufeinander abgestimmten Verhaltensweisen zu beachten, vgl. *Bechthold*, § 1 GWB Rn. 18; *Lange*, Handbuch Kartellrecht, Kap. 2 § 1 Rn. 27.

106 Immenga/Mestmäcker-*Zimmer*, § 1 GWB Rn. 176; Langen/Bunte-*Bunte*, § 1 GWB Rn. 102; *Bechthold*, § 1 GWB Rn. 22; *Lange*, Handbuch Kartellrecht, Kap. 2 § 1 Rn. 36.

107 Langen/Bunte-*Bunte*, § 1 GWB Rn. 106; Immenga/Mestmäcker-*Zimmer*, § 1 GWB Rn. 181; a.A. *Emmerich*, Kartellrecht § 3 Ziff. 7 b, der diese Fälle vom Tatbestandsmerkmal „Wettbewerbsverfälschung" erfasst ansieht. In der auf Grundlage des § 1 a.F. GWB getroffenen Entscheidung im Fall „Carpartner" ließ der BGH dagegen eine Beeinträchtigung des Wettbewerbs auf einem Drittmarkt für die Annahme eines „gemeinsamen Zwecks" ausreichen: Maßgeblich sei, dass die Parteien den Wettbewerb auf diesem Markt zu ihren Gunsten beeinflussen wollten, vgl. BGH WuW DE-R 115 (117) – Carpartner.

dem Bundesausschuss über die Verbände vertretenen Krankenkassen weder als aktuelle noch als potentielle Wettbewerber auftreten. Einzelne Hersteller können ihre Produkte nicht mehr zu Lasten der gesetzlichen Krankenversicherung absetzen. Im Vordergrund dieser Richtlinien steht jedoch die Abstimmung der Krankenkassen untereinander, bestimmte Arzneimittel nicht mehr zu vergüten[108]. Die Beschränkung des Drittwettbewerbs zwischen den Arzneimittelherstellern ist somit Folge der im Verhältnis der Krankenkassen untereinander bewirkten Beschränkung. In dieser Konstellation ist § 1 GWB ohne weiteres anwendbar[109].

dd. Keine Tatbestandsrestriktion

Das Kartellverbot des § 1 GWB wird durch die Ausnahmeregelungen der §§ 2 bis 8 GWB „entschärft". Die Anwendung des Kartellverbots des § 1 GWB wird aber auch in anderen, außerhalb der §§ 2 bis 8 GWB liegenden Fällen teilweise als nicht sachgerecht oder unverhältnismäßig angesehen. Zur Erfassung dieser Fallgruppen wurden ungeschriebene Ausnahmen vom Kartellverbot entwickelt, wobei zwischen der teleologischen Reduktion des Tatbestandes einerseits und der Ausklammerung tatbestandsmäßiger Verstöße im Wege einer auch außerökonomische Belange einbeziehenden Rechtsgüterabwägung andererseits zu trennen ist.

(1) Teleologische Reduktion des Tatbestandes

Zahlreiche für sich genommen kartellrechtlich unbedenkliche Verträge enthalten wettbewerbsbeschränkende Nebenabreden, die jedoch für die Durchführung dieser Verträge unentbehrlich sind. In Unternehmenskaufverträgen wird beispielsweise dem Veräußerer typischerweise ein Wettbewerbsverbot auferlegt, um dem Erwerber die Möglichkeit zu geben, das Unternehmen, insbesondere die mit ihm verbundenen immateriellen Werte wie beispielsweise den Kundenstamm zu übernehmen[110]. Auch in Gesellschaftsverträgen sind häufig Wettbewerbsverbote für einzelne Gesellschafter zum Schutz des Gesellschaftsunternehmens und damit auch zur Durchführung des Gesellschaftsvertrages notwendig[111]. Wenn auch die Begründungsansätze von Rechtsprechung und Literatur teilweise voneinan-

---

108 *Neumann*, Kartellrechtliche Sanktionierung, S. 166.

109 Langen/Bunte-*Bunte*, § 1 GWB Rn. 119; Immenga/Mestmäcker-*Zimmer*, GWB, § 1 Rn. 182.

110 Immenga/Mestmäcker-*Zimmer*, GWB, § 1 Rn. 291.

111 *Emmerich*, Kartellrecht, § 3 Ziff. 9 c).

der abweichen[112], besteht doch im Ergebnis Einigkeit darüber, dass derartige „vertragsimmanente" Wettbewerbsbeschränkungen nicht unter das Kartellverbot des § 1 GWB fallen, wenn sie zur Erreichung des kartellrechtsneutralen Hauptzwecks des Vertrages sachlich geboten sind, sich also insbesondere in räumlicher, sachlicher und zeitlicher Hinsicht auf das zur Erreichung des (Vertrags)-Zwecks unbedingt Erforderliche beschränken[113].

Geht man von diesen Grundgedanken aus, muss eine teleologische Reduktion des Tatbestandes im vorliegenden Fall allerdings schon im Ansatz ausscheiden. Denn mit dem Beschluss von Richtlinien, in denen bestimmte Arzneimittel von der Verordnungsfähigkeit ausgenommen werden verfolgt der Bundesausschuss ja gerade das Ziel, diese Arzneimittel vom Markt der Gesetzlichen Krankenversicherung zu verdrängen. Die Wettbewerbsbeschränkung in Form des Ausschlusses von Produkten vom Markt ist somit nicht bloße Nebenfolge eines an sich kartellrechtsneutralen Beschlusses, sondern eigentlicher Zweck des Richtlinienerlasses, um damit die Ausgaben der Krankenkassen für Arzneimittel zu senken. Eine teleologische Reduktion des Tatbestandes kommt daher nicht in Betracht.

(2) Rechtsgüter- und Interessenabwägung

Das Kartellverbot muss nach vereinzelt vertretener Ansicht auch dann zurücktreten, wenn zwar eine tatbestandsmäßige Wettbewerbsbeschränkung vorliege, eine auch außerökonomischen Belange einbeziehenden Güter- und Interessenabwägung jedoch höherrangige Interessen ergebe; die Wettbewerbsbeschränkung sei dann zugunsten dieser höherrangigen Interessen hinzunehmen[114]. Als kollidierende Rechtsgüter werden dabei vor allem der Gesundheits- und der Umweltschutz, aber auch soziale Belange ins Feld geführt[115].

---

112 Die Literatur folgt in ihrem Ansatz überwiegend der Immanenztheorie, vgl. Nachweise bei *Emmerich*, Kartellrecht, § 3 Ziff. 9 a), während die Rechtsprechung von ihrem Ansatz her darauf abstellt, ob für die wettbewerbsbeschränkende Nebenabrede *„bei wertender Betrachtungsweise im Hinblick auf die Freiheit des Wettbewerbs ein anzuerkennendes Interesse"* besteht, vgl. BGH WuW/E BGH 3121, 3125 – Bedside Testkarten; BGH WuW/E BGH 3115, 3118 – Druckgussteile. Im Ergebnis entspricht dies der Immanenztheorie, vgl. Immenga/Mestmäcker-*Zimmer*, GWB, § 1 Rn. 272 ff.

113 *Emmerich*, Kartellrecht, § 3 Ziff. 9; Immenga/Mestmäcker-*Zimmer*, GWB, § 1 Rn. 271 ff.; Langen/Bunte-*Bunte*, § 1 GWB Rn. 200; *Lange*, Handbuch Kartellrecht, Kap. 2 § 1 Rn. 140.

114 BKartA WuW/E BKartA 145 (149) – Doppelstecker; WuW/E BKartA 370 (372) – Handfeuerlöscher.

115 Vgl. *Emmerich*, Kartellrecht, § 4 Ziff. 5; Immenga/Mestmäcker-*Zimmer*, GWB, § 1 Rn. 305.

Weder der Wortlaut des § 1 GWB noch die Systematik geben Ansatzpunkte für eine solche Güterabwägung: Anders als im europäischen Recht benennen die §§ 2 bis 6 GWB explizit die möglichen Ausnahmen vom Kartellverbot. § 7 Abs. 1 GWB enthält zusätzlich eine an Art. 81 Abs. 3 EG angelehnte allgemeine Freistellungsklausel, die aber ebenfalls nur unter den genannten Voraussetzungen Ausnahmen vom Kartellverbot zulässt. Befreiungen aufgrund angeblich vorrangiger Gründe des Gemeinwohls können dagegen nach § 8 Abs. 1 GWB nur vom Bundesminister für Wirtschaft erteilt werden. Kartellbehörden oder Gerichte steht eine Kompetenz zur Abwägung außerökonomischer Belange dagegen nicht zu[116]. Der unter dem sozialpolitischen Aspekt der Kostensenkung im Gesundheitsbereich vorgenommene Arzneimittelausschluss führt daher nicht dazu, dass das Kartellverbot des § 1 GWB im Wege einer Güterabwägung keine Anwendung findet[117].

ee. Unbeachtlichkeit der Wettbewerbsdefizite im Rahmen des Tatbestandes des § 1 GWB

Schließlich stehen auch die Wettbewerbsdefizite als Folge des Sachleistungsprinzips einer Anwendung des § 1 GWB nicht entgegen. Das hat der Bundesgerichtshof inzident in der Rechtssache „Carpartner“[118] entschieden: Mehrere Kraftfahrzeugversicherer hatten ein Gemeinschaftsunternehmen gegründet, dass sich mit der gewerblichen Vermietung von Unfallersatzfahrzeugen befassen sollte. Sie reagierten damit auf den fehlenden Wettbewerb auf dem Markt für Unfallersatzfahrzeuge, der sich in starken Preisunterschieden im Vergleich zum normalen Markt für Mietfahrzeuge niederschlug. Mit dem Gemeinschaftsunternehmen sollten diese Verhältnisse korrigiert werden, indem das Gemeinschaftsunternehmen für Unfallersatzwagen Mietpreise verlangte, welche deutlich unter den marktüblichen Preisen lagen. Die Übernahme höherer Preise anderer Anbieter wurde dann von den Haftpflichtversicherern unter Hinweis auf diesen niedrigeren Preis des Gemeinschaftsunternehmens abgelehnt. In dem Rechtsbeschwerdeverfahren hatten die als Gesellschafter an dem Gemeinschaftsunternehmen beteiligten Kraftfahrzeugversicherer darauf hingewiesen, dass ihr Vor-

---

116 *Neumann*, Kartellrechtliche Sanktionierung, S. 132; das Bundeskartellamt hat die Praxis der Rechtsgüterabwägung zwischenzeitlich aufgegeben, vgl. Tätigkeitsbericht 1995/96, S. 39.

117 Auf europäischer Ebene wird dagegen ungeachtet der Freistellungsmöglichkeit nach Art. 81 Abs. 3 EG aus überwiegend verfahrensrechtlichen Überlegungen (noch) an einer zusätzlichen Tatbestandsrestriktion des Art. 81 Abs. 1 EG festgehalten, vgl. im dritten Teil unter § 4 IV 1 c.

118 BGH WuW/E DE-R 115 – Carpartner.

gehen letztlich nur eine Reaktion auf die gestörten Marktverhältnisse sei und die daraus folgenden Nachteile ausgleichen sollte.

Der BGH hatte offengelassen, ob das aus dem Lauterkeitsrecht stammende Institut der wettbewerblichen Abwehr überhaupt einem Kartellverstoß nach § 1 GWB entgegengehalten werden könne, da jedenfalls dessen Voraussetzungen nicht gegeben seien[119]: Ein rechtswidriger Zustand oder Eingriff, welchem mit dem Kartell entgegengewirkt werden soll, lag nicht vor. Der fehlende Wettbewerb war vielmehr Folge der besonderen Marktkonstellation, in der nicht die Versicherung des Schädigers, sondern der Geschädigte selbst das Ersatzfahrzeug bei einem gewerblichen Autovermieter anmietet, wobei die Kosten hierfür von der Versicherung des Schädigers getragen werden. Das allgemeine Ziel der Korrektur der Verhältnisse auf einem „nach Vorstellung" der Kraftfahrzeugversicherer nicht funktionierenden Markt sei aber, so der BGH, bei der Anwendung des § 1 GWB selbst dann unbeachtlich, wenn diese Missstände tatsächlich bestehen würden[120]. Dem ist ohne weiteres zuzustimmen, da der Nachfragewettbewerb auf dem Markt für Unfallersatzwagen durch den Versuch, die Preise über das Gemeinschaftsunternehmen zu drücken, beschränkt wird. Das Vorgehen der Haftpflichtversicherer führt damit zwar möglicherweise zu sinkenden Preisen, nicht aber zu mehr Wettbewerb. Eine wie auch immer geartete „Abwehr" gestörter Marktverhältnisse durch einen Verstoß gegen § 1 GWB kommt daher nicht in Betracht. Nichts anderes gilt insoweit für den Ausschluss von Arzneimitteln von der Verordnungsfähigkeit durch Arzneimittelrichtlinien. Dieser verstößt ungeachtet der bestehenden Wettbewerbsdefizite gegen § 1 GWB.

b. Missbrauch einer marktbeherrschenden Stellung und unbillige Behinderung, §§ 19 Abs. 1, Abs. 4 Nr.1, 20 Abs. 1 GWB

Ein Verstoß gegen das Missbrauchs- bzw. Behinderungsverbot setzt neben dem Nachweis einer marktbeherrschenden Stellung einen Missbrauch dieser Stellung (§ 19 Abs. 1) bzw. eine unbillige Behinderung (§ 20 Abs. 1 GWB) voraus.

aa. Marktbeherrschende Stellung

Die Prüfung einer marktbeherrschenden Stellung erfordert zunächst die Abgrenzung des sachlich und räumlich relevanten Marktes, da ein Unternehmen nicht als solches, sondern nur bezogen auf einen bestimmten Markt marktbeherrschend sein kann. Nach dem sogenannten „Bedarfsmarktkonzept" ist darauf ab-

---

119 BGH WuW/E DE-R 115 (117).
120 BGH a.a.O., ebenda.

zustellen, welche Güter und Leistungen aus Sicht der Marktgegenseite austauschbar sind[121]. Bei der Ermittlung der marktbeherrschenden Stellung eines Nachfragers kommt es zur Marktabgrenzung darauf an, ob aus Sicht der Anbieter ein Ausweichen auf andere Nachfrager möglich ist[122]. Dabei sind auch Ausweichmöglichkeiten zu berücksichtigen, die sich erst nach einer zumutbaren Umstellung des Angebots durch Änderung der Produktion oder des Vertriebssystems beispielsweise eröffnen[123]. Da auf die Sicht des im Einzelfall durch den Ausschluss betroffenen Herstellers abzustellen ist, lässt sich der relevante Markt nicht allgemein, sondern nur im Hinblick auf das konkret ausgeschlossene Arzneimittel festlegen[124].

Eine marktbeherrschende Stellung auf den so abgegrenzten Märkten wird im Regelfall zu bejahen sein: Maßgebend ist, dass die Krankenkassen als Nachfrager und damit als Unternehmen handeln, und über die Bundesverbände am Richtlinienbeschluss mitwirken[125]. Nach § 19 Abs. 2 S. 2 GWB sind sie auch in ihrer Gesamtheit marktbeherrschend, da es sowohl an einem Innenwettbewerb zwischen den Unternehmen wie auch an einem wesentlichen Wettbewerb durch Dritte fehlt[126]. Grundsätzlich hat zwar jede Krankenkasse für sich die Leistungen zur Versorgung ihrer Versicherten zu beschaffen, womit ein Wettbewerb untereinander denkbar wäre. Ein solcher findet aber tatsächlich nicht statt: Die Bedingungen, nach denen die Arzneimittel beschafft werden, sind mit bindender Wirkung für die einzelne Krankenkasse in Kollektivverträgen zwischen den Spitzenverbänden der Krankenkassen und den Apothekerorganisationen vorgegeben. Es fehlt insoweit an einem Wettbewerb der Krankenkassen untereinander[127]. In ihrer Gesamtheit erfüllen die Krankenkassen auf dem jeweils in Betracht kommenden Markt zudem die Voraussetzungen des § 19 Abs. 2 S. 1

---

121 BGHZ 67, 104 (113 ff.) – Vitamin B 12; BGH WuW/E BGH 2150 (2153) – Edelstahlbestecke; BGH WuW/E BGH 2433 (2437) – Gruner+Jahr.

122 BGH WuW/E BGH 2483 (2487 f.) – Sonderungsverfahren; BGH WuW/E BGH 2683 (2685) - Zuckerrübenanlieferungsrecht; OLG Düsseldorf WuW/E OLG 2274 (2277) – Fernmeldetürme.

123 KG WuW/E OLG 3577 (3585 f.) – Hussel/Mara; Langen/Bunte-*Ruppelt,* § 19 GWB Rn. 23.

124 OLG Düsseldorf, WuW/E OLG 3082 (2085) – Bundesverband der Ortskrankenkassen.

125 Auf den Bundesausschuss selbst kann nicht abgestellt werden, da Unternehmensvereinigungen nicht von § 19 GWB erfasst werden.

126 *Lange*, Handbuch Kartellrecht, Kap. 4 § 2 Rn. 72.

127 BGH ZIP 1994, S. 806 (808) – Orthopädisches Schuhwerk; OLG Thüringen, WuW/E DE-R 500 (503) – Enteralernährung.

GWB, da sie 75% des Gesamtumsatzes an Arzneimitteln nachfragen[128]. Ihnen kommt bei dem Verordnungsausschluss daher eine marktbeherrschende Stellung zu[129].

bb. Behinderungsmissbrauch bzw. Behinderung

Die durch den Verordnungsausschluss betroffenen Arzneimittel dürfen nicht von Ärzten nicht mehr verschrieben werden. Die hiervon betroffenen Hersteller werden durch den faktischen „Ausschluss" ihrer Produkte vom Markt der Gesetzlichen Krankenversicherung behindert. Dies erfüllt sowohl den Tatbestand des Behinderungsmissbrauchs gemäß § 19 Abs. 4 Nr. 1 GWB als auch den des Behinderungsverbots gemäß § 20 Abs. 1 GWB. Beide Tatbestände decken sich im wesentlichen[130].

cc. Sachliche Rechtfertigung

Der Behinderungsmissbrauch bzw. die Behinderung muss jedoch ohne sachlich gerechtfertigten Grund bzw. unbillig erfolgen. Ob eine Behinderung gerechtfertigt werden kann, ist durch eine Abwägung der Interessen des marktbeherrschenden Unternehmens und der beeinträchtigten Unternehmen unter Berücksichtigung der auf die Freiheit des Wettbewerbs gerichteten Zielsetzung des GWB zu entscheiden[131].

Auf Seiten der betroffenen Hersteller ist zu berücksichtigen, dass diese durch den Ausschluss von der Verordnungsfähigkeit vollständig mit ihrem Produkt vom Markt verdrängt werden. Bei der Abwägung ist ihr Interesse an dem Zugang zum Markt der gesetzlichen Krankenversicherung mit einzubeziehen. Auf der anderen Seite ist dem Bundesausschuss die Aufgabe zur Konkretisierung des Wirtschaftlichkeitsgebotes durch Erlass der Richtlinien gesetzlich übertragen. Es stellt sich daher die Frage, ob dieses sozialpolitische Ziel im Rahmen der Interessenabwägung Berücksichtigung finden kann. Grundsätzlich ist anerkannt,

---

128 Sachverständigenrat für die Konzertierte Aktion im Gesundheitswesen, Addendum zum Gutachten 2000/2001, S. 18.

129 *Neumann*, Kartellrechtliche Sanktionierung, S. 167; Für den Bereich des Diskriminierungs- und Behinderungsverbots dürfte zudem regelmäßig die Voraussetzung des § 20 Abs. 2 GWB vorliegen, da wegen des auf die Krankenkassen entfallenden Umsatzes ein Ausweichen auf andere Nachfrager nicht in Betracht kommt.

130 *Emmerich*, Kartellrecht, § 18 Ziff. 12 a.

131 BGHZ 38, 90 (102); BGHZ 52, 65 (71); BGHZ 56, 327 (336); BGHZ 78, 190 (196 ff.); BGHZ 81, 322 (331 ff.); BGHZ 82, 238 (244 f.).

dass auch Wertentscheidungen in anderen gesetzlichen Bestimmungen bei der Interessenabwägung zu berücksichtigen sind[132].

Allerdings kann an dieser Stelle offen bleiben, ob das Wirtschaftlichkeitsgebot im Rahmen der Interessenabwägung berücksichtigt werden kann oder nicht. Denn die dem Bundesausschuss gesetzlich übertragene Pflicht zur Konkretisierung des Wirtschaftlichkeitsgebots erfasst bisher gerade nicht die Befugnis, einzelne Arzneimittel von der Verordnungsfähigkeit auszuschließen. Der Bundesausschuss handelt insoweit außerhalb seines Kompetenzbereichs. Folglich kann sich der Bundesausschuss bei der Rechtfertigung des Ausschlusses von Arzneimitteln von der Verordnungsfähigkeit im Rahmen der §§ 19, 20 Abs. 1 GWB nicht auf die gesetzlich übertragene Aufgabe zur Umsetzung des Wirtschaftlichkeitsgebotes berufen[133]. Der Verordnungsausschluss erfüllt daher sowohl das Missbrauchsverbot des § 19 Abs. 4 Nr. 1 GWB wie auch das Behinderungsverbot nach § 20 Abs. 1 GWB. Betroffene Hersteller können Schadensersatz- und Unterlassungsansprüche gemäß §§ 33, 20 Abs. 1, 19 Abs. 4 Nr. 1 GWB gegen den Bundesausschuss geltend machen.

c. Verstoß gegen § 1 UWG

Gleichzeitig verstößt die Verhaltensweise gegen § 1 UWG, wenn der Ausschluss von der Verordnungsfähigkeit durch Arzneimittelrichtlinien eine Wettbewerbshandlung darstellt. Notwendig ist hierzu in objektiver Hinsicht ein Handeln, das geeignet ist, den Absatz oder Bezug einer Person zum Nachteil einer anderen Person zu fördern, und das subjektiv von einer entsprechenden Absicht getragen wird[134]. Zwischen dem geförderten und benachteiligten Unternehmen muss ein konkretes Wettbewerbsverhältnis in dem Sinne bestehen, dass der Wettbewerb des einen gefördert und der des anderen beeinträchtigt wird. Der Bundesausschuss steht selbst nicht in einem Wettbewerbsverhältnis zu den Arzneimittelherstellern, er fördert jedoch mit dem Ausschluss bestimmter Arzneimittel den Wettbewerb einzelner Arzneimittelhersteller, deren Produkte verordnet werden können, zu Lasten der Hersteller ausgeschlossener Arzneimittel. Ein auf die Förderung fremden Wettbewerbs gerichtetes Verhalten reicht aber aus, sofern wie hier zwischen den Arzneimittelherstellern ein Wettbewerbsverhältnis besteht[135].

---

132 Langen/Bunte-*Schultz*, § 20 GWB Rn. 137; ausführlich unter Ziff. 6 a) dd.

133 *Neumann*, Kartellrechtliche Sanktionierung, S. 167.

134 Statt aller *Rittner*, Wettbewerbs- und Kartellrecht, § 2 Rn. 8 f.

135 *Baumbach/Hefermehl*, Einleitung Rn. 216; *Emmerich*, Unlauterer Wettbewerb, § 4 Ziff. 3.

Auch die Absicht zur Förderung fremden Wettbewerbs liegt vor. Sie muss nicht alleiniger Beweggrund der Handlung sein, darf aber andererseits nicht hinter anderen Beweggründen völlig zurücktreten[136]. Bei Tätigkeiten der öffentlichen Hand soll eine eventuelle Wettbewerbsabsicht dabei dann in den Hintergrund treten, wenn diese sich im Rahmen ihrer Aufgaben hält[137]. Hier ist es jedoch gerade die Absicht des Bundesausschusses, durch den - von § 92 SGB V bisher nicht gedeckten - Ausschluss einzelner Präparate von der Verordnungsfähigkeit das eigene Ziel einer wirtschaftlichen Versorgung der Versicherten zu erreichen. Ein Zurücktreten der Absicht zur Förderung fremden Wettbewerbs hinter andere Motive kann daher nicht angenommen werden[138].

Da die betroffenen Hersteller im Absatz ihrer Produkte erheblich beeinträchtigt werden, ist der Ausschluss als Behinderung schließlich auch sittenwidrig im Sinne von § 1 UWG. Dabei lässt sich der Gesichtspunkt der Kostendämpfung auch hier nicht gegen die Unbilligkeit anführen, da der Bundesausschuss wie erörtert mit dem Ausschluss die ihm zugewiesenen Kompetenzen überschreitet[139]. Gegen den Bundesausschuss können daher auf Grundlage des § 1 UWG Schadensersatz- und Unterlassungsansprüche geltend gemacht werden.

4. Festbetragsfestsetzung für Arznei- und Hilfsmittel gemäß §§ 35, 36 SGB V

Auch die Festsetzung von Festbeträgen für Arzneimittel gemäß § 35 SGB V bzw. für Hilfsmittel gemäß § 36 SGB V könnte gegen § 1 GWB oder als Missbrauch von Marktmacht gegen § 19 Abs. 4 Nr. 1 GWB verstoßen. Anders als bei dem Verordnungsausschluss durch Richtlinien kann das Kartellrecht hier wegen der eingeräumten Ermächtigung zur Festsetzung der Ankaufspreise jedoch keinen effektiven Schutz vor Wettbewerbsbeschränkungen gewährleisten. Dabei ist zunächst davon auszugehen, dass die Festbetragsfestsetzung angesichts der beschriebenen Auswirkungen eine wirtschaftliche Tätigkeit darstellt. Denn mit der formal den Leistungsanspruch des Versicherten begrenzenden Regelung nehmen die durch die festsetzenden Verbände repräsentierten Krankenkassen Einfluss auf die Preisbildung der Hersteller. Als Unternehmensvereinigungen koordinieren sie somit das Nachfrageverhalten der Krankenkassen[140].

---

136 BGHZ 60, 384 (386); BGHZ 68, 95 (97); BGHZ 92, 450 (452).

137 OLG Frankfurt a. M., WRP 1997, S. 1205; KG GRUR-RR 2001, S. 91.

138 OLG München, NZS 2000, S. 457 (459).

139 OLG München, a.a.O., S. 457 (460).

140 OLG Düsseldorf, Pharma Recht 1999, S. 283 (290) n. rk.; *Neumann*, Kartellrechtliche Sanktionierung, S. 158.

Wirtschaftliches Handeln scheidet nach dem oben Gesagten jedoch aus, wenn das wettbewerbsbeschränkende Verhalten dem Unternehmen durch speziellere Normen vorgeschrieben ist. In diesen Fällen handelt das Unternehmen hoheitlich. Mit den §§ 35, 36 SGB V wurden die Krankenkassenverbände bewusst zur Einflussnahme auf die Preisgestaltung der Anbieter ermächtigt. Der Gesetzgeber hat insoweit eine nicht im Einklang mit dem GWB stehende Handlungskompetenz eingeräumt[141]. Die Ermächtigung zur Festbetragsfestsetzung stellt daher eine dem GWB vorgehende Sondernorm dar[142]. Damit unterfällt die Festsetzung von Festbeträgen nach §§ 35, 36 SGB V durch die Krankenkassenverbände als hoheitliche Tätigkeit nicht dem Verbot des § 1 GWB. Sofern Gerichte mit Klagen gegen Festbeträge befasst waren, haben sie die Regelungen allein an den Art. 81, 82 EG gemessen, ohne auf das GWB überhaupt einzugehen[143].

5. Preisvergleiche und Information

Nichts anderes gilt für die Preisvergleiche bei den Leistungserbringern und die Information der Versicherten bzw. Ärzte auf der Grundlage der §§ 127 Abs. 3, 305a SGB V. Diese Normen ermächtigen konkret zu den wettbewerbsbeschränkenden Verhaltensweisen, was nach dem oben Gesagten zur Folge hat, dass das Verhalten der Krankenkassen als hoheitlich einzustufen ist. Eine Kontrolle durch das GWB bzw. UWG kommt hier nur in Betracht, wenn im Einzelfall der Kompetenzbereich des SGB V überschritten wird[144].

6. Wettbewerbsbeschränkendes Marktverhalten einzelner Krankenkassen

Ebenfalls anhand der Normen des GWB und UWG zu überprüfen sind wettbewerbsbeschränkende Verhaltensweisen einzelner Krankenkassen zur Durchsetzung des Wirtschaftlichkeitsgebots.

a. Ungleichbehandlung von Anbietern als Verstoß gegen § 19 Abs. 4 Nr. 1 GWB und § 20 Abs. 1 GWB

Die gezielte Ungleichbehandlung einzelner Anbieter könnte als Diskriminierung bzw. unbillige Behinderung durch § 20 Abs. 1, 2 GWB sanktioniert werden. Auch ein Verstoß gegen das Missbrauchsverbot des § 19 GWB in der Variante

---

141 *Neumann*, a.a.O., S. 139.

142 *Neumann*, a.a.O., ebenda; Immenga/Mestmäcker-*Zimmer*, GWB, § 1 Rn. 58; *Steinmeyer*, Wettbewerbsrecht im Gesundheitswesen, S. 67.

143 Vgl. OLG Düsseldorf, NZS 1998, S. 567; OLG Düsseldorf, Pharma Recht 1999, S. 283 (290) n.rk.; BGH, WuW/E DE-R 747.

144 Siehe hierzu unter Ziff. 6 d.

des Behinderungsmissbrauchs des § 19 Abs. 4 Nr. 1 GWB, das sich weitgehend mit dem Diskriminierungsverbot des § 20 Abs. 1 GWB deckt, kommt in Betracht. Voraussetzung ist in beiden Fällen, dass die Krankenkasse über eine marktbeherrschende bzw. marktstarke Stellung auf dem im jeweiligen Einzelfall relevanten Markt verfügt.

aa. Marktbeherrschende oder marktstarke Stellung einzelner Krankenkassen

Notwendig ist zunächst eine Abgrenzung des sachlich und räumlich relevanten Marktes, die nach dem oben Gesagten aus Anbietersicht zu erfolgen hat. Dies führt je nach Dienstleistung oder Gut zu ganz unterschiedlichen Märkten, die anders als bei Arzneimitteln oft auch regional begrenzt sind[145]. Ob einer einzelnen Krankenkasse auf einem dieser Märkte eine marktbeherrschende Stellung zukommt, wird in der Rechtsprechung häufig über den Anteil der auf sie entfallenden Versicherten zu bestimmen versucht: So hat der Bundesgerichtshof in einem Fall auf die Feststellung des Landgerichts verwiesen, dass bei der beklagten AOK 90 % aller in ihrem Bezirk ansässigen Versicherten versichert sind; da somit auch 90 % aller Krankentransporte von dieser AOK bezahlt würden, verfüge sie auf dem Regionalmarkt über eine marktbeherrschende Stellung[146]. Das OLG Karlsruhe hatte gegen einen entsprechenden Einwand einer Krankenkasse, in ihrem Bezirk seien nicht mehr als 35% der Versicherten bei ihr versichert, die Vermutung des § 19 Abs. 3 S. 1 GWB herangezogen und so eine marktbeherrschende Stellung der Krankenkasse angenommen[147]. Konnte dieser Markanteil von mindestens einem Drittel der Versicherten nicht nachgewiesen werden, lehnten Gerichte eine marktbeherrschende Stellung in der Regel ab[148]. Geringere Marktanteile reichten jedoch häufig noch aus, um eine marktstarke Stellung im Sinne von § 20 Abs. 2 GWB zu begründen[149].

Eine Ermittlung des Marktanteils im Einzelfall ist jedoch entbehrlich, wenn die sozialrechtliche Besonderheit des fehlenden Wettbewerbs zwischen den Krankenkassen auch bei wettbewerbswidrigen Verhaltensweisen einzelner Kranken-

---

145 Es leuchtet ein, dass beispielsweise Krankentransportunternehmen, die an einem Ort tätig sind, mit ihrem Angebot nicht ohne weiteres auf Krankenkassen in anderen Landkreisen oder sogar Bundesländern ausweichen können.

146 BGHZ 114, 218 (230) – Einzelkostenerstattung.

147 OLG Karlsruhe, WuW/E OLG 5066 (5069) – Direktabrechnungsausschluss.

148 OLG Stuttgart, WuW/E DE-R 307 (308) – Medizinische Hilfsmittel; LG Leipzig, WuW/E DE-R 663 (664) – Wiederverwendbare Hilfsmittel.

149 BGH ZIP 1994, 806 (808) – Orthopädisches Schuhwerk; BGH NJW 1976, S. 2302 (2303); BGH WuW/E BGH 2665 (2666) – Physikalisch-therapeutische Behandlung; OLG Hamburg, NJW-RR 1998, S. 404 (405); OLG Schleswig, NJW-RR 1996, S. 1068 (1070).

kassen im Rahmen der Oligopolvermutung des § 19 Abs. 2 S. 2 GWB berücksichtigt werden kann. Nicht nur der Bereich der Beschaffung von Arzneimitteln, sondern auch die Nachfrage nach anderen Gütern und Leistungen ist vom gesetzgeberischen Leitbild eines harmonisierten Zusammenwirkens der Krankenkassen geprägt. Sie einigen sich über Voraussetzungen, Art und Kosten der Leistungen in kollektiven Rahmenverträgen; ein Wettbewerb der einzelnen Krankenkassen um einzelne Leistungserbringer ist nicht erkennbar. Damit sind die Krankenkassen kraft Gesetzes zu einem Nachfragekartell zusammengeschlossen[150]. Im Außenverhältnis führt dies regelmäßig zu einer überragenden Marktstellung[151], zumal die Krankenkassen 90% der Konsumenten von medizinischen Sach- und Dienstleistungen repräsentieren. In ihrer Gesamtheit erfüllen sie damit den Oligopoltatbestand des § 19 Abs. 2 S. 2 GWB[152]. Dem lässt sich auch nicht der bestehende Wettbewerb der Krankenkassen untereinander um Mitglieder entgegenhalten[153]. Der Wortlaut der Vorschrift stellt darauf ab, ob es zwischen den Unternehmen *„für eine bestimmte Art von Waren"* an einem wesentlichen Wettbewerb fehlt. Abgestellt wird somit nur auf den in Rede stehenden Markt. Dass die Unternehmen darüber hinaus auch auf anderen Märkten nicht in Wettbewerb stehen, ist nicht Voraussetzung für das Eingreifen des Oligopoltatbestandes[154]. Im vorliegenden Fall ist daher allein der konkrete Nachfragemarkt zu berücksichtigen, auf dem wie erörtert kein wesentlicher Wettbewerb der Krankenkassen untereinander erkennbar ist[155].

Ist ein Oligopol somit zu bejahen, gilt jede einzelne Krankenkasse als marktbeherrschend, da die gebündelte Macht der Unternehmensgruppe jedem Mitglied der Gruppe zugerechnet wird[156]. Die Anwendung des Diskriminierungsverbots

---

150 OLG Dresden, NZS 2002, S. 33 (34) n. rk.; OLG Thüringen, WuW/E DE-R 500 (504); Anwendung findet die Oligopolvermutung auch dann, wenn die wettbewerbliche Gestaltungsfreiheit aus rechtlichen Gründen eingeschränkt ist, vgl. GK-*Leo*, § 19 GWB Rn. 125.

151 *Rittner*, Wettbewerbs- und Kartellrecht, § 10 Rn. 30.

152 *Ebsen*, Öffentlich-rechtliches Handeln als Gegenstand des Wettbewerbsrechts?, S. 298 (302), in: Igl (Hrsg.),Gesundheitswesen in der Wettbewerbsordnung.

153 Vgl. *Jaeger*, Krankenkassen als Adressaten des Kartellrechts, S. 23 (31), in: Löwisch (Hrsg.), Reform des Gesundheitswesens. Er geht davon aus, dass der Wettbewerb zwischen den Krankenkassen auf dem Mitgliedermarkt einen weiteren Wettbewerb auf dem Beschaffungsmarkt erzeuge.

154 OLG Dresden, NZS 2002, S. 33 (34) n. rk.

155 OLG Thüringen, WuW/E DE-R 500 (504) – Enteralernährung; OLG Dresden, a.a.O., ebenda; der BGH ging davon aus, dass in dem der Entscheidung des OLG Dresden zugrundeliegenden Sachverhalt ein fehlender Wettbewerb zwischen den Krankenkassen nicht ausreichend dargetan worden sei, und hob das Urteil des OLG Dresden auf; vgl. BGH WRP 2003, S. 1125 (1127 f.).

156 *Emmerich*, Kartellrecht, § 18 Ziff. 9 b.

kommt daher auch dann in Betracht, wenn eine bestimmte Krankenkasse nicht über einen Versicherten- und damit Marktanteil in Höhe von einem Drittel verfügt. Hierfür soll allerdings zusätzlich erforderlich sein, dass sich das missbräuchliche Verhalten des einzelnen Unternehmens wie ein entsprechendes Verhalten aller Mitglieder des Oligopols auswirkt[157]. Eine einzelne Krankenkasse könnte somit nur dann als marktbeherrschend eingestuft werden, wenn beispielsweise andere Krankenkassen oder deren Verbände das angegriffene Verhalten in ähnlicher Art und Weise praktizieren und dies ähnliche Auswirkungen hat wie ein gleichförmiges Verhalten aller Oligopolmitglieder.

Der Zweck des § 20 Abs. 1 GWB rechtfertigt indes eine solche Beschränkung des Anwendungsbereichs nicht. Nutzen einzelne Mitglieder eines marktbeherrschenden Oligopols das Fehlen einer wirksamen wettbewerblichen Kontrolle dazu aus, andere Unternehmen unbillig zu behindern, stellt dies einen Machtmissbrauch dar, wie er gerade durch § 20 GWB verhindert werden soll[158]. Diese Situation prägt aber gerade den Bereich der Leistungsbeschaffung: Wegen der Nachfragebündelung bei den Trägern der gesetzlichen Krankenversicherung besteht zwischen den Krankenkassen faktisch kein Wettbewerb bei der Nachfrage nach Leistungen. Zudem stehen den Anbietern kaum wirtschaftlich attraktive, alternative Absatzmöglichkeiten zur Verfügung. Eine einzelne Kasse als Mitglied des Oligopols hat daher nicht zu befürchten, dass ihr Anbieter verloren gehen, wenn sie ihre Marktposition zur Durchsetzung besonders niedriger Einkaufspreise ausnutzt. Entsprechend dem Normzweck des § 20 Abs. 1 GWB gilt sie daher als marktbeherrschend. Eines Nachweises, dass sich ihr Verhalten ähnlich auswirkt wie ein Verhalten aller Oligopolmitglieder, bedarf es nicht.

Schließlich lässt sich mit dem Bundesgerichtshof in Einzelfällen auch eine marktstarke Stellung der Krankenkassen im Sinne von § 20 Abs. 2 GWB begründen. Bestimmte Gesundheitsleistungen werden nur von Sozialversicherungsträgern und Privatversicherten persönlich nachgefragt, wobei letztere nach dem Wortlaut des § 20 Abs. 2 GWB bei der Frage des Ausweichens außer Betracht bleiben müssen. Haben sich kleinere Betriebe wie z.B. Masseure auf diese Nachfrage eingestellt, besteht eine Abhängigkeit im Sinne der Vorschrift[159].

---

157 BGHZ 96, 337 (345) – Abwehrblatt II; OLG Düsseldorf WuW/E OLG 2646.

158 OLG Dresden, NZS 2000, S. 33 (35) n. rk.; OLG Düsseldorf WuW/E OLG 1642 (2646 f.) – Siegener Kurier; Immenga/Mestmäcker-*Markert*, GWB, § 20 Rn. 26; *Bechthold*, § 20 GWB Rn. 10.

159 BGH ZIP 1994, S. 806 (808) – Orthopädisches Schuhwerk.

bb. Behinderung bzw. ungleiche Behandlung i.S.v. § 20 Abs. 1 GWB

Die Tatbestände der unbilligen Behinderung und unterschiedlichen Behandlung überschneiden sich weitgehend, so dass eine klare Abgrenzung nicht möglich ist. Aufgrund des einheitlichen normativen Bewertungsmaßstabes werden die alternativen Tatbestände hier im Zusammenhang erörtert.

Notwendig ist eine objektive Ungleichbehandlung gleichartiger Unternehmen, welche die wettbewerbliche Betätigungsfreiheit eines dieser Unternehmen beeinträchtigt. Das Merkmal der Gleichartigkeit ist immer schon dann erfüllt, wenn die zu vergleichenden Unternehmen eine im wesentlichen übereinstimmende unternehmerische Tätigkeit und wirtschaftliche Funktion aufweisen[160]. So kommt es beispielsweise bei der Ungleichbehandlung von privaten Krankentransportunternehmen im Vergleich zu öffentlichen Rettungsdiensten nicht darauf an, dass die Durchführung von Krankentransporten im Rahmen des öffentlichen Rettungsdienstes landesrechtlich besonders geregelt ist, da die Transportleistungen, auf die allein abzustellen ist, identisch sind[161]. Die Verweigerung der Direktabrechnung mit bestimmten Anbietern, der gezielte Verweis der Versicherten auf bestimmte Anbieter sowie die anderen, im ersten Teil unter § 2 I 2 beispielhaft aufgeführten Verhaltensweisen erfüllen regelmäßig dieses Tatbestandsmerkmal der objektiven Ungleichbehandlung. Sie verstoßen dann gegen § 20 Abs. 1 GWB, wenn ein sachlicher Rechtfertigungsgrund fehlt.

cc. Behinderungsmissbrauch, § 19 Abs. 4 Nr. 1 GWB

Da sich die Tatbestände des Behinderungsmissbrauchs (§ 19 Abs. 4 Nr. 1 GWB) und des Behinderungsverbots (§ 20 Abs. 1 GWB) weitgehend decken, beeinträchtigen entsprechende, unter § 20 Abs. 1 GWB fallende Verhaltensweisen zugleich die Wettbewerbsmöglichkeiten der Anbieter. Voraussetzung für einen Verstoß ist auch hier, dass die Beeinträchtigung ohne sachlich gerechtfertigten Grund erfolgt.

dd. Sachliche Rechtfertigung

Im Rahmen der hier erforderlichen Interessenabwägung ist zunächst zu berücksichtigen, dass es Nachfragern, und damit auch den Krankenkassen nicht verwehrt sein kann, ihre Bezugsentscheidung nach wirtschaftlichen Gesichtspunk-

---

160 Das Merkmal „im Geschäftsverkehr" des § 20 Abs. 1 GWB dient dabei nur dem Ausschluss rein privater und hoheitlicher Tätigkeiten, vgl. *Emmerich*, Kartellrecht, § 20 Ziff. 5 a.

161 BGHZ 114, 218 (230) – Einzelkostenerstattung.

ten zu treffen. Wie jeder andere Nachfrager auch können sie günstigere Leistungen in Anspruch nehmen, ohne dass hierin ein kartellrechtswidriges Verhalten zu sehen ist. Lediglich willkürliche Ungleichbehandlungen sind unzulässig[162]. Die ungleiche Behandlung bzw. Behinderung einzelner Anbieter in den aufgeführten Beispielsfällen diente aus Sicht der Krankenkassen der Durchsetzung des Wirtschaftlichkeitsgebotes. Fraglich ist, ob dieses sozialpolitische Interesse im Rahmen der Abwägung zugunsten der Krankenkassen Berücksichtigung finden kann.

In der Rechtsprechung ist weitgehend anerkannt, dass für die Einbeziehung von öffentlichen Interessen unbestimmten Inhaltes oder eine gesamtwirtschaftliche Betrachtungsweise kein Raum ist[163]. Dies schließt aber nicht aus, dass Bewertungsmaßstäbe herangezogen werden, die sich aus gesetzlichen Wertungen außerhalb des GWB ergeben[164]. Öffentliche Interessen können daher in die Gesamtabwägung mit einfließen, wenn sie Eingang in eine gesetzgeberische Entscheidung gefunden haben[165]. Dies hat auch der Bundesgerichtshof in bezug auf das sozialrechtlich verankerte Wirtschaftlichkeitsgebot bzw. den Gedanken der Kostendämpfung bestätigt[166].

Derartige von der Rechtsordnung anerkannte Interessen vermögen allerdings nicht unbegrenzt Behinderungen von Anbietern zu rechtfertigen. Bewertungsmaßstab im Rahmen der Interessenabwägung ist die auf die Freiheit des Wettbewerbs gerichtete Zielsetzung des GWB. Verhindern bestimmte Verhaltensweisen die Entstehung von Wettbewerbsprozessen, weil sie beispielsweise zu einer Marktabschottung führen, verstoßen sie gegen Wertungen des GWB und können daher nicht als sachlich berechtigt anerkannt werden[167]. Ebenso kann es nicht akzeptiert werden, wenn die Verfolgung gesetzlich anerkannter Interessen darauf abzielt, den Leistungswettbewerb außer Kraft zu setzen[168], oder wenn sie

---

162 *Bechthold*, § 20 GWB Rn. 47.

163 BGH BB 1980, 1117 (1119); BGHZ 114, 218 (232) - Einzelkostenerstattung; BGH GRUR 1980, 125 (128); BGH WuW/E DE-R 839 (842) – Privater Pflegedienst.

164 Langen/Bunte-*Schultz*, § 20 GWB Rn. 137; *Bechthold*, § 20 Rn. 36.

165 OLG Karlsruhe, WuW/E OLG 5066 (5070) – Direktabrechnungsausschluss.

166 BGHZ 114, 218 (235) –Einzelkostenerstattung.

167 Langen/Bunte-*Schultz*, § 20 GWB Rn. 125.

168 BGHZ 114, 218 (234) – Einzelkostenerstattung; *Möschel*, Wettbewerbsbeschränkugen, Rn. 652; das LG Leipzig übersieht diese Einschränkung, vgl. LG Leipzig WuW/E DE-R 663 (664) – Wiederverwendbare Hilfsmittel; das Urteil wurde in der Berufunginstanz durch das OLG Dresden aufgehoben, vgl. OLG Dresden, NZS 2002, S. 33 n.rk. In der Revision hat der BGH das Vorliegen eines Oligopols bzw. einer marktstarken Stellung verneint und das Urteil des OLG Dresden aufgehoben, vgl. BGH WRP 2003, S. 1125 (1127 f.).

zu einer unangemessenen Einschränkung der Handlungsfreiheit anderer Unternehmen führt[169]. Der Ausschluss bestimmter Anbieter von der Direktabrechnung, der Verweis der Versicherten auf bestimmte Anbieter oder eine anderweitige Benachteiligung bestimmter Anbieter führt letztlich zu einer Konzentration der Leistungserbringung auf die „bevorzugten" Anbieter. Damit wird aber zwangsläufig der Wettbewerb der Anbieter untereinander reduziert. Eine solche Beschränkung des Wettbewerbs widerspricht den Zielen des GWB, und steht damit nach dem soeben Gesagten einer Berücksichtigung des gesetzlich verankerten Wirtschaftlichkeitsgebots im Rahmen der Interessenabwägung entgegen. Dies hat Gerichte allerdings nicht daran gehindert, den Aspekt der Kostendämpfung in großzügiger Weise zur Rechtfertigung von Ungleichbehandlungen von Leistungserbringern heranzuziehen[170].

Dabei bestätigt schon ein Blick auf das Sozialrecht, dass das Wirtschaftlichkeitsgebot wettbewerbsbeschränkende Verhaltensweisen in Form von Ungleichbehandlungen der Anbieter nicht zu rechtfertigen vermag. Die Feststellungen im ersten Teil haben ergeben, dass die Krankenkassen durch das SGB V verpflichtet werden, den freien Wettbewerb unter den Leistungserbringern Rechnung zu tragen. Dies spiegelt sich in erster Linie in dem Recht der Versicherten wieder, Anbieter frei auswählen zu können. Schränkt die Krankenkasse dieses Recht ein, indem sie beispielsweise den Versicherten zur Auswahl eines bestimmten Anbieters drängt, ist dieses Verhalten wie erörtert sozialrechtlich nicht vom Wirtschaftlichkeitsgebot gedeckt. Es vermag dann auch nicht im Rahmen des GWB eine Behinderung bzw. Ungleichbehandlung von Anbietern zu rechtfertigen[171]. Auch andere Ungleichbehandlungen mit dem Ziel, sich auf wenige, besonders preisgünstige Leistungserbringer zu beschränken, sind sozialrechtlich nicht zulässig.

Dass SGB V und GWB in ihrer Zielsetzung hier übereinstimmen, lässt sich auch aus der Rechtsprechung des Bundessozialgerichts ableiten. In einem von diesem entschiedenen Fall hatte eine Krankenkasse die Kosten für Krankentransporte nur mit dem öffentlichen Rettungsdienst, nicht aber mit einem privaten Fuhrunternehmen direkt abgerechnet[172]. Bci Inanspruchnahme des Privatunternehmers waren die Versicherten daher auf ein Kostenerstattungsverfahren angewiesen. Anders als der Bundesgerichtshof, der in einem ähnlich gelagerten Sachverhalt

169 GK-*Benisch*, § 26 GWB Abs. 2 Rn. 87.

170 LG Leipzig WuW/E DE-R 663 – Widerverwendbare Hilfsmittel; OLG Celle, WuW/E DE-R 433 (435); weitere Nachweise bei *Emmerich*, Kartellrecht, § 20 Ziff. 10.

171 BGH ZIP 1994, S. 806 (808) – Orthopädisches Schuhwerk; OLG Thüringen, WuW/E DE-R 500 (504) – Enteralernährung; *Mühlhausen*, SGb 2000, S. 528 (529).

172 BSGE 77, 119.

einen Verstoß gegen § 26 Abs. 2 GWB (jetzt § 20 Abs. 1 GWB) annahm[173], stellte das Bundessozialgericht allein auf die sozialrechtlichen Vorschriften des SGB V ab und kam so zu einer Unzulässigkeit der Ungleichbehandlung: Das Wirtschaftlichkeitsgebot könne nicht zur Rechtfertigung herangezogen werden, da es eine individuelle Wirtschaftlichkeitsbetrachtung nur auf Grundlage einer besonderen Ermächtigung erlaube[174]. Eine solche Ermächtigung findet sich beispielsweise in den §§ 99 ff. SGB V, die bei Kassenärzten unter wirtschaftlichen Gesichtspunkten in Einzelfällen eine Begrenzung der Zulassung vorsehen. Bei den nichtärztlichen Leistungserbringern findet das Wirtschaftlichkeitsgebot im Rahmen der Zulassung und der Rahmenverträge Beachtung; sonstige Regelungen, die über das in den §§ 12 Abs. 1, 70 Abs. 1 SGB V verankerte allgemeine Wirtschaftlichkeitsgebot hinausgehen und zur Selektion unter den Anbietern ermächtigen, fehlen. In diesem Bereich, insbesondere dem der Krankentransporte, habe der Gesetzgeber vielmehr zu erkennen gegeben, dass Wirtschaftlichkeitsreserven durch die Vielfalt der Leistungserbringer und den unter ihnen bestehenden Wettbewerb und nicht durch eine Marktbereinigung seitens der Krankenkassen erreicht werden soll[175]. Eine Ungleichbehandlung von Anbietern widerspricht dieser Konzeption und ist daher unzulässig.

Sozialrecht und Kartellrecht stehen damit keineswegs im Gegensatz, sondern intendieren mit der Sicherung der Vielfalt der Anbieter und damit des Wettbewerbs unter den Anbietern das gleiche Ziel[176]. Wegen dieses Gleichlaufs der Interessen scheint es daher ausgeschlossen, den Aspekt der Kostendämpfung als Ausdruck des Wirtschaftlichkeitsgebots bei § 20 Abs. 1 GWB oder § 19 Abs. 4 Nr. 1 GWB im Rahmen der Interessenabwägung zur Rechtfertigung von Ungleichbehandlungen, die sich letztendlich als Marktzugangsbeschränkungen auswirken, heranzuziehen. Entsprechende Verhaltensweisen der Krankenkassen verstoßen daher gegen § 19 Abs. 4 Nr. 1 und § 20 Abs. 1 GWB. Wegen des Schutzgesetzcharakters haben die betroffenen Leistungserbringer über § 33 GWB einen Anspruch auf Unterlassung sowie auf Schadensersatz, wenn auf Seiten der Krankenkasse ein Verschulden vorliegt. Davon wird regelmäßig auszugehen sein, da sie als Normadressaten der § 20 Abs. 1 und 2 GWB das Risiko einer unzutreffenden rechtlichen Beurteilung zu tragen haben[177].

---

173 BGHZ 114, 218 – Einzelkostenerstattung.
174 BSGE 77, 119 (126).
175 BSGE a.a.O., ebenda.
176 *Mühlhausen,* SGb 2000, S. 528 (530).
177 BGH NJW 1974, S. 1903 (1904); OLG München, WuW/E OLG 4977 (4981).

b. Boykott einzelner Anbieter als Verstoß gegen § 21 Abs. 1 GWB

Fordern Krankenkassen Versicherte oder Ärzte auf, bestimmte Anbieter nicht mehr auszuwählen, könnte dies gegen das Boykottverbot gemäß § 21 Abs. 1 GWB verstoßen. Voraussetzung für § 21 GWB ist, dass es sich bei allen Beteiligten im Dreiecksverhältnis um Unternehmen handelt. Boykottaufforderungen an Versicherte können daher nicht über § 21 GWB sanktioniert werden, wohl aber Aufforderungen an Ärzte, die als Nachfragedisponenten eine wirtschaftliche Tätigkeit ausüben. Auch Krankenhäuser können Unternehmen und damit Aufforderungsadressaten des § 21 Abs. 1 GWB sein[178]. Wird auf diese oder auf Ärzte Einfluss ausgeübt mit dem Ziel, die Auswahl bestimmter Anbieter zu verhindern, stellt dies eine Aufforderung zur Bezugssperre dar[179]. Eine Absicht unbilliger Beeinträchtigung liegt nicht erst dann vor, wenn die Nachteilszufügung alleiniges Ziel der Aufforderung ist. Es genügt schon, dass sie mitbestimmend ist und gegenüber anderen Beweggründen nicht völlig zurücktritt[180]. Da die von den Krankenkassen mit der Maßnahme beabsichtigte Kosteneinsparung regelmäßig mit einer Umsatzeinbuße auf Seiten des gesperrten Anbieters einhergeht, ist dies zu bejahen. Für die Unbilligkeit kann schließlich auf das oben Gesagte verwiesen werden: Der Boykott verstößt regelmäßig gegen die Wertung des § 2 Abs. 3 SGB V und kann nicht durch das Wirtschaftlichkeitsgebot gerechtfertigt werden[181].

c. Verstoß gegen § 1 UWG

Die Ungleichbehandlung und der Boykott von Anbietern durch die Krankenkassen kann zusätzlich gegen § 1 UWG verstoßen.

In den Fällen des Verstoßes gegen §§ 19 Abs. 4 Nr.1, 20 Abs. 1 GWB dürfte ohne weiteres auch ein Handeln zu Zwecken des Wettbewerbs im Sinne des § 1 UWG anzunehmen sein: Die Bevorzugung einzelner, besonders günstiger Anbieter zur Einsparung eigener Kosten führt zu Umsatzeinbußen bei dessen Konkurrenten. Ein solches Verhalten ist geeignet, den Absatz oder Bezug einer Person zum Nachteil einer anderen Person zu fördern[182]. Auch die Wettbewerbsabsicht der Krankenkassen ist zu bejahen. In den beschriebenen Fällen ist es eigenes Ziel der Krankenkassen, sich günstige Gesundheitsleistungen zu beschaffen, um diese an Versicherte weiterzugeben. Dies bedeutet jedoch notwendigerweise,

---

178 BGH GRUR 1990, S. 474 (475) – Neugeborenentransporte.
179 BGH a.a.O., S. 474 (476).
180 Langen/Bunte-*Schultz*, § 21 GWB Rn. 32.
181 BGH NZS 1999, S. 495 (497).
182 BGHZ 19, 299 (303).

dass ihre Handlungen das Ziel haben, die günstigen Anbieter bevorzugt in Anspruch zu nehmen und damit in einem weiteren Schritt deren Wettbewerb auf Kosten der Mitbewerber zu fördern. Diese Absicht tritt damit zumindest nicht völlig hinter die Absicht, das Wirtschaftlichkeitsgebot zu beachten, zurück[183]. Die Sittenwidrigkeit der Handlung ergibt sich dabei schon aus dem Verstoß gegen das GWB: Die Wettbewerbswidrigkeit einer Handlung hat wegen der gebotenen parallelen Wertung regelmäßig auch deren Unbilligkeit im Sinne des UWG zur Folge[184].

Auch der Boykott als organisierte Absperrung bestimmter Unternehmen vom üblichen Geschäftsverkehr wird als eine Form der Behinderung von § 1 UWG erfasst. Im Gegensatz zum GWB ist es nicht notwendig, dass es sich bei den Beteiligten um Unternehmen handelt; der Adressat muss nur eine funktionell selbständige Stellung im Wettbewerb einnehmen, kraft derer er Entscheidungsfreiheit besitzt[185]. § 1 UWG erfasst somit auch den Boykottaufruf an Versicherte. Als Wettbewerbsmaßnahme verstößt der Boykott grundsätzlich gegen § 1 UWG, da der Auffordernde seinen Einfluss ausnutzt, um lästige Mitbewerber zu behindern[186]. Neben den auf die §§ 19 Abs. 4 Nr. 1, 20 Abs. 1 und 21 Abs. 1 GWB gestützten Ansprüchen können die betroffenen Anbieter somit Schadensersatz- und Unterlassungsansprüche auf der Grundlage des § 1 UWG geltend machen.

d. Empfehlung einzelner Anbieter als Verstoß gegen §§ 20 Abs. 1, 22 Abs. 1 GWB und § 1 UWG

Überschreiten Krankenkassen den Ermächtigungsrahmen der §§ 127 Abs. 3, 305 a SGB V, ist das Verhalten nicht mehr der wettbewerbsrechtlichen Kontrolle entzogen, sondern kann anhand der §§ 20 Abs. 1, 22 Abs. 1 GWB überprüft werden. Da auch hier der Empfänger einer Empfehlung ein Unternehmen im Sinne des Kartellrechts sein muss, kann nur die an die Ärzte gerichtete Empfehlung von § 22 GWB erfasst werden. Von einem Überschreiten des Ermächtigungsrahmens ist dann auszugehen, wenn die Ärzte nicht mehr informiert wer-

---

183 OLG München, NZS 2000, S. 457 (459); eine Absicht zur Förderung eigenen Wettbewerbs kommt in Betracht, wenn die Krankenkasse ausnahmsweise in einem Wettbewerbsverhältnis zu Leistungserbringern steht, vgl. BGH GRUR 1982, S. 425 – Brillen-Selbstabgabestellen.

184 BGHZ 107, 40 (41) – Krankentransportbestellung; BGHZ 96, 37 (346) – Abwehrblatt II.

185 *Baumbach/Hefermehl*, Einl UWG Rn. 279.

186 BGH NJW 1954, S. 147.

den, sondern konkret auf ihr Verschreibungsverhalten Einfluss genommen wird[187].

Dieses Verhalten verstößt zum einen gegen das Empfehlungsverbot des § 22 Abs. 1 GWB. Würden beispielsweise alle Ärzte die von den Spitzenverbänden der Krankenkassen herausgegebene Empfehlung, bestimmte Arzneimittel nicht mehr zu verordnen befolgen, entstünde eine gleichförmige Medikationspraxis. Eine Abstimmung der Ärzte untereinander mit diesem Inhalt verstieße ohne weiteres gegen § 1 GWB. Die Einflussnahme ist somit auf eine Umgehung des Kartellverbots gerichtet. Da ein Eingehen der Ärzte auf die Empfehlung aufgrund der damit erwarteten Kostensenkung gerade Ziel der Krankenkassen ist, ist auch der subjektive Tatbestand erfüllt[188]. Ein Verstoß gegen § 22 Abs. 1 GWB ist daher zu bejahen. Ebenso liegt ein Verstoß gegen § 20 Abs. 1 GWB vor, da die Hersteller, deren Produkte nicht empfohlen werden, gegenüber den anderen unbillig behindert werden.

Die gezielte Empfehlung bestimmter Anbieter gegenüber den Versicherten oder Ärzten greift auch in den Wettbewerb unter den Anbieter ein. Die Krankenkasse überschreitet damit die durch §§ 127 Abs. 3 , 305a SGB V eingeräumten Kompetenzen, um selbst Kosten einzusparen; sie handelt somit zu Zwecken des Wettbewerbs. Da die betroffenen Anbieter durch diesen Kompetenzverstoß massiv behindert werden, ist die gezielte Empfehlung sittenwidrig und verstößt daher gegen § 1 UWG[189].

7. Zusammenfassung

Der wettbewerbsrechtliche Schutz beschränkt sich in erster Linie auf die Fälle der Behinderung und Diskriminierung von Leistungserbringern durch die Krankenkassen. In dem auf Vielfalt und Wettbewerb zwischen den Leistungserbringern ausgerichteten SGB V besteht hierfür keine Ermächtigungsgrundlage. Die generalklauselartige Handlungsanweisung des Wirtschaftlichkeitsgebotes kann daher auch nicht zur Rechtfertigung wettbewerbsbeschränkender Verhaltensweisen herangezogen werden. Daneben erstreckt sich der Wettbewerbsschutz auf Fälle, wo die durch Sonderregelungen eingeräumten Kompetenzen überschritten

---

187 Aufschlussreich der Sachverhalt im Fall OLG Düsseldorf, WuW/E DE-R 183 – Berliner Positivliste: Die an die Ärzte gerichtete Liste wurde als „*konkrete Empfehlung für die ärztliche Verordnungsweise*" beschrieben, nicht aufgeführte Arzneimittel seien „*in der Regel nicht zu verschreiben*".

188 OLG Düsseldorf, WuW/E DE-R 183 (185) – Berliner Positivliste.

189 OLG Frankfurt a.M., WRP 1997, S. 1205 (1206).

werden, etwa beim Ausschluss von Arzneimitteln von der Verordnungsfähigkeit durch Arzneimittelrichtlinien des Bundesausschusses.

Die Kollektivverträge sind dagegen schon deshalb einer wettbewerbsrechtlichen Kontrolle entzogen, weil es an der Handlungsfreiheit und damit an einem unternehmerischen Verhalten der Krankenkassen fehlt. Im übrigen Bereich des wirtschaftlichen Handelns der Krankenkassen, insbesondere bei den Festbetragsfestsetzungen, gehen die sozialrechtlichen Ermächtigungen den Wettbewerbsvorschriften vor, so dass in diesen Fällen vom Vorliegen einer hoheitlichen Tätigkeit auszugehen ist. Dieser Bereich unterfällt daher, ebenso wie die Rechtsverordnungen, keiner Kontrolle durch das GWB oder UWG.

IV. Der Rechtsweg bei der Verfolgung von Verstößen gegen das Kartell- und Lauterkeitsrecht

Parallel zur Diskussion um die materielle Anwendbarkeit des Wettbewerbsrechts stellte sich die prozessuale Frage des einzuschlagenden Rechtsweges zur Geltendmachung von kartell- und lauterkeitsrechtlichen Ansprüchen. Sozial- und Zivilgerichte gingen jeweils von unterschiedlichen Positionen zur Begründung der jeweils eigenen Zuständigkeit aus. Zum besseren Verständnis der materiellen und prozessualen Neuregelungen durch das Gesundheitsreformgesetz 2000 soll die bisherige Entwicklung kurz skizziert werden.

1. Die Rechtswegspaltung bis zum Gesundheitsreformgesetz 2000

a. Ausgangspunkt der Rechtsprechung

Der Bundesgerichtshof hatte in dem Gummistrumpf-Urteil auf die privatrechtliche Rechtsnatur der Beziehungen der Krankenkassen zu den Leistungserbringern abgestellt und so den Rechtsweg zu den ordentlichen Gerichten bejaht. Dieser auch von anderen Zivilgerichten vertretenen Ansicht trat das Bundessozialgericht in einem Vorlagebeschluss an den Gemeinsamen Senat entgegen[190]. Es ging bei der Beurteilung eines Leistungsbeschaffungsvertrages zwischen einer Krankenkasse und einem Hilfsmittelerbringer von § 51 Abs. 1 SGG aus, wonach die Sozialgerichte über *„öffentlich-rechtliche Angelegenheiten der Sozialversicherung"* entscheiden. Mit der Leistungsbeschaffung erfülle der Versicherungsträger seinen öffentlich-rechtlichen Sicherstellungsauftrag als Teil der Sozialversicherung. Die hierzu eingegangenen Rechtsbeziehungen seien im Re-

190 BSG SGb 1986, S. 28.

gelfall somit ebenfalls öffentlich-rechtlicher Natur, woraus sich die Zuständigkeit der Sozialgerichte ergebe[191].

Der Gemeinsame Senat der Obersten Gerichtshöfe teilte diese Ansicht nicht. Da die Krankenkassen über keine besonderen hoheitlichen Befugnisse gegenüber den Leistungserbringern verfügen, sei davon auszugehen, dass die Krankenkasse ihre Beschaffungstätigkeit in den Formen des Privatrechts wahrnehmen. Folglich sei der Rechtsweg zu den ordentlichen Gerichten gegeben[192]. Lediglich bei Rechtsstreitigkeiten zwischen Krankenkassen soll nach Ansicht des Gemeinsamen Senats der Sozialrechtsweg gegeben sein. So hatte in einem Fall eine Krankenkasse unter Verwendung wettbewerbswidrig gestalteter Formulare Mitglieder angeworben. Dieses Konkurrenzverhältnis zwischen den Krankenkassen sei durch ausschließlich für Träger öffentlicher Aufgaben geltende Sondernormen beherrscht, weshalb der ordentliche Rechtsweg hier ausscheide[193].

b. Die Änderung des § 51 Abs. 2 SGG durch das Gesundheits-Reformgesetz 1988

Der Gesetzgeber reagierte auf diese Entscheidungen mit der Neufassung des § 51 SGG durch das Gesundheitsreformgesetz vom 20.12.1988[194]. Während die Zuweisung öffentlich-rechtlicher Streitigkeiten an die Sozialgerichte durch § 51 Abs. 1 SGG unberührt blieb, wies der neu gefasste § 51 Abs. 2 SGG nunmehr *„Streitigkeiten, die in Angelegenheiten nach dem Fünften Buch Sozialgesetzbuch entstehen"* den Sozialgerichten zu, sofern sie unter eine der in Nr. 1 bis 3 der Vorschrift enumerativ aufgeführten Angelegenheiten fallen. § 51 Abs. 2 Nr. 3 SGG benennt dabei ausdrücklich Streitigkeiten aufgrund von Entscheidungen oder Verträgen der Krankenkassen oder ihrer Verbände. Im Anschluss betont die Vorschrift, dass diese Zuweisung auch dann gelte, wenn durch diese Angelegenheiten Dritte betroffen werden. Dies sollte gewährleisten, dass bei Streitigkeiten aufgrund von Verträgen nach dem vierten Kapitel des SGB V, aber auch bei Streitigkeiten aufgrund von Entscheidungen wie beispielsweise der Festbetragsfestsetzung nach § 35 SGB V die Sozialgerichte auch dann entscheiden, wenn nicht Leistungserbringer, sondern Dritte wie beispielsweise Arzneimittelhersteller davon betroffen werden[195].

---

191 BSG SGb 1986, S. 28 (31).
192 GmS OGB BGHZ 97, 312 (315 f.); ebenso GmS-OGB BGHZ 102, 280 (282 f.).
193 GmS-OGB BGHZ 108, 284 (286 ff.)– „AOK-Mitgliederwerbung".
194 BGBl. I (1988), S. 2477.
195 *Peters/Sautter/Wolff*, § 51 SGG Rn. 334.

Mit dieser Regelung schien der Gesetzgeber umfassend die Zuständigkeit der Sozialgerichte auch bei Streitigkeiten aus dem Bereich der Leistungsbeschaffung festgeschrieben zu haben, ohne dabei in materieller Hinsicht die Rechtsnatur der Vertragsbeziehungen zu ändern. Denn Abs. 2 beschränkt sich im Gegensatz zu Abs. 1 nicht darauf, nur öffentlich-rechtliche Streitigkeiten den Sozialgerichten zuzuweisen. Erfasst werden alle Streitigkeiten, die sich aus einer der in Nr. 1 bis 3 aufgeführten Angelegenheiten ergeben, und zwar unabhängig von der Zuordnung zum öffentlichen Recht oder zum Privatrecht[196]. Die Zuständigkeit der Sozialgerichte nach § 51 Abs. 2 Nr. 3 SGG erstreckt sich somit auch auf Streitigkeiten in Zusammenhang mit den wie erörtert privatrechtlich einzuordnenden Rahmenverträgen. Dass diese materielle Einordnung unberührt beleiben sollte, bestätigt die Gesetzesbegründung: Der Gesetzgeber verwies ausdrücklich darauf, dass die Rechtswegzuweisung nichts *„an dem privatrechtlichen Charakter dieser Verträge"* ändere[197]. Die Zuweisung des § 51 Abs. 2 SGG ist somit konstitutiver Natur, und schließt auf den ersten Blick eine Zuständigkeit der Zivilgerichte aus.

c. Fortdauer der Rechtswegspaltung für den Bereich des GWB

Diese Neuregelung brachte indes nicht die vom Gesetzgeber beabsichtigte Klarheit. Die vor der Reform bestehende Unsicherheit über den zulässigen Rechtsweg bestand zumindest für den Bereich des GWB fort.

Das Bundessozialgericht vertrat weiterhin, jetzt auch mit Hinweis auf die Neuregelung des § 51 Abs. 2 SGG die Auffassung, der Rechtsweg zu den Sozialgerichten sei umfassend unter allen in Betracht kommenden Gesichtspunkten gegeben[198]. Dies gelte auch, wenn Ansprüchen aus dem UWG oder dem GWB geltend gemacht werden. In einem anderen Fall stützte sich das Bundessozialgericht dagegen, offensichtlich um eine weitere Vorlage an den gemeinsamen Senat zu vermeiden, auf § 17 Abs. 2 GVG zur Begründung seiner Zuständigkeit[199]. Bei den Zivilgerichten zeichnete sich zumindest bei auf Ansprüchen aus dem UWG gestützten Klagen ein Einlenken auf die Linie des Bundessozialgerichtes ab. Während einzelne Gerichte hier zunächst weiterhin die Zulässigkeit des ordentlichen Rechtsweges bejahten[200], stellte der Bundesgerichtshof in zwei Beschlüssen fest, dass der Rechtsweg zu den Sozialgerichten gegeben sei. Er stellte dabei auf den Wortlaut des § 51 Abs. 2 Nr. 3 SGG ab, der nunmehr ausdrücklich

196 *Heinze,* SGb 1992, S. 33.
197 BT-Drucks. 11/3480, S. 77.
198 BSGE 66, 159 (160 f.); BSGE 72, 149 (150).
199 BSG NZS 1995, S. 142 (144).
200 OLG Frankfurt a. M., NJW-RR 1994, S. 431.

auch Rechtsstreitigkeiten aufgrund privatrechtlicher Verträge der Sozialgerichtsbarkeit zuweise; diese Zuweisung gelte auch dann, wenn Ansprüche aus § 1 UWG im Raume stünden[201].

Für den Bereich des GWB hielten die Kartellgerichte dagegen an ihrer bisherigen Auffassung fest, wobei sie sich zur Begründung auf die Zuständigkeitsvorschriften der §§ 87 bis 96 GWB stützten. Diese Normen zielen auf eine Konzentration der Kartellrechtsprechung bei besonders fachkundigen Gerichten ab, um eine Rechtswegzersplitterung und damit die Gefahr wiedersprechender Entscheidungen im Bereich des Kartellrechts zu vermeiden[202]: Für die Entscheidung kartellrechtlicher Streitigkeiten einschließlich der Streitigkeiten, in denen sich nur eine kartellrechtliche Vorfrage stellt, sind nach §§ 87 Abs. 1 S. 1, 2, 95 GWB ausschließlich die Landgerichte zuständig[203]. § 96 GWB erstreckt diese Zuständigkeitskonzentration auf Klagen, die auf die Art. 81, 82 EG gestützt werden. Diese ausschließliche Zuständigkeit gilt nach § 88 GWB sogar dann, wenn kartellrechtliche Ansprüche mit anderen Ansprüchen verbunden werden und für letztere ein anderes Gericht ausschließlich zuständig wäre. Diese in sich geschlossene Sonderregelung, die umfassend kartellrechtliche Streitigkeiten an die ordentlichen Gerichte zuweist, ist nach Ansicht des Bundesgerichtshofs durch die Regelung des § 51 Abs. 2 SGG nicht durchbrochen worden[204]. Denn es gebe keine Anhaltspunkte dafür, dass der Gesetzgeber diese sorgfältig bedachte Zuständigkeitsregelung mit § 51 Abs. 2 SGG habe aufheben wollen: Der Norm selbst lasse sich ein ausdrücklicher Ausschluss der kartellrechtlichen Zuständigkeitsregelung nicht entnehmen; auch aus der Gesetzesbegründung ergebe sich nicht, dass der Gesetzgeber dies in Betracht gezogen habe[205]. Als allgemeine Vorschrift müsse die Regelung des § 51 Abs. 2 SGG daher hinter die speziellere und abschließende Regelung des GWB zurücktreten[206]. In folgenden Entscheidungen haben Kartellgerichte den Vorrang kartellrechtlicher Zuständigkeitsvorschriften bestätig[207].

---

201 BGH NJW 1998, S. 825 (862); BGH NJW 1998, S. 826 (827).

202 Langen/Bunte-*Bornkamm*, § 81 GWB Rn. 1 ff.

203 Die in § 87 GWB ausgesprochene Begrenzung auf „bürgerlichen Rechtsstreitigkeiten" darf nicht in dem Sinne missverstanden werden, dass es auf die Rechtsnatur des Anspruches ankäme: Die Landgerichte sind immer dann zuständig, wenn der Sache nach Kartellrecht anwendbar ist, vgl. *Neumann*, Kartellrechtliche Sanktionierung, S. 92.

204 BGHZ 114, 218 (224) – Einzelkostenerstattung.

205 BGH a.a.O., 226.

206 BGH a.a.O., ebenda.

207 BGH WuW/E BGH 2721 (2725) - Krankenpflege; OLG Schleswig, NJW-RR 1996, S. 1068; OLG Hamburg, NJW-RR 1998, S. 404 (405); OLG Stuttgart, WuW/E DE-R 307 (308) – Medizinische Hilfsmittel; OLG Thüringen, WuW/E DE-R 500 (501) – Enteralernährung; OLG München, NZS 2000, S. 457 (458); der Vorrang der

Festzuhalten bleibt daher, dass die Rechtswegspaltung im Bereich des GWB nicht beseitigt wurde. Der Gesetzgeber unternahm daher mit dem Gesundheitsreformgesetz 2000 einen zweiten Anlauf, um die Zuständigkeit der Sozialgerichte auch bei Streitigkeiten mit kartellrechtlichem Bezug festzuschreiben.

2. Prozessuale Neuregelung durch das Gesundheitsreformgesetz 2000

a. Verknüpfung materieller und prozessualer Änderungen

Die bereits erörterte Änderung der materiellen Vorschrift des § 69 SGB V hatte unmittelbar die Festlegung der Rechtsbeziehungen nach dem vierten Kapitel des SGB V als sozialrechtliche zum Ziel. Verknüpft wurde diese Änderung mit einer Ergänzung des § 51 Abs. 2 SGG: Nach S. 2 der Vorschrift finden die *„§§ 87 und 96 des Gesetzes gegen Wettbewerbsbeschränkungen ... keine Anwendung"*. Gleichzeitig wurden die Zuständigkeitsvorschriften des GWB ergänzt. § 87 S. 3 GWB bestimmt nunmehr, dass die ausschließliche Zuweisung bürgerlicher Rechtsstreitigkeiten an die Landgerichte nicht für Rechtsstreitigkeiten aus den in § 69 SGB V genannten Rechtsbeziehungen gilt. § 96 S. 2 SGB V verweist auf die Regelung des § 87 S. 3 GWB und stellt damit klar, dass die Zuständigkeit der Landgerichte auch für EG-kartellrechtliche Streitigkeiten ausgeschlossen ist. Diese erst nachträglich im Gesetzgebungsverfahren eingefügten Ergänzungen werden in der Gesetzesbegründung als *„klarstellende Folgeregelungen"*[208] zur Änderung des § 69 SGB V bezeichnet.

Mit diesen prozessualen Änderungen hat der Gesetzgeber die gewünschte Zuständigkeit der Sozialgerichte herbeigeführt. § 51 Abs. 2 SGG erklärt ausdrücklich die Vorschriften der §§ 87, 96 GWB für nicht anwendbar. Der Gesetzgeber hat damit eindeutig und unmissverständlich zum Ausdruck gebracht, dass auch kartellrechtliche Streitigkeiten, die aus Rechtbeziehungen der in § 51 Abs. 2 SGG genannten Art resultieren, nur von den Sozialgerichten entschieden werden sollen[209]. Dies gilt insbesondere auch für Streitigkeiten auf Grundlage der Art. 81, 82 EG, da die in § 96 GWB angeordnete Zuständigkeit der Landgerichte zur Durchsetzung des europäischen Kartellrechts nach § 51 Abs. 2 S. 2 SGG

Rechtswegzuweisung zu den Kartellgerichten gilt dabei auch für Klagen von Arzneimittelherstellern gegen die Festbeträge festsetzenden Spitzenverbände, vgl. OLG Düsseldorf, NZS 1998, S. 290 (291); der von der Antragsstellerin geltend gemachte Unterlassungsanspruch wurde in dem zugrundeliegenden Sachverhalt auf Art. 81, 82 EG i.V.m. §§ 823 Abs. 2, 1004 BGB gestützt.

208 BT-Drucks. 14/1977, S. 131.

209 Hinsichtlich der Ansprüche aus dem UWG sind die Sozialgerichte bereits aufgrund der 1988 erfolgten Änderung des § 51 Abs. 2 SGG zuständig, vgl. oben unter IV 1 b.

keine Anwendung findet[210]. Anders als bei dem Gesundheitsreformgesetz 1988 kann daher an einem Ausschluss der kartellrechtlichen Zuständigkeitsregelung nicht gezweifelt werden. Fraglich bleibt aber, welchen Zweck die Änderung der §§ 87, 96 GWB hat. *Engelmann* geht davon aus, dass diese Änderungen zur Herstellung der Zuständigkeit der Sozialgerichte erforderlich waren, da sich die Kartellgerichte ansonsten vor dem Hintergrund der Ausweitung der ausschließlichen Zuständigkeit der Landgerichte im Rahmen der 6. GWB-Novelle weiterhin für zuständig erklärt hätten[211]. Diese Ansicht ist unter Berücksichtigung des Regelungsgehalts von § 51 Abs. 2 S. 2 SGG aber nicht haltbar. Denn die §§ 87, 96 GWB, welche die Zuständigkeit der Kartellgerichte begründen, finden nach dem eindeutigen und unmissverständlichen Wortlaut der Vorschrift keine Anwendung mehr. Die frühere Argumentation der Kartellgerichte, die ihre Zuständigkeit mit dem fehlenden ausdrücklichen Ausschluss der kartellrechtlichen Zuständigkeitsregelung in § 51 Abs. 2 SGG begründeten, wurde damit entkräftet. Eine Ergänzung der §§ 87, 96 GWB hatte sich daher erübrigt. Dass sie gleichwohl im Zuge des Gesundheitsreformgesetzes 2000 ergänzt wurden, dürfte auf die Erfahrungen mit der missglückten Änderung des § 51 Abs. 2 SGG durch das Gesundheitsreformgesetz 1988 zurückzuführen sein. Offensichtlich glaubte der Gesetzgeber, es bedürfe auch im Rahmen des GWB einer eindeutigen Festlegung, aus der sich die Zuständigkeit der Sozialgerichte ergibt. Praktisch ist diese Ergänzung aber aus den oben genannten Gründen ohne Bedeutung.

b. Kritik an der Neuregelung

War noch der Versuch einer Zuweisung aller Streitigkeiten an die Sozialgerichtsbarkeit mit dem Gesundheitsreformgesetz 1989 mangels Ausschluss der speziellen Zuständigkeitsvorschriften des GWB nicht geglückt, so hat der Gesetzgeber mit den beschriebenen Regelungen nunmehr sein Ziel erreicht. Diese vermeintliche „Klärung" der Zuständigkeit hat jedoch auch Kritik erfahren und neue Probleme, insbesondere zum Zweck der Änderung des § 69 SGB V hervorgerufen.

So wurde zum einen darauf hingewiesen, dass die Zuweisung an den Rechtsweg zu den Sozialgerichten wegen des Bezugs zum SGB V nur Streitigkeiten aus dem Bereich der gesetzlichen Krankenversicherung, nicht aber Streitigkeiten nach anderen Sozialgesetzbüchern erfasst. Welche kuriose Folgen dies haben

---

210 BGH SGb 2001, S. 138; Immenga/Mestmäcker-*Schmidt*, GWB, § 87 Rn. 37; Langen/Bunte-*Bornkamm*, § 87 GWB Rn. 6a; *Ebsen*, Öffentlich-rechtliches Handeln der Krankenkassen als Gegenstand des Wettbewerbsrechts?, S. 298 (306), in: Igl (Hrsg.), Gesundheitswesen in der Wettbewerbsordnung.

211 *Engelmann*, NZS 2000, S. 213 (220).

kann, zeigt sich am Beispiel der Ungleichbehandlung eines Pflegeunternehmens: Der einzuschlagende Rechtsweg hängt zukünftig davon ab, ob es sich um einen Pflegevertrag im Bereich der Krankenversicherung nach §§ 132, 132a SGB V oder um einen Pflegevertrag im Bereich der Pflegeversicherung nach §§ 72, 73, 77 SGB XI handelt[212]. Die Neuregelung ändert des weiteren nichts an der Zuständigkeit der Oberlandesgerichte bei Beschwerden gegen Verfügungen der Kartellbehörde nach § 63 Abs. 4 GWB. Eine Regelung, die auch hier den Rechtsweg zu den Sozialgerichten festlegt, existiert nicht, was zu einer Fortdauer der Rechtswegspaltung bei kartellbehördlichen Verfügungen gegen Krankenkassen führt[213]. Kritik hat auch die Tatsache erfahren, dass der Gesetzgeber die ausschließliche Zuständigkeit der als besonders sachkundig angesehenen Kartellgerichte in einem Teilbereich aufgehoben hat[214]. Da der einstweilige Rechtsschutz, welcher bei Wettbewerbsverstößen oft eine besondere Bedeutung erlangt, im SGG bis dato nicht geregelt war, ging *Schwerdtfeger* sogar von einem Verstoß der Neuregelung gegen Art. 19 Abs. 4 GG und Art. 3 GG aus[215]. Dieser Einwand geht nunmehr allerdings ins Leere: Mit dem sechsten Gesetz zur Änderung des SGG vom 17.08.2001[216] hat der Gesetzgeber den einstweiligen Rechtsschutz im Sozialgerichtsverfahren in den §§ 86a, 86b SGG ausdrücklich geregelt.

Neben diesen Einwänden ergeben sich neue Unklarheiten aufgrund der Fragwürdigkeit der materiellen Regelung des § 69 SGB V. Betrachtet man die Änderungen, so stellt man fest, dass sich die Zuständigkeit der Sozialgerichte schon mit der prozessualen Regelungen des § 51 Abs. 2 SGG herbeiführen lässt, ohne dass es auf die Frage der Rechtsnatur der Beziehungen ankommt. Bereits mit der Änderung des § 51 Abs. 2 Nr. 3 SGG durch das Gesundheitsreformgesetz 1988 hatte der Gesetzgeber ja gezielt auch privatrechtliche Streitigkeiten aus dem Bereich der Leistungsbeschaffung den Sozialgerichten zugewiesen. Dementsprechend wurde auch die nach der Änderung weiter angenommene Zuständigkeit der Kartellgerichte nicht mit der Rechtsnatur der Streitigkeit, sondern mit dem Charakter der §§ 87, 96 GWB als speziellere Rechtswegzuweisung begründet. Wie erörtert hat die Ergänzung in § 51 Abs. 2 S. 2 SGG diese Argumentation

---

212 *Wigge*, NZS 2000, S. 533 (535); *ders.*, Die kartellrechtliche Stellung der Leistungsträger, S. 79 (98), in: Soziale Sicherheit und Wettbewerb.

213 *Neumann*, Kartellrechtliche Sanktionierung, S. 145.

214 *Peikert/Kroel*, MedR 2001, S. 14 (18); *Neumann*, WuW 1999, S. 961 (966); *Wigge*, NZS 2000, S. 533 (535); *Emmerich* spricht in diesem Zusammenhang von einer Zuständigkeitsübertragung auf die *„betont wettbewerbsfeindlichen Sozialgerichte"*, vgl. *Emmerich*, Kartellrecht, § 2 Ziff. 3 a.

215 *Schwerdtfeger*, Pharm. Ind. 2000, S. 185 (186).

216 BGBl. I (2001), S. 2144.

entkräftet. Konsequenterweise ist nunmehr auch vom Standpunkt der Kartellgerichte aus bei kartellrechtlichen Streitigkeiten der Rechtsweg zu den Sozialgerichten gegeben[217]. Die materiell-rechtliche Regelung des § 69 SGB V ist für die Begründung der Zuständigkeit der Sozialgerichte daher schlichtweg ohne Bedeutung[218]. Will man dem Gesetzgeber nicht die Schaffung einer überflüssigen Regelung unterstellen, stellt sich daher die Frage, ob dieser nicht mit der Änderung der materiell-rechtlichen Vorschrift über die prozessuale Gestaltung hinausgehend eine Änderung des materiellen Rechts bezweckte.

B. Beurteilung nach § 69 SGB V neuer Fassung

Betrachtet man die Rechtsprechung und Literatur zu § 69 SGB V, so zeigt sich, dass über die Funktion dieser Vorschrift nach der Änderung durch das Gesundheitsreformgesetz 2000 keine Einigkeit herrscht. Der Streit kreist dabei im Wesentlichen um die Frage, ob § 69 SGB V materiell die Anwendbarkeit des Wettbewerbsrechts ausschließt, oder ob die Vorschrift nur im Zusammenhang mit § 51 Abs. 2 SGG bzw. den §§ 87, 96 GWB zu sehen ist und sich in einem, letztlich fehlgeschlagenen Versuch erschöpft, die umfassende Zuständigkeit der Sozialgerichte herbeizuführen. Dies ist für die Fragestellung der Untersuchung von zentraler Bedeutung, da bei einer rein prozessualen Funktion des § 69 SGB V die Anbieter die bisher ermittelten kartell- und lauterkeitsrechtlichen Ansprüche weiterhin vor den Sozialgerichten geltend machen können. Bei einem materiellen Ausschluss des Wettbewerbsrechts würden derartige Ansprüche dagegen vollständig ausscheiden: GWB und UWG könnten nicht mehr in dem bisherigen Umfang gegen Beschränkungen des Wettbewerbs bei der Leistungsbeschaffung herangezogen werden.

Der Inhalt der Vorschrift ist daher nach einer Darstellung der unterschiedlichen Interpretationsansätze (unten I.) durch Auslegung zu ermitteln (unten II.). Hierbei wird sich zeigen, dass mit der Neufassung der Vorschrift ein auf die Rechtsbeziehungen nach dem vierten Kapitel des SGB V beschränkter kartell- und lauterkeitsrechtlicher Ausnahmebereich geschaffen wurde. Wegen der damit verbundenen Einschränkung der Sanktionsmöglichkeiten der Anbieter ist unter III. der Frage nachzugehen, inwieweit diese Vorschrift mit dem Grundgesetz vereinbar ist.

---

217 BGH SGb 2001, S. 138.

218 *Knispel*, NZS 2001, S. 466 (468); nach Langen/Bunte-*Bornkamm*, § 95 GWB Rn. 4 ergibt sich dagegen die Zuständigkeit der Sozialgerichte aus § 69 SGB V, die Änderung des § 87 GWB sei insoweit überflüssig. Dies ist aber vor dem Hintergrund der Systematik des § 51 Abs. 1, 2 SGG nicht haltbar, vgl. unter II 2.

I. Der Streit um die Funktion des § 69 SGB V

Es wurde bereits im ersten Teil der Untersuchung deutlich, dass mit der Änderung des § 69 SGB V die Beziehungen der Krankenkassen zu den Leistungserbringern nach dem vierten Kapitel des SGB V nunmehr sozialversicherungsrechtlicher und damit öffentlich-rechtlicher Natur sind[219]. Unterschiedlich beurteilt wird aber, ob dies Auswirkungen auf die materielle Anwendbarkeit des GWB und UWG hat.

1. Ausschluss der Anwendbarkeit des Wettbewerbsrechts im Bereich der Leistungsbeschaffung durch § 69 SGB V

Nach einer Ansicht beinhaltet § 69 SGB V einen über die bloße Festlegung der Rechtsnatur hinausgehenden materiellen Regelungsgehalt: Die Vorschrift soll die Anwendung des Wettbewerbsrechts auf die Rechtsbeziehungen nach dem vierten Kapitel des SGB V ausschließen. Begründet wird dies zum Teil mit der, wie dargelegt unzutreffenden Ansicht, das Wettbewerbsrecht sei nur auf privatrechtliche Rechtsbeziehungen anwendbar. Konsequenterweise geht diese Ansicht davon aus, dass die Festlegung der öffentlich-rechtlichen Rechtsnatur auch im Verhältnis zu Dritten einer „Doppelqualifikation" der Handlungen der Krankenkassen den Boden entziehe[220]. Die öffentlich-rechtliche Rechtsnatur der Vertragsbeziehungen im Bereich der Leistungsbeschaffung hat nach dieser Ansicht somit gleichzeitig die Nichtanwendbarkeit des GWB und UWG zur Folge[221].

Eine andere Ansicht leitet aus dem Wortlaut des § 69 SGB V und der Begründung des Gesetzgebers ein Zurücktreten des Wettbewerbsrechts ab. In der Erläuterung zur der mit Art. 1 Nr. 26 des Gesundheitsreformgesetzes 2000 vorgenommenen Änderung des § 69 SGB V heißt es nämlich, dass die Krankenkassen im Rahmen der Rechtsbeziehungen nach dem vierten Kapitel nicht als Unternehmen im Sinne des Wettbewerbsrechts handeln[222]. Diese Begründung und die „abschließende" Regelung der Rechtsbeziehungen im vierten Kapitel unter bloß hilfsweiser Anwendung des BGB mache deutlich, dass auf diese Rechtsbeziehungen allein das Sozialrecht unter Ausschluss des Wettbewerbsrechts zur An-

---

219 Siehe dort unter § 1 A III 3 b.

220 *Ebsen*, Öffentlich-rechtliches Handeln der Krankenkassen als Gegenstand des Wettbewerbsrechts ?, S. 298 (307), in: Igl (Hrsg.), Gesundheitswesen in der Wettbewerbsordnung; *Peikert/Kroel*, MedR 2001, S. 14 (19).

221 *Knispel*, NZS 2001, S. 466 (469); *Giesen*, G+G 2000, Beilage Nr. 2, S. 17 (21); KassKom-*Hess*, § 69 SGB V Rn. 4; Peters-*Hencke*, § 69 SGB V Rn. 15.

222 BT-Drucks. 14/1245, S. 68.

wendung kommen soll[223]. Andere kommen mit vergleichbaren Begründungen zu demselben Ergebnis, wobei § 69 SGB V teilweise als „öffentlich-rechtliche Sonderregel“[224] oder als wettbewerbsrechtliche Bereichsausnahme[225] qualifiziert wird.

Dieser Interpretation des § 69 SGB V haben sich bisher vor allem die Sozialgerichte angeschlossen: In mehreren Entscheidungen wurden das GWB wie das UWG mit dem Hinweis auf die Regelung des § 69 SGB V ausdrücklich für nicht anwendbar erklärt[226].

2. § 69 SGB V als bloße Rechtswegzuweisungsnorm

Nach einer anderen in der Literatur vertretenen Auffassung hat § 69 SGB V auf die materielle Anwendbarkeit des Wettbewerbsrechts keine Auswirkungen, wobei die Begründungen hierfür variieren. So wird zutreffend darauf hingewiesen, dass das Wettbewerbsrecht nach dem heutigen Anwendungsstand ja gerade nicht mehr nach der Rechtsnatur einer Handlung oder Rechtsbeziehung unterscheidet, sondern funktional an das rein tatsächliche Marktverhalten anknüpft[227]. Die nunmehr vorzunehmende Qualifikation der Rechtsbeziehungen als sozialrechtliche ändere daher nichts an der Anwendbarkeit des GWB und UWG. Auch aus dem Wortlaut lasse sich kein materieller Ausschluss des Wettbewerbsrechts ableiten. Insbesondere die „abschließend“ angeordnete Regelung im vierten Kapitel, die nach S. 4 auf Dritte erstreckt wird, biete wegen ihrer Unklarheit hierfür keine Grundlage. Denn die Rechtsbeziehungen zu Dritten seien im vierten Kapitel zum Teil gar nicht geregelt, so dass auch nicht von einer abschließenden Regelung ausgegangen werden könne[228]. Verdeutlichen lässt sich dieser Einwand am Beispiel der Arzneimittelhersteller: Das SGB V sieht mit Ausnahme des optional abzuschließenden Rahmenvertrages keine direkten Beziehungen zwischen Krankenkassen oder ihren Verbänden und den Arzneimittelherstellern vor, so dass die „abschließende“ Geltung nach § 69 S. 4 BGB keinen Sinn macht. Da das vierte Kapitel des SGB V zu den Folgen wettbewerbsbeschrän-

---

223 *Boecken*, NZS 2000, S. 269 (271); *Schwerdtfeger*, Pharm. Ind. 2000, S. 106 (107).

224 *Gassner*, VSSR 2000, S. 121 (130).

225 Langen/Bunte-*Bornkamm*, § 87 GWB Rn. 6 b.

226 BSGE 87, 95 (99); BSG Urteil v. 25.09.01, Az. B 3 KR 3/01 R; SG München, NZS 2002, S. 50 (52).

227 *Zuck*, GKV-Gesundheitsreform, S. 21; *Bill*, SGb 2000, S. 359 (360); *Neumann*, WuW 1999, S. 961 (963); *dies.*, Kartellrechtliche Sanktionierung, S. 144.

228 *Steinmeyer*, Wettbewerbsrecht im Gesundheitswesen, S. 82.

kender Verhaltensweisen keine Aussagen enthalte, sei das Wettbewerbsrecht hier weiterhin anwendbar[229].

§ 69 SGB V hat nach dieser Ansicht nur die Funktion, den Rechtsweg für Streitigkeiten mit wettbewerbsrechtlichem Charakter bei den Sozialgerichten zu eröffnen, wofür insbesondere der Zusammenhang mit den bereits beschriebenen verfahrensrechtlichen Änderungen angeführt wird[230]. Der Gesetzgeber habe zunächst mit der materiellen Änderung des § 69 SGB V die Rechtswegzuständigkeit zu den Sozialgerichten regeln wollen, was aber wegen der dargestellten Irrelevanz der Rechtsbeziehungen für die Anwendung des Kartellrechts nicht zum Erfolg führte. Erst die vom Gesetzgeber als „klarstellenden" Folgeregelungen bezeichneten Änderungen im SGG und GWB stellten die Zuständigkeit der Sozialgerichte sicher; der Änderung des § 69 SGB V lag nach dieser Ansicht somit nie die Intention zugrunde, die Anwendbarkeit des Wettbewerbsrechts im Bereich der Leistungsbeschaffung auszuschließen[231]. In der Rechtsprechung hat sich vor allem das OLG Dresden dieser Interpretation angeschlossen[232]. Der Bundesgerichtshof hat dagegen die Frage, ob § 69 SGB V nur prozessuale oder auch materielle Bedeutung habe, offengelassen[233].

3. Stellungnahme

Die Auffassung, wonach allein die nunmehr sozialrechtliche Rechtsnatur der Rechtsbeziehungen nach dem vierten Kapitel des SGB V dazu führt, dass das Wettbewerbsrecht nicht mehr angewendet werden kann, ist vor dem Hintergrund der skizzierten Anwendungsvoraussetzungen des GWB und UWG nicht haltbar. Der Anwendungsbereich des GWB ist dann eröffnet, wenn ein Rechtsträger Waren oder Leistungen auf einem Markt anbietet oder nachfragt. Er handelt dann als Unternehmen im Sinne des Kartellrechts, sofern das Verhalten nicht aufgrund einer vorrangigen, spezialgesetzlichen Ermächtigungsgrundlage als hoheitlich einzustufen ist. Gleiches gilt für das Merkmal des geschäftlichen Verkehrs im Rahmen des Lauterkeitsrechts. An dem Auftreten als Nachfrager als

---

229 *Bill*, SGb 2000, S. 359 (360).

230 *Bumiller*, GRUR 2000, S. 487 (488 f.); *Trefz*, PKR 2000, S. 64 (66).

231 *Steinmeyer*, Wettbewerb im Gesundheitswesen, S. 83; *Engelmann*, NZS 2000, S. 213 (221).

232 OLG Dresden, NZS 2002, 33 n. rk.; es greift dabei allerdings vor dem Hintergrund eines angenommenen Verstoßes der Neuregelung gegen Art. 3 GG auf eine verfassungskonforme Auslegung des § 69 SGB V zurück. Vgl. hierzu näher unter III 3.

233 BGH WRP 2000, S. 636 (637); BGH NZS 2000, S. 399 (401); BGH WuW/E DE-R 839 (840) – Privater Pflegedienst; BGH WRP 2003, S. 1125 (1127).

dem für die Anwendung des Wettbewerbsrechts maßgeblichen Umstand hat sich mit der Festlegung der sozialrechtlichen Rechtsnatur nichts geändert.

Es erscheint dennoch als fraglich, ob die Änderung des § 69 SGB V tatsächlich als „untauglicher Versuch" einer Rechtswegzuweisung zu sehen ist. Hiergegen spricht zum einen, dass die Regelung nach dem oben Gesagten faktisch überflüssig wäre, da sich der Rechtsweg zu den Sozialgerichten bereits aus § 51 Abs. 2 SGG ergibt, der Streitigkeiten unabhängig von ihrer Rechtsnatur erfasst. Zum anderen deutet die angeordnete „abschließende" Regelung und die Anordnung der bloß hilfsweisen Anwendbarkeit des BGB darauf hin, dass der Gesetzgeber den Bereich der Leistungserbringung tatsächlich auch materiell umfassend dem Sozialrecht zuordnen wollte. § 69 SGB V könnte daher unabhängig von der Festlegung der Rechtsnatur als Bereichsausnahme zu verstehen sein, welche die Anwendbarkeit des GWB und UWG im Bereich des vierten Kapitels des SGB V ausschließt. Dem Wortlaut allein ist dies allerdings nicht unmittelbar zu entnehmen: Anders als bei den Ausnahmebereichen der §§ 28, 31 GWB beispielsweise fehlt es an einer eindeutigen Anordnung, dass die Normen des Wettbewerbsrechts keine Anwendung finden sollen. Die Vorschrift ist daher mittels Auslegung auf ihren tatsächlichen Regelungsgehalt hin zu untersuchen.

II. Die Ermittlung des Regelungsinhaltes von § 69 SGB V

Ausgangspunkt der Ermittlung des Normzwecks ist der Wortlaut der Vorschrift, an den sich die Beurteilung des systematischen Zusammenhangs der Norm und die Frage nach der Regelungsabsicht des Gesetzgebers anschließt[234]. Die verfassungskonforme Auslegung setzt dagegen Klarheit über die Vereinbarkeit eines eventuellen Ausschlusses wettbewerbsrechtlicher Ansprüche mit dem Grundgesetz voraus. Sie wird daher erst unter III. erörtert.

1. Unklarer Wortlaut der Vorschrift

Der Wortlaut des § 69 SGB V lässt keine eindeutigen Rückschlüsse auf den Normzweck des § 69 SGB V zu. Der Formulierung in S. 1, wonach das vierte Kapitel „abschließend" die Beziehungen regelt, lässt sich nicht unmittelbar entnehmen, dass wettbewerbsrechtliche Ansprüche ausgeschlossen sein sollen. Sie deutet aber darauf hin, dass im Bereich des vierten Kapitels möglichst umfassend das Sozialrecht zur Anwendung kommen soll. Bestätigt wird dies durch den Wortlaut des S. 3, wonach die Vorschriften des BGB im übrigen entspre-

234 Allgemein zur Auslegung von Rechtsnormen *Rüthers*, Rechtstheorie, § 22; *Larenz/Canaris*, Methodenlehre, Kap. 4; *Seiler*, Auslegung, S. 26 ff.

chend Anwendung finden. Auch dies lässt zunächst keinen direkten Rückschluss auf die Nichtanwendbarkeit des Wettbewerbsrechts zu, da die Rechtsnatur der Beziehungen hierfür irrelevant ist. Die Formulierung kann aber dahingehend verstanden werden, dass eben nur dass Sozialrecht unter Ausschluss anderer Gesetze, mit Ausnahme der durch S. 3 hilfsweise angeordneten Geltung des BGB zur Anwendung kommen soll[235]. Eine Interpretation des § 69 SGB V als wettbewerbsrechtliche Bereichsausnahme würde daher zumindest nicht die vom Wortlaut der Vorschrift gezogenen Auslegungsgrenzen überschreiten.

2. Systematische Stellung im materiellen Sozialrecht

Weiter könnte jedoch ein Blick auf die systematische Stellung und den Bedeutungszusammenhang von § 69 SGB V führen. Die Vorschrift ist Teil des SGB V und somit dem materiellen Sozialrecht zuzurechnen. Prozessuale Zuständigkeiten werden dagegen in den §§ 51 bis 59 SGG geregelt. Diese Stellung des § 69 SGB V im materiellen Sozialrecht spricht zunächst ebenso wie ihre Funktion als materielle Grundsatznorm des Leistungserbringungsrechts gegen eine prozessuale Regelungsinhalt[236]. Dazu kommt, dass die Vorschrift sich nach dem insoweit eindeutigen Wortlaut nur auf das vierte Kapitel des SGB V bezieht. Die Festbetragsfestsetzung nach §§ 35, 36 SGB V beispielsweise wäre, da im dritten Kapitel des SGB V geregelt, nicht erfasst. Eine unterstellte prozessuale Funktion des § 69 SGB V würde daher ohne § 51 Abs. 2 SGG zu einer Rechtswegspaltung führen, da bei kartellrechtlichen Klagen gegen die Festbetragsfestsetzung[237] weiterhin die Kartellgerichte zuständig wären[238]. Für eine prozessuale Zuweisung aller Streitigkeiten aus dem Bereich der Leistungsbeschaffung an die Sozialgerichte ist das vierte Kapitel daher der systematisch falsche Standort, da er nicht alle Streitigkeiten zu erfassen vermag.

Schließlich spricht auch die Systematik des § 51 SGG gegen die Annahme, § 69 SGB V wolle mit der Festlegung der Rechtsbeziehungen als sozialrechtliche nur den Rechtsweg zu den Sozialgerichten sicherstellen. Es wurde bereits darauf hingewiesen, dass § 51 Abs. 1 SGG die Zuständigkeit der Sozialgerichte von der

---

235 *Boecken*, NZS 2000, S. 269 (271).

236 Maaßen/Schermer-*Orlowski*, § 69 SGB V Rn. 2.

237 Da das nationale Kartellrecht im Bereich der Festbetragsfestsetzung nicht anwendbar ist, gilt dies insbesondere für Klagen, die auf Art. 81, 82 EG gestützt werden.

238 *Wigge*, NZS 2000, S. 533 (534); a.A. *Knispel*, NZS 2001, S. 466 (468), der auf die im vierten Kapitel geregelten Arzneimittelrichtlinien als Vorstufe der Festbetragsfestsetzung verweist und daraus die Zuständigkeit der Sozialgerichte folgert. Die wettbewerbsbeschränkenden Auswirkungen sind jedoch der Festsetzung nach § 35 SGB V zuzurechnen.

öffentlich-rechtlichen Natur des Rechtsverhältnisses abhängig macht, Abs. 2 dagegen unabhängig von der Rechtsnatur Streitigkeiten aus dem Bereich des SGB V den Sozialgerichten zuweist. Maßgebend ist bei § 51 Abs. 2 SGG allein die Tatsache, dass der Streitgegenstand einen der in Nr. 1 bis 3 SGG genannten Tatbestände betrifft[239]. Es war ja gerade Zweck des Gesetzgebers, mit der Änderung durch das Gesundheitsreformgesetz 1988 zivilrechtliche Streitigkeiten, die als solche nicht unter Abs. 1 fallen, über § 51 Abs. 2 Nr. 3 SGG den Sozialgerichten zuzuweisen. Angesichts dieser Systematik war die Festlegung der sozialrechtlichen Rechtsnatur der Beziehungen im Bereich der Leistungsbeschaffung durch § 69 SGB V zur Herbeiführung der Zuständigkeit der Sozialgerichte nicht erforderlich.

Die Stellung im materiellen Sozialrecht spricht auf den ersten Blick aber auch gegen eine Interpretation des § 69 SGB V als materielle Bereichsausnahme. Der Gesetzgeber hat in den §§ 1, 130 Abs. 1 GWB einen umfassenden legislativen Geltungsanspruch postuliert, der auch öffentliche Unternehmen erfasst. Das OLG Dresden schließt daraus, dass eine Bereichsausnahme, welche öffentliche Unternehmen dem Kartellrecht entzieht, systematisch auch im GWB geregelt sein müsse[240]. Dieser Einwand geht jedoch fehl, wie ein Blick auf die zahlreichen spezialgesetzlichen Ausnahmebereiche zeigt: § 40 Bundeswaldgesetz beispielsweise entzieht horizontale Absprachen über forstwirtschaftliche Erzeugung der Kontrolle durch § 1 GWB. Eine ähnlicher Ausnahmebereich findet sich in § 23b Tierzuchtgesetz, der Zuchtorganisationen in bezug auf Abnehmer bestimmter Tiere vom Preisbindungsverbot befreit. Auch im Bereich des Personenbeförderungsgesetzes wird das Kartellverbot gelockert: Nach § 8 Abs. 3 Personenbeförderungsgesetz gelten die §§ 1, 22 Abs. 1 GWB nicht für bestimmte Absprachen, soweit sie im Interesse einer ausreichenden Bedienung der Bevölkerung mit Verkehrsleistungen im öffentlichen Personennahverkehr liegen und angemeldet werden. Wettbewerbsrechtliche Ausnahmebereiche können damit auch in Spezialgesetzen außerhalb des GWB oder UWG geregelt werden, sofern dem Bundesgesetzgeber wie hier auf dem Gebiet des Sozialrechts nach Art. 74 Abs. 1 Nr. 12 GG die Gesetzgebungskompetenz zusteht[241]. Die systematischen Gesichtspunkte sprechen somit eher dafür, § 69 SGB V als Bereichsausnahme zu interpretieren.

---

239 *Peters/Sautter/Wolff*, § 51 SGG Rn. 291.

240 OLG Dresden, NZS 2002, S. 33 n. rk..

241 *Zuck*, GKV-Gesundheitsreform, S. 21.

3. Die Begründung des Gesetzgebers zur Änderung des § 69 SGB V

Aufschluss über den Normzweck des § 69 SGB V gibt letztlich die Gesetzesbegründung zu der Änderung dieser Vorschrift durch das Gesundheitsreformgesetz 2000.

a. Ausschluss des nationalen Wettbewerbsrechts als gesetzgeberisches Ziel

Der Gesetzgeber verweist zur Begründung der Neufassung auf den Zusammenhang der Leistungsbeschaffung mit dem Anspruch des Versicherten gegen seine Krankenkasse: Da die zur Versorgung der Versicherten notwendigen Güter und Sachleistungen von privaten Anbietern nachgefragt werden müssen, bildeten Leistungs- und Leistungserbringungsrecht eine sich notwendig ergänzende Einheit[242]. Aus diesem Zusammenhang folgert der Gesetzgeber zum einen die Notwendigkeit, die Rechtsbeziehungen wie durch § 69 SGB V geschehen konstitutiv als sozialrechtliche festzulegen. Zum anderen scheint er mit der Änderung der Vorschrift auch Einfluss auf die Anwendbarkeit des Wettbewerbsrechts im Bereich der Leistungsbeschaffung nehmen zu wollen:

„Die Krankenkassen und ihre Verbände erfüllen in diesen Rechtsbeziehungen ihren öffentlich-rechtlichen Versorgungsauftrag und handeln deshalb nicht als Unternehmen im Sinne des Privatrechts, einschließlich des Wettbewerbs- und Kartellrechts. Dies gilt auch für die Beschlüsse der Bundes- und Landesausschüsse der Ärzte und Krankenkassen, insbesondere die Richtlinien nach § 92"[243].

Die Unternehmenseigenschaft ist nach dem oben Gesagten Voraussetzung für die Anwendung des GWB. Handeln Krankenkassen nicht mehr als Unternehmen, so bedeutet dies letztlich, dass ihr Verhalten einer wettbewerbsrechtlichen Kontrolle entzogen ist. Die Bezugnahme des Gesetzgebers auf den materiellen Unternehmensbegriff weist daher eindeutig auf die materielle Stoßrichtung der Regelung hin: Das GWB soll im Bereich der Leistungsbeschaffung nach dem vierten Kapitel keine Anwendung mehr finden[244]. Ob ein Rechtssubjekt als Unternehmen handelt, entscheidet sich zunächst jedoch allein danach, ob es im konkreten Fall Unternehmensfunktionen ausübt, was bei der Nachfrage nach Leistungen der Fall ist. Die Gesetzesbegründung ändert wegen des funktionalen Unternehmensbegriffs an diesem Umstand nichts. Soll das wirtschaftliche Ver-

---

242 BT-Drucks. 14/1245, S. 68.
243 BT-Drucks. 14/1245, ebenda.
244 *Gassner*, VSSR 2000, S. 121 (130).

halten von Rechtsträgern in einem bestimmten Wirtschaftsbereich keiner kartellrechtlichen Kontrolle mehr unterfallen, lässt sich dies nur über eine Bereichsausnahme erreichen. Für die Anwendbarkeit des UWG ist dies zunächst ohne Bedeutung, da die Anwendbarkeit des Lauterkeitsrechts gerade nicht von einer unternehmerischen Tätigkeit, sondern von einer Handlung im geschäftlichen Verkehr abhängt. Da die Gesetzesbegründung ausdrücklich neben dem Kartellrecht auch das Wettbewerbsrecht erwähnt, kann trotz der insoweit ungenauen Formulierung kein Zweifel daran bestehen, dass mit dieser Bereichsausnahme auch Ansprüche aus dem Lauterkeitsrecht ausgeschlossen sein sollen.

Engelmann wendet gegen dieses Verständnis der Gesetzesbegründung ein, der Gesetzgeber habe mit dem Hinweis, die Krankenkassen handelten nicht als Unternehmen, nur den Rechtsweg zu den Kartellgerichten, nicht aber die Anwendbarkeit des Wettbewerbsrechts ausschließen wollen[245]. Es ist aber überhaupt nicht ersichtlich, wie mit der Bezugnahme auf den die materielle Anwendbarkeit des Kartellrechts eröffnenden Unternehmensbegriff nur der Rechtsweg gemeint sein sollte. Zwar spricht die Begründung zur Änderung des S. 4 zunächst für einen prozessualen Gehalt der Vorschrift: Denn die Einbeziehung der Rechtsbeziehungen zu Dritten in die Regelung soll nach Ansicht des Gesetzgebers klarstellen, dass auch diese sozialversicherungsrechtlicher Natur sind und Streitigkeiten daher von den Sozialgerichten entschieden werden[246]. Diese Begründung bleibt jedoch zweideutig und ist nicht geeignet, den klaren Hinweis auf den Ausschluss des Wettbewerbsrechts zu entkräften. Denn zum einen folgt die Zuständigkeit der Sozialgerichte im Bereich der gesetzlichen Krankenversicherung nach dem oben Gesagten bereits aus der Regelung des § 51 Abs. 2 SGG[247]. Diese erfasst auch zivilrechtliche Streitigkeiten, so dass eine „Klarstellung" der sozialrechtlichen Rechtsnatur gar nicht erforderlich war. Um eine Zuständigkeit der Kartellgerichte zu unterbinden war vielmehr ein Ausschluss der Zuständigkeitsvorschriften der §§ 87, 96 GWB notwendig, wie er durch § 51 Abs. 2 S. 2 SGB V erfolgt ist. Zudem würde ein rein prozessuales Verständnis der Regelung Auswirkungen auf die Rechtsnatur der wettbewerbsrechtlichen Ansprüche haben: Denn die Rechtsbeziehungen und damit auch alle daraus folgenden Ansprüche sollen „abschließend" sozialversicherungsrechtlicher Natur sein. Es ist aber kaum vorstellbar, dass der Gesetzgeber mit der „Klarstellung" in S. 4 tatsächlich Ansprüche aus dem UWG oder dem GWB materiell dem Sozialrecht zuweisen wollte[248]. Sinn macht die Begründung nur dann, wenn sie dahingehend

---

245 *Engelmann*, NZS 2000, S. 213 (220).

246 BT-Drucks. 14/1245, S. 68.

247 Ebenso BSG, Urteil v. 25.09.01, Az. B 3 KR 3/01 R, S. 6; *Knispel*, NZS 2002, S. 466 (469).

248 *Neumann*, WuW 1999, S. 961 (965); *Gassner*, VSSR 2000, S. 121 (130).

verstanden wird, dass auch Dritten, insbesondere Arzneimittelherstellern, keine wettbewerbsrechtlichen Ansprüche mehr zustehen sollen. Die Gesetzesmaterialien deuten somit insgesamt mehr darauf hin, dass der Regelungszweck in der Schaffung einer Bereichsausnahme liegt.

Entkräftet wird diese Ansicht schließlich auch nicht von der Gesetzesbegründung zu den Änderungen von § 51 Abs. 2 SGG und den §§ 87, 96 GWB, in der die letzteren als klarstellende Folgeregelungen bezeichnet wurden[249]. Sofern man den §§ 87, 96 GWB überhaupt eine selbständige prozessuale Bedeutung zuspricht, lässt sich die Regelung damit begründen, dass neben dem materiellen Ausschluss des Wettbewerbsrechts auf nationaler Ebene ergänzend die Zuweisung von Streitigkeiten auf Grundlage der Art. 81, 82 EG an die Sozialgerichte notwendig war[250]. Nach der hier vertretenen Ansicht ergibt sich die Zuständigkeit der Sozialgerichte dagegen bereits aus dem Ausschluss der Zuweisungsnormen der §§ 87, 96 GWB durch § 51 Abs. 2 S. 2 SGG, ohne dass es auf den Inhalt der §§ 87, 96 GWB ankommt[251].

Neben der Begründung sprechen die näheren Umstände des Verfahrens bis zum Entwurf des Gesetzes dafür, dass der materielle Ausschluss von Ansprüchen aus dem GWB und UWG im Vordergrund der Regelung des § 69 SGB V stand. Die Neufassung der Vorschrift steht in engem Zusammenhang mit einer Entschließung des Bundesausschusses der Ärzte und Krankenkassen vom 26.04.1999. In dieser forderte er vom Gesetzgeber die „*Einleitung gesetzgeberischer Maßnahmen*[252]", um Rechtssicherheit für die Erfüllung der ihm übertragenen Aufgaben zu bekommen. Durch die auf Kartellrecht gestützten Verbotsurteile, die sich insbesondere gegen den durch Arzneimittelrichtlinien vorgenommenen Ausschluss von Arzneimitteln von der Verordnungsfähigkeit richteten, sah er sich an dieser Aufgabenerfüllung gehindert[253]. Diesem Wunsch kam der Gesetzgeber prompt nach: Während der Referentenentwurf vom 25.05.1999 noch eine bloße

---

249 BT-Drucks. 14/1977, S. 189.

250 So *Peikert/Kroel*, MedR 2001, S. 14 (18); siehe hierzu im Folgenden unter b.

251 Die Ansicht, nach der die §§ 87, 96 GWB die Zuständigkeit der Sozialgerichte begründen, hätte zudem wie erörtert zur Folge, dass bei Streitigkeiten in Bezug auf die Festbetragsfestsetzungen weiterhin die Kartellgerichte zuständig wären, da diese Vorschriften zur Abgrenzung auf § 69 SGB V zurückgreifen, der nur die Vorschriften des vierten Kapitels erfasst. Legt man dagegen allein § 51 Abs. 2 SGG zugrunde, ergibt sich dieses Problem nicht, da Streitigkeiten in Bezug auf die Festbetragsfestsetzung von § 51 Abs. 2 Nr. 3 SGG erfasst werden, vgl. *Peters/Sautter/Wolff*, § 51 Rn. 330.

252 Entschließung des Bundesausschusses vom 26.04.1999; ein Abdruck findet sich bei *Schwerdtfeger*, Pharm. Ind. S. 2000, 107

253 LG Hamburg, Az. 315 O 143/99, 315 O 115/99, 315 O 129/99 (redaktioneller Leitsatz in MedR 1999, S. 268); OLG Hamburg, EuZW 2001, S. 638.

Änderung des § 51 Abs. 2 SGG zur Sicherstellung der ausschließlichen Zuständigkeit der Sozialgerichte vorsah[254], enthielt der Gesetzentwurf vom 23.06.1999 erstmals den Vorschlag einer Änderung der materiellen Vorschrift des § 69 SGB V, mit dem Begründungshinweis, die Krankenkassen handelten nicht mehr als Unternehmen. Dabei stellt die Begründung ausdrücklich klar, dass dies auch für die Beschlüsse der Bundes- und Landesausschüsse der Ärzte und Krankenkassen, *„insbesondere die Richtlinien nach § 92 SGB V"* gelte[255]. Eindeutiger kann der Wille des Gesetzgebers, den Bundesausschuss bei seiner Tätigkeit gegen kartell- und lauterkeitsrechtliche Ansprüche geschädigter Anbieter abzuschirmen, kaum zu Tage treten.

b. Kein Hinweis auf Ausschluss des europäischen Wettbewerbsrechts

Fraglich ist aber, ob die durch § 69 SGB V geschaffene Bereichsausnahme auch Ansprüche nach dem europäischen Wettbewerbsrecht ausschließen soll, wie die angeordnete abschließende Geltung zunächst vermuten lässt. Im Schrifttum wird überwiegend darauf verwiesen, dass die nationale Vorschrift des § 69 SGB V wegen des dargestellten Grundsatzes des Vorrangs des Gemeinschaftsrechts nicht den Anwendungsbereich der europäischen Wettbewerbsregeln einschränken könne[256]. Die Frage nach der Wirksamkeit der Einschränkung stellt sich aber erst dann, wenn der Begründung überhaupt ein eindeutiger Wille dahingehend zu entnehmen ist, dass sich die Bereichsausnahme auch auf die Art. 81 ff. EG erstrecken soll. Aus der Begründung zur Änderung des § 69 SGB V lässt sich zunächst keine Einschränkung dahingehend entnehmen, dass nur das nationale Wettbewerbsrecht vom Ausschluss erfasst sein sollte: Die Anwendung der Art. 81, 82 EG wie die des nationalen Kartellrechts knüpft an die Unternehmenseigenschaft eines Rechtsträgers an, so dass die Aussage, die Krankenkassen und ihre Verbände handelten nicht als Unternehmen, prinzipiell den Anwendungsbereich des nationalen wie europäischen Rechts tangiert[257]. Dass die gesetzgeberische Intention dennoch nicht dahin ging, auch die Anwendung des europäischen Wettbewerbsrechts in Frage zu stellen, verdeutlicht die Änderung des § 51 Abs. 2 S. 2 SGG: Mit dem Ausschluss der Anwendbarkeit des

---

254 Ein Abdruck der Begründungspassage des Referentenentwurfs zu § 51 Abs. 2 SGG findet sich bei *Neumann*, WuW 1999, S. 961 (962).

255 BT-Drucks. 14/1245, S. 68.

256 *Boecken*, NZS 2000, S. 269 (272); *Knispel*, NZS 2001, S. 466 (470); *Neumann*, WuW 1999, S. 961 (965); *dies.*, Kartellrechtliche Sanktionierung, S. 144; *Peikert/Kroel*, MedR 2001, S. 16 (19 f.); *Behrens*, Rechtliche Grundlagen der europäischen und deutschen Wettbewerbsordnung, S. 284 (294), in: Igl (Hrsg.), Gesundheitswesen in der Wettbewerbsordnung; *Hänlein/Kruse*, NZS 2000, S. 165 (173); *Gassner*, VSSR 2000, S. 121 (145).

257 Zum Unternehmensbegriff im europäischen Recht siehe im dritten Teil unter § 2 A I.

§ 96 GWB wurde gleichzeitig die ausschließliche Zuständigkeit der Landgerichte für Rechtsstreitigkeiten aus dem europäischen Kartellrecht aufgehoben. Die prozessuale Regelung des § 51 Abs. 2 SGG stellte somit die Zuständigkeit der Sozialgerichte für Streitigkeiten auf der Grundlage des europäischen Kartellrechts sicher. Dieser Änderung hätte es nicht bedurft, wenn der Gesetzgeber der Ansicht gewesen wäre, dass § 69 SGB V bereits materiell die Anwendbarkeit der Art. 81, 82 EG ausschließt. Die Neufassung des § 51 Abs. 2 SGG spricht daher mehr dafür, dass der Gesetzgeber im Bewusstsein seiner fehlenden Kompetenz zum Ausschluss des europäischen Wettbewerbsrechts für diese Streitigkeiten nur den Rechtsweg zu den Sozialgerichten festlegen wollte[258].

4. Ergebnis: Schaffung eines wettbewerbsrechtlichen Ausnahmebereichs durch § 69 SGB V

Es wurde deutlich, dass sich die Funktion der Vorschrift nicht auf eine bloße Zuordnung der Rechtsbeziehungen zum Sozialrecht reduzieren lässt. Als spezialgesetzliche, außerhalb des GWB stehende Bereichsausnahme schließt § 69 SGB V die Anwendbarkeit des nationalen Lauterkeits- und Kartellrechts im Bereich des vom vierten Kapitel geregelten Leistungserbringungsrechts aus. Diese Interpretation wird im Rahmen des geltenden Wortsinnes der Regelungsabsicht des Gesetzgebers am ehesten gerecht[259]: Angesichts der Begründung des Gesetzgebers kann die „abschließende" Regelung in § 69 SGB V nur dahingehend verstanden werden, dass das Wettbewerbsrecht im Bereich des vierten Kapitels keine Anwendung finden soll.

Dieses Ergebnis wirft allerdings die Frage auf, ob die Schaffung derartiger Bereichsausnahmen unbegrenzt zulässig ist. Das Wettbewerbsrecht hat die Aufgabe, den Wettbewerb als Rationierungsverfahren vor Beschränkungen zu schützen. Diese Aufgabe kann es nicht wahrnehmen, wenn es in zentralen Wirtschaftsbereichen durch eine Vielzahl von Bereichsausnahmen ausgeschaltet wird. Die funktionale Auslegung der Bestimmungen des GWB und UWG, die gerade auch die wirtschaftliche Tätigkeit öffentlicher Rechtsträger erfassen und wettbewerbsbeschränkende bzw. unlautere Verhaltensweisen unterbinden soll, wird damit praktisch wertlos. Neben dieser institutionellen, den Schutz des Wettbewerbs in den Vordergrund rückenden Betrachtung ist zu berücksichtigen, dass den betroffenen Anbietern Schadensersatz- und Unterlassungsansprüche auf Grundlage des GWB und UWG entzogen werden. Die Regelung des

---

258 Näher zu Vorrang des Gemeinschaftsrechts im dritten Teil unter § 2 A II 2.
259 *Larenz/Canaris*, Methodenlehre, S. 164.

§ 69 SGB V erscheint daher auch vor dem Hintergrund des vom GWB gewährleisteten Indiviualschutzes bedenklich[260].

5. Auswirkungen des Ausnahmebereichs auf die Sanktion wettbewerbsbeschränkender Verhaltensweisen

Um die Tragweite dieser Bereichsausnahme, gerade auch im Hinblick auf die im Anschluss vorzunehmende verfassungsrechtliche Würdigung deutlich zu machen, sollen die Konsequenzen dieser Regelung im Hinblick auf die Sanktionierung der beispielhaft aufgeführten Wettbewerbsbeschränkungen dargestellt werden.

a. Keine Auswirkungen bei Wettbewerbsbeschränkungen aufgrund spezialgesetzlicher Ermächtigungsgrundlagen

Für die Bereiche, die aufgrund speziellerer Regelungen im SGB V bereits in der Vergangenheit einer wettbewerbsrechtlichen Kontrolle entzogen waren, hat die Neufassung des § 69 SGB V keine Auswirkungen. Dies betrifft beispielsweise die Festbetragsfestsetzung nach §§ 35, 36 SGB V, die wegen der Beschränkung des § 69 SGB V auf das vierte Kapitel des SGB V gerade nicht von der Bereichsausnahme erfasst wird. Da die §§ 35, 36 SGB V spezialgesetzliche Ermächtigungsgrundlagen sind, handeln die Krankenkassen hoheitlich, wenn sie im Rahmen der Ermächtigung tätig werden. Gleiches gilt ab dem 01.01.2004 für den Ausschluss von Arzneimitteln von der Verordnungsfähigkeit durch Arzneimittelrichtlinien: § 92 Abs. 1 SGB V in der Fassung des GKV-Modernisierungsgesetzes ermächtigt den Gemeinsamen Bundesausschuss, nicht wirtschaftliche Leistungen von der Verordnungsfähigkeit auszuschließen. Unabhängig von der Regelung des § 69 SGB V sind diese Tätigkeit daher nicht anhand der Normen des UWG und GWB überprüfbar[261].

---

260 Zu den Folgen treffend *Zuck*, GKV-Gesundheitsreform, S. 3: *„Den letzten Gedanken an Markt und Wettbewerb droht die aus § 69 SGB V herauslesbare Freistellung der Krankenkassen von der Bindung an Wettbewerbs- und Kartellrecht auszulöschen."*

261 Dies gilt selbstverständlich auch für die Wettbewerbsbeschränkungen aufgrund der Kombination von Kollektivverträgen, Höchstpreisen und Zulassungsvoraussetzungen: Die Krankenkassenverbände verfügen über keinen autonomen Handlungsspielraum, so dass die Anwendung des § 1 GWB unabhängig von § 69 SGB V ausscheidet.

b. Wegfall des Wettbewerbsschutzes bei nicht vom SGB V gedeckten Verhaltensweisen

Eingeschränkt ist der kartellrechtliche Schutz zukünftig dagegen in den Fällen, in denen die wettbewerbsbeschränkende Verhaltensweise nicht vom SGB V gedeckt ist, entweder weil es an einer konkreten Ermächtigung fehlt, oder weil die Krankenkassen bzw. der Bundesausschuss einen bestehenden Ermächtigungsrahmen überschreiten und damit wettbewerbswidrig handeln. Die Ungleichbehandlung von Leistungserbringern beispielsweise ist nach wie vor sozialrechtswidrig: An den grundsätzlichen, auf § 2 Abs. 3 SGB V gestützten Erwägungen zu der von den Krankenkassen zu beachtenden Vielfalt der Leistungserbringer hat sich mit der Neufassung des § 69 SGB V nämlich nichts geändert. Einem Anbieter ist es aber nunmehr verwehrt, gegen die Krankenkassen Schadensersatz- und Unterlassungsansprüche auf Grundlage der §§ 20 Abs. 1, Abs. 2, 33 GWB oder § 1 UWG geltend zu machen. Gleiches gilt für die ebenfalls sozialrechtswidrige Überschreitung eingeräumter Befugnisse, beispielsweise den von § 92 SGB V in der Fassung bis zum 01.01.2004 nicht gedeckten Verordnungsausschluss durch Arzneimittelrichtlinien oder die konkrete Empfehlung bestimmter Anbieter, zu der § 305a SGB V die Krankenkassen nicht ermächtigt. Die abschließende Regelung in § 69 SGB V und der damit verbundene Ausschluss des Wettbewerbsrechts führt dazu, dass kartell- bzw. lauterkeitsrechtliche Ansprüche entfallen[262]. Betroffenen Anbietern bleiben daher, soweit es an spezielleren Regelungen fehlt, nur noch grundrechtliche Abwehransprüche. Die Neufassung des § 69 SGB V hat somit eine nicht unerhebliche Einschränkung des bisher gewährleisteten wettbewerbsrechtlichen Schutzes der Anbieter zur Folge.

III. Verfassungsrechtliche Grenzen für die Schaffung wettbewerbsrechtlicher Bereichsausnahmen

Die Frage nach der Zulässigkeit dieser Bereichsausnahme ist gleichbedeutend mit der Frage nach der Verfassungsmäßigkeit von § 69 SGB V: Entzieht der Gesetzgeber einzelne Wirtschaftssektoren durch ein gleichrangiges Gesetz dem Geltungsbereich des GWB, hat er das Grundgesetz als höherrangiges Recht zu beachten[263]. Dabei ist zunächst der Frage nachzugehen, welchen Schutz der Wettbewerb durch die Verfassung genießt. Denn das Wettbewerbsrecht existiert nicht zum Selbstzweck, sondern dient unmittelbar der Sicherstellung eines

---

262 Dabei ist es ohne Belang, dass § 305a SGB V außerhalb des von § 69 SGB V erfassten vierten Kapitels geregelt ist, da die wettbewerbswidrige Empfehlung von § 305a SGB V gerade nicht erfasst wird.

263 *Gassner*, VSSR 2000, S. 121 (129).

funktionierenden Wettbewerbs als Ordnungsprinzip. Die Frage nach den verfassungsrechtlichen Grenzen für eine Einschränkung des Wettbewerbsrechts kann daher nur dann sinnvoll beantwortet werden, wenn Klarheit über die Stellung des Wettbewerbsprinzips in der Verfassung besteht.

1. Der Schutz des Wettbewerbs durch das Grundgesetz

a. Die „wirtschaftspolitische Neutralität" des Grundgesetzes

Im Gegensatz zum EG-Vertrag enthält das Grundgesetz keine Vorschriften, die sich ausdrücklich zu einem freien Wettbewerb bekennen. Selbst zu einer Staatszielbestimmung „Marktwirtschaft", wie sie etwa in Art. 38 der Spanischen Verfassung enthalten ist, hatten sich die Väter des Grundgesetzes nicht durchringen können. Anders als die Weimarer Reichsverfassung in den Art. 152 bis 165 sieht das Grundgesetz auch keinen besonderen Abschnitt über das Wirtschaftleben vor. Trotz dieser Zurückhaltung der Verfassung hat es nicht an Versuchen gefehlt, in das Grundgesetz eine objektive Verpflichtung auf die Marktwirtschaft oder soziale Marktwirtschaft hineinzulesen[264].

Das Bundesverfassungsgericht hat diesen Versuchen stets eine Absage erteilt und betont, dass das Grundgesetz eine bestimmte Wirtschaftsverfassung nicht vorschreibe, sondern „wirtschaftspolitisch neutral" sei[265]. Der Gesetzgeber ist berechtigt, die ihm jeweils sachgemäß erscheinende Wirtschaftspolitik zu verfolgen, sofern er die bundesstaatliche Kompetenzverteilung, den sozialstaatlichen Auftrag, die rechtsstaatlichen Verfassungsgrundsätze und die grundrechtlichen Gewährleistungen beachtet. Korrigierende Eingriffe in das dem Wettbewerb eigene freie Spiel von Angebot und Nachfrage sind nicht untersagt[266]. Auch wirtschaftslenkende Maßnahmen sind zulässig und nicht auf marktkonforme Mittel beschränkt[267]. Dass sie den Prinzipien einer Wettbewerbsordnung oder der sonstigen Wirtschaftspolitik widersprechen, macht sie nicht per se unzulässig[268].

---

264 Übersicht bei *Hoffmann*, Unternehmenstätigkeit, S. 7 ff.

265 St. Rspr. BVerfGE 4, 7, (17f.); 7, 377 (400); 12, 341 (347); 14, 19 (23); 14, 263 (275); 22, 180 (204); 26, 16 (37); 27, 253 (283); 32, 273; 50, 290 (336 ff.).

266 BVerfGE 53, 135 (145).

267 BVerfGE 4, 7 (17).

268 BVerfGE 7, 377 (400).

b. Begrenzung des wirtschaftspolitischen Gestaltungsspielraumes durch die Grundrechte

Diese oben beschriebene wirtschaftspolitische Neutralität des Grundgesetzes bedeutet freilich keine Bindungslosigkeit des Gesetzgebers. Bei wirtschaftspolitisch motivierten Eingriffen in den Wettbewerb sind neben den rechtsstaatlichen Grundsätzen und der verfassungsrechtlichen Kompetenzordnung die Grundrechte der Betroffenen zu beachten. Vor allem die grundrechtlichen Freiheitsrechte begrenzen den wirtschaftspolitischen Gestaltungsspielraum des Staates[269]. Die Beachtung dieser Freiheitsrechte wie auch der Eigentumsgarantie führt letztlich zu einer marktwirtschaftlichen Wirtschaftsordnung: Wie das Bundesverfassungsgericht ausgeführt hat, setzten die Individualrechte eine grundsätzlich marktwirtschaftlich geordnete Wirtschaft[270] beziehungsweise einen grundsätzlich freien Wettbewerb[271] voraus. Nicht-wettbewerbskonforme Eingriffe sind zulässig, müssen sich jedoch an den Grundrechten messen lassen[272]. Der Begriff von der wirtschaftspolitischen Neutralität des Grundgesetzes ist daher ungenau: Der Wettbewerb wird insoweit durch das Grundgesetz geschützt, als die individuellen Freiheitsrechte es erfordern.

c. Schlussfolgerungen für die Schaffung wettbewerbsrechtlicher Ausnahmebereiche

Zusammengefasst lässt sich somit sagen, dass der Gesetzgeber das Wettbewerbsprinzip einschränken kann, dabei aber die Grundrechte beachten muss. Als objektives Prinzip werden Wettbewerb und Marktwirtschaft nicht geschützt. Die Schaffung wettbewerbsrechtlicher Bereichsausnahmen kann daher schon aus diesem Grund nicht per se unzulässig sein: Mit dem Schutz des Wettbewerbs als Institution[273] geht das Kartellrecht über den durch die Verfassung gewährleisteten Schutz hinaus. Dies ist eine legitime Entscheidung des Gesetzgebers innerhalb des ihm zustehenden wirtschaftspolitischen Gestaltungsspielraumes. Nicht zu beanstanden ist es dann aber, wenn er diese einfachgesetzliche Entscheidung in einem bestimmten Wirtschaftsbereich revidiert und dort die Anwendung des GWB ausschließt, solange er damit nicht im Einzelfall die grundrechtlich gewährleisteten Rechte der Betroffenen einschränkt. Die Frage nach der Verfassungsmäßigkeit des § 69 SGB V konzentriert sich daher auf die Frage, ob die

---

269 BVerfGE 50, 290 (337).

270 BVerfGE 30, 292 (312).

271 BVerfGE 32, 311 (317).

272 BVerfGE 18, 315 (327); 37, 1 (20).

273 *Neumann*, Kartellrechtliche Sanktionierung, S. 112; Immenga/Mestmäcker-*Mestmäcker*, GWB, Einl. Rn. 1; GK-*Müller-Henneberg*, § 1 GWB Rn. 4.

Vorschrift mit dem durch sie bewirkten Wegfall von wettbewerbsrechtlichen Sanktionsmöglichkeiten Grundrechte der betroffenen Anbieter verletzt.

2. Die Vereinbarkeit des § 69 SGB V mit den Grundrechten

a. Art. 12 Abs. 1 GG

Der Entzug kartell- und wettbewerbsrechtlicher Ansprüche durch § 69 SGB V könnte als Eingriff in die Berufsausübungsfreiheit zu werten sein und damit gegen Art. 12 Abs. 1 GG verstoßen. Dies setzt neben der Eröffnung des Schutzbereichs einen nicht zu rechtfertigenden Eingriff voraus, der sowohl durch Regelungen als auch durch Realakte erfolgen kann. Erfasst werden auch Regelungen ohne direkt berufsregelnde Zielsetzung, sofern ihre mittelbaren oder tatsächlichen Auswirkungen den Schutzbereich beeinträchtigen[274].

Art. 12 Abs. 1 GG gewährleistet die freie Wahl und Ausübung von Berufen und erlangt damit als wirtschaftliches Hauptgrundrecht besondere Bedeutung, denn erst die Ausübung der von Art. 12 Abs. 1 GG gewährleisteten Freiheiten führt zu Wettbewerb zwischen Unternehmen. Das Verhalten der Unternehmer in diesem Wettbewerb ist somit auch Bestandteil der Berufsausübung[275]. Geschützt werden alle im marktwirtschaftlichen Wettbewerb zu treffenden unternehmerischen Entscheidungen wie beispielsweise der Abschluss von Verträgen oder die Festlegung der Preise für die eigenen Wirtschaftsgüter. Regelt der Staat das Verhalten der Unternehmen im Wettbewerb, wird diese Freiheit beeinträchtigt und der Schutzbereich des Abwehrgrundrechtes berührt[276]. Das Bundesverfassungsgericht lässt es dabei für einen Eingriff ausreichen, dass die staatliche Maßnahme den Wettbewerb beeinflusst und dadurch ein Grundrechtsträger in der Ausübung seiner beruflichen Tätigkeit behindert wird[277].

§ 69 SGB V lässt aber die Freiheit der Anbieter zum Abschluss von Verträgen oder zur Preisfestsetzung unberührt. Die Bereichsausnahme schließt für die Zukunft kartell- und lauterkeitsrechtliche Ansprüche der Anbieter gegen die Krankenkassen aus, greift aber nicht in die Wettbewerbsbeziehungen zwischen Kran-

---

274 BVerfGE 13, 181 (185 f.); 61, 291 (308); näher hierzu, insbesondere zum Erfordernis der objektiv berufsregelnden Tendenz Jarass/Pieroth-*Jarass*, Art. 12 GG Rn. 11 ff.; Sachs-*Tettinger*, Art. 12 GG Rn. 72.

275 BVerfGE 46, 120 (137).

276 BVerfGE 32, 311 (317); 46, 120 (137 f.).

277 BVerfGE 86, 28 (37); 82, 209 (223 f.).

kenkassen und Anbietern ein[278]. Vor dem Hintergrund des soeben beschriebenen Schutzbereichs erscheint die Annahme eines Eingriffs in Art. 12 Abs. 1 GG als Abwehrgrundrecht durch § 69 SGB V zumindest zweifelhaft[279].

Art. 12 Abs. 1 GG beschränkt sich allerdings nicht nur darauf, als bloßes Abwehrrecht die Gestaltungsfreiheit des Gesetzgebers zu begrenzen. Wie das Bundesverfassungsgericht ausgeführt hat, bildet Art. 12 Abs. 1 GG mit der Gewährleistung der freien Berufswahl und Berufsausübung eine wertentscheidende Grundsatznorm für die Wirtschafts- und Gesellschaftsordnung[280]. Art. 12 Abs. 1 GG beinhaltet somit auch positive Schutzpflichten, welche den Staat zur Sicherung der beruflichen Freiheitssphäre verpflichten[281]. Aus dieser Pflicht kann im Einzelfall die Notwendigkeit zum Erlass von Normen folgen, insbesondere dann, wenn die Berufsfreiheit einer Beeinträchtigung durch die Tätigkeit der Grundrechtsträger im Rahmen der Privatautonomie ausgesetzt ist. Kann beispielsweise ein Vertragsteil kraft seines wirtschaftlichen Übergewichts die vertraglichen Regelungen faktisch einseitig festsetzen, vermag das Vertragsrecht keinen sachgerechten Ausgleich der Interessen mehr zu gewährleisten. Es bedarf dann entsprechender Vorschriften, um diesen Ungleichgewichten entgegenzuwirken[282]. Kommt der Staat seiner Verpflichtung nicht nach, so kann ein Eingriff in Art. 12 Abs. 1 GG im Sinne einer Verletzung der positiven Schutzpflicht vorliegen.

Die Hürden, die vom Bundesverfassungsgericht an einen Verstoß gegen diese Schutzpflicht gestellt werden, sind allerdings hoch: Da der Verfassung keine bestimmten Anforderungen an die Art und Maß des Schutzes zu entnehmen sind, verfüge der Gesetzgeber bei der Erfüllung der Schutzpflicht über einen weiten Beurteilungsspielraum[283]. Eine Verletzung der Schutzpflicht könne nur festgestellt werden, wenn Schutzvorkehrungen überhaupt nicht getroffen werden oder wenn die bestehenden Regelungen gänzlich ungeeignet oder völlig unzureichend sind, das gebotene Schutzziel zu erreichen[284]. Ein Eingriff liegt mit anderen Worten nur dann vor, wenn der Kern der Berufsfreiheit durch die vorhandenen Regelungen nicht gegen Beeinträchtigungen geschützt werden kann.

---

278 Anders ist dies dagegen bei den beispielhaft dargestellten Steuerungsinstrumenten, die daher im Anschluss unter § 2 auf ihre Verfassungsmäßigkeit hin zu überprüfen sind.

279 A.A. OLG Dresden, NZS 2000, S. 33 n. rk.; *Neumann*, WuW 1999, S. 961 (965), die ohne nähere Begründung einen unverhältnismäßigen Eingriff in die Berufsfreiheit befürworten.

280 BVerfGE 7, 377 (404).

281 BVerfGE 92, 26 (46).

282 BVerfGE 81, 242 (255).

283 BVerfGE 81, 242 (254f.); v. Münch-*Gubelt*, Art. 12 GG Rn. 2a.

284 BVerfGE 92, 26 (46).

Überträgt man diese Kriterien auf § 69 SGB V, so ist zunächst festzustellen, dass mit der Bereichsausnahme tatsächlich Vorschriften nicht mehr zur Anwendung gelangen, die dem Schutz der Anbieter vor einem Machtmissbrauch der Marktgegenseite dienen: Die §§ 1, 19, 20 GWB sollen ebenso wie das in § 1 UWG verankerte Behinderungsverbot sicherstellen, dass die Handlungsspielräume von Unternehmen nicht durch die schrankenlose Ausnutzung wirtschaftlicher Macht durch einzelne Marktteilnehmer beschränkt werden[285]. Ein Eingriff in Art. 12 Abs. 1 GG im Sinne eines Verstoßes gegen die Schutzpflicht kann jedoch aufgrund des Gestaltungsspielraumes nur dann angenommen werden, wenn der verbleibende Schutz nach Ausschluss der kartell- und lauterkeitsrechtlichen Ansprüche völlig unzureichend wäre. Dies ist in den bisher durch das Wettbewerbsrecht sanktionierten Fällen, dem Verordnungsausschluss durch Arzneimittelrichtlinien und dem wettbewerbswidrigen Marktverhalten der Krankenkassen aber nicht der Fall. Die Behinderung von Anbietern beispielsweise ist auch unter sozialrechtlichen Gesichtspunkten rechtswidrig[286]. Den betroffenen Anbieter stehen in diesen Fällen Abwehransprüche auf Grundlage der Art. 12 Abs. 1 und Art. 3 Abs. 1 GG zu[287].

Zwar mögen diese Ansprüche in Einzelfällen in ihrer Reichweite hinter wettbewerbsrechtlichen Ansprüchen zurückstehen. Der verfassungsrechtlich gebotene Mindestschutz der Anbieter wird durch sie aber ausreichend gewährleistet: Wie die Entscheidungspraxis der Sozialgerichte zeigt, kann den rechtswidrigen Verhaltensweisen der Krankenkassen mit dem grundrechtlichen Abwehranspruch durchaus wirksam entgegengewirkt werden[288]. Nach den Kriterien des Bundesverfassungsgerichts ist mit dem Ausschluss wettbewerbsrechtlicher Ansprüche durch § 69 SGB V somit kein Eingriff in Art. 12 Abs. 1 GG verbunden.

b. Art. 2 Abs. 1 GG

Art. 2 Abs. 1 GG gewährleistet die Privatautonomie als Selbstbestimmung des einzelnen im Rechts- und Wirtschaftsleben[289]. Daher wird der Schutz der unternehmerischen Betätigungs-, Wettbewerbs-, und Vertragsfreiheit teilweise

---

285 Zum individualschützenden Charakter der GWB-Vorschriften, insbesondere zu § 1 GWB Langen/Bunte-*Bornkamm,* § 33 GWB Rn. 9 ff. m.w.N.

286 Siehe oben unter A III 6 a.

287 *Knispel,* NZS 2001, S. 466 (470); näher zu diesen Ansprüchen unter § 2.

288 BSGE 77, 119 (122); 79, 33 (38); weitere Nachweise bei *Knispel,* NZS 2002, S. 466 (470 f.).

289 BVerfGE 89, 214 (231).

Art. 2 Abs. 1 GG zugeordnet[290]. Tatsächlich bleibt für Art. 2 Abs. 1 GG kein Raum, wenn diese Tätigkeiten wie hier dem Schutzbereich des Art. 12 Abs. 1 GG zuzuordnen sind. Als spezielleres Grundrecht genießt es Vorrang vor Art. 2 Abs. 1 GG[291].

c. Art. 14 Abs. 1 GG

Art. 14 Abs. 1 GG kommt die wirtschaftliche Aufgabe zu, dem Träger des Grundrechts durch Zubilligung von Herrschafts-, Nutzungs- und Verfügungsrechten eine eigenverantwortliche Gestaltung seines Lebens zu ermöglichen[292]. In den Schutzbereich fallen jedoch nur Rechtspositionen, die einem Rechtssubjekt bereits zustehen. Die gerade im Wettbewerb bestehenden Chancen oder in der Zukunft liegenden Verdienstmöglichkeiten werden dagegen nicht geschützt[293], ebenso nicht das Vermögen als solches[294]. Durch die Neuregelung des § 69 SGB V entfällt zukünftig ein auf § 33 GWB oder § 1 UWG gestützter Schadensersatzanspruch eines Unternehmers, der einem unlauteren oder wettbewerbsbeschränkendem Verhalten einer Krankenkasse ausgesetzt ist. Diese Positionen entstehen erst mit Erfüllung des Tatbestandes. Es handelt sich daher um bloßen Ausschluss zukünftiger Erwartungen, so dass ein Verstoß gegen Art. 14 Abs. 1 GG nicht vorliegt.

d. Art. 3 Abs. 1 GG

Die Schaffung eines wettbewerbsrechtlichen Ausnahmebereichs könnte jedoch gegen Art. 3 Abs. 1 GG verstoßen, welcher der Legislative die Pflicht auferlegt, beim Erlass von Gesetzen vergleichbare Sachverhalte nicht ohne sachlichen Grund ungleich zu behandeln[295]. Da gesetzgeberische Regelungen ohne Ungleichbehandlungen schlechterdings nicht möglich sind, steht dem Gesetzgeber aber ein weiter Ermessensspielraum zu. Es obliegt ihm, die Entscheidung zu treffen, an welche Sachverhalte der Eintritt einer bestimmten Rechtsfolge geknüpft werden soll. Der Gesetzgeber kann daher auch Sonderregeln für bestimmte Sachbereiche erlassen, wenn deren besonderen Verhältnisse es erfor-

---

290 *Hoffmann*, Unternehmenstätigkeit, S. 145; BVerfGE 18, 1 (13); BVerwGE 30, 191 (196 f.); BVerwGE 60, 154 (160).

291 BVerfGE 32, 311 (317); 46, 120 (137 f.); 68, 193 (223 f.); v. Münch-*Scholz*, Art 12 Rn. 115; zu der Gegenansicht, die insbesondere die Unternehmensfreiheit unter Art. 2 GG subsumiert: *Stober*, Allgemeines Wirtschaftsverwaltungsrecht, § 19 I 1.

292 BVerfGE 24, 367 (389); 31, 229 (239).

293 BVerfGE 20, 31 (34); 45, 142 (173); 89, 1 (7).

294 Statt aller BVerfGE 78, 232 (243).

295 BVerfGE 1, 14 (52); 13, 331 (355).

dern oder rechtfertigen[296]. Art. 3 Abs. 1 GG verbietet ihm nur, Art und Maß der tatsächlichen Unterschiede sachwidrig außer Acht zu lassen.

aa. Ungleichbehandlung

Gleichsam als „Tatbestand" setzt Art. 3 Abs. 1 GG die Ungleichbehandlung vergleichbarer Sachverhalte voraus. Dies erfordert zunächst die Bildung von Vergleichsgruppen, innerhalb derer eine Differenzierung vorgenommen wird.

Die Tätigkeit privater Unternehmer bei der Versorgung der Versicherten über die Krankenkassen ist dadurch geprägt, dass sie ihre Leistungen an die Träger eines durch Zwangsbeiträge finanzierten Sozialversicherungssystems „verkaufen". Im Bereich der Pflegeversicherung ist in den §§ 69 ff. SGB XI eine vergleichbare Ausgestaltung der Versorgung, basierend auf Sachleistungsprinzip und Leistungserbringung durch private Unternehmen, getroffen worden[297]. Parallel zum Bereich des SGB V hat sich der Gesetzgeber für das Wettbewerbsprinzip bei der Versorgung entschieden: Die bei den Krankenkassen eingerichteten Pflegekassen als Träger der Pflegeversicherung haben gemäß § 69 S. 3 SGB XI die Vielfalt der Leistungserbringer zu achten[298]. Dementsprechend räumt § 72 Abs. 3 S.1 SGB XI den Leistungserbringern, welche die Voraussetzungen des § 71 SGB XI erfüllen, einen Anspruch auf Abschluss eines Versorgungsvertrages ein. Eine Begrenzung nach dem Bedarf ist nicht vorgesehen. Ein Abschluss von Versorgungsverträgen nur mit einzelnen Anbietern in einem bestimmten Betreuungsbereich unter Ausschluss der anderen ist mit § 72 SGB XI nicht vereinbar und daher sozialrechtswidrig[299]. Analog zu der erörterten Rechtslage in Bezug auf das SGB V sind daher auch im Bereich der Pflegeversicherung Sachverhalte denkbar, bei denen wettbewerbsrechtliche Ansprüche in Betracht kommen können[300].

Eine dem § 69 SGB V vergleichbare Regelung, welche die Anwendung des Wettbewerbsrechts auf die Leistungserbringung im Bereich der Pflegeversicherung ausschließt, existiert nicht. Mit der Schaffung eines auf das SGB V begrenzten Ausnahmebereichs wird daher den für die gesetzliche Krankenversicherung tätigen Leistungserbringern der wettbewerbsrechtliche Schutz entzo-

---

296 BVerfGE 21, 91.

297 Näher Schulin-*Neumann*, Handbuch PV, § 20.

298 *Schulin/Igl*, § 20 Rn. 377.

299 LSG Rheinland-Pfalz, NZS 2000, S. 93.

300 Vgl. etwa die Sachverhalte der Entscheidungen des LSG Rheinland-Pfalz, NZS 2000, S. 93, sowie des LG Hamburg, Urteil vom 11.01.1995, Az. 315 U 128/94.

gen, während Leistungserbringer im Bereich der Pflegeversicherung weiterhin kartell- und lauterkeitsrechtliche Ansprüche bei wettbewerbswidrigen Verhaltensweisen der Pflegekassen geltend machen können[301]. Diese Folge ist gerade auf die in § 69 SGB V getroffene rechtliche Gestaltung zurückzuführen. Damit liegt eine grundrechtsrelevante Ungleichbehandlung vor.

bb. Rechtfertigungskriterien nach der Rechtsprechung des Bundesverfassungsgerichts

Diese Ungleichbehandlung ist nur mit Art. 3 Abs. 1 GG vereinbar, wenn sie durch einen sachlichen Grund gerechtfertigt ist, wobei die Anforderungen an diesen schwierig festzulegen sind, da sie nach der Art der Ungleichbehandlung variieren. Ohne die Entwicklung der Rechtsprechung an dieser Stelle erschöpfend darzustellen[302], sollen die wesentlichen Gesichtspunkte kurz aufgezeigt werden.

Ausgangspunkt ist die vom Bundesverfassungsgericht vertretene Bandbreite des Prüfungsrahmens von einem bloßen Willkürverbot bis zu einer strengen Bindung an Verhältnismäßigkeitserfordernisse[303]. Welcher Prüfungsrahmen im Einzelfall einschlägig ist, wird anhand bestimmter Kriterien ermittelt. So soll eine strenge Verhältnismäßigkeitsprüfung dann angezeigt sein, wenn eine personenbezogene Ungleichbehandlung vorliegt, da Art. 3 Abs. 1 GG in besonderem Maße eine ungerechtfertigte Verschiedenbehandlung von Personen verhindern soll[304]. Eine personenbezogene Differenzierung liegt beispielsweise bei der Unterscheidung Arbeiter und Angestellter vor. Werden dagegen Sachverhalte unterschiedlich behandelt, besteht ein weiter Gestaltungs- und Beurteilungsspielraum des Gesetzgebers[305]; hier kommt ein Verstoß nur im Falle der Willkür in Betracht, wenn die Unsachlichkeit der Differenzierung mithin evident ist[306]. Diese scheinbar klare Abgrenzung verliert jedoch an Schärfe, wenn die weiteren Ausführungen des Bundesverfassungsgerichts mit einbezogen werden, wonach auch bei sachbezogenen Ungleichbehandlungen in Einzelfällen eine strenge Prüfung angezeigt sei. Dies gelte dann, wenn eine sachbezogene Ungleichbehand-

---

301 Daneben kommt es zu einer Ungleichbehandlung im Verhältnis zu den Anbietern, die Leistungen an Privatversicherte erbringen, vgl. OLG Dresden, NZS 2002, S. 33 n. rk.; *Neumann*, WuW 1999, S. 961 (965).

302 Ausführlich hierzu *Martini*, Rechtsgleicheit, S. 17 ff.; Sachs-*Osterloh*, Art. 3 Rn. 8 ff; Jarass/Pieroth-*Jarass*, Art. 3 Rn. 17 ff.

303 BVerfGE 88, 87 (96); 89, 15 (22); 92, 365 (407); 95, 267 (316).

304 BVerfGE 55, 72 (88); 75, 348 (357); 78, 232 (247).

305 BVerfGE 93, 99 (111).

306 BVerfGE 55, 72 (90); v. Münch-*Gubelt*, Art. 3 Rn. 14.

lung eine mittelbare Ungleichbehandlung von Personengruppen zur Folge habe, wenn also die sachverhaltsbezogene Differenzierung mittelbar Personengruppen betreffe[307]. Darüber hinaus sei eine strenge Prüfung angezeigt, wenn eine Maßnahme in den Schutzbereich eines anderen Grundrechts eingreife[308].

Gerade das Beispiel der mittelbaren Ungleichbehandlung macht deutlich, dass eine klare Trennung zwischen den verschiedenen Maßstäben der Gleichheitsprüfung gar nicht möglich ist, da die Übergänge fließend sind[309]. Die drei genannten Kriterien markieren daher nur die Eckpunkte des möglichen Prüfungsrahmens, der von einer Willkürprüfung bis zu einer strengen, an Verhältnismäßigkeitsgesichtspunkten orientierten Prüfung reicht. Das Bundesverfassungsgericht weist darauf hin, dass sich die Frage nach dem Prüfungsrahmen nur im Einzelfall in bezug auf die Eigenart des konkreten Sachbereichs, der geregelt werden soll, beantworten lässt[310]. Aus der Rechtsprechung des Bundesverfassungsgerichts lassen sich zudem neben den genannten Kriterien eine Fülle weiterer Gesichtspunkte für die Abwägung ableiten. So soll im Bereich des Wirtschafts- und Sozialrechts die Gestaltungsfreiheit des Gesetzgebers gegen die Anwendung eines strengen Prüfungsrahmens sprechen[311]. Auch müsse der Gesetzgeber nicht die zweckmäßigste oder gerechteste Lösung wählen[312], um Art. 3 Abs. 1 GG einzuhalten. Fiskalische Gründe sollen für sich allein keine Differenzierung rechtfertigen, es sei denn, eine andere praktikable Lösung sei nicht ersichtlich[313].

Dieser Überblick über einige der relevanten Gesichtspunkte zeigt, dass es keine allgemeingültige, in wenige Sätze fassbare Abwägungsregeln zur Ermittlung des Prüfungsrahmens gibt. Dieser hängt vielmehr in erster Linie von dem konkreten Sachverhalt ab, welcher der zu prüfenden Maßnahme des Gesetzgebers zugrunde liegt. Voraussetzung ist daher zunächst, das Klarheit über das mit der Differenzierung vom Gesetzgeber verfolgte Regelungsziel herrscht.

cc. Regelungsziel eines Ausnahmebereichs

Die Auslegung des § 69 SGB V hat nur ergeben, dass der materielle Ausschluss des Wettbewerbsrechts bezweckt war, nicht aber, warum die Heranziehung

307 BVerfGE 89, 15 (22); 92, 53 (69); 95, 267 (316).
308 BVerfGE 74, 9 (24); 88, 87 (96); 89, 69 (89).
309 Sachs-*Osterloh*, Art. 3 Rn. 36.
310 BVerfGE 90, 145 (195 f.).
311 BVerfGE 77, 84 (106); 81, 204 (205 f.).
312 BVerfGE 55, 72 (90).
313 BVerfGE 87, 1 (46).

wettbewerbsrechtlicher Prüfungsmaßstäbe im Bereich des vierten Kapitels des SGB V durch die Gerichte verhindert werden sollte. Schafft der Gesetzgeber eine Ungleichbehandlung, kann die Rechtfertigung nur in den Zwecken liegen, die der Gesetzgeber mit der Ungleichbehandlung verfolgt.

Die Ermittlung des mit der von § 69 SGB V geschaffenen Bereichsausnahme verfolgten Ziels stößt wegen der lückenhaften Begründung im Gesetzentwurf auf Schwierigkeiten. Unter den im allgemeinen Teil genannten Zielen der Reform wird die Regelung nicht erwähnt. Sie lässt sich auch nicht unter einen der in Nr. II 1 bis 16 genannten Inhalte des Gesetzes[314] subsumieren. Insbesondere ergibt sich kein eindeutiger Hinweis darauf, dass der Gesetzgeber den Ausnahmebereich unter dem Gesichtspunkt der Kostendämpfung her für notwendig hielt, um wettbewerbsbeschränkende Verhaltensweisen der Krankenkassen im Interesse des Wirtschaftlichkeitsgebotes zu „legalisieren“[315]. Einziger Anhaltspunkt ist die Begründung im besonderen Teil zur Änderung des § 69 SGB V: Die „abschließende“ Anwendung des Sozialrechts, aus der wie erörtert der materielle Ausschluss des Lauterkeits- und Kartellrechts zu folgern ist, wird mit den Besonderheiten des Sachleistungsprinzips begründet. Da die Krankenkassen die Ansprüche der Versicherten im dritten Kapitel über die Rechtsbeziehungen mit den Leistungserbringern erfüllen, seien diese Rechtsbeziehungen notwendiger Bestandteil im Gesamtsystem der GKV[316]. Dieser Einbindung des Leistungserbringungsrechts in die Versorgung will der Gesetzgeber mit der Regelung des § 69 SGB V Rechnung tragen: Während früher das Wettbewerbsrecht im Bereich der Leistungserbringung, nicht aber im Bereich des Leistungs- und Versicherungsverhältnisses angewendet wurde, soll zukünftig einheitlich in beiden Bereichen ausschließlich das Sozialrecht zur Anwendung kommen. Nur das BGB findet im Bereich der Leistungsbeschaffung noch ergänzend Anwendung.

dd. Rechtfertigung der Ungleichbehandlung

Steht nunmehr das mit der Ungleichbehandlung verfolgte Ziel einer einheitlichen Rechtsanwendung im Leistungs- wie Leistungserbringungsrecht fest, müsste nach dem oben Gesagten nunmehr der konkrete Prüfungsrahmen ermittelt werden, anhand dessen dann die Ungleichbehandlung auf ihre mögliche Rechtfertigung hin zu überprüfen ist. Diese Ermittlung ist allerdings entbehrlich, wenn auch bei einer großzügigen Prüfung anhand des Willkürprinzips eine Rechtfertigung ausscheiden muss. Lässt sich für eine gesetzliche Regelung kein

314 BT-Drucks. 14/1245, S. 55-58.
315 Selbst dann stünde erneut die Sozialrechtswidrigkeit der Handlung im Raum.
316 BT-Drucks. 14/1245, S. 67/68.

sachlich einleuchtender Grund finden, der zur Begründung der Differenzierung herangezogen werden kann, verstößt eine Regelung auch unter Zugrundelegung dieses weiten Prüfungsmaßstabes gegen Art. 3 Abs. 1 GG[317].

Dieser Verstoß ist hier zu bejahen, da für die Schaffung einer auf den Bereich der Leistungserbringung im SGB V beschränkten Bereichsausnahme kein einleuchtender Grund ersichtlich ist. Denn bei der Ausgestaltung der Versorgungsstrukturen ergeben sich zwischen SGB V und dem Bereich der Pflegeversicherung keine Unterschiede. Letztere wird ebenfalls durch das Sachleistungsprinzip geprägt, aus dem eine Verschaffungspflicht der Pflegekassen zur Erfüllung der Ansprüche der Versicherten folgt. Diese muss nach der Vorgabe des SGB XI im Regelfall dadurch erfüllt werden, dass Versorgungsverträge und Vergütungsvereinbarungen mit Leistungserbringern abgeschlossen werden[318]. Die Rechtsbeziehungen der Pflegekassen zu den Anbietern im Bereich der Pflegeversicherung sind damit ebenso wie die Rechtsbeziehungen der Krankenkassen zu den Anbietern im Bereich der Krankenversicherung in die Versorgung eingebunden. Vor diesem Hintergrund ist nicht ersichtlich, warum gerade im Bereich der gesetzlichen Krankenversicherung den Leistungserbringer zukünftig keine wettbewerbsrechtlichen Ansprüche mehr zustehen sollen, während die Unternehmen, die den Pflegekassen Leistungen anbieten, bei wettbewerbswidrigen Verhaltensweisen weiterhin derartige Ansprüche geltend machen können. Die Einbindung der Rechtsbeziehungen zu den Leistungserbringern in die Versorgung der Versicherten prägt beide Versicherungssysteme gleichermaßen und ist somit kein hinreichend sachbezogener Grund für die vorgenommene Differenzierung. Ein anderer, auf sachlichen Erwägungen beruhender Aspekt, der den materiellen Ausschluss wettbewerbsrechtlicher Ansprüche allein im Bereich der gesetzlichen Krankenversicherung rechtfertigen würde, ist nicht erkennbar. § 69 SGB V mit seinem auf den Bereich der gesetzlichen Krankenversicherung beschränkten Ausnahmebereich ist daher nicht mit Art. 3 Abs. 1 GG vereinbar[319].

3. Folgen des Verfassungsverstoßes für den wettbewerbsrechtlichen Schutz im Bereich der Leistungsbeschaffung

Ist § 69 SGB V verfassungswidrig, so liegt der Gedanke nahe, die verfassungswidrige Bereichsausnahme nicht anzuwenden und auch zukünftig bei wettbewerbswidrigem Verhalten der Krankenkassen den betroffenen Anbietern An-

---

317 BVerfGE 18, 121 (124); 50, 57 (77); 57, 107 (115); 74, 182 (200); 83, 1 (23); 91, 118 (123).

318 Schulin-*Fuchs*, Handbuch PV, § 5 Rn. 63 ff.

319 Ebenso OLG Dresden, NZS 2002, S. 33 n. rk.; *Schwerdtfeger*, Pharm. Ind. 2000, S. 106 (110); *Neumann*, WuW 1999, S. 961 (965).

sprüche auf Grundlage des UWG und GWB zuzusprechen. Tatsächlich geht ein Teil der Literatur wie auch das OLG Dresden davon aus, dass § 69 SGB V „verfassungskonform“ dahingehend ausgelegt werden müsse, dass die Vorschrift nur den Rechtsweg zu den Sozialgerichten festlege[320]. Wettbewerbsrechtliche Ansprüche sind dann nach Maßgabe der Voraussetzungen des UGW bzw. GWB weiterhin gegeben, müssen aber vor den Sozialgerichten geltend gemacht werden. Es erscheint jedoch zweifelhaft, ob die verfassungskonforme Auslegung eine solche, vom bisherigen Auslegungsergebnis abweichende Interpretation des § 69 SGB V zulässt.

Das Gebot der verfassungskonformen Auslegung folgt aus dem Vorrang der Verfassungsnormen vor allen anderen Rechtsnormen. Eine Bestimmung ist danach nur dann verfassungswidrig, wenn sie nicht so ausgelegt werden kann, dass sie mit der Verfassung übereinstimmt[321]. Das Prinzip erlangt somit dann Bedeutung, wenn die anderen Auslegungsmethoden Raum für unterschiedliche Interpretationen lassen und die Norm bei einer dieser Interpretationen als verfassungswidrig einzuordnen ist. Im Falle einer solchen Mehrdeutigkeit ist eine „verfassungskonforme“ Auslegung jeder anderen Auslegung, bei der die Bestimmung verfassungswidrig sein würde, vorzuziehen[322]. Fehlt es dagegen an einer solchen Mehrdeutigkeit, weil die Auslegung nach Wortlaut, Systematik oder Zweck zu einem eindeutigen Ergebnis führt, ist für eine verfassungskonforme Auslegung kein Raum[323]. Die Norm ist dann verfassungswidrig und kann nicht nach den Maßstäben des Grundgesetzes umgedeutet werden. Nach der hier vertretenen Ansicht kann unter Berücksichtigung der Gesetzesbegründung kein Zweifel daran bestehen, dass der Gesetzgeber mit § 69 SGB V eine, wie dargelegt verfassungswidrige, Bereichsausnahme erlassen wollte. Eine Umdeutung des § 69 SGB V in eine letztlich überflüssige prozessuale Vorschrift würde diesem Willen des Gesetzgebers widersprechen und ist daher unzulässig[324].

Der Verstoß des § 69 SGB V gegen den Gleichheitssatz führt aber nicht zwingend zur Nichtigkeit der Vorschrift. Das Bundesverfassungsgericht stellt bei Verstößen gegen den Gleichheitssatz regelmäßig nur die Unvereinbarkeit der Regelung mit Art. 3 Abs. 1 GG fest, und begründet dies mit der Gestaltungsfreiheit des Gesetzgebers[325]. Diesem stehen in der Regel mehrere Möglichkeiten zur Beseitigung der Verfassungswidrigkeit zu: Er kann die verfassungswidrige

---

320 OLG Dresden, a.a.O., ebenda; *Neumann*, Kartellrechtliche Sanktionierung, S. 144.

321 BVerfGE 2, 266 (282); 12, 45 (49 ff.); 14, 56 (73); 21, 292 (305); 88, 203 (331 ff.).

322 *Larenz/Canaris*, Methodenlehre, S. 160.

323 *Larenz/Canaris*, a.a.O., ebenda; *Rüthers*, Methodenlehre, Rn. 764.

324 BVerfGE 18, 97 (111).

325 BVerfGE 85, 191 (211 f.) m.w.N.; Jarass/Pieroth-*Jarass*, Art. 3 Rn. 40 f.

Regelung aufheben oder auch die Begünstigung bzw. Belastung auf die ungleich behandelte Gruppe ausdehnen und so den Gleichheitsverstoß beseitigen. Im vorliegenden Fall wäre es grundsätzlich denkbar, dass der Gesetzgeber auch im Bereich der Pflegeversicherung kartell- und lauterkeitsrechtliche Ansprüche ausschließt, da die Schaffung eines Ausnahmebereichs wie erörtert nicht gegen Art. 12 Abs. 1 GG verstößt. Sollte es zu einer Feststellung der Verfassungswidrig-keit des § 69 SGB V durch das Bundesverfassungsgericht kommen, ist nicht auszuschließen, dass der Gesetzgeber auf diese Weise durch eine Ausweitung der benachteiligenden Regelung verfassungskonforme Zustände schafft, zumal sich die wettbewerbsrechtliche Problematik verstärkt auch im Bereich der Pflegeversicherung stellen wird[326]. Für die Leistungsanbieter bliebe es dann endgültig bei dem Wegfall kartell- und lauterkeitsrechtlicher Ansprüche. Die Verfassungswidrigkeit der Bereichsausnahme garantiert daher nicht den Fortbestand der bisher ermittelten Grenzen für Beschränkungen des Wettbewerbs bei der Leistungsbeschaffung. Weitere Grenzen können sich auf nationaler Ebene nur noch aus den bereits erwähnten grundrechtlichen Abwehransprüchen ergeben.

§ 2 Der grundrechtliche Schutz der Leistungsanbieter vor Wettbewerbsbeschränkungen

Staatliche Eingriffe in den Wettbewerb müssen wie bereits erwähnt im Einzelfall vor den Grundrechten bestand haben. Greifen sie in nicht zu rechtfertigender Weise in den jeweiligen Schutzbereich ein, so steht dem Betroffenen ein grundrechtlicher Abwehranspruch, gerichtet auf Unterlassung des wettbewerbsbeschränkenden Verhaltens, zu[327]. Im Folgenden soll der Frage nachgegangen werden, in welchem Umfang diese Ansprüche von betroffenen Anbietern erfolgreich gegen Wettbewerbsbeschränkungen im Rahmen der Leistungsbeschaffung geltend gemacht werden können.

Dabei ist zu berücksichtigen, dass diese grundrechtlichen Abwehransprüche weiter reichen als die Ansprüche nach dem GWB und UWG, da wegen der Grundrechtsbindung der öffentlichen Gewalt nach Art. 1 Abs. 3 GG auch Wettbewerbsbeschränkungen aufgrund hoheitlicher Regelungen am Maßstab der Grundrechte gemessen werden. Gleiches gilt für das wettbewerbsbeschränkende Marktverhalten einzelner Krankenkassen. Als Körperschaften des öffentlichen Rechts sind diese Teil der mittelbaren Staatsverwaltung und damit an die Grundrechte gebunden[328]. Auf die früher umstrittene Frage, ob diese Bindung auch im

---

326 *Steinmeyer*, Wettbewerbsrecht im Gesundheitswesen, S. 6.

327 BVerwGE 71, 183 (199); BVerwGE 44, 235 (243); BVerwGE 82, 76 (77 f.); BVerwGE 89, 281 (283).

328 *Haverkate*, VSSR 1999, S. 177 (190); v. Münch-*Kunig*, Art. 1 Rn. 35.

Rahmen der privatrechtlichen Rechtsbeziehungen der Verwaltung zu bejahen ist, kommt es dabei im Rahmen der hier interessierenden Leistungsbeschaffung nicht an[329]: Mit der Neufassung von § 69 SGB V sind nunmehr sämtliche Beziehungen der Krankenkassen zu den Anbietern öffentlich-rechtlicher Natur, so dass die Bindung die Krankenkassen an die Grundrechte nicht zweifelhaft sein kann[330]. Die Wettbewerbsbeschränkungen durch staatliche Steuerungsinstrumente wie durch entsprechendes Marktverhalten einzelner Krankenkassen werden daher im Zusammenhang erörtert.

I. Wettbewerbsbeschränkungen durch Kombination von Kollektivverträgen, Höchstpreisfestsetzung und Zulassungsregulierung

Die gesetzliche Anordnung der in den Rahmenverträgen vereinbarten Preise als Höchstpreise nehmen den Vertragsparteien die Möglichkeit, Art und Höhe der Preise frei auszuhandeln. Die betroffenen Leistungserbringer könnten damit in ihren Grundrechten aus Art. 12 und 2 GG verletzt sein. Bereits kurz nach der Einführung der Höchstpreisregelung durch das Kostendämpfungs-Ergänzungsgesetz vom 22.12.1981[331] hatte sich das Bundesverfassungsgericht aufgrund von Verfassungsbeschwerden mit diesem Höchstpreissystem auseinander zusetzen[332].

1. Art. 12 Abs. 1 GG

a. Schutzbereich

In seiner Prüfung ging das Bundesverfassungsgericht nicht auf Art. 12 Abs. 1 GG, sondern nur auf Art. 2 GG ein, der die Freiheit umfasse, den Inhalt von Vergütungsvereinbarungen mit der Gegenseite auszuhandeln[333]. Unberücksichtigt blieb dabei, dass Art. 12 Abs. 1 GG dann beeinträchtigt ist, wenn der Staat das Verhalten der Unternehmen im Wettbewerb regelt, wofür es genügt, wenn durch staatliche Maßnahmen der Wettbewerb beeinflusst und die Ausübung einer beruflichen Tätigkeit dadurch behindert wird[334]. Die Festschreibung der vereinbarten Preise als Höchstpreise beschränkt die Unternehmen in der Preisgestaltung und damit auch in der Verwendung des Wettbewerbsparameters

---

329 Zu diesem Problem der sogenannten „Fiskalbindung“ ausführlich *Bleckmann*, Grundrechte, § 10 Rn. 38 ff.

330 *Boecken*, NZS 2000, S. 269 (276).

331 BGBl. I, S. 1578.

332 BVerfGE 70, 1.

333 BVerfGE 70, 1 (25).

334 BVerfGE 32, 311 (317); 86, 28 (37).

Preis. Mindest- oder Festpreise können nicht vereinbart werden. Damit ist der Schutzbereich von Art. 12 Abs. 1 GG eröffnet.

b. Regelung mit Berufsbezug

Das Höchstpreissystem hat zum Ziel, dass alle Anbieter einschließlich derer, die nicht Mitglied des den Rahmenvertrag abschließenden Verbandes sind, nur unterhalb dieses Höchstpreises abrechnen. In ihrer Wirkung ist diese Ausgestaltung einer Regelung vergleichbar, welche die Vergütung für eine berufliche Tätigkeit festlegt. Die Grundrechtsrelevanz dieser Regelungen ist anerkannt, da sie sich unmittelbar auf einen Beruf beziehen und bewirken, dass dieser nicht in der gewünschten Weise ausgeübt werden kann[335]. Für das Höchstpreissystem gilt dann nichts anderes: Die Auswirkungen auf die Anbieter sind nicht bloß mittelbare Folge einer Vorschrift ohne berufsregelnde Tendenz. Sie beruhen auf der verbindlichen, gezielt an die Anbieter gerichteten Vorgabe, dass die ausgehandelten Preise Höchstpreise sein müssen. Als Regelung mit Berufsbezug greift das Höchstpreissystem somit in die von Art. 12 Abs. 1 GG geschützte Berufsausübungsfreiheit ein.

c. Rechtfertigung

Berufsausübungsregelungen sind schon dann gerechtfertigt, wenn vernünftige Erwägungen des Gemeinwohls die Einschränkung rechtfertigen[336]. In ständiger Rechtsprechung vertritt das Bundesverfassungsgericht die Auffassung, dass die Sicherung der finanziellen Stabilität der gesetzlichen Krankenversicherung ein Gemeinwohlbelang von hoher Bedeutung ist[337], zu dessen Verfolgung der Gesetzgeber sogar verpflichtet ist, und der auch Berufswahlregelungen rechtfertigen kann[338]. Zudem verfügt der Gesetzgeber im Bereich der Berufsausübungsregelungen, insbesondere bei der Verfolgung wirtschafts- oder sozialpolitischer Interessen über einen erheblichen Beurteilungs- und Gestaltungsspielraum was die Geeignetheit und Erforderlichkeit einer Maßnahme angeht[339]. Gemessen an diesen Voraussetzungen ist das Höchstpreissystem nicht zu beanstanden.

---

335 BVerfGE 68, 193 (216 ff.); 83, 1 (13); 101, 331 (347).

336 Jarras/Pieroth-*Jarras*, Art. 12 Rn. 36.

337 BVerfGE 68, 193 (218); BVerfGE 77, 84 (107); BVerfGE 82, 209 (230); BVerfG NJW 2000, S. 1781.

338 BVerfG NJW 2001, S. 1779.

339 BVerfGE 37, 1 (21); BVerfGE 39, 210 (225); BVerfGE 46, 246 (257); BVerfGE 51, 193 (208).

Die Festlegung der in Kollektivverträgen ausgehandelten Preise als Höchstpreise ist zusammen mit der Ausgestaltung als Zulassungsvoraussetzung geeignet, eine Senkung der Ausgaben der gesetzlichen Krankenversicherung zu erreichen. Sie entspricht auch dem Gebot der Erforderlichkeit. Wesentlich war für das Bundesverfassungsgericht hier die Erwägung, dass andere, weniger belastende Eingriffe zur Kostendämpfung bis zum Erlass der Höchstpreisregelung erfolglos geblieben waren[340]. Ein gleich wirksames Mittel, welches den Grundrechtsbereich der betreffenden Anbieter weniger stark einschränkt, ist daher nicht ersichtlich. Schließlich ist die Einschränkung der Vertragsfreiheit durch die Höchstpreisregelung auch angemessen. Denn bei der hier vorzunehmenden Abwägung zwischen der Schwere des Eingriffs und dem Gewicht der ihn rechtfertigenden Gründe ist die Einschränkung der Vertragsgestaltungsfreiheit in einem Teilbereich angesichts des Gemeinwohlbelangs der finanziellen Stabilität der gesetzlichen Krankenversicherung jedenfalls nicht unzumutbar[341]. Die Höchstpreisregelung ist daher mit Art. 12 Abs. 1 GG vereinbar.

2. Art. 2 Abs. 1 GG

Art. 2 Abs. 1 GG verbürgt auch die Vertragsfreiheit, solange diese nicht von spezielleren Grundrechten geschützt wird[342]. Hier ist Art. 12 Abs. 1 GG einschlägig, womit ein Rückgriff auf Art. 2 Abs. 1 GG entfällt. Zieht man dennoch mit dem Bundesverfassungsgericht allein Art. 2 Abs. 1 GG zur Prüfung heran, ergibt sich in der Sache kein anderes Ergebnis. Die Freiheit zum Aushandeln von Vergütungsvereinbarungen findet ihre Grenze in der verfassungsmäßigen Ordnung, zu der auch die Höchstpreisregelung gehört, da die Einschränkung verhältnismäßig ist und nicht gegen andere Normen des Grundgesetzes verstößt. Das Ziel der Kostensenkung ist eine Gemeinwohlaufgabe, um derentwillen das Grundrecht des Art. 2 Abs. 1 GG eingeschränkt werden darf. Hierfür ist das Mittel einer Höchstpreisfestsetzung geeignet, erforderlich und zumutbar.

3. Art. 14 Abs. 1 GG

Ein Verstoß gegen Art. 14 Abs. 1 GG ist nicht ersichtlich, da Art. 14 GG nur das Erworbene als Ergebnis einer Betätigung schützt. Die Frage, wie Preisvereinbarungen inhaltlich gestaltet werden dürfen, ist dagegen dem Bereich der Betätigung selbst zuzuordnen, der von Art. 12 GG geschützt wird.

---

340 BVerfGE 70, 1 (26).
341 BVerfGE 70, 1 (27).
342 BVerfGE 8, 274 (328).

II. Ausschluss von Produkten von der Verordnungsfähigkeit

Ein Eingriff in Art. 12 GG wie in Art. 14 GG kommt auch dann in Betracht, wenn Produkte von der Verordnungsfähigkeit zu Lasten der gesetzlichen Krankenversicherung ausgeschlossen werden, da dies im Ergebnis einem Ausschluss vom Markt gleichkommt. Von den dargestellten Steuerungsinstrumenten bewirken die Positiv- wie die Negativliste, aber auch der nicht durch § 92 SGB V gedeckte Verordnungsausschluss durch Arzneimittelrichtlinien eine solche Verdrängung der Anbieter vom Markt.

1. Art. 12 Abs. 1 GG

a. Negativ- und Positivliste

Mit dem Ausschluss angeblich unwirtschaftlicher Arzneimittel von der Verordnungsfähigkeit wird der Schutzbereich der Berufsausübungsfreiheit der betroffenen Hersteller berührt. Zwar handelt es nicht um gezielt gegen die Anbieter gerichtete Maßnahmen im Sinn eines direkten Eingriffs. Denn primär soll mit der Negativ- bzw. Positivliste die Verschreibung derartiger Mittel durch die Vertragsärzte möglichst ausgeschlossen werden, um damit die Arzneimittelausgaben zu senken. An Art. 12 Abs. 1 GG sind jedoch auch Regelungen zu messen, welche sich nicht unmittelbar auf die berufliche Betätigung beziehen, aber als bezweckte und voraussehbare Nebenfolge eine schwerwiegende Beeinträchtigung der beruflichen Betätigungsfreiheit bewirken[343]. Die Ermächtigungsgrundlage zum Erlass einer Positivliste sieht vor, dass die verordnungsfähigen Arzneimittel abschließend benannt werden; nicht aufgeführten Produkte können nicht mehr verordnet werden. Deren Hersteller müssen somit zwangsläufig mit einem erheblichen Umsatzrückgang rechnen. Gleiches gilt für die Unternehmer, deren Produkte in der Negativliste aufgeführt sind. Diese umsatzmindernde Wirkung des zum Zwecke der Kostendämpfung erfolgten Ausschlusses unwirtschaftlicher Arzneimittel auf die Anbieter ist in beiden Fällen vom Gesetzgeber direkt intendiert. Sie bildet gewissermaßen die Kehrseite des primären Ziels, der Senkung der Arzneimittelausgaben zur Sicherung der finanziellen Stabilität der gesetzlichen Krankenversicherung. Beiden Listen kommt daher eine objektiv die Berufsausübung regelnde Tendenz zu[344].

---

343 BVerfGE 70, 191 (214); BVerwGE 87, 37 (43 f.).

344 BVerfG NJW 1992, S. 735 (736); BVerfG NJW 1999, S. 3404 (3405); BSGE 79, 41 (50), jeweils zur Negativliste ergangen.

Die Ermächtigungsgrundlagen zum Erlass einer Positiv- bzw. Negativliste stellen somit Berufsausübungsregelungen dar, die als solche nur dann mit Art. 12 Abs. 1 GG vereinbar sind, wenn sie durch hinreichende Gründe des Gemeinwohls gerechtfertigt und verhältnismäßig sind. Beide Listen dienen wie das Höchstpreissystem der Einsparung von Kosten und damit letztlich der als Rechtfertigungsgrund anerkannten Sicherung der finanziellen Stabilität der gesetzlichen Krankenversicherung. Ein Ausschluss unwirtschaftlicher Arzneimittel bzw. eine abschließende Aufzählung verordnungsfähiger „wirtschaftlicher" Arzneimittel ist aber nur dann zur Kostensenkung geeignet, wenn unwirtschaftliche Arzneimittel tatsächlich grundsätzlich teurer sind als wirtschaftliche. Diese, der Positiv- wie Negativliste zugrundeliegende Einschätzung des Gesetzgebers ist nach Ansicht von Bundesverfassungs- und Bundessozialgericht hinzunehmen: Angesichts des dem Gesetzgeber bei Berufsausübungsregelungen eingeräumten Spielraumes sei es nicht zu beanstanden, wenn dieser im Rahmen der eingeräumten Prärogative davon ausgehe, dass unwirtschaftliche Arzneimittel teurer sind und daher die Krankenversicherung mehr belasten als wirtschaftliche[345]. Auch an der Erforderlichkeit der Maßnahmen ist nicht zu zweifeln: Wie das Bundesverfassungsgericht zutreffend festgestellt hat, ziehen Ausgabenkürzungen bei der Arzneimittelversorgung spiegelbildlich immer Umsatzeinbußen der Hersteller nach sich[346]. Ein milderes, die Hersteller weniger belastendes Mittel zur Erreichung des Ziels ist daher nicht erkennbar.

Bei der Frage der Zumutbarkeit ist zum einen zu berücksichtigen, dass die Positiv- und Negativliste die Hersteller unwirtschaftlicher Arzneimittel erheblich belastet, da diese ihre Produkte nicht mehr auf den Markt der zu Lasten der gesetzlichen Krankenversicherung verordnungsfähigen Mittel verkaufen können. Insbesondere bei kleineren Unternehmen kann dies zu finanziellen Schwierigkeiten bis hin zu einer Existenzgefährdung führen. Trotz der Schwere dieses Eingriffs scheidet die Annahme einer Unzumutbarkeit aber mit Blick auf das Gewicht der zu schützenden finanziellen Stabilität der gesetzlichen Krankenversicherung aus. Denn bei der Beurteilung der Zumutbarkeit einer Berufsausübungsregelung darf der Gesetzgeber wegen seines Prognose- und Beurteilungsspielraumes von einer generalisierenden Betrachtungsweise ausgehen[347]. Er hat sich bei der Positiv- und Negativliste im Rahmen seines Gestaltungsspielraumes dazu entschieden, die Kostensenkung durch einen Ausschluss der Arzneimittel herbeizuführen, welche die typisierenden Tatbestandsmerkmale der Unwirtschaftlichkeit erfüllen. Dies führt notwendigerweise dazu, dass einzelne Her-

---

345 BVerfG NJW 1992, S. 735 (736); BSGE 79, 41 (50).

346 BVerfG a.a.O, ebenda.

347 *Gitter/Oberender*, Möglichkeiten und Grenzen, S. 93 m.w.N.

steller, deren Produkte diese Voraussetzungen erfüllen, in finanzielle Schwierigkeiten kommen können. In Anbetracht der Gemeinwohlaufgabe „Kostendämpfung“ und der Zulässigkeit generalisierender Regelungen führt dies allein aber nicht zur Unzumutbarkeit und damit Verfassungswidrigkeit der Regelung[348]. Anders wäre dies nur dann, wenn die Feststellung der Unwirtschaftlichkeit auf nicht vertretbaren Gesichtspunkten beruhen würde oder willkürlich wäre[349]. Dies kann angesichts der durch § 33a Abs. 7 SGB V und § 34 Abs. 3 SGB V aufgestellten Kriterien aber nicht angenommen werden. Positiv- und Negativliste sind insoweit mit Art. 12 Abs. 1 GG vereinbar.

b. Verordnungsausschluss durch Arzneimittelrichtlinien

Der Verordnungsausschluss durch Arzneimittelrichtlinien ist in seinen Wirkungen bezogen auf die Grundrechte der betroffenen Anbieter der Negativliste vergleichbar. Die Einflussnahme auf das Verordnungsverhalten der Ärzte bewirkt bei den Arzneimittelherstellern Umsatzeinbußen. Die Beeinträchtigung der Schutzfunktion des Grundrechts der Berufsfreiheit und damit die objektiv berufsregelnde Tendenz eines Verordnungsausschlusses durch Richtlinien liegt daher auf der Hand[350]. Im Gegensatz zu der Positiv- und Negativliste scheitert eine Rechtfertigung hier jedoch an dem Gesetzesvorbehalt des Art. 12 Abs. 1 S. 2 GG, nach dem ein Eingriff in die Berufsfreiheit stets einer gesetzlichen Grundlage bedarf.

Die Ermächtigungsgrundlagen zum Erlass der Positiv- und Negativliste enthalten ausdrücklich die Befugnis, unwirtschaftliche Arzneimittel von der Verordnungsfähigkeit auszuschließen. Auch die §§ 125 Abs. 2 S. 4, 127 Abs. 2 S. 4 SGB V verpflichten die Krankenkassenverbände explizit dazu, Höchstpreise zu vereinbaren und gemäß § 124 Abs. 2 Nr. 4 SGB V die Zulassung von Anbietern von der Anerkennung dieser Preise abhängig zu machen. § 92 SGB V in seiner bis zum 01.01.2004 geltenden Fassung verleiht dem Bundesausschuss dagegen wie erörtert nur die Befugnis, das Wirtschaftlichkeitsgebot zu konkretisieren, ermächtigt aber nicht zu einem Verordnungsausschluss. Der Bundesausschuss handelt daher ohne gesetzliche Grundlage, so dass der Erlass entsprechender Richtlinien bereits aus diesem Grunde gegen Art. 12 Abs. 1 GG verstößt. An-

---

348 BVerfGE 68, 193 (219); *Manhardt*, Festbetragsregelung, S. 120; *Schwerdtfeger*, Verfassungsrechtliche Grenzen, S. 27 (38), in: Freiheit und Bindung.

349 BVerfG NJW 1992, S. 735 (736); BSGE 79, 41 (51).

350 BSG NZS 1995, S. 502 (504 f.), zur Festbetragsfestsetzung nach § 34 SGB V; *Schwerdtfeger*, Verfassungsrechtliche Grenzen, S. 27 (33), in: Freiheit und Bindung; a.A. , allerdings noch auf dem Stand der „klassischen“ Grundrechtslehre BSGE 67, 251 (254).

bieter, deren Arzneimittel in einer entsprechenden Richtlinie als nicht verordnungsfähig eingestuft werden, können daher gegen den Bundesausschuss einen auf Art. 12 Abs. 1 GG gestützten grundrechtlichen Abwehranspruch geltend machen.

Ab dem 01.01.2004 ist der Gemeinsame Ausschuss durch § 92 Abs. 1 SGB V ausdrücklich dazu ermächtigt, unwirtschaftliche Arzneimittel von der Verordnungsfähigkeit auszuschließen. Wie oben im Rahmen der Positiv- und Negativliste erläutert, ist jedoch der mit dem an die Unwirtschaftlichkeit anknüpfenden Ausschluss von Arzneimitteln von der Verordnungsfähigkeit verbundene Grundrechtseingriff unter Berücksichtigung des dem Gesetzgeber zustehenden Prognose- und Beurteilungsspielraumes gerechtfertigt. Ein Verordnungsausschluss durch den Gemeinsamen Bundesausschuss ist daher grundsätzlich mit Art. 12 Abs. 1 GG vereinbar.

2. Art. 14 Abs. 1 GG

Anders als bei der Höchstpreisregelung erscheint ein Eingriff in Art. 14 GG durch den Ausschluss von Produkten von der Verordnungsfähigkeit bzw. der abschließenden Benennung verordnungsfähiger Produkte unter zwei Gesichtspunkten denkbar. Zum einen könnte vor dem Hintergrund der Zulassung eines Arzneimittels gemäß den §§ 21 ff. AMG mit dem Ausschluss von der Verordnungsfähigkeit ein Eingriff in das subjektiv-öffentliche Recht auf Zugang zum Arzneimittelmarkt verbunden sein. Der Ausschluss könnte zum anderen auch als Eingriff in den eingerichteten und ausgeübten Gewerbebetrieb zu werten sein und als solcher gegen Art. 14 Abs. 1 GG verstoßen.

Mit der Zulassung erwirbt der Hersteller prinzipiell ein Recht auf Zugang zum Arzneimittelmarkt. Die wirtschaftliche Ausnutzbarkeit dieser Rechtsposition wird aber nicht unerheblich erschwert, wenn das Arzneimittel nicht zu Lasten der gesetzlichen Krankenversicherung abgesetzt werden kann. Ob dies allein für die Annahme eines Eingriffs ausreicht, hat das Bundesverfassungsgericht in einer Entscheidung bezüglich der Negativliste offengelassen: Vor dem Hintergrund der durch Art. 14 Abs. 1 S. 2 GG eingeräumten Befugnis zur Neufestlegung des Inhalts des Eigentums wäre der Eingriff jedenfalls gerechtfertigt, da eine Neufestlegung auch die Änderung der Rahmenbedingungen für die Ausnutzbarkeit einer Rechtsposition beinhalte[351]. Aus der Zulassung nach dem Arzneimittelgesetz folge nicht die Pflicht, die Verordnungsfähigkeit zu Lasten der

351 BVerfG NJW 1992, S. 735 (736).

gesetzlichen Krankenversicherung zu garantieren[352]. Tatsächlich dürfte mit dieser Begründung des Bundesverfassungsgerichts bereits ein Eingriff in Art. 14 Abs. 1 GG zu verneinen sein. Denn das Arzneimittelgesetz verfolgt eine gesundheitspolitische Zielsetzung unabhängig von Kostengesichtspunkten. Die Zulassungsentscheidung sagt daher noch gar nichts über die wirtschaftliche Verwertbarkeit des Arzneimittels aus[353]. Folglich berührt auch ein Ausschluss von der Verordnungsfähigkeit noch nicht die durch die Zulassung eingeräumte Rechtsposition.

Ein Verstoß gegen Art. 14 Abs. 1 GG scheidet schließlich auch im Hinblick auf das Recht am eingerichteten und ausgeübten Gewerbebetrieb aus. Sofern man dieses Recht überhaupt dem Schutzbereich des Art. 14 Abs. 1 GG zuordnet, erstreckt sich der Schutz nur auf das Recht zur Fortsetzung des Betriebes im bisherigen Umfange, nicht dagegen auf künftige Verdienstmöglichkeiten und in der Zukunft liegende Chancen[354]. Art. 14 Abs. 1 GG gewährleistet insoweit nur Rechtspositionen, die einem Rechtssubjekt bereits zustehen[355]. Der Ausschluss bestimmter Arzneimittel von der Verordnungsfähigkeit betrifft dagegen nur die Aussicht der Hersteller, dass sie ihre Produkte auch zukünftig auf dem Absatzmarkt der gesetzlichen Krankenversicherung absetzen können. Es fehlt daher auch im Hinblick auf das Recht am eingerichteten und ausgeübten Gewerbebetrieb an einem Eingriff in Art. 14 Abs. 1 GG.

3. Art. 3 Abs.1 GG

Positiv- wie Negativliste haben unmittelbar eine Ungleichbehandlung von Arzneimittelherstellern zur Folge. Produkte des einen Herstellers werden bei der Positivliste als verordnungsfähig eingestuft, während Produkte eines anderen Herstellers nicht verordnet werden können. Die gleiche Ungleichbehandlung tritt spiegelbildlich bei dem Ausschluss bestimmter Arzneimittel von der Verordnungsfähigkeit durch die Negativliste auf. Diese Ungleichbehandlung verstößt indes nicht gegen Art. 3 Abs.1 GG. Denn der allgemeine Gleichheitssatz verpflichtet den Gesetzgeber nicht, alle Arzneimittelhersteller gleichmäßig zur Kostensenkung heranzuziehen. Er kann vielmehr zwischen Gruppen von Arzneimitteln differenzieren und einzelne von der Versorgung ausschließen. Der Gestaltungsspielraum endet erst, wenn ein einleuchtender Grund für die Differenzierung fehlt. Wie erörtert sind die Merkmale, nach denen ein Arzneimittel als unwirtschaftlich eingestuft wird jedoch sachgerecht, so dass die Ermächti-

---

352 BVerfG a.a.O., ebenda.
353 *Manhardt*, Festbetragsregelung, S. 123.
354 BVerfGE 30, 292 (335); BVerwGE 95, 341 (349).
355 BVerfGE 78, 205 (211); 68, 193 (222).

gungen zum Erlass der Positiv- und Negativliste mit Art. 3 Abs. 1 GG vereinbar sind[356].

Dagegen verstößt der Verordnungsausschluss durch Arzneimittelrichtlinien gegen Art. 3 Abs. 1 GG. Dem Bundesausschuss wird durch § 92 SGB V nur ein Beurteilungsspielraum hinsichtlich der Konkretisierung des Wirtschaftlichkeitsgebotes eingeräumt, der mit dem Ausschluss unwirtschaftlicher Arzneimittel überschritten wird. Der Bundesausschuss greift daher in unzulässiger Weise in den Gleichbehandlungsanspruch der Anbieter ein, wenn er die Produkte einzelner ohne gesetzliche Grundlage als unwirtschaftlich bezeichnet und von der Verordnungsfähigkeit ausschließt. Gegen entsprechende Arzneimittelrichtlinien können die Betroffenen daher einen auf Art. 3 Abs. 1 GG gestützten Abwehranspruch geltend machen.

III. Festbetragsfestsetzung

Die Festbeträge für Arznei- und Hilfsmittel führen auf Seiten der Anbieter ebenfalls zu Umsatzeinbußen, da diese durch die Festbeträge praktisch gezwungen werden, ihre Preise zu senken, um keine Marktanteile zu verlieren. Wegen dieser Auswirkungen könnten die Festbetragsregelungen daher gegen Art. 12 Abs. 1 GG und Art. 14 Abs. 1 GG verstoßen.

1. Art. 12 Abs. 1 GG

a. Objektiv berufsregelnde Tendenz der Festbeträge

Bei den Festbeträgen stellt sich in besonderem Maße die Frage, ob sie als mittelbarer Eingriff in die Berufsausübungsfreiheit zu werten sind. Der Preiswettbewerb wird nur mittelbar gesteuert, da die Festbeträge formal zunächst nur gegenüber den Versicherten die Kostentragung für Leistungen der Höhe nach begrenzen. Etwaige Gewinneinbußen der Anbieter könnten daher als bloßer Rechtsreflex zu werten sein, wenn die Festbetragsregelung nicht im Zusammenhang mit der Berufsausübung der Anbieter eine deutlich erkennbare, objektiv berufsregelnde Tendenz aufweist.

Das Bundessozialgericht hatte in seinem Vorlagebeschluss darauf abgestellt, dass die Leistungserbringer aufgrund der an die Versicherten gerichteten Festbeträge und des Marktanteils der gesetzlichen Krankenversicherung faktisch dazu gezwungen seien, im Interesse ihrer Marktchancen ihre Preise auf Festbe-

---

[356] BVerfG NJW 1992, S. 735 (736); BSGE 79, 41 (51).

tragsniveau abzusenken. Die daraus folgenden Einsparungen auf Kosten der Leistungserbringer sei gerade Sinn und Zweck der Festbetragsregelung, weshalb es nicht gerechtfertigt sei, von einem bloßen Rechtsreflex der an die Versicherten gerichteten Regelung auszugehen[357]. Die Festbetragsregelung greift daher nach Ansicht des Bundessozialgerichts in die Berufsfreiheit der Leistungserbringer ein[358].

Das Bundesverfassungsgericht kam bei seiner Entscheidung der Vorlagefrage in seinem Urteil vom 17.12.2003[359] dagegen zu dem Ergebnis, dass die Festbetragsfestsetzung nicht das Grundrecht der Berufsfreiheit der Leistungserbringer berühre[360]. Diese Auffassung einer fehlenden Schutzbereichsbetroffenheit, die selbst von Befürwortern der Verfassungsmäßigkeit des Festbetragsfestsetzungsverfahrens als „radikal“ bezeichnet wird[361], hat weitreichende Folgen für das gerichtliche Vorgehen von Leistungserbringern gegen Festbetragsfestsetzungen, aber auch gegen andere Nachfrageentscheidungen und/oder Verhaltensweisen von Krankenkassen oder deren Verbänden, die gegenüber Versicherten und/oder Ärzten getroffen werden, sich aber „mittelbar“ auf die Leistungserbringer auswirken: Die Verteidigung mit dem Hinweis auf einen (ungerechtfertigten) Eingriff in Art. 12 Abs. 1 GG dürfte in diesen Fällen zukünftig nur noch sehr eingeschränkt möglich sein[362]. Deutlich wird dies beispielsweise in dem Urteil des Landessozialgerichts Nordrhein-Westfalen vom 14.08.2003, das unter Bezugnahme auf das Urteil des Bundesverfassungsgerichts ausführte, der Schutzbereich des Art. 12 Abs. 1 GG bei den Leistungserbringern werde durch eine Regelung der Kostenübernahme gegenüber den Versicherten nicht berührt[363].

Nach den Feststellungen im ersten Teil dieser Untersuchung kann jedoch kein Zweifel daran bestehen, dass die Festbetragsregelung tiefgreifende Auswirkungen auf das Marktverhalten der Leistungserbringer hat. Die These des Bundesverfassungsgerichts von der fehlenden Grundrechtsbetroffenheit der Leistungserbringer soll daher im Folgenden einer eingehenderen Analyse unterzogen werden.

---

357 BSG NZS 1995, S. 502 (504)
358 BSG NZS 1995, S. 502 (506).
359 BVerfG NJW 2003, S. 1232 ff.
360 Siehe im Einzelnen unter aa.
361 *Hänlein*, SGb 2003, S. 301 (302).
362 *Hänlein*, a.a.O., ebenda.
363 LSG NRW, Urteil vom 14.08.2003, Az.: L 16 KR 22/99

aa. Die Entscheidung des Bundesverfassungsgerichts zur Grundrechtsbetroffenheit der Leistungserbringer

Das Bundesverfassungsgericht stellte zunächst klar, dass die Vorlagen des Bundesgerichtshofes und des OLG Düsseldorf an den Europäischen Gerichtshof einer Entscheidung der verfassungsrechtlichen Fragen nicht entgegenstünden[364]. Dies ist zutreffend, da die Frage, ob die Festbetragsfestsetzung nach dem Grundgesetz durch Rechtsverordnung hätte erlassen werden müssen, nicht von der Auslegung des Gemeinschaftsrechts abhängt. Sodann ging das Bundesverfassungsgericht der Frage nach, ob die Festbetragsfestsetzung die Leistungserbringer in ihrem Grundrecht aus Art. 12 Abs. 1 GG berührt, wobei es zwischen der Festsetzung der Festbeträge einerseits und der Veröffentlichung der Festbeträge als möglichem „Eingriff" andererseits unterschied.

Das Bundesverfassungsgericht hob zunächst hervor, dass mit der Festsetzung der Festbeträge die Kostenübernahme gegenüber den Versicherten im Rahmen der gesetzlichen Krankenversicherung geregelt werde. Zwar könnten dadurch Marktchancen der Leistungserbringer betroffen werden. Diese faktischen Auswirkungen der auf das System der gesetzlichen Krankenversicherung bezogenen Regelung auf die Berufsausübung der Leistungserbringer sei jedoch ein bloßer Reflex, der keine Grundrechtsbetroffenheit auslöse[365]. Das Bundesverfassungsgericht begründet diese Reflexwirkung mit der angeblich fehlenden Regelungsmacht der Spitzenverbände bei der Festsetzung: Die Spitzenverbände seien durch die Festbetragsregelung lediglich zur Konkretisierung der wirtschaftlichen Versorgung der Versicherten, nicht jedoch zu gestaltenden Eingriffen gegenüber den Leistungserbringern befugt[366]. Die §§ 35, 36 SGB V würden insoweit einen engen Entscheidungsrahmen vorgeben, der den Spitzenverbänden keine wirtschaftslenkenden Handlungsspielräume einräume. Soweit beispielsweise § 35 Abs. 5 S. 2 SGB V anordne, dass die Festbeträge „wirksamen Preiswettbewerb" auslösen sollen, verdeutliche dies nur, dass das Wirtschaftlichkeitsgebot mit Hilfe von Preiswettbewerb verwirklicht werden soll; eine eigenständige Möglichkeit der Spitzenverbände zur Gestaltung des Preiswettbewerbs sei den §§ 35, 36 SGB V deswegen jedoch nicht zu entnehmen[367]. Allerdings „könnten" sich die Leistungserbringer – so das Bundesverfassungsgericht – an den von den Spitzenverbänden gegenüber den Versicherten mit den Festbeträgen festgelegten Maßstäben bei ihrem Marktverhalten orientieren, um konkurrenzfähig zu blei-

---

364 BVerfG NJW 2003, S. 1232.
365 BVerfG NJW 2003, S. 1232 (1233).
366 BVerfG a.a.O., ebenda.
367 BVerfG a.a.O., S. 1232 (1234).

ben[368]. Offensichtlich will das Bundesverfassungsgericht damit andeuten, dass mögliche Preissenkungen der Leistungserbringer lediglich „freiwillig“ erfolgen und keine zwangsläufige Reaktion der Leistungserbringer auf die Festbetragsfestsetzungen sind. Anders wäre die These von der fehlenden Befugnis der Spitzenverbände zu (preis-) gestaltenden Eingriffen, auf denen die Argumentation einer fehlenden Grundrechtsbetroffenheit aufbaut, auch nur schwer zu begründen gewesen.

Allerdings verweist das Bundesverfassungsgericht an anderer Stelle unter Bezugnahme auf die Gesetzesbegründung darauf, dass sich die Arzneimittelhersteller durch die Festbetragsregelung dazu „veranlasst sehen sollen“, ihre Preise zu senken[369]. Damit, so dass Bundesverfassungsgericht, bringe der Gesetzgeber jedoch nur zum Ausdruck, dass die Orientierung an Bedingungen des Preiswettbewerbs der vom Gesetzgeber vorgesehene Weg sei, um das Wirtschaftlichkeitsgebot durchzusetzen[370]. Die „Erstreckung des Preiswettbewerbs“ sei insoweit nur eine vom gesetzgeberischen Willen umschlossene Folgewirkung, nicht jedoch „eigenständiges Ziel“ der Festbetragsregelung[371].

Auch die Veröffentlichung der Festbeträge berührt nach Ansicht des Bundesverfassungsgerichts nicht das Grundrecht der Berufsfreiheit der Leistungserbringer. Das Bundesverfassungsgericht verwies darauf, dass ein funktionsfähiger Wettbewerb ein hohes Maß an Informationen der Marktteilnehmer über marktrelevante Faktoren voraussetze; die Märkte im Gesundheitsbereich seien diesbezüglich jedoch durch eine fehlende Transparenz geprägt[372]. Mit der Veröffentlichung der Festbeträge würde dieser fehlenden Transparenz entgegengewirkt, da alle Beteiligten nachvollziehen könnten, ob sich die Leistungserbringer im Rahmen der Vorgaben des Gesetzgebers bezüglich der von den Krankenkassen zu tragenden Kosten halten[373]. Der Schutzbereich der Berufsfreiheit werde durch diese „Verbesserung“ der Informationslage nicht betroffen: Aus Art. 12 Abs. 1 GG folge kein Anspruch auf Beibehaltung einer undurchsichtigen Marktsituation, die infolge fehlender Transparenz Verkaufserfolge im Wettbewerb ermögliche[374]. Eine Grundrechtsbetroffenheit der Leistungserbringer scheidet nach Ansicht des Bundesverfassungsgerichts somit aus.

---

368 BVerfG a.a.O., ebenda.
369 BVerfG NJW 2003, S. 1232 (1233).
370 BVerfG a.a.O., ebenda.
371 BVerfG NJW 2003, S. 1232 (1234).
372 BVerfG a.a.O., ebenda.
373 BVerfG a.a.O., ebenda.
374 BVerfG a.a.O., ebenda.

In der sozialrechtlichen Literatur wurde die Entscheidung des Bundesverfassungsgerichts jedenfalls im Ergebnis und unter Hinweis auf die jetzt vorliegende verfassungsrechtliche „Rechtssicherheit“ begrüßt[375]. Im „grundrechtsfreien“ Raum liegt die Festbetragsfestsetzung nach dem Urteil des Bundesverfassungsgerichts allerdings nicht: Nach Ansicht des Bundesverfassungsgerichts werde nämlich durch die Festbetragsfestsetzung neben der Berufsfreiheit der Ärzte auch die allgemeine Handlungsfreiheit der Versicherten berührt, da deren Freiheit zur Auswahl unter Arznei- und Hilfsmitteln, die ihnen zur Verfügung gestellt werden, eingeengt werde[376]. Allerdings sind diese Eingriffe nach Ansicht des Bundesverfassungsgerichts rechtmäßig, da die gesetzliche Vorgabe der Festsetzung in Form einer Allgemeinverfügung nicht zu beanstanden sei[377].

bb. Kritik

Bedenklich ist die Entscheidung des Bundesverfassungsgerichts vor allem im Hinblick auf die tatsächliche Einordnung der wirtschaftlichen Folgen der Festbetragsfestsetzung. Das Bundesverfassungsgericht begnügt sich mit der Feststellung, die Festbeträge seien an die Versicherten gerichtet, mögliche Auswirkungen auf die Leistungserbringer seien bloß grundrechtlich unbeachtliche Reflexe. Diese Auffassung berücksichtigt jedoch nicht hinreichend den gesetzgeberischen Zweck der Festbetragsregelung. Der Druck auf die Anbieter zu Preissenkungen ist nicht bloß ungewollter Nebeneffekt, sondern erklärtes Ziel der Festbetragsregelung, um auf diese Weise Kostensenkungen zu erreichen[378]. Zwar muss ein Unternehmer immer damit rechnen, wegen veränderter wirtschaftlicher Rahmenbedingungen seine Preise anpassen zu müssen. Dies gehört zum unternehmerischen Risiko. Eine solche Anpassung an wirtschaftliche Gegebenheiten liegt bei den Festbeträgen für Arzneimittel aber nicht vor, da hier der Staat gezielt Rahmenbedingungen verändert, um über Umsatzeinbußen zu Lasten bestimmter Unternehmen das Ziel der Kostensenkung zu erreichen. Der auf die Leistungserbringer ausgeübte Druck zu Preissenkungen ist somit nicht bloße Begleiterscheinung, sondern Ziel der Maßnahme. Solche finale Maßnahmen werden jedoch als Maßnahmen mit objektiv berufsregelnder Tendenz auch dann vom Schutzbereich des Art. 12 Abs. 1 GG erfasst, wenn sie bloß mittelbar die Erwerbsbedingungen der Unternehmen verändern[379]. Die Situation ist bei der Festbetragsfestsetzung jedenfalls im Ergebnis somit keine andere als bei der

375 *Hänlein*, SGb 2003, S. 301 (302); *Beck*, Soziale Sicherheit 2003, S: 50 (52); *Kraftberger*, GSP 2003, S. 46 (51); *dies.*, BKK 2003, S. 38 (42).
376 BVerfG NJW 2003, S. 1232 (1234 f.).
377 Siehe unten unter b) aa.
378 BSG NZS 1995, S. 502 (504); *Manhardt*, Festbetragsregelung, S. 109.
379 BVerwGE 71, 183 (195 f.).

– primär an die Ärzte gerichteten – Negativliste, bei denen das Bundesverfassungsgericht ohne weiteres von einer Betroffenheit der Leistungserbringer in Art. 12 Abs. 1 GG ausging[380].

Fehl geht auch die Annahme des Bundesverfassungsgerichts, dass es den Leistungserbringern quasi freistehe, ob sie sich an den Festbeträgen „orientieren" oder nicht. Wie bereits im ersten Teil ausgeführt, bleibt den Leistungserbringern angesichts des Marktanteils der gesetzlichen Krankenversicherung von rund 90% gar keine andere Möglichkeit, als ihre Preise auf das Festbetragsniveau abzusenken[381]. Vor diesem Hintergrund ist kaum nachzuvollziehen, warum die Leistungserbringer von einer Entscheidung, welche praktisch die Preise für 90% des Marktes reguliert, nicht in ihrer Berufsfreiheit betroffen sein sollen[382].

Es kommt hinzu, dass die Freiheit der Versicherten zur Auswahl von Arznei- und Hilfsmitteln und damit zugleich ihre allgemeine Handlungsfreiheit nach Ansicht des Bundesverfassungsgerichts – anders als Grundrechte der Leistungserbringer – von der Festbetragsregelung berührt werden. Hierbei handelt es sich jedoch nur um einen Reflex der Festbetragsfestsetzung, da der Versicherte weiterhin die im Preis über dem Festbetrag liegenden Arznei- oder Hilfsmittel auswählen kann. Er muss lediglich den Differenzbetrag aus eigener Tasche zuzahlen[383]. Warum aber diese Betroffenheit der Versicherten den Schutzbereich der Grundrechte eröffnen soll, nicht jedoch die Betroffenheit der Leistungserbringer, bleibt unklar[384].

Auch bezüglich der Veröffentlichung der Festbeträge kann eine Beeinträchtigung des Schutzbereichs nicht von vornherein mit dem Hinweis auf die bestehenden Defizite auf dem Arzneimittelmarkt und die notwendige Schaffung von Transparenz abgelehnt werden. Denn der Schutzbereich von Art. 12 Abs. 1 GG erfasst Maßnahmen mit objektiv berufsregelnder Tendenz, ohne dass es darauf ankommt, ob der konkrete Markt transparent oder intransparent ist. Wie das Bundesverwaltungsgericht in einer Entscheidung zutreffend ausführte, herrsche wegen der erschwerten Überschaubarkeit eines Warenangebots zum einen noch kein „marktwirtschaftwidriger" Zustand, zum anderen schütze Art. 12 Abs. 1 GG jede erlaubte und nicht bloß eine „marktwirtschaftskonforme" Tätigkeit[385]. Das Grundgesetz enthält gerade keine Festlegung einer bestimmten Wirtschafts-

---

380 Vgl. oben unter II. 1 a).

381 Siehe im ersten Teil unter III. 1 b.

382 *Fahlbusch,* SGb 2003, S. 464 (466).

383 *Fahlbusch,* SGb 2003, S. 464 (466).

384 *Fahlbusch,* a.a.O., ebenda.

385 BVerwGE 71, 183 (195).

ordnung. Folglich können gesetzgeberische Versuche zur Herstellung eines funktionsfähigen Marktes auch nicht von vornherein aus dem Schutzbereich von Art. 12 GG ausgeklammert werden. Es ist vielmehr eine Frage der Rechtfertigung von Eingriffen in Grundrechte, ob derartige Maßnahmen zur Erreichung dieses Ziels notwendig sind.

Festzuhalten bleibt somit, dass die Festbeträge entgegen der Ansicht des Bundesverfassungsgerichts die Leistungserbringer nicht bloß reflexartig betreffen. Es handelt sich vielmehr um indirekt wirkende Regelungen mit objektiv berufsregelnder Tendenz. Als solche berühren sie den Schutzbereich des Art. 12 Abs. 1 GG.

b. Rechtfertigung

Bei der Frage der Rechtfertigung muss zwischen den verschiedenen Festsetzungsverfahren differenziert werden, da der Eingriff jeweils auf einer anderen gesetzlichen Grundlage im Sinne von Art. 12 Abs. 1 S. 2 GG erfolgt.

aa. Festsetzungsverfahren nach §§ 35, 36 SGB V

In die Berufsausübungsfreiheit kann unabhängig von den inhaltlichen Voraussetzungen einer Rechtfertigung nach Art. 12 Abs. 1 S. 2 GG stets nur durch oder auf Grund eines Gesetzes eingegriffen werden. Dies soll gewährleisten, dass der allein der zuständige Gesetzgeber prüft und entscheidet, in welchem Umfang und aus welchen Gründen das Freiheitsrecht des einzelnen zurückzutreten hat[386]. Die §§ 35, 36 SGB V sind als Ermächtigungsgrundlagen zwar Gesetze in formellem Sinne, der Umfang der Grundrechtsbeeinträchtigung ergibt sich aus ihnen jedoch nicht. Der Gesetzgeber verweist vielmehr auf die Entscheidungen der Krankenkassenverbände, welche die Festbeträge und damit die Intensität der Grundrechtsbeeinträchtigung festlegen. Diese dynamische Verweisung auf Entscheidungen anderer Kompetenzträger gewährleistet keine eigenverantwortliche Prüfung und Entscheidung durch den Gesetzgeber[387]. Die §§ 35, 36 SGB V genügen daher nicht den Anforderungen, die an eine Berufsregelung durch Gesetz zu stellen sind.

Es kommt somit nur noch eine Regelung der Berufsausübung auf Grund eines Gesetzes, also durch Exekutivrecht auf der Grundlage einer einfachgesetzlichen Ermächtigung in Betracht. Die §§ 35, 36 SGB V ermächtigen die Kassenver-

---

[386] Sachs-*Tettinger*, Art. 12 Rn. 83 m.w.N.

[387] BVerfGE 47, 285 (313).

bände aber nicht zum Erlass untergesetzlicher Regelungen, sondern verweisen auf Entscheidungen sozialversicherungsrechtlicher Gremien. Bereits kurz nach Einführung der Festbetragsregelung wurde daher die verfassungsrechtliche Zulässigkeit einer solchen Gesetzesverweisung in der Wissenschaft angezweifelt[388]. Das Bundessozialgericht hat sich 1995 in seinem Vorlagebeschluss an das Bundesverfassungsgericht dieser Meinung angeschlossen und die Ansicht vertreten, dass die Ermächtigung des § 35 SGB V gegen die Prinzipien der Rechtsstaatlichkeit und Demokratie verstoße[389].

Das Bundesverfassungsgericht hatte diese Frage – da es eine Grundrechtsbetroffenheit der Leistungserbringer verneinte – nur vor dem Hintergrund des möglichen Verstoßes gegen die Berufsausübungsfreiheit der Ärzte und der Handlungsfreiheit der Versicherten zu erörtern. Es vertrat in seinem Urteil vom 17.12.2003 die Ansicht, dass die vom Gesetzgeber vorgenommene Einordnung der Festbetragsfestsetzung als Verwaltungsakt in Form einer Allgemeinverfügung verfassungsrechtlich nicht zu beanstanden sei: Der Entscheidungsspielraum der Spitzenverbände bei der Festsetzung sei durch die in den §§ 35, 36 SGB V niedergelegten Kriterien hinreichend bestimmt[390]. Dass die Regelung an einen unbestimmten Personenkreis gerichtet sei, sei unschädlich, sofern der Personenkreis im Anwendungszeitpunkt bestimmbar sei[391]. Das Bundesverfassungsgericht hat dies zwar nicht explizit geprüft, es ging jedoch ganz offensichtlich davon aus, dass insoweit keine Bedenken bestehen.

Es ist jedoch durchaus zweifelhaft, ob die Voraussetzungen einer personenbezogenen Allgemeinverfügung gemäß § 31 S. 2, 1. Alt. SGB X bei der Festbetragsfestsetzung vorliegen. Im Zeitpunkt der Festsetzung ist der betroffene Personenkreis nämlich weder nach allgemeinen Merkmalen bestimmt noch bestimmbar: Die Festbetragsfestsetzung gilt auch für zukünftig hinzutretende Versicherte und damit auch für künftige Leistungsfälle, die in ihrer Anzahl nicht bestimmbar sind[392]. Auch die Voraussetzungen einer sachbezogenen Allgemeinverfügung gemäß § 31 S. 2, 2. Alt. SGB X liegen nicht vor. Denn bei den dort umschriebenen Verwaltungsakten (beispielsweise der Widmung einer Straße) muss die Sache, auf die sich die Regelung bezieht, eindeutig individualisierbar sein. Wie das Bundessozialgericht zutreffend ausführte, gelten die Festbeträge jedoch für abstrakt – im Fall der Arzneimittel beispielsweise mit Wirkstoffen – umschriebene

388 *Manhardt*, Festbetragsregelung, S. 88 ff.
389 BSG NZS 1995, S. 502 ff.
390 BVerfG NJW 2003, S. 1232 (1235).
391 BVerfG a.a.O., ebenda.
392 BSG NZS 1995, S. 502 (510); darüber hinaus gilt sie auch für nach Festsetzung der Festbeträge neu hinzutretende Leistungserbringer.

Arznei- oder Hilfsmittel und erfassen auch solche Mittel, die erst nach Festsetzung der Festbeträge hergestellt werden[393]. Die Festbeträge beziehen sich somit weder im Hinblick auf den erfassten Personenkreis noch im Hinblick auf die erfassten Arznei- oder Hilfsmittel auf einen konkreten Einzelfall[394]. Es handelt sich im Kern um eine abstrakt-generelle Regelung und damit um Normsetzung[395].

Die Übertragung von Normsetzungsbefugnisse auf die Exekutive lässt das Grundgesetz allerdings nur unter den abschließenden Voraussetzungen des Art. 80 Abs. 1 GG zu. Die Krankenkassenverbände sind unter den dort genannten bundesgesetzlichen Ermächtigungsadressaten nicht aufgeführt, so dass eine Interpretation der §§ 35, 36 SGB V als Verordnungsermächtigung schon aus diesem Grunde ausscheidet[396]. Schließlich kann die Festbetragsfestsetzung auch nicht als Satzungserlass bewertet werden, da Satzungsrecht bei körperschaftlicher Struktur des Satzungsgebers regelmäßig nur für die Mitglieder gilt. Es kann daher nicht, auch nicht mittelbar gegen die Anbieter wirken, da diese in den die Festbeträge erlassenden Gremien nicht vertreten sind[397].

Letztlich wurden mit den §§ 35, 36 SGB V somit ohne verfassungsmäßige Grundlage bzw. ohne Einhaltung der Kriterien zur Delegation von Gesetzgebungsbefugnissen vom Gesetzgeber Rechtssetzung auf die Krankenkassenverbände übertragen. Dies verstößt gegen das Demokratieprinzip, welches die Gesetzgebung allein demokratisch legitimierten Staatsorganen zuweist[398]. Zugleich wird gegen den dem Rechtsstaatsprinzip zuzurechnenden Grundsatz der Gewaltenteilung verstoßen. Vor dem Hintergrund dieser in den Art. 20 und Art. 80 Abs. 1 niedergelegten Begrenzungen des Gesetzgebers zur Ermächtigung zur Rechtssetzung muss die das Grundrecht der Berufsfreiheit der Leistungserbringer berührende Festbetragsfestsetzung in legislatorischer Form, etwa in Form einer Rechtsverordnung erfolgen[399].

Das in den §§ 35, 36 SGB V geregelte Festsetzungsverfahren ist daher entgegen der Ansicht des Bundesverfassungsgerichts formell verfassungswidrig. Da ein

---

393 BSG a.a.O., S. 502 (510).

394 BSG a.a.O., ebenda.

395 BSG a.a.O., S. 502 (508); *Manhardt*, Festbetragsregelung, S. 80.

396 BSG a.a.O., S. 502 (512); *Manhardt*, a.a.O., ebenda; *Schwerdtfeger*, Verfassungsrechtliche Grenzen, S. 27 (43), in: Freiheit und Bindung.

397 BSG NZS 1995, S. 502 (512).

398 *Manhardt*, Festbetragsregelung, S. 90.

399 *Manhardt*, a.a.O., ebenda; a.A. LSG NRW, Urteil vom 14.08.2003, Az.: L 16 KR 22/99.

Eingriff in den Schutzbereich des Art. 12 Abs. 1 GG nur aufgrund eines formell ordnungsgemäß zustande gekommenen Gesetzes erfolgen darf, scheidet eine Rechtfertigung schon aus diesem Grunde aus. Den betroffenen Herstellern steht daher ein auf Art. 12 Abs. 1 GG gestützter Abwehranspruch zu.

bb. Festsetzungsverfahren nach § 35a SGB V

Die Ermächtigungsgrundlage des § 35a SGB V entspricht dagegen in formaler Hinsicht den Anforderungen des Art. 80 Abs. 1 GG, da sie die Normsetzungsbefugnis an den Bundesminister für Gesundheit und damit an einen der genannten Ermächtigungsadressaten überträgt. Die Festsetzung der Festbeträge durch Rechtsverordnung wird dem beschriebenen abstrakt-generellen Charakter der Regelung gerecht. Der Eingriff in die Berufsfreiheit ist daher gerechtfertigt, wenn er hinreichenden Gründen des Allgemeinwohls dient und verhältnismäßig ist.

Der Zweck der Festbetragsfestsetzung für Arzneimittel nach § 35a SGB V liegt ebenfalls in der Sicherung der finanziellen Stabilität der gesetzlichen Krankenversicherung, welche grundsätzlich staatliche Berufsausübungsregelungen rechtfertigt. Da die Festbeträge dazu führen, dass die Hersteller zur Erhaltung ihrer Marktchancen die Preise senken, sind sie grundsätzlich geeignet, das Ziel einer Kostensenkung zu erreichen[400]. Sie sind aber auch erforderlich, da keine alternative Regelung ersichtlich ist, welche einen geringeren Eingriff darstellt und bei der gleichzeitig eine gleichwertige Kostendämpfung erzielt werden kann. Schließlich ist bei der Frage der Zumutbarkeit entsprechend der Kontrolle bei der Positiv- und Negativliste auch hier von einer typisierenden Betrachtungsweise auszugehen: Angesichts des hohen Rangs der Gemeinwohlaufgabe ist es nicht zu beanstanden, wenn einzelne Hersteller von der Regelung besonders stark betroffen werden, solange sachgerecht und nicht willkürlich differenziert wird. Letzteres ist angesichts der Auswahlkriterien des § 35a Abs. 1, 5 SGB V nicht anzunehmen. Die Festbetragsregelung nach § 35a SGB V greift daher nicht unzumutbar in die Berufsausübungsfreiheit der Arzneimittelhersteller ein.

2. Art. 14 Abs. 1 GG

Parallel zu der Rechtslage beim Ausschluss von Produkten von der Verordnungsfähigkeit scheidet auch bei der Festbetragsregelung ein Eingriff in das Recht am eingerichteten und ausgeübten Gewerbebetrieb aus. Denn die Festbeträge beeinträchtigen nur die Erwartung, auch zukünftig im Rahmen des bisheri-

400 Ausführlich *Manhardt*, Festbetragsregelung, S. 111 ff.

gen Umfanges Arzneimittel auf Kosten der gesetzlichen Krankenversicherung absetzen zu können. Die Beeinträchtigung von in der Zukunft liegenden Chancen und Verdienstmöglichkeiten unterfällt aber nicht dem Schutzbereich des Art. 14 Abs. 1 GG[401].

3. Art. 3 Abs. 1 GG

Die Festbetragsfestsetzung erfolgt jeweils für Arzneimittelgruppen. Hersteller, deren Produkte in eine der Gruppen fallen, werden zu Preissenkungen auf Festbetragsniveau gezwungen. Darin liegt eine Ungleichbehandlung im Verhältnis zu anderen Herstellern, für deren Produkte keine Festbeträge festgesetzt worden sind. Mit dem Ziel der Kostensenkung wird jedoch ein legitimer Zweck verfolgt, wobei die Festbetragsfestsetzung zur Erreichung dieses Zwecks geeignet und auch sachgerecht ist. Knüpft der Gesetzgeber die mit der Festbetragsfestsetzung verbundene Preisbeeinflussung an therapeutische Kriterien, ist dies im Hinblick auf den Gestaltungsspielraum nicht zu beanstanden[402]. Ob auch andere Regelungen denkbar wären, welche dem Gleichheitssatz genauso gut oder sogar besser entsprechen, ist nicht entscheidend[403]. Demnach verstößt die Festbetragsregelung nicht gegen Art. 3 Abs. 1 GG.

IV. Wettbewerbsbeschränkendes Marktverhalten der Krankenkassen

Grundrechtliche Abwehransprüche kommen regelmäßig dann in Betracht, wenn einzelne Krankenkassen ohne gesetzliche Grundlage in rechtlich geschützte Positionen der Anbieter eingreifen. Als Anknüpfungspunkt für einen verfassungsrechtlichen Schutz der Anbieter kommt bei den im Rahmen dieser Untersuchung als „wettbewerbsbeschränkendes Marktverhalten" bezeichneten Verhaltensweisen zum einen Art. 12 Abs. 1 GG, zum anderen der allgemeine Gleichheitssatz des Art. 3 Abs. 1 GG in Betracht.

1. Art. 12 Abs. 1 GG

Verweist eine Krankenkasse ihre Versicherten auf einen bestimmten Anbieter, ruft sie zum Boykott eines bestimmten Anbieters auf oder benachteiligt sie auf andere Weise einen einzelnen Anbieter, so bedeutet dies für die Betroffenen an-

---

401 A.A. *Manhardt*, Festbetragsregelung, S. 126 f., die davon ausgeht, dass bei den Arzneimittelherstellern durch die Konzentration auf den Hauptabnehmerkreis der gesetzlichen Krankenversicherungen als Folge des Sachleistungsprinzips ein eigentumsrechtlich bedeutsamer Vertrauenstatbestand geschaffen wurde.

402 *Manhardt*, Festbetragsregelung, S. 138 ff.

403 BVerfGE 3, 162 (182).

gesichts des Marktanteils der Krankenkassen eine schwerwiegende Beeinträchtigung ihrer Berufsausübungsfreiheit[404]. Dabei wird die für einen Eingriff notwendige berufsregelnde Tendenz der Maßnahme regelmäßig zu bejahen sein[405]. Der gezielte Verweis von Versicherten oder Ärzte an bestimmte Anbieter beispielsweise richtet sich zwar nicht direkt im Sinne eines finalen Eingriffs an die Grundrechtsträger. Die Umsatzeinbußen der übrigen Anbieter werden von der Krankenkasse jedoch gezielt in Kauf genommen, um die Einsparung eigener Kosten zu erreichen. Das gleiche gilt für einen Boykottaufruf hinsichtlich des verrufenen Unternehmens. Hier wie auch bei der Empfehlung ist es gerade Sinn und Zweck der Verhaltensweise, dass der Adressat der Empfehlung oder des Boykottaufrufs auf die Auswahl des genannten Anbieters verzichtet. Auch bei der Verweigerung der Direktabrechnung mit einzelnen Anbietern beispielsweise werden diese nicht nur reflexartig, sondern direkt als Adressaten einer Maßnahme mit berufsregelnder Tendenz betroffen.

Eine Rechtfertigung dieser Verhaltensweisen scheidet in der Regel aus, da es an der hierfür notwendigen gesetzlichen Grundlage fehlt. Die Krankenkassen können sich nur auf das allgemeine Wirtschaftlichkeitsgebot berufen, dass jedoch Eingriffe in grundrechtlich geschützte Positionen nicht zu rechtfertigen vermag[406]. Nur wenn eine spezielle, das Wirtschaftlichkeitsgebot konkretisierende Ermächtigungsgrundlage besteht, wird dem Gesetzesvorbehalt des Art. 12 Abs. 1 S. 2 GG genüge getan. Dies ist nur bei der Information der Versicherten und Ärzte über preisgünstige Anbieter nach Maßgabe des § 127 Abs. 3 SGB V bzw. § 305a SGB V der Fall, sofern die Krankenkassen nicht den eingeräumten Ermächtigungsspielraum überschreiten. Den betroffenen Anbietern steht daher ein grundrechtlicher Abwehranspruch gegen die Krankenkassen zu.

2. Art. 3 Abs. 1 GG

Mit der Behinderung einzelner Anbieter durch die beispielhaft aufgeführten Verhaltensweisen verstoßen die Krankenkassen zugleich gegen ihre aus Art. 3 Abs. 1 GG folgende Pflicht zur Gleichbehandlung der untereinander im Wettbewerb stehenden Anbieter[407]. Mangels Ermächtigungsgrundlage können die Krankenkassen keinen sachlichen Grund geltend machen, der die gezielte Ungleichbehandlung einzelner Anbieter tragen könnte. Die betroffenen Anbieter können sich daher auch auf Art. 3 Abs. 1 GG zum Schutz vor entsprechenden Verhaltensweisen der Krankenkassen berufen.

---

404 *Knispel*, NZS 2001, S. 466 (471).
405 Siehe bereits unter III. 1 a.
406 BSGE 77, 119 (122).
407 *Boecken*, NZS 2000, S. 269 (276).

V. Zusammenfassung

Grundrechtliche Abwehransprüche können in erster Linie auf die Verletzung des Art. 12 Abs. 1 GG gestützt werden. Die Steuerungsinstrumente und das wettbewerbsbeschränkende Marktverhalten der Krankenkassen mit dem Ziel der Kostendämpfung beeinträchtigen wegen ihrer berufsregelnden Tendenz regelmäßig die Berufsausübungsfreiheit der Anbieter, und zwar auch dann, wenn sie sich primär an die Versicherten und Ärzte richten, mittelbar aber auf die Leistungserbringer auswirken. In der Mehrzahl der beispielhaft aufgeführten Wettbewerbsbeschränkungen ist der Grundrechtseingriff jedoch im Hinblick auf das höherrangig zu bewertenden Interesse an der Sicherung der finanziellen Stabilität der gesetzlichen Krankenversicherung gerechtfertigt. Dies beruht auf der Tatsache, dass der Wettbewerb gerade nicht als objektives Prinzip von der Verfassung geschützt wird, so dass im Rahmen der Abwägung regelmäßig auch allgemeine wirtschafts- und sozialpolitische Erwägungen zu berücksichtigen sind. Grundrechtliche Abwehransprüche bestehen daher nur bei dem ohne Ermächtigungsgrundlage vorgenommenen wettbewerbsbeschränkenden Marktverhalten einzelner Krankenkassen, dem Verordnungsausschluss durch Arzneimittelrichtlinien und, wegen der formellen Verfassungswidrigkeit der §§ 35, 36 SGB V, bei der Festbetragsfestsetzung durch die Krankenkassenverbände.

§ 3 Ergebnis zu Teil 2

Festzuhalten bleibt, dass mit der Neufassung des § 69 SGB V durch das Gesundheitsreformgesetz 2000 der bis dahin gewährleistete Schutz des Wettbewerbs vor Eingriffen im Rahmen der Leistungsbeschaffung eingeschränkt wurde. Bis zu dieser Neuregelung war davon auszugehen, dass die Beschaffungstätigkeit der Krankenkassen, unabhängig von ihrer Rechtsnatur anhand der Normen des GWB und UWG überprüft werden kann, sofern nicht spezialgesetzliche Ermächtigungsgrundlagen diese Tätigkeit im Einzelfall einer wettbewerbsrechtlichen Kontrolle entziehen. Schadensersatz- und Unterlassungsansprüche auf Grundlage des GWB bzw. UWG konnten die betroffenen Anbieter daher insbesondere gegen die sozialrechtlich unzulässige Diskriminierung bzw. Ungleichbehandlung durch die Krankenkassen und gegen die Überschreitung eingeräumter Kompetenzen geltend machen. Diesen Ansprüchen ist seit dem 01.01.2000 die Grundlage entzogen, da § 69 SGB V als Bereichsausnahme für den Bereich der Leistungsbeschaffung materiell die Anwendbarkeit des nationalen Kartell- und Lauterkeitsrechts ausschließt. Diese sachlich nicht gerechtfertigte Ungleichbehandlung der Anbieter verstößt zwar gegen Art. 3 Abs. 1 GG. Daraus folgt aber nicht zwangsläufig die Nichtigkeit der Bereichsausnahme, da der Gesetzgeber den materiellen Ausschluss des Wettbewerbsrechts auch auf andere Bereiche der Sozialversicherung ausweiten und so die Ungleichbehandlung beseitigen kann. Auch die Grundrechte vermögen den Wettbewerb nicht in ausreichender Weise gegen Beschränkungen zu schützen, da das Ziel der Sicherung der finanziellen Stabilität der gesetzlichen Krankenversicherung Beschränkungen der Grundrechte in der Regel rechtfertigen kann. Das nationale Recht vermag Wettbewerbsbeschränkungen im Rahmen der Leistungsbeschaffung somit nur in unzureichender Weise zu erfassen. Weitergehende Grenzen für solche Beschränkungen können sich nur noch aus dem europäischen Gemeinschaftsrecht ergeben.

Teil 3 – Der Schutz des Wettbewerbs bei der Leistungserbringung nach europäischem Recht

Der Grundsatz des unverfälschten Wettbewerbs steht in engem Zusammenhang mit den Grundfreiheiten, die einen von internen Behinderungen freien, vereinigten Wirtschaftsraum schaffen sollen[1]. Daher sind zuerst mögliche Grenzen für Beschränkungen aus den Grundfreiheiten zu erörtern, bevor näher auf die Wettbewerbsregeln für Unternehmen einerseits und die Bindung der Mitgliedstaaten an dieselben andererseits eingegangen wird. Anhand der so ermittelten Grenzen lassen sich dann die Beispiele für Wettbewerbsbeschränkungen bei der Leistungsbeschaffung konkret auf ihre wettbewerbsrechtliche Zulässigkeit hin untersuchen. Der Schwerpunkt der Untersuchung wird bei der Frage liegen, ob und gegebenenfalls wie sich die festgestellten Verstöße über die im EG-Vertrag vorgesehenen Ausnahmen rechtfertigen lassen. Zudem wird zu erörtern sein, inwieweit hoheitliche Maßnahmen außerhalb des bisher anerkannten Bereichs mitgliedstaatlicher Verpflichtungen auf ihre Vereinbarkeit mit dem Prinzip unverfälschten Wettbewerbs überprüft werden können.

Im Hinblick auf die hier erörterten Wettbewerbsbeschränkungen ist auf eine im Vergleich zum GWB wichtige Beschränkung des Schutzumfanges einzugehen. Für eine Sanktionierung von Verhaltensweisen von Staaten oder Unternehmen ist stets erforderlich, dass ein gemeinschaftsweiter Bezug der Maßnahme festgestellt werden kann. So ist beispielsweise bei der Waren- und Dienstleistungsfreiheit ein grenzüberschreitendes Element notwendig: Die Art. 28, 30 EG gelten nur für den Waren- und Dienstleistungsverkehr zwischen den Staaten[2]. Ähnlich stellen die Art. 81, 82 EG darauf ab, ob die wettbewerbsbeschränkenden Verhaltensweisen geeignet sind, den Handel zwischen den Mitgliedstaaten zu beeinträchtigen. Wettbewerbsbeschränkende Verhaltensweisen der Krankenkassen oder ihrer Verbände, welche diese Voraussetzungen nicht erfüllen, können nicht mittels der europäischen Wettbewerbsregeln sanktioniert werden.

§ 1 Die Grundfreiheiten als Grenzen für Eingriffe in den Wettbewerb

Die Grundfreiheiten des EG-Vertrages beinhalten auch eine wettbewerbsbezogene Komponente: Sie sollen staatliche Hindernisse im Warenverkehr zwischen den Mitgliedstaaten ausschalten und damit einen gemeinschaftsweiten freien Wettbewerb ermöglichen[3]. Letzterer wird insoweit auch durch die Grund-

---

1 Näher zum Zusammenhang von Wettbewerbsregeln und Grundfreiheiten Groeben-*Schröter*, Vorbem. Art. 85 bis 94, Rn. 13; Schwarze-*Brinker*, Art. 81 EG Rn. 1.
2 *Bleckmann*, Europarecht, Rn. 1471; Callies/Ruffert-*Epiney*, Art. 28 Rn 43.
3 Lenz-*Lux*, Art. 28 EG Rn. 4.

freiheiten geschützt[4]. Wegen des allgemeinen Vorrangs des Gemeinschaftsrechts und der unmittelbaren Geltung der Grundfreiheiten[5] sind nationalen Regelungen, die gegen die Grundfreiheiten verstoßen, die Wirkung zu versagen. Die Eingriffe in den Wettbewerb im Zusammenhang mit der Leistungsbeschaffung könnten daher an den durch die Grundfreiheiten aufgestellten Verboten scheitern.

I. Grenzüberschreitung und territoriale Begrenzung der Leistungserbringung

Die Mitgliedstaaten sind wie bereits erörtert allein zur Ausgestaltung ihrer Sozialversicherungssysteme befugt. Dies beinhaltet jedoch keinen Freibrief für eine Ausgestaltung, die gegen die Grundsätze des Gemeinschaftsrechts verstößt. Wie der Gerichtshof ausgeführt hat, haben die Mitgliedstaaten bei der Ausübung dieser Befugnis das Gemeinschaftsrecht zu beachten[6]. Die Zugehörigkeit einer Regelung zum Bereich der sozialen Sicherheit schließt die Anwendung der Grundfreiheiten daher nicht aus.

Für deren Anwendung ist nach dem oben Gesagten aber Voraussetzung, dass im Rahmen der Nachfrage nach Gesundheitsleistungen die Leistungserbringung über die Grenze erfolgt. Ein solcher Gemeinschaftsbezug ist in Teilen des Bereichs der Leistungserbringung bereits der Regelfall, etwa in der Pharmabranche[7]. In anderen Bereichen, insbesondere bei Hilfsmitteln und zahnmedizinischen Leistungen ist eine grenzüberschreitende Leistungserbringung, gerade in grenznahen Gebieten, ebenso denkbar. Nicht unwesentlich erschwert wird diese grenzüberschreitende Leistungserbringung allerdings durch § 18 SGB V, der eine Nachfrage nach Gesundheitsleistungen im Ausland nur bei einer vorherigen Genehmigung durch die Krankenkasse gestattet. Diese mit dem Stichwort territoriale Begrenzung der Leistungserbringung bezeichnete Beschränkung der grenzüberschreitenden Nachfrage war und ist auch in anderen Mitgliedstaaten üblich und hat sich neben der Frage der Anwendbarkeit der Wettbewerbsregeln zu einem zweiten Konfliktfeld zwischen nationalem Sozialrecht und Gemeinschaftsrecht entwickelt. Ist die Entgegennahme von medizinischen Leistungen außerhalb des Beschäftigungs- und Wohnstaates dem Versicherten nur unter Be-

---

[4] EuGH Slg. 1985, 1 (30) Rn. 9 – Leclerc/Au blé vert; Slg. 1991, I-1223 (1269) Rn. 41 - Frankreich/Kommission.

[5] EuGH Slg. 1964, 1251 (1275) – Costa/ENEL.

[6] EuGH Slg. 1998, I-1931 (1943) Rn. 19– Raymond Kohll/Union des caisses de maladie; Slg. 1998, I-1831 (1881) Rn. 23 – Nicolas Decker/Caisse de maladie des empolyés privés.

[7] Auf dem deutschen Apothekenmarkt halten ausländische Konzerne mit ihren deutschen Tochter- und Betriebsfirmen 59,1 % des Umsatzes, vgl. BPI, Pharma Daten 2001, S. 13.

schränkungen möglich, berührt dies gleichzeitig die Grundfreiheiten der im Ausland ansässigen Leistungsanbieter.

Nachdem in der Literatur bereits länger schon Zweifel an der gemeinschaftsrechtlichen Zulässigkeit dieser Beschränkung geäußert wurden[8], stellte schließlich 1998 der Europäische Gerichtshof in seinen Urteilen „Kohll" und „Decker" fest, dass die generelle Genehmigungspflicht die ausländischen Leistungsanbieter behindere und daher nicht mit den Grundfreiheiten vereinbar sei[9]. Die allein an die Auslandsnachfrage anknüpfende generelle Genehmigungspflicht des § 18 SGB V wird spätestens seit diesem Zeitpunkt als gemeinschaftswidrig eingestuft[10]. Zuletzt hat der Gerichtshof erneut klargestellt, dass die Art. 28, 49 EG vollumfänglich Anwendung finden und eine Beschränkung der grenzüberschreitenden Nachfrage nur durch zwingende Gründe des Allgemeinwohls gerechtfertigt werden kann[11]. Eine grundsätzliche Genehmigungspflicht, die allein an den Tatbestand der Auslandsnachfrage anknüpft, ist dagegen nicht mehr haltbar[12].

Der Gesetzgeber hat hier mittlerweile reagiert und mit dem GKV-Modernisierungsgesetz § 13 SGB V dahingehend ergänzt, dass die Versicherten auch Leistungserbringer anderer Staaten im Geltungsbereich der Europäischen Gemeinschaft und des Abkommens über den Europäischen Wirtschaftsraum im Wege der Kostenerstattung in Anspruch nehmen können[13]. Voraussetzung hierfür sind nach dem neuen § 13 Abs. 4 SGB V, dass die Behandlung im Ausland tatsächlich der Erstattung unterliegt. Es dürfen nur solche Leistungserbringer in Anspruch genommen werden, die in dem jeweiligen nationalen Krankenversicherungssystem zur Versorgung berechtigt ist oder die hinsichtlich des Zugangs zum der Ausübung des Berufs einer Richtlinie der EG unterliegen. Der Erstattungsbetrag ist dabei der Höhe nach begrenzt durch die von der Krankenkasse bei einer Erbringung als Sachleistung im Inland zu tragende Vergütung. Krankenhausleistungen dürfen nach § 13 Abs. 5 SGB V dagegen weiterhin nur nach vorheriger Genehmigung der Krankenkasse in einem anderen Staat im Gel-

---

8 *Zechel*, Territorial begrenzte Leistungserbringung, S. 29 f.; *Bieback*, NZS 2001, S. 561 (Fn. 7) m.w.N.

9 EuGH Slg. 1998, I-1931 (1946) Rn. 35; Slg. 1998, I-1831 (1884) Rn. 36; zuletzt EuGH NZS 2001, S. 478 – Smits u. Peerbooms, der allerdings bei Vorliegen zwingender Erfordernisse ein Genehmigungserfordernis mit Art. 59 EG als vereinbar ansah.

10 *Bieback*, NZS 2001, S. 561 (566); *Maydell*, VSSR 1999, S. 3 (12); *Pitschas*, VSSR 1999, S. 221 (227).

11 EuGH NZS 2001, S. 478 (480) – Smits u. Peerbooms; eingehend *Giesen*, Vorgaben des EG- Vertrages, S. 105.

12 *Bieback*, NZS 2001, S. 561 (567); *Kingreen*, ZESAR 2003, S. 199 (201).

13 Art. 1 des GKV-Modernisierungsgesetzes, BGBl. I (2003), S. 2190 (2191).

tungsbereich der Europäischen Gemeinschaft oder des Abkommens über den Europäischen Wirtschaftsraum in Anspruch genommen werden.

II. Die Tragweite des durch die Grundfreiheiten gewährleisteten Schutzes vor Handelsbeschränkungen

Angesichts der Wirkungen der aufgeführten wettbewerbsbeschränkenden Instrumente liegt ein Verstoß gegen die Warenverkehrsfreiheit gemäß Art. 28 EG sowie die Dienstleistungsfreiheit nach Art. 49 EG nahe. Ihr Schutzbereich ist zunächst zu erörtern, bevor in einem zweiten Schritt einem möglichen Verstoß der Steuerungsinstrumente gegen die Grundfreiheiten nachgegangen werden kann. Dabei richten sich die durch die Grundfreiheiten aufgestellten Verbote gegen die gesamte staatliche Hoheitsgewalt der Mitgliedstaaten, einschließlich der mittelbaren Staatsverwaltung[14], unabhängig von der Rechtsform der hier tätigen Einheiten. Entscheidender Gesichtspunkt ist allein die „Staatlichkeit" einer Maßnahme. Als Urheber eines Verstoßes kommen daher auch die Krankenkassen als Körperschaften des öffentlichen Rechts in Betracht.

1. Warenverkehrsfreiheit, Art. 28 EG

a. Anwendungsbereich

Der Schutzbereich der Warenverkehrsfreiheit wird im wesentlichen durch das ausfüllungsbedürftige Merkmal „Maßnahme gleicher Wirkung" bestimmt, das nicht bloß Fälle der Ungleichbehandlung von Einfuhrerzeugnissen erfasst. Der Europäische Gerichtshof hat dem Begriff mit der im „Dassonville"-Urteil[15] entwickelten Grundregel eine wesentlich umfassendere Bedeutung beigemessen. Danach fällt unter den Begriff Maßnahme gleicher Wirkung jede Handelsregelung der Mitgliedstaaten, die geeignet ist, den innergemeinschaftlichen Handel unmittelbar oder mittelbar, tatsächlich oder potentiell zu behindern[16]. Erfasst wird jede staatliche Regelung, sobald sie auch Einfuhrwaren betrifft, auch wenn die ausländische Ware gegenüber einheimischen Produkten nicht diskriminiert wird; Art. 28 EG stellt damit ein umfassendes Beschränkungsverbot dar, das auch bei unterschiedslos wirkende Behinderungen des Warenverkehrs eingreift[17].

---

[14] Schwarze-*Becker*, Art. 28 EG Rn. 83 f.

[15] EuGH Slg. 1974, 837 – Staatsanwaltschaft gegen Benoît und Gustave Dassonville.

[16] EuGH a.a.O., 852 Rn. 5.

[17] EuGH Slg. 1979, 649 – Rewe Zentral-AG/Bundesmonopolverwaltung für Branntwein („Cassis de Dijon"); Schwarze-*Becker*, Art. 28 EGV Rn. 42; Callies/Ruffert-*Epiney*, Art. 28 EGV Rn. 15.

Um nicht jegliche nationale Regelung, die zumindest mittelbar die Absatzmöglichkeiten für Waren betrifft, unter dieses Verbot fallen zu lassen, erfolgte eine Einschränkung der „Dassonville"-Formel durch das „Keck"-Urteil[18] des Europäischen Gerichtshofs. Eine Beschränkung bestimmter Verkaufsmodalitäten, welche alle betroffenen Wirtschaftsteilnehmer rechtlich wie tatsächlich in gleicher Weise berührt unterfällt danach nur noch dann Art. 28 EG, wenn ihre Umsetzung Diskriminierungen hervorruft oder grenzüberschreitende Vermarktungsaktivitäten spezifisch behindert werden[19]. Als Beispiel für solche Beschränkungen von Verkaufsmodalitäten lassen sich vor allem Preisregelungen, etwa in Form von Höchst- oder Mindestpreisen anführen: Sie sind nur dann an Art. 28 EG zu messen, wenn sie im Ergebnis zu einer Benachteiligung der Wareneinfuhr führen[20]. Produktbezogene Regelungen, die sich beispielsweise auf die Aufmachung, Etikettierung, die Verpackung und Zusammensetzung der Ware beziehen, unterfallen dagegen weiterhin der Kontrolle durch Art. 28 EG.

b. Einschränkung durch „zwingende Erfordernisse"

Die Weite der „Dassonville"-Formel führt trotz der Einschränkung durch die „Keck"-Entscheidung dazu, dass praktisch ein Großteil der den innergemeinschaftlichen Warenverkehr berührenden wirtschaftspolitischen Maßnahmen der Mitgliedstaaten vom Verdikt des Art. 28 EG bedroht ist. Dies erscheint insbesondere dann bedenklich, wenn die Mitgliedstaaten mit den Eingriffen gemeinschaftsrechtlich anerkannte Rechtsgüter schützen wollen und eine Harmonisierung durch das Gemeinschaftsrecht auf diesem Gebiet noch nicht erfolgt ist. Art. 30 EG kann zwar zur Lösung dieses Spannungsverhältnisses zwischen dem Grundsatz des freien Warenverkehrs und den mitgliedstaatlichen Regelungsinteressen beitragen, da er Abweichungen vom Verbot des Art. 28 EG erlaubt. Der Ausnahmekatalog ist jedoch abschließend und erfasst zudem nur Schutzzwecke nichtwirtschaftlicher Art[21]. Daher bestand aus Sicht des Gerichtshofs ein Bedarf für weitere, ungeschriebene Rechtfertigungsgründe, um anerkennenswerten Interessen der Mitgliedstaaten Rechnung zu tragen. In der bereits erwähnten „Cassis de Dijon"-Entscheidung hat er ausgeführt, dass Beschränkungen der Warenverkehrsfreiheit auch dann hinzunehmen seien, wenn dies notwendig sei, um „zwingenden Erfordernissen" gerecht zu werden[22]. Rechtstech-

---

18 EuGH Slg. 1993, I-6097 – Strafverfahren gegen Bernard Keck und Daniel Mithouard.

19 EuGH a.a.O., I-6131 Rn. 16; Grabitz-*Leible*, Art. 28 EGV Rn. 30.

20 Schwarze-*Becker*, Art. 28 EGV Rn. 63 f; Lenz-*Lux*, Art. 28 EG Rn. 28.

21 EuGH Slg. 1961, 695 (720) – Kommission/Italien; Slg. 1981, 1625 (1638) Rn. 7 – Kommission/Irland.

22 EuGH Slg. 1979, 649 (662) Rn. 8 – Rewe-Zentral AG/Bundesmonopolverwaltung für Branntwein (Cassis de Dijon).

nisch handelt es sich um eine Einschränkung des Tatbestandes von Art. 28 EG: Das Vorliegen zwingender Erfordernisse schließt eine Qualifikation der mitgliedsstaatlichen Regelung als Maßnahme gleicher Wirkung aus[23]. Voraussetzung ist stets, dass keine abschließende gemeinschaftsrechtliche Regelung auf dem Gebiet besteht und die Regelung unterschiedslos auf einheimische und ausländische Waren angewendet wird. Welche „zwingenden Erfordernisse" dem Grundsatz des freien Warenverkehrs vorgehen, lässt sich nicht abschließend aufzählen. Die im „Cassis"- Urteil und späteren Entscheidungen aufgeführten Beispiele lassen aber den Schluss zu, dass es sich um Interessen des Allgemeinwohls handeln muss[24].

c. Bindung an den Verhältnismäßigkeitsgrundsatz

Das Vorliegen zwingender Erfordernisse führt jedoch nur dann zum Ausschluss einer Maßnahme gleicher Wirkung, wenn der Grundsatz der Verhältnismäßigkeit gewahrt bleibt[25]. Damit knüpft der Gerichtshof an Art. 30 S. 2 EG an, der eine Rechtfertigung ebenfalls von der Beachtung des Verhältnismäßigkeitsprinzips abhängig macht[26]. Das Spannungsverhältnis zwischen Gemeinschaftsinteresse und nationalen Regelungsbedürfnissen, dessen Ausgleich beide Rechtfertigungstatbestände als Ziel haben, lässt sich sinnvoll nur im Wege eines Abwägungsprozesses auflösen[27]. Könnten nationale Ziele ohne Rücksicht auf das Gemeinschaftsrecht durchgesetzt werden, wäre das dem EG-Vertrag zugrunde liegende Konzept eines einheitlichen Wirtschaftsraumes nicht zu verwirklichen. Daher dürfen die Mitgliedstaaten auch bei Verfolgung legitimer Ziele die Grundfreiheiten nur soweit beschränken, wie dies zur Aufgabenerfüllung unbedingt erforderlich ist[28]. Die gewählte Maßnahme muss somit nicht nur objektiv tauglich sein, das in Anspruch genommene Rechtsgut zu schützen. Es darf auch kein milderes Mittel zur Verfolgung der gemeinschaftsrechtlich geschützten Interessen zur Verfügung stehen[29]. Schließlich darf die Maßnahme nicht außer Verhältnis zu der durch sie verursachten Beeinträchtigung anderer Rechtsgüter stehen: Die Vorteile für das geschützte Rechtsgut durch die Maßnahme sind mit

---

[23] Callies/Ruffert-*Epiney*, Art. 28 EGV Rn. 21; *Thier*, Recht des EG-Arzneimittelmarktes, S. 203.

[24] Übersicht bei Grabitz-*Leible*, Art. 28 EGV Rn. 19.

[25] Callies/Ruffert-*Epiney*, Art. 28 EGV Rn. 25; Lenz-*Lux*, Art. 28 EG Rn. 30; Grabitz-*Leible*, Art. 28 EGV Rn. 21.

[26] Grabitz-*Leible*, Art. 30 EGV Rn. 8; zur Verankerung des Verhältnismäßigkeitsprinzips in Art. 30 S. 2 EG *Oppermann*, Europarecht, Rn. 1168.

[27] *Thier*, Recht des EG-Arzneimittelmarktes, S. 208 m.w.N.

[28] Ausführlich zum Grundsatz der Verhältnismäßigkeit im Gemeinschaftsrecht *Schwarze*, Europäisches Verwaltungsrecht, S. 690 ff; *Hirsch*, Verhältnismäßigkeitsprinzip, S. 8 ff.

[29] EuGH Slg. 1976, 613 Rn. 14/18 – De Peijper.

den durch sie verursachten Nachteilen für die Warenverkehrsfreiheit abzuwägen.

In seiner Funktion als Schranke für Eingriffe in die Grundfreiheiten kommt dem Verhältnismäßigkeitsprinzip allerdings nur eine untergeordnete Bedeutung zu. Die zur Begründung der Beschränkungen von den Mitgliedstaaten angeführten nationalen Ziele sind oft das Ergebnis komplexer Entscheidungsprozesse, die verschiedenste wirtschafts-, sozial-, und handelspolitische Erwägungen in Einklang bringen. Wegen ihres Prognosecharakters können Gerichte diese Entscheidungen nur daraufhin überprüfen, ob sie offensichtlich fehlerhaft sind[30]. Bei der Überprüfung von rechtssetzenden Maßnahmen des Gemeinschaftsgesetzgebers hat der Gerichtshof daher einen weiten Ermessensspielraum des Normgebers angenommen[31]. Die Prüfung der Geeignetheit und Erforderlichkeit ermöglicht es danach nur, Extremfälle einer Zweckverfehlung auszuschalten[32]. Dasselbe gilt für die Überprüfung von Maßnahmen der Mitgliedstaaten: Bei der Einschätzung ihrer Wirksamkeit sind in der Regel auch politische Erwägungen zu berücksichtigen, die allein von den Mitgliedstaaten zu treffen sind[33]. Sie sind daher von Gerichten nur auf offensichtliche Fehler hin überprüfbar[34]. Mit dieser Zurückhaltung trägt der Gerichtshof der Tatsache Rechnung, dass die anzustellenden Prognoseentscheidungen oft mit Unsicherheitsfaktoren belastet sind, die eine Überprüfung an den Grundsätzen der Verhältnismäßigkeit erschweren[35]. Er vermeidet es auch, politische Entscheidungen der hierfür zuständigen Mitgliedstaaten über eine Verhältnismäßigkeitsprüfung in Frage zu stellen. Dementsprechend erlangte auch das Merkmal der Angemessenheit in der Praxis des Gerichtshofs kaum Bedeutung, mitgliedstaatliche Maßnahmen scheiterten bisher nur selten daran[36]. Über die Verhältnismäßigkeitsprüfung lassen sich daher nur offensichtlich gemeinschaftsrechtswidrige Lösungen ausscheiden.

---

30 *Edward/Hoskins*, CML Rev. 1995, S. 157 (158).

31 Vgl. Schlussanträge Generalanwalt *Roemer*, Slg. 1973, 393 (400) – Baer-Getreide GmbH.

32 *Schwarze*, Europäisches Verwaltungsrecht, S. 834; *Bach*, Wettbewerbsrechtliche Schranken, S. 262.

33 Callies/Ruffert-*Epiney*, Art. 30 EGV Rn. 53.

34 Vergleichbar ist diese Einschränkung mit dem im deutschen Verwaltungsrecht anerkannten Beurteilungsspielraum bei Prognoseentscheidungen im Bereich des Wirtschaftsrechts, vgl. *Maurer*, Allgemeines Verwaltungsrecht, § 7 Rn. 41.

35 Näher *Schwarze*, Europäisches Verwaltungsrecht, S. 833 ff.

36 Vgl. etwa EuGH Slg. 1979, 2555 (2567) Rn. 15 – Kommission/Bundesrepublik Deutschland.

2. Dienstleistungsfreiheit, Art. 49 EG

Auch die Dienstleistungsfreiheit nach Art. 49 EG wird vom Gerichtshof als umfassendes Beschränkungsverbot verstanden[37]. Art. 49 EG greift immer ein, wenn ein Leistungsanbieter Dienstleistungen in einem anderen Mitgliedsstaat als demjenigen anbietet, in dem er niedergelassen ist, und zwar unabhängig vom Niederlassungsort des Empfängers der Dienstleistung. Erfasst wird damit etwa der Krankenpfleger mit Sitz in einem anderen EG-Land, der zur Erbringung häuslicher Krankenpflege nach Deutschland reist. Nationale Regelungen, welche die Leistung von Diensten zwischen Mitgliedstaaten im Ergebnis gegenüber der Leistung von Diensten im Innern eines Mitgliedsstaates erschweren, verstoßen gegen Art. 49 EG[38]. Eine der „Keck"-Formel vergleichbare Einschränkung des Schutzbereichs hat der Europäische Gerichtshof nicht vorgenommen. Entsprechend der „Cassis"-Formel unterliegen allerdings nicht-diskriminierende Beschränkungen einem aus Art. 49 EG abgeleiteten immanenten Rechtfertigungsvorbehalt[39]. Eine Rechtfertigung ist nur aus zwingenden Gründen des Allgemeininteresses möglich und muss das Verhältnismäßigkeitsgebot waren[40].

III. Anwendung der Grundfreiheiten auf Wettbewerbsbeschränkungen im Rahmen der Leistungsbeschaffung

1. Sicherung der finanziellen Stabilität als „zwingendes Erfordernis"

Soweit nach dem oben Gesagten nationale Maßnahmen verboten sind, führen die Art. 28, 46 EG zu Beschränkungen des sozialpolitischen Gestaltungsspielraumes der Mitgliedstaaten. Die gewählte Ausgestaltung muss im Einklang mit den Anforderungen der Grundfreiheiten stehen[41]. Dennoch bleiben die mitgliedstaatlichen Interessen bei der Verfolgung sozialpolitischer Ziele nicht unberücksichtigt. Bereits in der Entscheidung „Duphar"[42] zur Zulässigkeit einer niederländischen Negativliste für Arzneimittel hat der Gerichtshof eine Befugnis der Mitgliedstaaten anerkannt, Maßnahmen zur Regulierung des Arzneimittel-

[37] EuGH Slg. 1974, 1299 (1311) Rn. 24/26 – van Binsbergen/Bedrijfsvereniging voor de Metaalnijverheid; Slg. 1996, I-6511 (6537) Rn. 25 – Reisebüro Broede/Gerd Sanker.

[38] EuGH NZS 2001, S. 483 (485) – Vanbraekel/ANMC.

[39] Schwarze-*Holoubek*, Art. 49 Rn. 96; Callies/Ruffert-*Kluth*, Art. 50 EGV Rn. 54.

[40] EuGH Slg. 1995, I-4165 (4197) Rn. 37 – Gebhard.

[41] Dies gilt auch im Falle eines nach dem Sachleistungsprinzip organisierten Gesundheitswesens, vgl. EuGH NZS 2001, S. 478 (479) – Smits u. Peerbooms; EuGH ZESAR 2003, S. 223 – Müller-Fauré/van Riet; zustimmend *Bieback*, NZS 2001, S. 561 (564); *Kingreen*, ZESAR 2003, S. 199 (203).

[42] EuGH Slg. 1984, 523 – Duphar/Niederlande.

verbrauchs zu treffen. In den Entscheidungen „Kohll"[43] und „Decker"[44] hat er an diesen Gedanken angeknüpft und angedeutet, dass Beschränkungen der Grundfreiheiten zur Sicherung der von den Mitgliedstaaten verfolgten Ziele zulässig sein könnten. In beiden Fällen hatten luxemburgische Staatsangehörige außerhalb Luxemburgs Gesundheitsleistungen in Anspruch nehmen wollen. Nach einer gesetzlichen Regelung war aber die Erstattung der Kosten, die in einem anderen Mitgliedstaat anfallen, anders als bei den innerhalb des Versicherungsstaats angefallenen von einer vorherigen Genehmigung durch die Krankenkasse abhängig. Mit dieser Genehmigungspflicht sollte die Höhe der zu erstattenden Gesundheitskosten kontrolliert werden. In beiden Fällen wurde die Erstattung verweigert. Der Gerichtshof betonte zunächst, dass rein wirtschaftliche Gründe nicht geeignet seien, Beschränkungen des Warenverkehrs zu rechtfertigen; er führte aber weiter aus, dass eine

„erhebliche Gefährdung des finanziellen Gleichgewichts des Systems der sozialen Sicherheit einen zwingenden Grund des Allgemeininteresses darstellen [kann], der eine solche Beschränkung rechtfertigen kann"[45].

Die näheren Anforderungen an diesen vom Gerichtshof damit als Rechtfertigungsgrund im Sinne der „Cassis"-Rechtsprechung anerkannten finanziellen Interessen der Mitgliedstaaten bleiben allerdings im Dunkeln, da in den beiden entschiedenen Fällen die Erstattung von im Ausland entstandenen Kosten ersichtlich keine negativen Auswirkungen auf die Finanzierung hatte, eine Rechtfertigung somit nicht in Betracht kam. Festzuhalten bleibt aber, dass eine mitgliedsstaatliche Regelung zur Sicherung der finanziellen Stabilität der Krankenversicherung ungeachtet ihrer Auswirkungen auf den innergemeinschaftlichen Handel gerechtfertigt sein kann. Das Ziel der Bewahrung des finanziellen Gleichgewichts eines Systems der sozialen Sicherheit stellt damit ein zwingendes Erfordernis im Sinne der „Cassis"-Rechtsprechung dar[46]. Der Ausgleich zwischen den mitgliedstaatlichen Interessen und dem Grundsatz des freien Warenverkehrs erfolgt dann über die hier vorzunehmende Verhältnismäßigkeitsprüfung.

---

[43] EuGH Slg. 1998, I-1931 – Raymond Kohll/Union des caisses de maladie.
[44] EuGH Slg. 1998, I-1831 – Nicolas Decker/Caisse de maladie des employés privés.
[45] EuGH Slg. 1998, I-1931 (1948) Rn. 41; Slg. 1998, I-1831 (1884) Rn. 39.
[46] Grabitz-*Leible*, Art. 28 EGV Rn. 19; Schwarze-*Becker*, Art. 30 EGV Rn. 55.

2. Ausschluss von Produkten und Dienstleistungen vom Markt

Führen staatliche Regelungen dazu, das bestimmte Produkte schlechthin vom Markt ausgeschlossen werden, so liegt ein Verstoß gegen die Warenverkehrsfreiheit nahe[47].

a. Maßnahme gleicher Wirkung

Es bedarf keiner Erörterung, dass der von der Negativliste bewirkte Ausschluss von Produkten von der Verordnungsfähigkeit bzw. im Fall der Positivliste die abschließende Benennung verordnungsfähiger Arzneimittel eine Maßnahme gleicher Wirkung im Sinne von Art. 28 EG darstellen kann, wenn ausländische Anbieter betroffen sind. Die Steuerungsinstrumente stehen zwar nicht in unmittelbarem Zusammenhang mit der Einfuhr von Arzneimitteln aus anderen Mitgliedstaaten. Sie wirken sich jedoch auf die Möglichkeiten des Absatzes der Erzeugnisse und insofern mittelbar auch auf die Importmöglichkeiten aus. Die Auswahl der ausgeschlossenen Arzneimittel erfolgt produktbezogen und ist damit auch nach der Keck-Rechtsprechung als Beschränkung zu werten. Ähnliches gilt für die Arzneimittelrichtlinien, wenn mit ihnen anhand therapeutischer und damit produktbezogener Kriterien bestimmte Arzneimittel von der Verordnungsfähigkeit ausgeschlossen werden.

b. Rechtfertigung

Dennoch hat der Gerichtshof in der Entscheidung „Duphar" die niederländische Negativliste als mit dem Gemeinschaftsrecht vereinbar angesehen. Nach dieser Liste bestand bei bestimmten Arznei- und Verbandmitteln kein Anspruch des Versicherten auf Gewährung, wenn auf dem Markt jeweils billigere Mittel mit gleicher Wirkung vorhanden waren. Der Gerichtshof wies auf die Besonderheit im Gesundheitsbereich hin, wonach die Sozialversicherungsträger anstelle der Verbraucher die Krankheitskosten tragen. Angesichts dieser Besonderheit sei ein Mitgliedsstaat zur Erhaltung des finanziellen Gleichgewichts der Krankenversicherung und damit auch zur Regulierung des Arzneimittelverbrauchs be-

---

[47] Daneben existiert eine sogenannte „Transparenzrichtlinie" (RL v. 21.12.1988, ABl. EG Nr. L 40/8 ff.), die Erfordernisse für staatliche Kostendämpfungsmaßnahmen bei Humanarzneimitteln aufstellt. Sie bezieht sich unter anderem ausdrücklich auch auf Positiv- und Negativlisten (Art. 6, 7 der RL). Die Richtlinie übernahm die vom Gerichtshof in der Entscheidung „Duhpar" (Fn. 45) aufgestellten Kriterien; die Anforderungen der Richtlinie an Kostendämpfungsmaßnahmen ergeben sich daher schon aus Art. 28 EG, vgl. *Maassen*, Verfassungs- und EG-rechtliche Grundanforderungen, S. 145 (162 f.), in: Bitburger Gespräche 1996.

fugt, ohne damit gegen Art. 28 EG zu verstoßen, wenn bestimmte Voraussetzungen erfüllt werden[48]: Die Listen müssten aufgrund objektiver Kriterien erstellt werden und jede Diskriminierung ausländischer Präparate vermeiden. Ein zulässiges Kriterium sei beispielsweise, ob auf dem Markt andere, billigere Erzeugnisse mit gleicher therapeutischer Wirkung erhältlich sind; auch müsse es möglich sein, die Listen jederzeit zu ändern[49]. Ob der Gerichtshof bereits vor den Entscheidungen „Kohll" und „Decker" damit ein zwingendes Erfordernis im Sinne der „Cassis"-Rechtsprechung berücksichtigt hat oder ob die Ausnahme dogmatisch anderweitig einzuordnen ist, ist in der Literatur umstritten[50]. Deutlich wird jedoch, dass der Gerichtshof nicht nur die bestehenden Kompetenzen der Mitgliedstaaten im Sozialbereich, sondern auch die Besonderheiten der Nachfragespaltung und Kostentragungspflicht der Krankenkassen bei der Leistungserbringung zum Anlass nimmt, Regulierungsmaßnahmen der Mitgliedstaaten zuzulassen, solange sie nicht-diskriminierend angewendet werden.

Gemessen an den im Urteil „Duphar" aufgestellten Kriterien sind Positiv- wie Negativliste mit der Warenverkehrsfreiheit vereinbar. Die Auswahl der Arzneimittel erfolgt nach objektiven und überprüfbaren Kriterien. Maßgebend sind jeweils therapeutischer Nutzen und Preisgünstigkeit[51]. Eine Diskriminierung ausländischer Anbieter erfolgt nicht. Ein Verstoß gegen die Warenverkehrsfreiheit ist daher zu verneinen. Dies gilt auch für den Verordnungsausschluss über Arzneimittelrichtlinien, wenn er anhand der genannten Kriterien erfolgt. Wegen der Rechtfertigung der Handelsbeschränkung können die wettbewerbsbeschränkenden Wirkungen der Maßnahmen nicht über die Warenverkehrsfreiheit sanktioniert werden.

3. Preisregelungen

Preisregelungen können nach den Grundsätzen der „Keck"-Rechtsprechung als allgemeine Verkaufsmodalitäten angesehen werden, die nicht in den Anwendungsbereich des Art. 28 EG fallen. Nationale Preisvorschriften wie Mindest- oder Höchstpreise sind nach Ansicht des Gerichtshofs „als solche" daher noch keine Maßnahmen gleicher Wirkung im Sinne des Art. 28 EG[52]. Dies ist nur

---

[48] EuGH Slg. 1984, 523 (541) Rn. 20 – Duphar/Niederlande.

[49] EuGH a.a.O., 523 (541 f.) Rn. 21/22.

[50] Nachweise bei *Thier*, Recht des EG-Arzneimittelmarktes, S. 262 f.

[51] *Thier*, a.a.O., S. 293; *Plute*, NZS 1993, S. 526 (528, 530).

[52] EuGH Slg. 1978, 25 (39) Rn. 13/15 – van Tiggele; Slg. 1979, 3203 (3229) Rn. 26 – Buys; Slg. 1984, 1797 (1814) Rn. 19 – van de Haar und Kaveka.

dann der Fall, wenn sie geeignet ist, den Verkauf von Waren aus anderen Mitgliedstaaten stärker zu behindern als den Absatz einheimischer Erzeugnisse[53].

a. Kombination von Kollektivverträgen, Höchstpreisfestsetzung und Zulassungsregulierung

Im Kern dient die in den §§ 125 Abs. 2, 127 Abs. 2 SGB V getroffene Ausgestaltung dazu, die vereinbarten Preise umfassend gegenüber den Anbietern als Höchstpreise durchzusetzen. Sie ist damit als Preisregelung zu qualifizieren: Anbieter werden daran gehindert, ihre Ware zu anderen Preisen abzusetzen.

aa. Warenverkehrsfreiheit

Schließt ein ausländischer Anbieter einen Rahmenvertrag mit einem Krankenkassenverband, könnte darin eine Maßnahme gleicher Wirkung liegen, wenn die Wareneinfuhr durch die Regelung besonders behindert wird. Eine solche besondere Belastung könnte etwa dann angenommen werden, wenn die typischerweise mit der Einfuhr verbundenen Kosten nicht ausgeglichen werden könnten[54]. Dies lässt sich bei der Höchstpreisregelung nach § 127 Abs. 2 S. 4 SGB V, die ja durch die staatliche Festsetzung eines ausgehandelten Preises als Höchstpreis charakterisiert ist, nicht generell feststellen, sondern hängt von der konkreten Preisvereinbarung ab. Die Regelung des § 127 Abs. 2 S. 4 SGB V verstößt daher nicht per se gegen die Warenverkehrsfreiheit.

bb. Dienstleistungsfreiheit

Im Rahmen der bei den Heilmittelerbringern betroffenen Dienstleistungsfreiheit scheitert ein Verstoß an dem Umstand, dass die Höchstpreisregelung wie erörtert der Sicherung der finanziellen Stabilität dient und damit einen zwingenden Grund des Allgemeininteresses verfolgt, der Eingriffe in die Dienstleistungsfreiheit zu rechtfertigen vermag[55]. Die in § 125 Abs. 2 S. 4 SGB V getroffene Ausgestaltung ist das mildeste Mittel im Sinne des Verhältnismäßigkeitsprinzips, da sie das Aushandeln der Preise den Vertragspartnern überlässt, und die Bindung anderer Leistungserbringer an diese Preise über die Zulassungsentscheidung zur Sicherung der finanziellen Stabilität notwendig ist.

---

[53] EuGH Slg. 1977, 2115 (2148) Rn 50/54 – GB Inno/ATAB; Slg. 1978, 25 (39) Rn. 13/15.
[54] Vgl. EuGH Slg. 1991, I-1275 (1310) Rn. 7 - Kommission/Belgien.
[55] Lenz-*Hakenberg*, Art. 49/50 EG Rn. 26.

b. Festbeträge

Festbeträge wirken mittelbar wie Höchstpreise und könnten ebenfalls von Art. 28 EG erfasst sein[56]. Als unterschiedslos wirkende Regelung betreffen sie auch Anbieter von Arznei- oder Hilfsmitteln aus anderen Mitgliedstaaten. Bei Geltung der Festbeträge können die Produkte weiterhin vertrieben werden, faktisch allerdings nur zu den von den Festbeträgen vorgegebenen Preisen. Festbeträge sind daher als Preisregelungen zu qualifizieren, für die die bereits erwähnte Regel gilt, dass nur bei einer Behinderung der Importware eine Maßnahme gleicher Wirkung vorliegt. Die Auswahl der Arznei- und Hilfsmittel, für die Festbeträge festgesetzt werden sollen, erfolgt jedoch allein nach therapeutischen Aspekten. Eine Behinderung von Importen erfolgt nicht, da alle am Markt teilnehmenden Mittel, gleich welchen Ursprunges, berücksichtigt werden[57]. Nur wenn im konkreten Einzelfall aufgrund der Höhe der Festbeträge gezielt ausländische Anbieter in negativer Weise betroffen werden, ist der Schutzbereich der Warenverkehrsfreiheit tangiert. Die Festbetragsregelung als solche verstößt daher nicht gegen Art. 28 EG.

4. Wettbewerbsbeschränkungen durch Missbrauch der Nachfragemacht

Ist der Wettbewerbsschutz bei den bisher erwähnten Regelungen nur sehr eingeschränkt über die Grundfreiheiten gewährleistet, muss er für die durch den Missbrauch der Nachfragemacht gekennzeichneten Verhaltensweisen für die Mehrzahl der relevanten Fallgestaltungen ausscheiden. Anders als bei den Rechtsverordnungen oder den bundesweit festgelegten Festbeträgen handelt es sich hier um einzelne Verhaltensweisen in Form von Ungleichbehandlungen oder Boykott einzelner Leistungserbringer. Nur wenn sich diese Ungleichbehandlungen gezielt gegen aus anderen EG-Staaten stammende Unternehmen richten, kommt überhaupt ein Verstoß gegen die Grundfreiheiten in Betracht. Wegen der Diskriminierungswirkung bliebe dann nur eine Rechtfertigung über die eng auszulegende[58] Ausnahmevorschrift des Art. 30 EG.

IV. Zusammenfassung

Es wurde deutlich, dass die Grundfreiheiten kaum geeignet sind, Wettbewerbsbeschränkungen der beschriebenen Art entgegenzuwirken. Primäres Schutzgut

---

[56] Da sowohl die Mitgliedstaaten als auch die Krankenkassen als öffentliche Unternehmen Adressaten des Verbots sind, kommt aus auf die Unterscheidung, ob es sich um eine Festbetragsfestsetzung nach § 35a SGB V oder §§ 35, 36 SGB V handelt, nicht an.

[57] *Plute*, NZS 1993, S. 526 (531).

[58] EuGH Slg. 1981, 1625 (1638) Rn. 7 – Kommission/Irland.

der Art. 28, 49 EG ist nicht der unverfälschte Wettbewerb, sondern der grenzüberschreitende Handel[59]. Es bedarf daher stets einer möglichen Beeinträchtigung dieses Handels durch die staatliche Maßnahme. Liegt diese Beeinträchtigung des Handels nicht vor oder ist sie gerechtfertigt, kann die bloße negative Auswirkung der Verhaltensweisen auf den Wettbewerb nicht zu einem Verstoß gegen die Grundfreiheiten führen: Die den Art. 81 ff. EG zugrundeliegenden Wertungen finden bei der Anwendung der Vorschriften über den freien Warenverkehr keine Beachtung[60].

§ 2 Die Krankenkassen und ihre Verbände als Adressaten der Wettbewerbsregeln

Ausgangspunkt für die Bestimmung des Adressatenkreises der Art. 81 ff EG ist der Begriff des „Unternehmens“, so dass wie im deutschen Recht zunächst der Frage nachgegangen werden muss, ob die Krankenkassen bei der Leistungsbeschaffung im Rahmen des Sachleistungsprinzips als Unternehmen handeln. Dabei sind die im folgenden unter A. dargelegten Kriterien zur Einordnung einer Tätigkeit als unternehmerisch im Sinne der Wettbewerbsregeln weitgehend unstreitig. Schwierigkeiten scheint aber die Einordnung der Tätigkeit der Sozialversicherungsträger zu bereiten, die vielfach bei der Frage der Anwendung der Wettbewerbsregeln einer gesonderten Betrachtung unterworfen werden. Hintergrund sind Entscheidungen des Europäischen Gerichtshofs wie auch des Europäischen Gerichts erster Instanz, welche die Unternehmenseigenschaft von Sozialversicherungsträgern unterschiedlich beurteilt und mit Rücksicht auf bestimmte, von diesen ausgeübten Funktionen auch verneint haben[61]. Unter B. ist daher der Frage nachzugehen, ob die Beschaffungstätigkeit der Krankenkassen im Hinblick auf diese Rechtsprechung als unternehmerische Tätigkeit den Wettbewerbsregeln unterfällt.

A. Unternehmerische Tätigkeit als Voraussetzung für die Anwendung der Wettbewerbsregeln

I. Der funktionale Unternehmensbegriff des Art. 81 EG

Eine den Schutz des Wettbewerbs bezweckende Norm muss hinsichtlich ihres Anwendungsbereichs so gefasst sein, dass sie möglichst alle wettbewerblich relevanten Verhaltensweisen erfasst. Dies macht es erforderlich, auf die konkrete

---

[59] *Bauer*, Wettbewerbsbeschränkungen durch Staaten ? S. 27.
[60] EuGH Slg. 1984, 1797 (1813) Rn. 14 – van de Haar und Kaveka.
[61] Vgl. etwa EuGH Slg. 1993, I-637 (669 f.) – Poucet et Pistre.

Tätigkeit des potentiellen Normadressaten abzustellen, um den Wirkungsbereich der Vorschrift im Interesse des Gemeinsamen Marktes möglichst weit zu halten[62]. In ständiger Rechtsprechung geht der Europäische Gerichtshof daher von einem am Sinn und Zweck der Wettbewerbsregeln orientierten funktionalen Verständnis aus, und versteht unter einem Unternehmen

„jede eine wirtschaftliche Tätigkeit ausübende Einheit, unabhängig von ihrer Rechtsform, von dem Vorliegen einer Gewinnerzielungsabsicht und der Art der Finanzierung“[63].

Der Begriff erfasst damit jede natürliche oder juristische Person in ihrer selbstständigen, auf den Austausch von Waren und Dienstleistungen gerichteten erwerbswirtschaftlichen Tätigkeit[64]. Obwohl der Begriff „Unternehmen“ in den Art. 81 ff EG wie alle Begriffe des Gemeinschaftsrechts autonom und ohne Rückgriff auf nationale Begriffsbildungen auszulegen ist[65], stimmt er im wesentlichen mit dem nationalen Unternehmensbegriff überein. Dies gilt auch für die ebenfalls in den Adressatenkreis aufgenommenen Unternehmensvereinigungen. Auf diese findet Art. 81 EG Anwendung, wenn ihre eigene Tätigkeit oder die ihrer Mitglieder auf die Folgen abzielt, die von den Wettbewerbsregeln unterbunden werden sollen[66]. Die Anwendung der Wettbewerbsregeln hängt somit nicht von irgendwelchen subjektiven oder objektiven Qualitäten oder Zielen des Rechtssubjekts, sondern allein von der von ihm ausgeübten Tätigkeit ab. Daraus ergeben sich im Hinblick auf die Unternehmenseigenschaft der öffentlichen Hand im wesentlichen dieselben Fragen wie im Bereich des GWB.

1. Anwendbarkeit auf öffentliche Unternehmen

Die europäischen Wettbewerbsregeln unterscheiden nicht zwischen privaten und öffentlichen Unternehmen. Es steht daher außer Frage, dass die Wettbewerbsregeln gleichermaßen auf private wie auf öffentlich-rechtliche Unternehmen an-

---

[62] *Gleiss/Hirsch*, Art 85 (1) Rn. 9; Langen/Bunte-*Bunte*, Generelle Prinzipien, Art 81 Rn 5.

[63] EuGH Slg. 1984, 2999 (3016) Rn. 11 – Hydrotherm/Compact; Slg. 1991, I-2010 (2016) Rn. 21 – Höfner u. Elser/Macrotron; Slg. 1994, I-43 (61) Rn. 18 - SAT/Eurocontrol; Slg. 1997, I-7119 (7147) Rn. 21 – Job Centre; ebenso EuG, Slg. 1995, II-17 (35) Rn. 50 – Viho Europe/Kommission; Slg.1992, II-757 (884) Rn. 311 – Shell/Kommission; ebenso Kommission, ABl. 1994 Nr. L 243/1 (45) - Karton.

[64] Kommission, ABl. 1976 Nr. L 254/40 (45) – Reuter/BASF; Schwarze-*Brinker*, Art. 81 Rn. 24.

[65] Immenga/Mestmäcker-*Emmerich*, EG-Wettbewerbsrecht Band 1, Art. 85 Abs. 1 Kap. A Rn. 17.

[66] EuGH Slg. 1980, 3125 (3250) Rn. 88 – Van Landewyck/Kommission; EuGH Slg. 1983, 3369 (3410) Rn. 20 – NV IAZ/Kommission.

zuwenden sind[67]. Dies ist notwendige Konsequenz der funktionalen Betrachtung, die nur auf die Tätigkeit und eben nicht auf die Rechtsform abstellt. Bestätigt wird dies durch Art. 86 Abs. 1 EG und durch die Ausnahmebestimmung des Art. 86 Abs. 2 Satz 1 EG, die keinen Sinn machte, wenn der Vertrag nicht von einer grundsätzlichen Anwendbarkeit der Wettbewerbsregeln auf öffentliche Unternehmen ausginge[68]. Sogar die Mitgliedstaaten selbst können den Wettbewerbsregeln unterfallen, wenn sie sich selbst wirtschaftlich betätigen[69]. Der Gerichtshof hat sowohl staatliche Arbeitsvermittlungsstellen[70] wie auch die Bundesanstalt für Arbeit[71] als Unternehmen im Sinne der Wettbewerbsregeln eingestuft. Zudem gewährleistet nur eine funktionelle Sichtweise unabhängig von der nationalen Qualifikation die gemeinschaftsweit einheitliche Geltung der Wettbewerbsregeln, da andernfalls die Geltung der Wettbewerbsregeln zur Disposition der Mitgliedstaaten stünde[72]. Für die Krankenkassen und ihre Verbände folgt daraus, dass sie trotz ihrer Organisation als Körperschaften des öffentlichen Rechts Unternehmen bzw. Unternehmensvereinigungen sein können[73]. Entscheidend ist allein, ob die Beschaffungstätigkeit als wirtschaftliche Tätigkeit einzustufen ist. Wegen des funktionalen Unternehmensbegriffs ist dabei irrelevant, ob die Körperschaften in anderen Bereichen hoheitlich tätig sind[74].

Im Gegensatz zur Diskussion auf nationaler Ebene ist auch anerkannt, dass es nicht auf die Rechtsform ankommen kann, unter der die wirtschaftliche Betätigung erfolgt[75]. Auf europäischer Ebene ist dies schon deshalb zwingend, weil die rechtliche Ausgestaltung der wirtschaftlichen Betätigung ganz in der Hand der Mitgliedstaaten liegt. Sollen die Wettbewerbsregeln nicht der Disposition der Mitgliedstaaten unterliegen, muss dieser Aspekt daher unberücksichtigt bleiben[76]. Die Wettbewerbsregeln greifen daher auch bei einer öffentlich-

---

67 EuGH Slg. 1994, I-1477 (1518) Rn. 35 – Gemeente Almelo/Energiebedrijf Ijsselmij NV.

68 Grabitz/Hilf-*Stockenhuber,* Art. 81 EGV Rn. 67.

69 Immenga/Mestmäcker-*Emmerich,* EG-Wettbewerbsrecht Band 1 Art. 85 Abs. 1 Kap. A Rn. 28.

70 EuGH Slg. 1997, I-7119 – Job Centre.

71 EuGH Slg. 1991, I-1979 – Höfner u. Elser/Macrotron..

72 *Giesen*, Sozialversicherungsmonopol, S. 113; Immenga/Mestmäcker-*Emmerich,* EG-Wettbewerbsrecht Band 1 Art. 85 Kap. A, Rn. 27.

73 *Zechel*, Territorial begrenzte Leistungserbringung, S. 85; *Gassner*, VSSR 2000, S. 121 (134); ähnlich EuGH WuW/E EU-R 533 (538), bezogen auf die niederländische Rechtsanwaltskammer.

74 Schwarze-*Brinker,* Art. 81 EG Rn. 23; *Steinmeyer*, Wettbewerbsrecht im Gesundheitswesen, S. 4.

75 Statt aller Langen/Bunte-*Bunte,* Art. 81 EG Generelle Prinzipien Rn. 8.

76 *Mestmäcker*, RabelsZ 52 (1988), S. 526 (533 f.); *Neumann*, Kartellrechtliche Sanktionierung, S. 98.

rechtlichen Gestaltung der Leistungsbeziehungen ein, sofern nur die Krankenkassen im Einzelfall eine wirtschaftliche Tätigkeit ausüben[77].

2. Keine Anwendbarkeit bei hoheitlichem Handeln

Mit der weiten Fassung des Unternehmensbegriffs sollen die Lebensbereiche, die nach den gemeinsamen Traditionen der Mitgliedstaaten nicht zum wirtschaftlichen Verkehr gerechnet werden, aus dem Anwendungsbereich der Wettbewerbsregeln ausgeklammert werden[78]. Erfasst werden hier zum einen die Bereiche des privaten Verbrauchs und der Tätigkeit als abhängiger Arbeitnehmer[79], zum anderen die eigentliche Staatstätigkeit im engeren Sinne, die Ausübung von Hoheitsgewalt[80]. Die Tätigkeit des Staates als Gesetz- oder Verordnungsgeber, die Rechtsprechung und behördliches Handeln sind klassische Fälle hoheitlichen Handelns, die im Regelfall nicht der Kontrolle durch die Wettbewerbsregeln unterliegen[81]. Abgrenzungsschwierigkeiten bestehen bei den vielfältigen Tätigkeiten öffentlich-rechtlicher Rechtsträger. Oft vermischt sich hier marktbezogenes Handeln mit hoheitlichen Elementen. Da auch öffentlich-rechtliche Rechtsträger bei wirtschaftlichem Handeln den Wettbewerbsregeln unterliegen, hängt es von einem engen oder weiten Verständnis des Begriffs „hoheitlich" ab, in welchem Umfang dieser Bereich der staatlichen Tätigkeit einer Kontrolle durch die europäischen Wettbewerbsregeln unterliegt. Eine einschränkende Auslegung des Begriffs beeinflusst die Möglichkeiten der Mitgliedstaaten, öffentliche Unternehmen unter Verstoß gegen Wettbewerbsprinzipien zur Verfolgung bestimmter Ziele einzusetzen, und berührt damit den originären Bereich staatlicher Ordnungspolitik. In der Literatur findet sich denn auch der Hinweis, bei der Definition des Begriffs „hoheitlich" müssten die unterschiedlichen Rechtstraditionen und Ordnungspolitiken der einzelnen Mitgliedstaaten im Einzelfall mit dem Gemeinschaftsinteresse in Einklang gebracht werden[82].

Dieses Anliegen einer Berücksichtigung nationaler Interessen darf aber nicht darüber hinwegtäuschen, dass der Begriff „hoheitlich" wie alle Begriffe des Gemeinschaftsrechts gemeinschaftsautonom auszulegen ist. Die Abgrenzung

---

[77] *Emmerich*, Wirtschaftsrecht, S. 376 ff.

[78] Immenga/Mestmäcker-*Emmerich*, EG-Wettbewerbsrecht Band 1, Art. 85 Abs. 1 Kap. A, Rn. 21.

[79] Langen/Bunte-*Bunte*, Art. 81 EG Generelle Prinzipien, Rn. 7.

[80] EuGH Slg. 1975, 699 (713) Rn. 33/35 – Igav/ENCC; Slg. 1988, 2479 (2512) Rn. 18 – Bodson/Pompes funèbres.

[81] *Gleiss/Hirsch*, Art. 85 (1) Rn. 21.

[82] Grabitz/Hilf-*Stockenhuber*, Art. 81 EGV Rn. 70; Immenga/Mestmäcker-*Emmerich*, EG-Wettbewerbsrecht Band 1, Art. 85 Abs. 1 Kap. A Rn. 30.

von wirtschaftlichem zu „hoheitlichem" Handeln muss nach inhaltlichen Kriterien erfolgen und hat sich an dem Ziel der Wettbewerbsregeln, den Wettbewerb als Rationierungsverfahren zu schützen, zu orientieren. Es würde dem von den Art. 81 ff EG verfolgten Ziel einer Beseitigung von Wettbewerbsbeschränkungen aber widersprechen, wenn durch eine großzügige Interpretation des Begriffs „hoheitlich" bereits eine Vielzahl staatlicher Unternehmen aus dem Anwendungsbereich der Wettbewerbsvorschriften ausscheiden. Eine solche Vorgehensweise stünde auch im Widerspruch zu Art. 86 Abs. 2 EG, der zum Ausdruck bringt, dass die Wettbewerbsregeln auf dem Staat nahestehende Unternehmen nur in Ausnahmefällen und unter bestimmten Voraussetzungen keine Anwendung finden[83]. Diese Voraussetzungen würden obsolet, wenn eine Tätigkeit von vornherein als hoheitlich qualifiziert würde. Der Begriff der hoheitlichen Tätigkeit muss daher eng gefasst werden, um den weiten Anwendungsbereich der Wettbewerbsvorschriften zu gewährleisten. Allgemeingültige Kriterien zur Abgrenzung lassen sich nicht aufstellen. Der Blick auf eine Auswahl von Entscheidungen des Gerichtshofs bestätigt aber, dass eine Unternehmenseigenschaft immer dann anzunehmen ist, wenn sich die getroffenen Vereinbarungen auf die Parameter wirtschaftlicher Tätigkeit beziehen:

Wie der Gerichtshof in bezug auf die Arbeitsvermittlungstätigkeit der Bundesanstalt für Arbeit entschieden hat, spricht es nicht gegen die wirtschaftliche Natur einer Tätigkeit, dass diese normalerweise öffentlich-rechtlichen Anstalten übertragen ist[84]. Die Bundesregierung und die Beklagte hatten vorgetragen, dass die Bundesanstalt eine ausschließlich staatliche Aufgabe im Allgemeininteresse ohne Verfolgung eines wirtschaftlichen Zwecks erfülle. Die Arbeitsvermittlung unterliege daher nicht dem Wettbewerb[85]. Der Gerichtshof hat die Arbeitsvermittlung dagegen als wirtschaftliche Tätigkeit qualifiziert. Ist diese Tätigkeit nicht immer von öffentlichen Einrichtungen betrieben worden und muss sie nicht notwendigerweise von solchen Einrichtungen betrieben werden, sei unternehmerisches Handeln anzunehmen[86]. Daraus lässt sich der Schluss ziehen, dass es für die Unternehmenseigenschaft maßgeblich darauf ankommen soll, ob eine Tätigkeit als solche potentiell dazu geeignet ist, über den Markt ausgeübt zu werden[87]. Auch die Übertragung hoheitlicher Regelungsbefugnisse begründet für sich allein nicht die Annahme einer hoheitlichen Tätigkeit: Öffentlich-rechtliche Verbände, in denen die Unternehmen eines Marktes zusammengefasst

[83] Siehe im einzelnen unter § 5 B.
[84] EuGH Slg. 1991, I-1979 (2016) Rn. 22 – Höfner u. Elser/Macrotron.
[85] EuGH Slg. 1991, I-1979 (1993).
[86] EuGH a.a.O., I-1979 (2016) Rn. 22; ebenso EuGH Slg. 1999, I-7119 (7147) Rn. 22 – Job Centre.
[87] *Neumann*, Kartellrechtliche Sanktionierung, S. 98.

wurden, hat der Gerichtshof bei Ausübung einer wirtschaftlichen Tätigkeit ungeachtet einer entsprechenden Befugnis als Unternehmen eingestuft[88].

Dass selbst rechtssetzende Tätigkeiten öffentlich-rechtlicher Rechtsträger nicht per se der Kontrolle durch die Wettbewerbsregeln entzogen sind, hat der Gerichtshof in der Rechtssache „British Telecommunications" entschieden[89]. Diese Organisation wurde durch Gesetz als öffentlich-rechtliche Körperschaft errichtet und war ermächtigt, durch Rechtsverordnung die Tarife und Bedingungen für die von ihr erbrachten Fernmeldeleistungen festzusetzen. Aus Sicht des Gerichtshofs war diese Festsetzung der Tarife wesentlicher Bestandteil des unzweifelhaft als unternehmerische Tätigkeit einzustufenden Anbietens von Fernmeldeleistungen auf einem Markt, so dass die Körperschaft bei der Festsetzung der Tarife als Unternehmen anzusehen sei[90]. Die Normsetzung durch selbständige Rechtsträger ist somit nicht wie die Normsetzung durch den Gesetzgeber automatisch der Kontrolle durch das Wettbewerbsrecht entzogen. Ist die Rechtsetzung bei funktionaler Betrachtung als wirtschaftliche Tätigkeit einzustufen, etwa weil mit diesen öffentlich-rechtlichen Instrumenten eigenständig der Inhalt von Leistungsbeziehungen geregelt wird, handeln die selbständigen Rechtsträger als Unternehmen. Nur so wird dem Vorrang des Gemeinschaftsrechts Rechnung getragen, dessen Reichweite nicht von der formalen Ausgestaltung der Rechtsbeziehungen auf mitgliedsstaatlicher Ebene abhängig sein kann[91].

Für das Vorliegen einer hoheitlichen Tätigkeit soll demgegenüber kennzeichnend sein, dass die Tätigkeit der öffentlichen Hand Interessen der Allgemeinheit wahrnimmt und dass sie nach Art, Gegenstand und den für sie geltenden Regeln mit der Ausübung von Vorrechten verknüpft ist, die typischerweise hoheitlicher Natur sind[92]. Als eine Tätigkeit mit typischerweise hoheitlichem Charakter hat der Gerichtshof beispielsweise die Flugsicherung eingeordnet mit der Folge, dass alle mit dieser genuin hoheitlichen Aufgabe im Zusammenhang stehenden Tätigkeiten nichtwirtschaftlicher Natur seien[93]. Als hoheitlich ist auch die Durchführung bestimmter Bestattungsdienste zu qualifizieren. Überträgt eine Gemeinde daher in einem Konzessionsvertrag diese Dienste auf ein privates

---

88 EuGH Slg. 1985, 391 (423) Rn. 17 – BNIC/Clair; Kommission ABl. 1982 Nr. L 379/1 (10) – UGEL/BNIC.

89 EuGH Slg. 1985, 873 – Italien/Kommission („British Telecommunications").

90 EuGH a.a.O., 873 (885) Rn. 16 ff.

91 *Neumann*, Kartellrechtliche Sanktionierung, S. 100; *Schwarze*, EuZW 2000, S. 613 (615); *Bach*, Wettbewerbsrechtliche Schranken, S. 25.

92 EuGH Slg. 1997, I-1547 (1588) – Diego Cali; Slg. 1988, 2479 (2512) Rn. 18 – Bodson/Pompes funèbres.

93 EuGH Slg. 1993, I-43 (63) Rn. 30 – SAT/Eurocontrol.

Unternehmen, handelt sie als Träger öffentlicher Gewalt und nicht als Unternehmen im Sinne des Wettbewerbsrechts[94].

Diese Beispiele verdeutlichen die Tendenz, die aus dem Anwendungsbereich der Wettbewerbsregeln ausgeschlossenen Tätigkeiten öffentlich-rechtlicher Rechtsträger auf die Fälle originär hoheitlicher Verhaltensweisen zu beschränken. Stets als „unternehmerisch" erfasst werden dagegen Tätigkeiten, die das Marktverhalten regeln, selbst wenn es sich um legislative Akte handelt. Wesentliches Indiz für eine Markttätigkeit ist der Austausch von Leistung und Gegenleistung[95]. In seinem Urteil „Höfner/Elser" hat der Gerichtshof zudem klargestellt, dass es für eine hoheitliche Tätigkeit nicht ausreicht, wenn sie normalerweise öffentlich-rechtlichen Anstalten übertragen ist, sofern die Tätigkeit auch von privaten Unternehmen zum Zweck der Gewinnerzielung ausgeübt werden könnte[96]. Die nationale Gepflogenheit oder Tradition, eine bestimmte Aufgabe durch öffentlich-rechtliche Einrichtungen erfüllen zu lassen, genügt daher nicht für die Annahme einer den Wettbewerbsregeln entzogenen hoheitlichen Tätigkeit[97].

Die Teilnahme am Wirtschaftsverkehr ungeachtet der formalen Ausgestaltung wird als Abgrenzungskriterium auch bei den Vereinbarungen herangezogen, die durch ein enges Zusammenwirken von Unternehmen und ihren Vereinigungen mit Regierungsstellen gekennzeichnet sind. Zu denken ist hierbei vor allem an Beschlüsse von berufsständischen Vereinigungen und vergleichbaren Interessenverbänden, hinsichtlich deren Zusammensetzung und Beschlussfassung im Einzelfall staatliche Stellen mehr oder minder entscheidenden Einfluss nehmen. Hier können Zweifel daran bestehen, ob die Wettbewerbsbeschränkung Folge einer marktbezogenen Tätigkeit ist. Dies gilt insbesondere dann, wenn der Bezug zur eigenen unternehmerischen Tätigkeit verschwimmt, etwa weil die Unternehmensvertreter weisungsungebunden handeln oder neben den Vertretern der Unternehmen unabhängige Sachverständige mitentscheiden. Der Europäische Gerichtshof hatte bereits mehrfach über die Anwendung der Art. 81 ff. EG auf entsprechende Verbände zu entscheiden. Im Fall „BNIC/Clair"[98] war eine spartenübergreifende Landwirtschaftsorganisation dazu befugt, unter anderem Mindestpreise für den Vertrieb landwirtschaftlicher Produkte festzusetzen. Die Mitglieder wurden vom Staat auf Vorschlag der unmittelbar betroffenen Berufs-

---

94 EuGH Slg. 1988, 2479 (2512) Rn. 18 – Bodson/Pompes funèbres.

95 *Gleiss/Hirsch*, Art. 85 (1) Rn. 44.

96 *Behrens*, Rechtliche Grundlagen der europäischen und deutschen Wettbewerbsordnung, S. 284 (293), in: Igl (Hrsg.), Gesundheitswesen in der Wettbewerbsordnung.

97 Zu den Besonderheiten im Sozialbereich siehe im folgenden unter B.

98 EuGH Slg. 1985, 391 – BNIC/Clair.

vereinigungen ernannt, mit Ausnahme von zwei, direkt vom Minister zu ernennenden Personen. Wie Generalanwalt *Slynn* in seinen Schlussanträgen formulierte, bedürfe es zweier Voraussetzungen, um eine Unternehmensvereinigung anzunehmen: Die vom Minister ernannten Personen müssten zum einen ein Unternehmen sein oder repräsentieren, und zum zweiten auch als Unternehmen oder Vertreter von Unternehmen ernannt werden und handeln[99]. Eine Ernennung durch den Staat schließt die Annahme einer wirtschaftlichen Tätigkeit und damit eine Anwendung von Art. 81 EG somit nicht aus, wenn die betreffenden Personen letztlich als Vertreter der Vereinigungen zu betrachten sind und damit deren wirtschaftlichen Interessen umsetzen[100]. Anders ist dies dagegen, wenn die betreffenden Personen nicht als Interessenvertreter der Wirtschaftsteilnehmer, sondern als unabhängige Sachverständige zu qualifizieren sind. Wie der Gerichtshof in anderem Zusammenhang entschieden hat, ist hierfür entscheidend, dass die Personen keinen Aufträgen und Weisungen ihrer Verbände unterliegen und bei ihrer Tätigkeit auch Interessen der Allgemeinheit zu berücksichtigen haben[101]. Relevant kann in diesem Zusammenhang auch der Umstand werden, dass neben den Vertretern der Verbände andere, von diesen unabhängige Personen in der Organisation vertreten sind. Stellen die Verbandsvertreter nur eine Minderheit, spricht dies gegen eine Anwendung der Art. 81 ff EG, zumal wenn diese bei ihrer Tätigkeit Interessen des Gemeinwohls berücksichtigen müssen[102]. Zum entscheidenden Kriterium gegen die Anwendbarkeit der Art. 81 ff. EG auf entsprechende Regelungen wird somit, ob die Mitglieder ihre Entscheidungen unabhängig von Weisungen des Unternehmens und damit als unabhängige Sachverständige treffen können, und ob sie gesetzlich verpflichtet sind, bei ihrer Tätigkeit auch Interessen der Allgemeinheit zu berücksichtigen[103]. In diesen Fällen steht nicht die eigene Wirtschaftstätigkeit, sondern die Funktion als „verlängerter Arm" des Staates bei der Marktordnung im Vordergrund. Die entsprechende Organisation handelt nicht als Unternehmensvereinigung. Obwohl der Europäische Gerichtshof darauf nicht ausdrücklich eingeht, spricht doch viel für die Annahme, dass es in diesen Fällen an einem wirtschaftlichen Handeln fehlt, da die Regelungssetzung durch die Unternehmensvertreter mit der Tätigkeit der Unternehmen als Anbieter oder Nachfrager auf einem Markt nicht verknüpft wird. Der Verband handelt vielmehr hoheitlich.

---

99 Schlussanträge Generalanwalt *Slynn*, Slg. 1985, 391 (396).

100 EuGH Slg. 1985, 391 (423) Rn. 19 f.

101 EuGH Slg. 1993, I-5801, (5848) Rn. 17 f. – Bundesanstalt für den Güterfernverkehr/Reiff; Slg. 1994, I-2517 (2530) Rn. 16 ff.- Bundesrepublik Deutschland/Delta; EuGH WuW/E EU-R 531 (532) – Manuele Arduino; EuGH WuW/E EU-R 533 (538) – Wouters/Nederlandse Orde van Advocaten.

102 EuGH Slg. 1995, I-3257 (3294) Rn. 17 f. – DIP/Commune di Bassano.

103 Vgl. EuGH Slg. 1998, I-3851 (3897) – Kommission/Italien.

3. *Notwendig: autonomer Handlungsspielraum*

Art. 81 EG schützt den Wettbewerb vor Beschränkungen, die auf Abstimmungsmaßnahmen von Unternehmen zurückzuführen sind. Daraus folgert der Gerichtshof, dass die Wettbewerbsregeln nur dann anwendbar sind, wenn den Marktteilnehmern ein durch privatautonome Maßnahmen beschränkbarer Handlungsspielraum verbleibt[104]. Wird ein Verhalten derart gesetzlich vorgeschrieben, dass keine Möglichkeit für ein selbständiges Wettbewerbsverhalten besteht, können die wettbewerbsbeschränkenden Wirkungen dem Rechtssubjekt nicht zugerechnet werden[105]. In diesen Fällen ist die Wettbewerbsbeschränkung Folge der gesetzlichen Regelung und nicht der Kartellvereinbarung. Andererseits soll die bloße Billigung, Förderung oder Genehmigung einer wettbewerbsbeschränkenden Vereinbarung durch eine staatliche Regelung der Verantwortlichkeit der Marktteilnehmer und damit der Anwendung des Art. 81 EG nicht entgegenstehen[106]. Besteht ungeachtet der staatlichen Regelung noch ein Wettbewerb, der von den Unternehmen durch Vereinbarungen beschränkt werden kann, sollen die Wettbewerbsregeln anwendbar sein[107].

Wie im Bereich des GWB bzw. UWG verstößt somit nach überwiegender Ansicht ein Unternehmen auch im Bereich des europäischen Wettbewerbsrechts nicht gegen Art. 81 EG, wenn es einer zwingenden Norm Folge leistet und kein Handlungsspielraum für eine eigenständige Wettbewerbsbeschränkung besteht[108]. In der Konsequenz bedeutet dies, dass eine solche zwingende nationale Rechtsvorschrift dem Geltungsanspruch der unternehmensbezogenen Wettbewerbsregeln erfolgreich entgegengehalten werden kann[109]. Dies soll sogar dann gelten, wenn die nationale Regelung selbst mit dem Gemeinschaftsrecht nicht

---

104 EuGH Slg. 1975, 1663 (1942) Rn.24 – Suiker Unie/Kommission; Slg. 1980, 3125 (3261) Rn. 126 – van Landewyck/Kommission; Slg. 1997, I-6265 (6312) Rn. 33 – Kommission u. Frankreich/Ladbroke Racing; EuG Slg. 1996, II-961 (990) Rn. 61 – Asia Motor France/Kommission.

105 *Hänlein/Kruse*, NZS 2000, S. 165 (170); Lenz-*Grill*, Vorbem. Art. 81-86 EG Rn. 39.

106 EuGH Slg. 1985, 391 (424) Rn. 23 - BNIC/Clair; *Gleiss/Hirsch*, Art. 85 (1) Rn. 168; Immenga/Mestmäcker-*Emmerich*, EG-Wettbewerbsrecht Band 1, Art. 85 Abs. 1 Kap. A Rn. 85.

107 EuGH Slg. 1975, 1663 (1941) Rn. 16 ff. – Suiker Unie/Kommission; Grabitz/Hilf-*Stockenhuber*, Art. 81 EGV Rn. 119.

108 Groeben-*Schröter*, Art. 85 Abs.1 Rn. 117; Langen/Bunte-*Bunte*, Art. 81 EG Generelle Prinzipien Rn. 65; *Gleiss/Hirsch*, Art. 85 (1) Rn. 168; Schwarze-*Brinker*, Art. 81 EG Rn. 56.

109 Kritisch hierzu Generalanwalt *Cosmas*, Schlussanträge in der Rs. Ladbroke Racing, Slg. 1997, I-6265 (6290) Rn. 57; *Bach*, Wettbewerbsrechtliche Schranken, S. 170; *Bauer*, Wettbewerbsbeschränkungen durch Staaten?, S. 274; *Temple Lang*, Fordham Corp. Law Inst. 1984, 543 (578 ff.).

vereinbar ist[110]. Dieses strikte Verständnis lässt sich auf den Wortlaut des Art. 81 EG zurückführen, nach dem *„die Vereinbarung...eine Verfälschung des Wettbewerbs bezwecken oder bewirken.."* muss. Die damit verbundene Einschränkung des Wettbewerbsschutzes wirft jedoch die Frage auf, ob nicht der Mitgliedstaat als eigentlicher Urheber der Wettbewerbsbeschränkung in diesen Fällen in die Verantwortung genommen werden kann. Darauf ist im einzelnen unter § 3 einzugehen.

II. Keine Bereichsausnahme Gesundheitswesen

1. Universelle Geltung der Wettbewerbsregeln

Die Wettbewerbsregeln beanspruchen universelle Geltung und sind, abgesehen von der primärrechtlichen Ausnahme des Art. 36 EG für den Landwirtschaftsbereich auf alle Wirtschaftszweige anwendbar[111]. Ein genereller Ausnahmebereich für das Gesundheitswesen, der das wettbewerbsrelevante Verhalten der Krankenversicherungsträger von der Anwendung des Kartellrechts freistellen würde, existiert nicht[112]. Die besonderen Merkmale eines Wirtschaftsbereichs oder die von den Mitgliedstaaten verfolgten politischen Ziele tragen ebenfalls nicht die Annahme eines wettbewerblichen Ausnahmebereichs. Dies hat der Gerichtshof bereits für Branchen wie Transport, Energie, sowie Banken- und Versicherungswesen entschieden und bekräftigt, dass diese wegen ihrer branchenspezifischen Besonderheiten nicht außerhalb der Geltung der Wettbewerbsregeln stehen[113]. Prinzipiell muss sich daher auch die Leistungsbeschaffung der Krankenkassen an den Wettbewerbsregeln messen lassen.

2. Keine Bereichsausnahme aufgrund von § 69 SGB V

Wie erörtert hat § 69 SGB V keine Auswirkungen auf die Anwendbarkeit der europäischen Wettbewerbsregeln, da schon die Gesetzesmaterialien keinen Hinweis auf einen vom Gesetzgeber gewollten Ausschluss der Art. 81 ff. EG im Bereich der Leistungsbeschaffung geben. Würde man dem Gesetzgeber dennoch

---

[110] EuGH Slg. 1997, I-6265 (6311) Rn. 31 – Ladbroke Racing.

[111] Statt aller Schwarze-*Brinker,* Art. 81 EG Rn. 7; zur Geltung der Wettbewerbsregeln für den Montansektor ab dem 23.07.2002 vgl. Schwarze-*Brinker,* Art. 81 EG Rn. 9.

[112] *Neumann*, Kartellrechtliche Sanktionierung, S. 96.

[113] EuGH Slg. 1989, 803 (848) Rn. 33 – Ahmed Saeed/Zentrale zur Bekämpfung unlauteren Wettbewerbs; Slg. 1994, I-1477 (1518) Rn. 34 ff. – Gemeente Almelo/Energiebedrijf Ijsselmij NV; Slg. 1981, 2021 (2023) Rn. 8 – Züchner/Bayerische Vereinsbank; Slg. 1987, 405 (457) Rn. 39 ff. – Verband der Sachversicherer/Kommission.

eine entsprechende Regelungsabsicht unterstellen, so stünde einem solchen Ausschluss der Grundsatz des Vorrangs des Gemeinschaftsrechts entgegen: Nach ständiger Rechtsprechung des Europäischen Gerichtshofs können die Mitgliedstaaten gegen die auf Grundlage der Gegenseitigkeit angenommene Rechtsordnung des EG-Vertrages nicht nachträglich einseitige Maßnahmen ins Feld führen, da anderenfalls die Verwirklichung der im Vertrag genannten Ziele gefährdet wäre[114]. Nationale Vorschriften können die Geltung der Wettbewerbsregeln daher nicht einschränken.

B. Die Unternehmenseigenschaft der Krankenkassen bei der Leistungsbeschaffung unter Berücksichtigung der Rechtsprechung des EuGH und des EuG

Die bisher erörterten Abgrenzungskriterien machen deutlich, dass der Europäische Gerichtshof in Umsetzung der Vorgabe des Art. 3 Abs. 1 lit. g EG eine möglichst umfassende Anwendung der Wettbewerbsregeln anstrebt. Sichergestellt wird dies durch den tätigkeitsbezogenen Unternehmensbegriff, aus dem nur solche Verhaltensweisen ausscheiden, die mit der Ausübung von Vorrechten typischerweise hoheitlicher Natur verknüpft sind. Alle marktbezogenen Tätigkeiten öffentlich-rechtlicher Rechtsträger sind dagegen ungeachtet der mit ihnen verfolgten Ziele als unternehmerisch an den Art. 81 ff. EG zu messen.

Berücksichtigt man indes die Rechtsprechung des Gerichtshofs zur Unternehmenseigenschaft von Sozialversicherungsträgern, gerät diese Beurteilung ins Wanken. Eckpunkte dieser Rechtsprechung sind die Entscheidungen in den Rechtssachen „Fédération Francaise“[115] und „Poucet et Pistre“[116], in der jeweils die Unternehmenseigenschaft eines Sozialversicherungsträgers im Hinblick auf seine Versicherungstätigkeit bejaht bzw. im Fall „Poucet“ verneint wurde. Mit Blick auf diese Rechtsprechung wird dementsprechend kontrovers diskutiert, ob die Krankenkassen oder ihre Verbände im Allgemeinen und bei der Leistungsbeschaffung im Besonderen als Unternehmen oder als Unternehmensvereinigung im Sinne der europäischen Wettbewerbsregeln handeln. In einer ganzen Reihe von Entscheidungen haben verschiedene nationale Gerichte aufgrund von

---

114 EuGH Slg. 1964, 1251 (1269) – Costa/ENEL; Slg. 1969, 1 (14) Rn. 6 – Walt Wilhelm/Bundeskartellamt; Slg. 1970, 1125 (1135) Rn. 3 – Internationale Handelsgesellschaft/Einfuhr- und Vorratsstelle für Getreide; Slg. 1972, 529 (534) Rn. 5/10 – Kommission/Italien; Slg. 1978, 629 (643) R. 14/16 ff. – Staatliche Finanzverwaltung/Simmenthal.

115 EuGH Slg. 1995, I-4013 – Fédération francaise des sociétés d`assurance/Ministère de l`Agriculture.

116 EuGH Slg. 1993, I-637 – Poucet et Pistre.

Klagen zu dieser Frage Stellung genommen, ohne sie einheitlich zu beantworten. Das OLG Düsseldorf etwa sieht in der Beeinflussung der Preise durch die Festbetragsfestsetzung eine wirtschaftliche Tätigkeit und qualifiziert die Krankenkassen daher als Unternehmen[117]. Auch das OLG Hamburg stellt darauf ab, dass die Krankenkassen als Nachfrager eine wirtschaftliche Tätigkeit ausüben und damit den Wettbewerbsregeln der Gemeinschaft unterliegen[118]. Dagegen bezweifeln sowohl das Landessozialgericht Nordrhein-Westfalen[119] wie auch der Bundesgerichtshof[120] in entsprechenden Vorlagebeschlüssen an den Europäischen Gerichtshof, dass die Krankenkassen bei der Festbetragsfestsetzung für Arzneimittel wirtschaftlich tätig werden. Nach Ansicht beider Gerichte lasse die Rechtsprechung des Europäischen Gerichtshofs zur Unternehmenseigenschaft von Sozialversicherungsträgern eine abschließende Beurteilung nicht zu[121]. Auch in der Literatur finden sich Stimmen, welche die Unternehmenseigenschaft der Krankenkassen bei der Leistungsbeschaffung als nicht geklärt ansehen bzw. sie ohne weiteres verneinen[122]. Das Europäische Gericht erster Instanz hat demgegenüber die Unternehmenseigenschaft einer Einrichtung des spanischen Gesundheitssystems, welche medizinische Erzeugnisse zur Ausübung einer sozialen Tätigkeit nachfragte, unter Bezugnahme auf die Rechtsprechung des Gerichtshofs verneint[123].

Indes sind die einschlägigen Entscheidungen des Gerichtshofs weit weniger spektakulär, als dies die divergierende Beurteilung in der Rechtsprechung und Literatur nahe legt. Wie im Folgenden zu zeigen sein wird, weicht jedenfalls der Gerichtshof auch im Sozialbereich nicht von den grundlegenden Kriterien zur Abgrenzung des persönlichen Anwendungsbereichs der Wettbewerbsregeln ab (unten I). Darauf aufbauend erfolgt der Nachweis, dass die Leistungsbeschaffung durch die Krankenkassen als wirtschaftliche Tätigkeit zu qualifizieren ist (unten II.).

---

117 OLG Düsseldorf, NZS 1998, S. 567 (569), bezogen auf Hilfsmittel; OLG Düsseldorf, Pharma Recht 1999, S. 283 (290 ff.), bezogen auf Arzneimittel, n. rk.

118 OLG Hamburg, EuZW 2001, S. 638 (639).

119 LSG NRW, Beschluss vom 28.09.00, Az. L 5 KR 11/95; nach Rücknahme der Klage hat sich der Vorlagebeschluss an den EuGH erledigt.

120 Vorlagebeschluss des BGH vom 3.07.2000, WuW/E DE-R 747.

121 BGH a.a.O., 747 (752); LSG NRW Beschluss v. 28.09.00, Az. L 5 KR 11/95, S. 8 ff.

122 Vgl. die Nachweise unter Fn. 137 bis 139.

123 EuG EuZW 2003, 283 (285) – FENIN/Kommission.

I. Die Rechtsprechung zur Unternehmenseigenschaft von Sozialversicherungsträgern

1. Die Unternehmenseigenschaft von Sozialversicherungsträgern in der Rechtsprechung des Europäischen Gerichtshofs

a. Die Rechtssachen „Poucet et Pistre" und „Fédération Francaise"

In beiden Urteilen des Gerichtshofs, in denen er hinsichtlich der Unternehmenseigenschaft von Sozialversicherungsträgern zu jeweils unterschiedlichen Ergebnissen kam, stand das Verhältnis der Sozialversicherungsträger zu den Pflichtversicherten und nicht das zu den Anbietern zur Überprüfung an.

aa. Das Urteil „Poucet et Pistre"

In der verbundenen Rechtssache der Kläger Christian Poucet und Daniel Pistre hatte sich der Gerichtshof in der Entscheidung mit der Frage zu befassen, ob eine mit der Verwaltung eines besonderen Systems der sozialen Sicherheit betraute Einrichtung als Unternehmen im Sinne der Art. 81 EG anzusehen ist. Beide Kläger wehrten sich gegen Zahlungsaufforderungen der für ihre Berufsgruppe zuständigen Pflichtsozialversicherungen. Diese Versicherungssysteme wurden durch Beiträge der Zwangsmitglieder finanziert, deren Höhe sich nach dem jeweiligen Einkommen richteten, während die Leistungen unabhängig von den gezahlten Beiträgen für alle Empfänger gleich hoch waren. Unter bestimmten Bedingungen kam auch eine Befreiung von der Beitragszahlung ohne Verlust der Leistungsansprüche in Betracht. Die konkrete Beitragshöhe sowie der Leistungsumfang wurden durch den Staat festgelegt, ohne dass die Versicherung darauf Einfluss nehmen konnte. Neben dieser Umlagefinanzierung erfolgte ein Geldtransfer zwischen den verschiedenen Pflichtversicherungen: Die Systeme, die einen Überschuss aufwiesen, wurden an der Finanzierung der Systeme mit strukturell finanziellen Schwierigkeiten beteiligt. Die von den Zahlungsbefehlen betroffenen Kläger zogen die grundsätzliche Versicherungspflicht nicht in Zweifel. Sie vertraten jedoch die Ansicht, sie müssten sich insoweit frei an jede im Gemeinschaftsgebiet niedergelassene private Versicherungsgesellschaft wenden können und seien nicht verpflichtet, sich bei den Beklagten zu deren Bedingungen zu versichern. Denn die beherrschende Stellung dieser Pflichtversicherungen verstoße gegen die Art. 81 f. EG.

Der Gerichtshof verwies bei der Beantwortung der Vorlagefrage vorab auf die Kompetenzverteilung im Sozialbereich, wonach das Gemeinschaftsrecht die Befugnis der Mitgliedstaaten unberührt lasse, ihre Systeme der sozialen Sicherheit auszugestalten[124]. Ohne daraus unmittelbar Schlussfolgerungen zu ziehen, ging der Gerichtshof dann auf die beiden prägenden Merkmale der Versicherungssysteme ein: Zum einen dienten sie einem sozialen Zweck, da sie allen angehörigen Personen unabhängig von Vermögenslage und Gesundheitszustand Versicherungsschutz gewähren; zum anderen beruhten die Systeme auf dem Grundsatz der Solidarität, da sie durch einkommensabhängige Beiträge bei gleichen Leistungen für alle Versicherten finanziert würden, womit zwischen den Versicherten eine Einkommensumverteilung stattfinde[125]. Die Solidarität spiegele sich auch in der Umverteilung zwischen den Systemen wieder. Für die Anwendung dieses Solidaritätsgrundsatzes wie für das finanzielle Gleichgewicht der Systeme sei eine Versicherungspflicht aber unerlässlich[126]. Da die Systeme zudem weder auf den Leistungsumfang noch auf die Höhe der Beiträge Einfluss nehmen können, ging der Gerichtshof unter Zugrundelegung des funktionalen Unternehmensbegriffs davon aus, dass die mit der Verwaltung der öffentlichen Aufgabe der sozialen Sicherheit beauftragten Einheiten nicht wirtschaftlich handeln, sondern eine Aufgabe mit ausschließlich sozialem Charakter ausüben. Denn ihre Tätigkeit

"beruht auf dem Grundsatz der nationalen Solidarität und wird ohne Gewinnzweck ausgeübt. Die Leistungen werden von Gesetzes wegen und unabhängig von der Höhe der Beiträge erbracht" [127].

Liegen diese Voraussetzungen vor, sei eine Tätigkeit keine wirtschaftliche Tätigkeit und die damit betraute Einrichtung kein Unternehmen im Sinne der Art. 81 ff. EG[128]. Diese Sichtweise hat der Gerichtshof in der Rechtssache „Garcia" bestätigt[129]. Auch hier hatten Selbständige gegen Vorsorgekassen geklagt, die mit der Verwaltung gesetzlicher Systeme der Versicherung bei Alter, Krankheit, Mutterschaft und Tod betraut waren. Unter Bezugnahme auf die in der Rechtssache „Poucet et Pistre" aufgestellten Kriterien hat der Gerichtshof die Unternehmenseigenschaft verneint, da die auf dem Solidaritätsgrundsatz beruhenden Systeme zur Gewährleistung des finanziellen Gleichgewichts eine Versicherungspflicht zwingend erfordern[130]. Mit den gleichen Argumenten hat er in einem Urteil vom 22.02.2002 die Unternehmenseigenschaft einer mit der Ver-

---

124 EuGH Slg. 1993, I-637 (667) Rn. 6 ; vgl. Bereits EuGH Slg. 1984, 523 (540) Rn. 16 – Duphar.

125 EuGH a.a.O., 637 (668) Rn. 8-11.

126 EuGH a.a.O., 637 (669) Rn. 13.

127 EuGH a.a.O., 637 (669) Rn. 17-18.

128 EuGH a.a.O., 637 (670) Rn. 19.

129 EuGH Slg. 1996, I-1673 – Garcia/Mutuelle de prévoyance sociale d'Aquitaine.

130 EuGH a.a.O., I-1673 (1686) Rn. 14.

waltung eines Unfall- und Berufsunfähigkeitsversicherungssystems betrauten Einrichtung verneint[131]. Zwar genüge der soziale Zweck für sich genommen nicht, um eine wirtschaftliche Tätigkeit auszuschließen; fehlt aber ein unmittelbarer Zusammenhang zwischen Leistungshöhe und entrichteten Beiträgen, erfolgt also eine Umverteilung zwischen den Versicherten und sind die Höhe der Leistungen und der Beiträge gesetzlich festgesetzt, liege keine wirtschaftliche, sondern eine Tätigkeit „rein sozialer Natur" vor[132].

Die vom Gerichtshof vorgenommene Abgrenzung überrascht, weicht sie doch scheinbar von den bisher angewendeten Grundsätzen zur Bestimmung der Unternehmenseigenschaft ab. Denn nach dem bisher Gesagten hat eine fehlende Gewinnerzielungsabsicht gerade keine Auswirkungen auf die Bewertung einer Tätigkeit als solche wirtschaftlicher Natur. Noch in der Rechtssache „Höfner/Elser" hatte der Gerichtshof ungeachtet der von der Bundesregierung hervorgehobenen Unentgeltlichkeit der Vermittlungsdienste die Bundesanstalt als Unternehmen qualifiziert[133]. Mit der nun getroffenen Entscheidung schien somit eine Einschränkung der Anwendung der Wettbewerbsregeln auf Sozialversicherungsträger verbunden. Zweifelhaft ist dabei insbesondere der Ansatz, die soziale Zwecksetzung des Versicherungssystems bereits auf der Stufe der Unternehmenseigenschaft zu erörtern und im Hinblick darauf eine wirtschaftliche Tätigkeit zu verneinen. Dem kann zunächst Art. 86 Abs. 1 EG entgegengehalten werden, wonach auch öffentliche Unternehmen dem Wettbewerbsrecht der EG unterliegen[134]. Das darin zum Ausdruck kommende Ziel einer Gleichbehandlung von öffentlichen und privaten Unternehmen würde umgangen, wenn die Sozialversicherungsträger bereits auf der Stufe der Unternehmenseigenschaft dem Anwendungsbereich der Wettbewerbsregeln entzogen würden. Auf Art. 86 Abs. 2 EG, der einen Ausgleich zwischen den Interessen der Mitgliedstaaten und dem Gemeinschaftsinteresse an einem unverfälschten Wettbewerb vorsieht, geht der Gerichtshof nicht ein, obwohl dieser Ansatz noch in der Entscheidung „Höfner/Elser" gewählt wurde, um die Besonderheiten der Arbeitsvermittlung zu berücksichtigen[135].

---

131 EuGH WuW/E Eu-R 551 – INAIL.

132 EuGH a.a.O., Eu-R 551, Rn. 38 ff.

133 Vgl. EuGH Slg. 1991, I-1979 (2016) Rn. 19, 23.

134 *Eichenhofer*, NJW 1993, S. 2598.

135 EuGH Slg. 1991, I-1979 (2017 f.); kritisch zu dem Vorgehen des Gerichtshofs Immenga/Mestmäcker-*Mestmäcker*, EG-Wettbewerbsrecht Band 2, Art. 37, 90 Kap. C Rn. 12.

Während die Entscheidung daher in der kartellrechtlichen Literatur vor allem auf Verwunderung gestoßen ist[136], nahmen andere Autoren die Ausführungen des Gerichtshofs zum Anlass, die Unternehmenseigenschaft der Krankenkassen im Allgemeinen und bei der Leistungsbeschaffung im Besonderen in Zweifel ziehen. So wird vertreten, dass die Krankenkassen gemessen an den im Urteil „Poucet et Pistre" aufgestellten Kriterien generell nicht mehr als Unternehmen im Sinne der Art. 81 ff. EG anzusehen seien[137]. Da die Krankenversicherung gemäß § 5 SGB V nach dem Pflichtversicherungsprinzip organisiert sei und gemäß § 220 Abs. 1 SGB V nach dem Umlageprinzip arbeite sei unter Berücksichtigung des Solidarprinzips „nicht zweifelhaft", dass die Krankenkassen keine wirtschaftliche Tätigkeit ausüben[138]. *Möller* sieht in der Entscheidung sogar einen Ansatz des Gerichtshofs, über den Unternehmensbegriff der Kompetenzverteilung zwischen Mitgliedstaaten und Gemeinschaft Rechnung zu tragen: Sozialversicherungsmonopole würden wegen der Zuständigkeit der Mitgliedstaaten auf dem Gebiet der Sozialversicherung nicht vom europäischen Wettbewerbsrecht berührt[139].

Es ist nicht zu übersehen, dass ein solches Verständnis des Urteils den gesamten Sozialbereich praktisch den Wettbewerbsregeln entziehen und damit eine faktische Bereichsausnahme zur Folge haben würde, die der EG-Vertrag so gerade nicht vorsieht. Das dies nicht der Intention des Urteils entsprach, stellte der Gerichtshof zwei Jahre später in seiner Entscheidung „Fédération Francaise" klar.

bb. Das Urteil „Fédération Francaise"

Verschiedene Versicherungen sowie der Versicherungsverband Fédération Francaise des Sociétés d'Assurance wendeten sich gegen Rechtsvorschriften, mit denen in Frankreich ein Zusatzrentensystem für selbständige Landwirte eingeführt wurde. Dieses durch Gesetz eingeführte Versicherungssystem wird durch freiwillige, von den steuerpflichtigen Einnahmen abziehbaren Beiträge finanziert. Ein staatliches Dekret sieht die Verwaltung dieses Versicherungssystems durch die Caisse nationale d'assurance vieillesse mutuelle agricole mit

---

136 Statt aller Immenga/Mestmäcker-*Emmerich*, EG-Wettbewerbsrecht Band 1, Art. 85 Abs. 1 Kap. A Rn. 26.

137 Langen/Bunte-*Bunte*, Art. 81 EG Generelle Prinzipien, Rn. 8; Schwarze-*Brinker*, Art. 81 EG Rn. 25; *Bumiller*, GRUR 2000, S. 484 (489); *Kröck*, Einfluß der Grundfreiheiten, S. 54, 146, 265, der ausdrücklich hinsichtlich der Nachfragetätigkeit der Krankenkassen die Unternehmenseigenschaft mit Hinweis auf die „Poucet"-Rechtsprechung verneint.

138 *Knispel*, NZS 1998, S. 565.

139 *Möller*, VSSR 2001, S. 25 (40 f.).

Unterstützung der Gegenseitigkeitkassen der Landwirtschafts-Sozialversicherung (im folgenden: CCMSA) vor. Die klagenden Versicherungen und der Versicherungsverband sahen darin einen Verstoß gegen Art. 81 EG, da der CCMSA ein Monopol bei der Verwaltung des Zusatzversicherungssystems eingeräumt werde. Dadurch und durch die steuerliche Abzugsfähigkeit der Beiträge würden konkurrierende Versicherungsunternehmen von dem Markt für Lebensversicherungen, Kapitalanlagen und Sparverträgen zur Altersvorsorge verdrängt, bei denen diese steuerliche Abzugsfähigkeit nicht möglich ist. Das mit der Sache befasste französische Gericht legte dem Europäischen Gerichtshof die Frage vor, ob eine Einrichtung, die ein auf Freiwilligkeit beruhendes Zusatzrentenversicherungssystem verwaltet, das nach dem Kapitalisierungsprinzip arbeitet, ein Unternehmen im Sinne des Art. 81 EG ist.

Es verwundert nicht, dass die französische Regierung dieses Versicherungssystem mit Hinweis auf die im Urteil „Poucet et Pistre" aufgestellten Kriterien zu verteidigen versuchte. Nach ihrer Ansicht werde mit dem System ein sozialer Zweck ohne Gewinnerzielungsabsicht verfolgt. Die Rechte und Pflichten zwischen Träger und Versicherten ergäben sich nicht aus einem privatrechtlichen Vertrag, sondern aus öffentlichrechtlichen Normen. Schließlich läge dem System das Prinzip der Solidarität zugrunde, da beispielsweise Versicherte, die wegen Krankheit ihre Beiträge nicht aufbringen können von der Zahlung freigestellt und diese von einem sozialen Aktionsfonds übernommen werden können. Das Versicherungssystem sei seinem Wesen nach nicht auf Wettbewerb ausgerichtet und die Träger mithin keine Unternehmen[140].

Der Gerichtshof ist dieser Ansicht nicht gefolgt und hat, unter Verweis auf den funktionalen Unternehmensbegriff die Unternehmenseigenschaft der CCMSA bejaht[141]. Unter Zugrundelegung der im Urteil „Poucet et Pistre" aufgestellten Kriterien machte er deutlich, warum die Tätigkeit der CCMSA nicht als ausschließlich soziale dem Anwendungsbereich der Wettbewerbsregeln entzogen war: Im Gegensatz zu der vorgenannten Entscheidung ging es nicht um ein Sozialversicherungsmonopol, sondern um eine freiwillige Versicherung, die von einem Sozialversicherungsträger angeboten wurde; zudem funktionierte das System nach dem Kapitalisierungs- und nicht nach dem Umlageprinzip, da die Leistungen sich ausschließlich nach der Höhe der Beiträge richteten. Die CCMSA stehe daher in einem Konkurrenzverhältnis mit privaten Anbietern[142]. Bedeutsam sind auch die Aussagen des Gerichtshofs zu dem Element der Soli-

140 EuGH, Slg. 1995, I-4013 (4026) Rn. 8 ff.
141 EuGH a.a.O., 4028 ff., Rn. 14, 22.
142 EuGH a.a.O., 4028, Rn. 17.

darität, das noch in der Entscheidung „Poucet et Pistre“ als zentrales Argument gegen eine wirtschaftliche Tätigkeit herangeführt wurde. Ein entsprechendes Element war auch in dem von der CCMSA verwalteten Zusatzrentenversicherungssystem enthalten, unter anderem durch eine vom Versicherungsrisiko unabhängige Beitragserhebung. Nach Meinung des Gerichtshofs lasse dies den wirtschaftlichen Charakter aber nicht entfallen, da entsprechende Bestimmungen auch in Privatversicherungsverträge aufgenommen werden könnten; jedenfalls gelte der Grundsatz der Solidarität in einem auf Freiwilligkeit beruhenden Versicherungssystem nur sehr begrenzt[143]. Wie der Gerichtshof weiter ausführte, lasse auch eine fehlende Gewinnerzielungsabsicht den wirtschaftlichen Charakter der Tätigkeit nicht entfallen, wenn

„diese Tätigkeit ... zu Verhaltensweisen führen [kann], die die Wettbewerbsregeln unterbinden sollen“[144].

Letzteres war aber unzweifelhaft der Fall: Das von der CCMSA angebotene Versicherungssystem wurde durch die steuerliche Begünstigung der Beiträge gegenüber vergleichbaren Angeboten privater Versicherer bevorzugt. Der Gerichtshof hat daher konsequent die CCMSA bei ihrer Versicherungstätigkeit als Unternehmen angesehen und damit bestätigt, was durch die „Poucet et Pistre“-Entscheidung zumindest zweifelhaft erschien: Die Unternehmenseigenschaft wird durch eine wirtschaftliche Tätigkeit begründet, ohne dass es auf die Rechtsform oder Gewinnerzielungsabsicht ankommt.

cc. Zwischenergebnis

Für die Einordnung der Nachfragetätigkeit der Krankenkassen sind die Entscheidungen nicht direkt einschlägig, da in beiden Fällen die Bewertung der Tätigkeit der Sozialversicherungen als Anbieter von Dienstleistungen, nämlich von Versicherungsleistungen Prüfungsgegenstand war[145]. Für diesen Bereich werden gemeinschaftsautonome Kriterien zur Abgrenzung der Versicherungstätigkeiten entwickelt, die wegen ihres nicht marktbezogenen Charakters nicht den Wettbewerbsregeln unterfallen sollen[146]. Im Kern geht es somit um die Frage, welche

---

143 EuGH a.a.O., 4029, Rn. 19.

144 EuGH a.a.O., 4030, Rn. 21.

145 OLG Düsseldorf, Pharma Recht 1999, S. 283 (294); Immega/Mestmäcker-*Mestmäcker*, EG-Wettbewerbsrecht Band 2, Art. 37, 90 Kap. C Rn. 12; *Zechel*, Territorial begrenzte Leistungserbringung, S. 89.

146 Lenz-*Grill*, Vorbem. Art. 81-86 EG Rn. 34; *Neumann*, Kartellrechtliche Sanktionierung, S. 104; *Reich*, Wirkungen des Wettbewerbs, S. 449 (463), in: Igl (Hrsg.), Gesundheits-

Versicherungstätigkeit als wirtschaftlich und welche als hoheitlich einzuordnen ist[147]. Im Fall „Fédération Francaise“ war eine wirtschaftliche Tätigkeit schon deshalb zu bejahen, weil auf dem privaten Versicherungsmarkt gleichwertige, nach dem Kapitalisierungsprinzip finanzierte Versicherungen angeboten wurden[148]. Für eine hoheitliche Tätigkeit soll demgegenüber, neben der gesetzlich festgelegten Höhe der Beiträge und Leistungen, in erster Linie das solidarische Element der Umverteilung zwischen den Versicherten in Form einer Umlagefinanzierung entscheidend sein. Letztere erfordere zwingend eine Pflichtmitgliedschaft bei dem Versicherungssystem. Bei genauerer Betrachtung hat der Gerichtshof damit letztlich auf die mangelnde Wettbewerbsfähigkeit solcher solidarischer Sozialversicherungssysteme abgestellt[149]. Denn eine Umlagefinanzierung setzt voraus, dass ausreichend gut verdienende Versicherte dem System angehören. Erst ihre hohen Beiträge bringen die Mittel auf, um die Absicherung der finanziell schwach gestellter Personen oder Personen mit hohem Risiko zu finanzieren. Eine potentielle Ausübung dieser Tätigkeit über den Markt mit einer Möglichkeit des Wechsels zwischen den Versicherungen ist hier gar nicht denkbar[150]. Denn die mit hohen Beiträgen belasteten Versicherten würden sich ohne eine Versicherungspflicht durch Kündigung der Versicherung entziehen, womit die finanzielle Basis für eine solidarische Umverteilung wegfallen würde[151]. Der Gerichtshof hat daher konsequenterweise die Notwendigkeit einer Pflichtmitgliedschaft gemeinschaftsrechtlich akzeptiert. Freilich bleibt unklar, welcher Grad an Solidaritätselementen notwendig ist, um von einer mangelnden Wettbewerbsfähigkeit und damit von einer sozialen Tätigkeit ausgehen zu können[152]. Unabhängig davon ist aber auch zweifelhaft, ob die mangelnde Wettbewerbsfähigkeit als Folge der solidarischen Aufgabe als Ansatzpunkt geeignet ist, um eine hoheitliche Tätigkeit anzunehmen[153]. In den noch darzustellenden Entscheidungen zu den niederländischen Betriebsrentenfons hat der Gerichtshof die Unternehmenseigenschaft bejaht, mit vergleichbaren Argumenten zur fehlenden Wettbewerbsfähigkeit und der deshalb notwendigen Versicherungspflicht aber

---

wesen in der Wettbewerbsordnung; *Eichenhofer*, NJW 1993, S. 2598; *Fuchs*, ZIAS 1996, S. 338 (351).

147 *Schwintowski*, ZEuP 1994, S. 294 (299).

148 *Gassner*, VSSR 2000, S. 121 (138).

149 *Storr*, ZESAR 2003, S. 249 (251); ähnlich *Slot*, E.C.R.L. 2003, S. 590 (586).

150 *Knispel*, G+G 2001 Beilage Nr. 2, S. 7 (9); ähnlich Generalanwalt *Jacobs*, der in seinen Schlussanträgen in der Rs. *Albany* am Beispiel von umlagefinanzierten Rentensystemen treffend umschreibt, warum es eines staatlichen Eingriffs in den Wettbewerb bedarf: *„Niemand wäre bereit, für die Renten anderer ohne die Garantie aufzukommen, dass die nächste Generation dasselbe tun würde“*, Slg. 1999, I-5751 (5832) Rn. 338.

151 *Rolfs*, SGb 1998, S. 202 (204).

152 *Penner*, NZS 2003, S. 234 (238).

153 Vgl. die Nachweise oben unter aa.

eine Rechtfertigung nach Art. 86 Abs. 2 EG angenommen[154]. Tatsächlich ist diese Vorschrift der systematisch richtige Standort, um Besonderheiten aufgrund der staatlicherseits übertragenen Aufgabe mit den Anforderungen der Wettbewerbsregeln in Einklang zu bringen. Darauf wird später noch zurückzukommen sein[155].

Entscheidend ist an dieser Stelle, dass der Gerichtshof an der Anwendung des funktionalen Unternehmensbegriffs auch im Sozialbereich keinen Zweifel gelassen hat[156]. Ob ein Sozialversicherungsträger wirtschaftlich handelt, beurteilt sich somit nach den Auswirkungen des konkreten Verhaltens auf die europäischen Marktverhältnisse[157]. Dies kann immer nur mit Blick auf die einzelne Tätigkeit entschieden werden[158]. Unabhängig von der Fragwürdigkeit des Ansatzes des Gerichtshofs lässt der hoheitliche Charakter bestimmter Versicherungstätigkeiten daher noch gar keinen Rückschluss auf die Unternehmenseigenschaft bei der Leistungsbeschaffung zu. Die These einer generellen Nichtanwendbarkeit der Wettbewerbsregeln auf Sozialversicherungsträger lässt sich damit nicht aufrechterhalten[159].

b. Die Entscheidung in der Rechtssache „Sodemare"

Im Gegensatz zu den soeben erörterten Urteilen befasste sich der Europäische Gerichtshof in der Rechtssache „Sodemare"[160] erstmals mit der Unternehmenseigenschaft im Bereich der Leistungserbringung, wenn auch nicht bezogen auf Sozialversicherungsträger in ihrer Funktion als Nachfrager von Gesundheitsleistungen. In dem der Entscheidung zugrundeliegenden Sachverhalt hatte die Tochtergesellschaft eines luxemburgischen Unternehmens, die Sodemare SA, die Zulassung zum Abschluss von Leistungsverträgen mit den örtlichen Gesundheits- und Fürsorgeämtern bei den italienischen Behörden beantragt. Diesen Ämtern ist die Verwirklichung des Sozialhilfesystems, zu dem in Italien als gesundheitsbezogene Sozialhilfe auch die Unterbringung älterer und gebrechlicher Menschen gehört, anvertraut. Nach einer gesetzlichen Regelung dürfen nur sol-

---

154 Siehe hierzu unter § 5 B III 1 b bb.

155 Ausführlich unter § 5 B IV.

156 *Neumann*, Kartellrechtliche Sanktionierung, S. 104.

157 *Zuck*, GKV-Gesundheitsreform 2000, S. 22 .

158 Dies erkennt auch das Landessozialgericht NRW an, wenn es ausführt, es sei „denkbar", bei der Prüfung einer wirtschaftlichen Tätigkeit eine differenzierte Betrachtung der konkret in Frage stehenden Tätigkeit vorzunehmen, LSG NRW, Beschluss v. 28.09.00, Az. L 5 KR/11/95, S. 9.

159 *Steinmeyer*, Wettbewerbsrecht im Gesundheitswesen, S. 72; *Knispel*, G+G 2001 Beilage Nr. 2, S. 7 (10).

160 EuGH Slg. 1997, I-3395 – Sodemare/Regione Lombardia.

che Unternehmen zur Teilnahme an diesem System zugelassen werden, die keinen Erwerbszweck verfolgen. Aufgrund dieser Regelung wurde der Antrag abgelehnt, womit Sodemare mangels Einbeziehung in das Sozialhilfesystem keine Kostenerstattung für gesundheitsbezogene Leistungen erhalten konnte, die an ältere Heimbewohner erbracht werden. Dies führte dazu, dass bei Inanspruchnahme der Sodemare ein Pflegebedürftiger höhere Kosten zu tragen hatte, als wenn er die gleiche Leistung einer Gesellschaft ohne Erwerbszweck in Anspruch nahm, bei der eine Kostenerstattung stattfand. Gegen die ablehnende Entscheidung erhob die Sodemare Klage vor dem zuständigen Gericht. Kern des Streits war neben der Frage der Vereinbarkeit der entsprechenden Regelung mit der Dienstleistungsfreiheit insbesondere, ob der italienische Staat mit dieser Regelung gegen die Art. 3 Abs. 1 lit. g, 10 Abs. 2 i.V.m. 81 EG verstößt. Entscheidungserheblich war somit die mittelbare Verantwortlichkeit der Mitgliedstaaten zur Einhaltung der Wettbewerbsregeln[161]. Dies setzte jedoch inzident die Feststellung der Unternehmenseigenschaft der an dem Sozialhilfesystem beteiligten Einrichtungen voraus.

Der Gerichtshof zog die Unternehmenseigenschaft dieser Einrichtungen mit keinem Wort in Zweifel und beschränkte sich auf den Nachweis, dass die Voraussetzungen für einen Verstoß der Mitgliedstaaten gegen die aus Art. 3 Abs. 1 lit. g, 10 Abs. 2 i.V.m. 81, 82 EG abgeleitete Verpflichtung nicht vorlagen[162]. Letztlich scheiterte die Vorlagefrage somit daran, dass weder eine Verstärkung oder Erleichterung wettbewerbsbeschränkender Absprachen noch die Verschaffung einer beherrschenden Stellung als Voraussetzung für die Verantwortlichkeit festgestellt werden konnten[163]. Es fehlte an dem als Tatbestandsvoraussetzung notwendigen kartellrechtswidrigen Verhalten, nicht dagegen an der Unternehmenseigenschaft der zugelassenen Einrichtungen: Der Gerichtshof ist ohne weiteres davon ausgegangen, dass die zugelassenen Einrichtungen ungeachtet ihrer nicht erwerbsbezogenen Tätigkeit bei der Leistungserbringung als Unternehmen im Sinne der Wettbewerbsregeln anzusehen sind[164]. Er hat damit bestätigt, dass eine fehlende Gewinnerzielungsabsicht und die Einbindung in ein System sozialer Leistungen nicht genügen, um eine Tätigkeit dem Anwendungsbereich der Wettbewerbsregeln zu entziehen.

---

161 Siehe hierzu unter § 3 I.

162 EuGH Slg. 1997, I-3395 (3436) Rn. 41 f.

163 EuGH a.a.O., 3437 f., Rn. 43, 47.

164 *Gassner*, VSSR 2000, S. 121 (138); *Hänlein/Kruse*, NZS 2000, S. 165 (168); *Giesen*, Vorgaben des EG Vertrages, S. 122; Schlussanträge Generalanwalt *Jacobs* in der Rs. Albany, Slg. 1999, I-5751 (5786) Rn. 127; a.A. *Bieback*, EWS 1999, S. 361 (365).

c. Die Entscheidungen zu den niederländischen Betriebsrentensystemen

Für Aufsehen sorgten die vom Gerichtshof 1999 gefällten Entscheidungen in den verbundenen Rechtssachen „Albany International BV“[165], „Maatschappij Drijvende Bokken BV“[166] und „Brentjens Handelssondernejming“[167] sowie die Entscheidung „Pavlov“ vom 12.09.2000[168]. In allen Urteilen ging es um ein Versicherungsmonopol von tarifvertraglich bzw. standesvertraglich begründeten Rentenfonds. Der Gerichtshof setzte sich neben der Frage, ob Tarifverträge dem Kartellrecht unterliegen können auch mit der Unternehmenseigenschaft dieser Rentenfonds auseinander.

Unternehmen verschiedener Branchen hatten gegen Verfügungen geklagt, mit denen sie zur Beitragszahlung an Betriebsrentenfonds aufgefordert wurden. Diese Fonds sind integrierter Bestandteil des niederländischen Rentensystems, das sich aus einer staatlich gewährten Grundrente, einer individuellen Vorsorge durch Einzelrenten- oder Lebensversicherungsverträge und branchenspezifischen Betriebsrentenfonds zusammensetzt. Obwohl die Arbeitgeber formal in ihrer Entscheidung frei sind, auf welche Weise sie einen Betriebsrentenfonds organisieren, werden sie faktisch oft zum Anschluss an den durch Tarifvertrag zwischen Sozialpartnern einer bestimmten Industriebranche eingerichteten Betriebsrentenfonds gezwungen, da der Staat aufgrund einer bestimmten gesetzlichen Ermächtigung die Zwangsmitgliedschaft anordnen kann[169]. Für eigene organisierte Rentenfonds kann unter bestimmten Voraussetzungen eine Befreiung von der Zwangsmitgliedschaft erteilt werden. Wie in der Entscheidung „Poucet et Pistre“ bestanden solidarische Elemente, etwa in Form einer Befreiung von der Beitragszahlung bei Arbeitsunfähigkeit. Im Unterschied zu dem dortigen Versicherungssystem funktionierten die Fonds aber nicht nach dem Umlage-, sondern nach dem Kapitalisierungsprinzip. Auch war die Höhe der Leistungen nicht gesetzlich festgelegt, sondern hing von dem Beitragsaufkommen, den Erträgen der Anlagen sowie den Verwaltungskosten ab. Die Kläger hatten jeweils eigene Betriebsrentensysteme organisiert bzw. entsprechende Rentenvereinbarungen bei einer Lebensversicherung geschlossen oder waren anderen Fonds beigetreten. Unter Hinweis darauf begehrten sie die Befreiung von der Mitgliedschaft in den für die jeweilige Branche vorgesehenen Rentenfonds, welche abgelehnt wurde. Gegen die Zahlungsaufforderungen der Rentenfonds erhoben die

165 EuGH Slg. 1999, I-5863.
166 EuGH Slg. 1999, I-6121.
167 EuGH Slg. 1999, I-6029.
168 EuGH Slg. 2000, I-6451 – Pavlov/Stichting Pensioensfonds.
169 Eine Zwangsmitgliedschaft bestand immerhin bei 66 der 81 existierenden Betriebsrentenfonds, vgl. Slg. 1999, I-5751 (5761) Rn. 29.

Betroffenen Klage vor den zuständigen Gerichten, welche dem Europäischen Gerichtshof die Frage vorlegten, ob die Einrichtung eines Betriebsrentenfonds durch Tarifvertrag als Vereinbarung im Sinne des Art. 81 EG anzusehen ist. Daneben ging es um die hier zentrale Frage, ob der Betriebsrentenfonds als Unternehmen im Sinne der Wettbewerbsregeln qualifiziert werden kann.

In seinen Schlussanträgen verwies Generalanwalt *Jacobs* zunächst darauf, dass der EG-Vertrag keine Bestimmung enthalte, welche die Anwendung der Wettbewerbsregeln im sozialen Bereich ausdrücklich ausschließe[170]. Den Entscheidungen „Fédération Francaise“ und „Sodemare“ sei zu entnehmen, dass der Gerichtshof stillschweigend die Wettbewerbsregeln auch im Sozialbereich anwende; es gebe daher keine allgemeine Ausnahme, die den Sozialbereich als ganzes gegen die Wettbewerbsregeln abschirmen würde[171]. Unter Berücksichtigung der vom Gerichtshof in den Entscheidungen „Poucet et Pistre“ und „Fédération Francaise“ gebildeten Kriterien ist die Tätigkeit der Betriebsrentenfonds nach Ansicht des Generalanwaltes als wirtschaftliche zu qualifizieren. Die angeordnete Zwangsmitgliedschaft stünde dem nicht entgegen, wie bereits Art. 86 Abs. 1 EG zeige, wonach Unternehmen mit ausschließlichen Rechten Unternehmen bleiben und den Wettbewerbsregeln unterliegen[172]. Der Gerichtshof schloss sich dieser Beurteilung an. Der Betriebsrentenfonds bestimme die Höhe der Beiträge selber und arbeite nach dem Kapitalisierungsprinzip, wobei die gewährten Leistungen von der Höhe der gezahlten Beiträge abhängen; es liege daher eine wirtschaftliche Tätigkeit im Wettbewerb mit anderen Versicherungsgesellschaften vor[173]. Dieser Einordnung der Betriebsrentensysteme stand aus Sicht des Gerichtshofs weder ihre soziale Funktion als Teil des Rentensystems noch ihre fehlende Gewinnerzielungsabsicht oder Solidaritätsgesichtspunkte entgegen: Diese Gesichtspunkte minderten die Wettbewerbsfähigkeit der Fonds, was aber nichts an der Unternehmenseigenschaft ändere, wohl aber die Zwangsmitgliedschaft rechtfertigen könne[174]. Der Gerichtshof vertrat zudem die Ansicht, dass die Vereinbarung zur Gründung eines Betriebsrentenfonds aufgrund „Art und Gegenstand“ nicht unter Art. 81 EG falle[175].

---

170 Schlussanträge Generalanwalt *Jacobs* in der Rs. Albany, Slg. 1999, I-5751 (5785) Rn. 124.

171 Slg. 1999, I-5751 (5787) Rn. 130.

172 A.a.O., I-5835 Rn. 347.

173 EuGH a.a.O., I-5888, Rn. 84; Slg. 1999, I-6055, Rn. 84; Slg. 1999, I-6149, Rn. 74; Slg. 2000, I-6451 (6530) Rn. 113.

174 EuGH, Slg. 1999, I-5889, Rn. 86; Slg. 1999, I-6055, Rn. 86; Slg. 1999, I-6149, Rn. 76; Slg. 2000, I-6451 (6531) Rn. 118.

175 EuGH, Slg. 1999, I-5881, Rn. 55; Slg. 1999, I-6049, Rn. 61; Slg. 1999, I-6143, Rn. 51.

Ein Verstoß der staatlich angeordneten Zwangsmitgliedschaft gegen Art. 3 Abs. 1 lit. g, 10 Abs. 2 i.V.m. 81 EG scheiterte somit am Vorliegen einer wettbewerbsbeschränkenden Vereinbarung, nicht aber an der Unternehmenseigenschaft des Betriebsrentenfonds. Der Gerichtshof hielt insoweit am funktionalen Unternehmensbegriff fest. Die soziale Zielsetzung und die solidarische Funktion soll aber, in Übereinstimmung mit dem Urteil „Höfner/Elser" und abweichend von der Prüfung in der Rechtssache „Poucet et Pistre" erst auf der Ebene der Rechtfertigung nach Art. 86 Abs. 2 EG Berücksichtigung finden. In der Literatur wurde diese Wendung begrüßt: Die Wahrnehmung öffentlicher Zwecke sei nicht geeignet, an der Unternehmenseigenschaft eines eine wirtschaftliche Tätigkeit ausübenden Rechtssubjekts zu zweifeln; das Versichern von Risiken sei aber unzweifelhaft eine wirtschaftliche Tätigkeit und werde auch von privaten Unternehmen angeboten[176]. Ob wegen der besonderen Aufgaben öffentlicher Unternehmen ein Versicherungsmonopol und damit eine Wettbewerbsbeschränkung erforderlich sei, müsse anhand der Rechtfertigungsnorm des Art. 86 Abs. 2 EG und nicht anhand des Unternehmensbegriffs geklärt werden[177].

Der Gerichtshof selbst scheint jedoch den in der Rechtssache „Poucet/Pistre" gewählten Ansatz noch nicht völlig aufgegeben zu haben: Sofern das Versicherungssystem umlagefinanziert wird und Leistungsumfang und Beitragshöhe gesetzlich festgelegt sind, tendiert er auch weiterhin zur Verneinung der Unternehmenseigenschaft, wie das Urteil in der Rechtssache INAIL vom 22.01.2002 deutlich macht[178]. Pflichtversicherungssysteme, die durch derartige Elemente geprägt sind, werden daher nach wie vor bereits auf der Tatbestandsebene aus dem Anwendungsbereich der Wettbewerbsregeln ausgeschieden.

2. Die Entscheidung „FENIN/Kommission" des Europäischen Gerichts erster Instanz

In seiner Entscheidung „FENIN/Kommission"[179] hatte sich das Europäische Gericht erster Instanz – anders als der Gerichtshof – erstmals unmittelbar mit der Frage der Unternehmenseigenschaft von Systemen der sozialen Sicherheit, die

176 *Haverkate/Huster*, Europäisches Sozialrecht, Rn. 497; *Giesen*, Sozialversicherungsmonopol, S. 119 ff.

177 *Berg*, EuZW 2000, S. 170 (172); *Haverkate/Huster*, a.a.O., Rn. 498; *Giesen*, a.a.O., S. 126; *ders.*, Vorgaben des EG-Vertrages, S. 138; *ders.*, Wettbewerb zwischen Sozialversicherungsträgern und Privatversicherungen nach europäischem Kartellrecht, S. 123 (136), in: Soziale Sicherheit und Wettbewerb.

178 EuGH WuW/E EU-R 551 (552) – INAIL.

179 EuG EuZW 2003, S. 283 – FENIN/Kommission.

im Rahmen der Leistungserbringung als Nachfrager am Markt für Gesundheitsleistungen auftreten, zu befassen.

Geklagt hatte die FENIN, ein spanischer Verband Unternehmen, welche medizinische Erzeugnisse an Krankenhäuser vertreiben. Die FENIN wandte sich gegen Benachteiligungen durch die das spanische Gesundheitssystem (SNS) verwaltenden Einrichtungen. Diese insgesamt 26 Einrichtungen, zu denen auch drei Ministerien gehörten, hatten Rechnungen von Mitgliedern von FENIN – anders als die Rechnungen anderer Leistungserbringer – für Lieferungen von medizinischen Erzeugnissen erst nach durchschnittlich 300 Tagen bezahlt. Die FENIN sah hierin einen Missbrauch einer marktbeherrschenden Stellung gemäß Art. 82 EG. Voraussetzung hierfür war zunächst die Unternehmenseigenschaft der die SNS verwaltenden Einrichtungen.

Das Gericht knüpfte zunächst an die Rechtsprechung des Gerichtshofs an, wonach der Begriff des Unternehmens jede eine wirtschaftliche Tätigkeit ausübende Einrichtung, unabhängig von ihrer Rechtsform oder der Art der Finanzierung erfasse[180]. Obwohl mögliche missbräuchliche Verhaltensweisen im Zusammenhang mit der Leistungsbeschaffung und nicht mit der Versorgung der Versicherten in Frage standen, stellte das Gericht bei der Bewertung der wirtschaftlichen Tätigkeit nicht auf die Einkaufstätigkeit, sondern auf das Anbieten von Gütern und Dienstleistungen gegenüber den Versicherten ab; bei der Beurteilung der Art Tätigkeit könne der Kauf eines Erzeugnisses nicht von dessen späteren Verwendung durch den Käufer getrennt werden[181]. Daher bestimme der wirtschaftliche oder nichtwirtschaftliche Charakter der späteren Verwendung des erworbenen Erzeugnisses „*zwangsläufig*" den Charakter der Einkaufstätigkeit[182].

Aufgrund dieser „Verknüpfung" von Einkaufstätigkeit und späterer Verwendung prüfte das Gericht zunächst die Unternehmenseigenschaft im Verhältnis zu den Versicherten. Mit knapper Begründung stellte das Gericht unter Bezugnahme auf die Kriterien der Urteile „Poucet et Pistre", „Fédération Francaise" und „Albany" fest, dass die das SNS verwaltenden Ministerien und sonstige Einrichtungen durch Sozialversicherungsbeiträge und andere staatliche Beiträge finanziert würden und unentgeltliche Dienstleistungen an die Versicherten auf der Grundlage eines umfassenden Versicherungsschutzes erbringen würden; das

180 EuG EuZW 2003, S. 283 (285) Rn. 35.
181 EuG EuZW 2003, S. 283 (285) Rn. 36.
182 EuG a.a.O., ebenda.

SNS funktioniere somit nach dem Solidarprinzip, weshalb die sie verwaltenden Einrichtungen

„bei der Verwaltung..."

nicht als Unternehmen handeln würden[183]. Da die Einrichtungen somit bei der Verwendung der medizinischen Erzeugnisse sozial und nicht wirtschaftlich tätig seien, handele es sich auch bei dem Einkauf dieser Erzeugnisse nicht um eine wirtschaftliche Tätigkeit, so dass die Art. 81 und 82 EG nicht anwendbar seien[184]. Dass die Wirtschaftsmacht der das SNS verwaltenden Einrichtungen gegebenenfalls zu einem Nachfragemonopol führen könne, ändere daran nichts[185].

Diese Entscheidung überrascht, hat sie doch zur Folge, dass schon der soziale Charakter einer bestimmten Tätigkeit einer Einrichtung diese insgesamt, also auch bezüglich der Beschaffungstätigkeit von den Wettbewerbsregeln freistellt[186]. Grund hierfür soll der Umstand sein, dass die beschafften Leistungen auf der nachgelagerten Wirtschaftsstufe nichtwirtschaftlichen Zwecken zugeführt werden[187]. Dies widerspricht jedoch dem funktionalen Unternehmensbegriff, nach dem darauf abzustellen ist, ob die jeweilige in Frage stehende Tätigkeit als wirtschaftliche Tätigkeit anzusehen ist[188]. Da die hier in Frage stehende Einkaufstätigkeit als Nachfrage nach Leistungen unzweifelhaft wirtschaftlicher Natur ist, hätte das Gericht bei strikter Anwendung des funktionalen Unternehmensbegriffs zu dem Ergebnis kommen müssen, dass die Einrichtungen als Unternehmen handeln. Diese Konsequenz kann das Gericht nur vermeiden, indem es „funktional" nicht an die Einkaufstätigkeit, sondern an die Leistungserbringung im Versicherungsverhältnis anknüpft.

Das hierzu unter Berufung auf die „Poucet et Pistre"-Rechtsprechung des Gerichtshofs vorgebrachte Argument, wonach der nichtwirtschaftliche Charakter der Verwendung der Erzeugnisse auch den Charakter ihrer Beschaffung bestimme, geht jedoch ins Leere. Denn wie oben dargelegt, hatte der Gerichtshof in der Rechtssache „Poucet et Pistre" das Anbieten von Versicherungsleistungen als soziale und damit hoheitliche Tätigkeit eingestuft, weil ein auf Umlagefinanzierung beruhendes und durch Umverteilung geprägtes Versicherungs-

---

183 EuG a.a.O., S. 283 (286) Rn. 39.
184 EuG a.a.O., S. 283 (286) Rn. 40.
185 EuG a.a.O., 283 (286) Rn. 37.
186 *Lober*, EWiR 2003, S. 575 (576).
187 *Helios*, EuZW 2003, S. 288.
188 *Penner*, NZS 2003, S. 234 (235); *Storr*, ZESAR 2003, S. 249 (250); *Kingreen*, ZESAR 2003, S. 199 (200).

system ohne Zwangsmitgliedschaft nicht wettbewerbsfähig und damit eine potentielle Ausübung über den Markt nicht denkbar war[189]. Dieser vom Europäischen Gerichtshof umschriebenen Bereich der solidarischen Umlagefinanzierung wird durch die Leistungsbeschaffung aber nicht berührt[190]. Denn die Nachfragetätigkeit gefährdet weder die Umverteilung noch die Umlagefinanzierung, und zwar auch dann nicht, wenn die nachgefragten Erzeugnisse im Rahmen der sozialen Tätigkeit an die Versicherten abgegeben werden[191]. Anders gesagt: Die bloße Einstufung der sozialen Sicherungssysteme als Unternehmen bei der auf einem Markt im Wettbewerb mit anderen Unternehmen stattfindenden Einkaufstätigkeit führt nicht dazu, dass die finanzielle Basis für eine solidarische Umverteilung im Rahmen der Versicherungstätigkeit gefährdet wird.

Selbst wenn man entgegen der aufgeführten Bedenken die soziale Tätigkeit bereits auf der Ebene des Tatbestandes ausklammern will, kann auf der Grundlage der „Poucet et Pistre"-Rechtsprechung somit in bestimmten Fällen nur das Anbieten von Versicherungsleistungen, nicht jedoch die Nachfrage nach Leistungen zur Erfüllung von Pflichten in diesem Versicherungsverhältnis dem Anwendungsbereich der Wettbewerbsregeln entzogen werden[192]. Dass der Europäische Gerichtshof mit der „Poucet et Pistre"-Entscheidung keine generelle Nichtanwendung der Wettbewerbsregeln auf soziale Sicherungssysteme intendierte, zeigt im übrigen das Urteil „Sodemare", in dem er ohne weiteres von der Unternehmenseigenschaft der Einrichtungen bei der Leistungserbringung ausging[193]. Entgegen der Ansicht des Europäischen Gerichts erster Instanz ist daher davon auszugehen, dass die Leistungsbeschaffung nicht quasi „akzessorisch" zur sozialen Tätigkeit einzuordnen, sondern gemäß dem funktionalen Unternehmensbegriff eingeständig auf ihren wirtschaftlichen oder nichtwirtschaftlichen Charakter hin zu untersuchen ist. Eine andere Auffassung hätte zur Folge, dass selbst massive Verstöße gegen die Wettbewerbsregeln durch soziale Sicherungssysteme auf dem Leistungsbeschaffungsmarkt einer Kontrolle durch das Wettbewerbsrecht entzogen würden. Die Art. 81, 82 EG dienen jedoch auch dem Schutz der Marktgegenseite vor wettbewerbsbeschränkenden Verhaltensweisen. Es erscheint kein Grund ersichtlich, den Leistungserbringern diesen Schutz mit Hinweis auf den nichtwirtschaftlichen Charakter der späteren Verwendung die-

189 Siehe oben unter I Ziff. 1 a) cc.
190 Ähnlich *Slot*, E.C.L.R. 2003, S. 580 (588).
191 Siehe bereits im ersten Teil unter § 1 A IV. Ziff. 3.
192 *Lober*, EWiR 2003, S. 575 (576).
193 *Helios*, EuZW 2003, S. 288; siehe unter I Ziff. 1 b).

ser Leistungen zu versagen[194]. Soweit im Einzelfall die Wahrnehmung der Aufgaben gegenüber den Versicherten Beschränkungen des Wettbewerbs erfordert, sind diese an Art. 86 Abs. 2 EG zu messen.

3. Die Schlussanträge des Generalanwalts Jacobs vom 22.05.2003 in den Rechtssachen C-264/01, C-306/01, C-354/01 und C-355/01

In seinen Schlussanträgen vom 22.05.2003 in den Verfahren bezüglich der wettbewerbsrechtlichen Zulässigkeit der Festbetragsfestsetzung setzte sich Generalanwalt *Jacobs* unter anderem auch eingehend mit der Unternehmenseigenschaft von Sozialversicherungsträgern auseinander. Da die Argumentation des Generalanwalts hierzu in wesentlichen Teilen über die Bewertung der konkreten Festbetragsfestsetzung hinausreicht, soll sie im Folgenden kurz skizziert werden.

Der Generalanwalt stellte zunächst klar, dass der Gerichtshof auch bei der Beurteilung der Tätigkeiten von Sozialversicherungsträgern den funktionalen Unternehmensbegriff anwende, da er

„auf die Art der ausgeübten Tätigkeit statt auch die Eigenschaft derjenigen, die sie ausüben, die damit verbundenen sozialen Zwecke oder die rechtlichen oder finanziellen Regelungen abstellt, denen sie in einem bestimmten Mitgliedstaat unterliegt"[195].

Die sozialen Zwecke, die mit einem bestimmten Tätigkeitsbereich verbunden seien, könnten diesen somit nicht seine wirtschaftliche Natur nehmen, wohl aber wettbewerbsbeschränkende Regelungen nach Art. 86 Abs. 2 EG rechtfertigen. Bei der Frage, ob eine wirtschaftliche Natur vorliege, komme es – so Generalanwalt *Jacobs* – im wesentlichen darauf an, ob die Tätigkeit grundsätzlich auch von einem privaten Unternehmen in der Absicht der Gewinnerzielung ausgeübt werden könne[196]. Die entspricht im wesentlichen der oben dargestellten Prüfung einer potentiellen Ausübung der Tätigkeit auf dem Markt, wie sie vom Gerichtshof in den Rechtssachen „Poucet et Pistre" und „Fédération Francaise" zur Abgrenzung vorgenommen wurde[197]. Der Generalanwalt greift denn auch die Argumentation in diesen Urteilen und in dem Urteil „Albany" auf und verweist darauf, dass ein System mit Versicherungspflicht aufgrund des stark ausgepräg-

---

194 *Helios,* EuZW 2003, S. 283 (288); zutreffend auch *Lober,* EWiR 2003, S. 575 (576): *„Wie sollte ein sozialer Zweck bei der Verwendung der Güter wettbewerblich zweifelhafte Praktiken bei deren Einkauf rechtfertigen ?"*

195 Schlussanträge Generalanwalt *Jacobs* v. 22.05.2003, Rn. 25.

196 Schlussanträge Generalanwalt *Jacobs* v. 22.05.2003, Rn. 27.

197 Siehe oben unter Ziff. 1 a) cc.

ten Umverteilungselementes nicht von privaten Unternehmen betrieben werden könne; sei das Umverteilungselement – wie in der Rechtssache „Fédération Francaise" – dagegen weniger stark ausgeprägt, verdränge es nicht die anderen wirtschaftlichen Tätigkeiten des Systems[198]. Schwierig sei allerdings – so der Generalanwalt – festzustellen, ab welchem Grad das Umverteilungselement so ausgeprägt sei, dass die anderen wirtschaftlichen Tätigkeiten dahinter zurücktreten und die Wettbewerbsregeln keine Anwendung finden[199]. Der Generalanwalt verweist darauf, dass zwischen den gesetzlichen Krankenkassen und den privaten Anbietern wie auch zwischen den gesetzlichen Krankenkassen untereinander ein gewisses Maß an Wettbewerb um Mitglieder herrsche[200]. Zudem sei es den Krankenkassen möglich, in gewissem Maße auch hinsichtlich der angebotenen Leistungen zu konkurrieren; dass der elementare Leistungsumfang gesetzlich festgelegt sei, sei insoweit unbeachtlich[201]. In Anbetracht dieses – wenn auch nur begrenzt – bestehenden Wettbewerbs seien die Wettbewerbsvorschriften auf die Krankenkassen anwendbar[202].

Aus dieser Argumentation wird deutlich, dass der Generalanwalt nicht die Leistungsbeschaffungstätigkeit, sondern die Versicherungstätigkeit der Krankenkassen auf ihren wirtschaftlichen Charakter hin untersucht. Er stellt auf den bestehenden Wettbewerb um Versicherte auf dem Markt für Versicherungsleistungen ab und kommt anhand der Abgrenzungskriterien der Rechtsprechung des Gerichtshofs zu dem Ergebnis, dass dieses Anbieten von Versicherungen nicht im Sinne der „Poucet et Pistre"-Rechtsprechung der Anwendung des europäischen Wettbewerbsrechts entzogen sei. Dieses Argument hatten unter anderem die deutsche Regierung in dem Verfahren vorgetragen. Die Krankenkassen handeln somit aus Sicht des Generalanwaltes jedenfalls bei der Versicherungstätigkeit als Unternehmen.

Davon zu trennen ist jedoch die Frage, ob die Krankenkassen auch bei der Beschaffungstätigkeit als Unternehmen agieren. Der Generalanwalt scheint hier auf dem ersten Blick der FENIN-Entscheidung des Europäischen Gerichts erster Instanz zu folgen: Er verweist darauf, dass die Krankenkassen mit der Festsetzung der Festbeträge sowohl gegenüber den Leistungserbringern den Höchstpreis für das zu kaufende Wirtschaftsgut, als auch den Umfang der Versicherungsleistung gegenüber den Versicherten festlegen würden[203]. Diese Entschei-

198 Schlussanträge Generalanwalt *Jacobs* v. 22.05.2003, Rn. 34.
199 Schlussanträge Generalanwalt *Jacobs* v. 22.05.2003, Rn. 35.
200 Schlussanträge Generalanwalt *Jacobs* v. 22.05.2003, Rn. 37 f.
201 Schlussanträge Generalanwalt *Jacobs* v. 22.05.2003, Rn. 40.
202 Schlussanträge Generalanwalt *Jacobs* v. 22.05.2003, Rn. 42.
203 Schlussanträge Generalanwalt *Jacobs* v. 22.05.2003, Rn. 45

dungen ließen sich von der „Kerntätigkeit", nämlich des vom Generalanwalt als wirtschaftlich eingestuften Erbringens von Krankenversicherungsleistungen im Verhältnis zu den Versicherten, nicht trennen[204]. Ob die Festbetragsfestsetzung auch „isoliert", also ohne Einbeziehung des Charakters der Versicherungstätigkeit als wirtschaftliche Tätigkeit eingestuft werden könne, ließ der Generalanwalt offen[205]. Damit scheint der Generalanwalt auf den ersten Blick im Einklang mit dem Gericht erster Instanz davon auszugehen, dass der Charakter des Anbietens von Leistungen stets zugleich den Charakter des Beschaffens dieser Leistungen bestimme.

Bei näherem Hinsehen zeigt sich allerdings, dass die Auffassung des Generalanwalts nicht verallgemeinerungsfähig ist, da sie sich primär auf die rechtliche Konstruktion der Festbetragsfestsetzung als eine die Leistungsansprüche der Versicherten beschränkenden Maßnahme stützt. Der Generalanwalt begründet seine Ansicht von der fehlenden Trennbarkeit nämlich damit, dass dann, wenn

„die Erbringung einer Dienstleistung eine wirtschaftliche Tätigkeit ist, gleiches auch für die Entscheidung des Erbringers hinsichtlich der Parameter der anzubietenden Dienstleistung gilt"[206].

Der Generalanwalt orientiert sich also bei seiner Begründung primär an der rechtlichen Natur der Festbetragsfestsetzung als ein formal im Versicherungsverhältnis verankerten, den Leistungsanspruch des Versicherten beschränkenden Instruments. Ist das Erbringen der Dienstleistung im Verhältnis zu den Versicherten eine wirtschaftliche Tätigkeit, kann aus Sicht des Generalanwalts einer Entscheidung bezüglich des Umfanges dieser zu erbringenden Dienstleistung kein anderer Charakter zukommen – sie ist dann ebenfalls wirtschaftlicher Natur. Dies mag bei alleiniger Betrachtung der Festbetragsfestsetzung im Verhältnisses zwischen Krankenkasse und Versicherter zutreffend sein. Problematisch an dieser Vorgehensweise ist jedoch, dass sie das eigentliche Ziel der Festbeträge, nämlich die Leistungserbringer zu Preissenkungen zu veranlassen, außer Acht lässt. Der Generalanwalt erkennt zwar den gegenüber den Leistungserbringern wirkenden wettbewerbsbeschränkenden Charakter, wenn er darauf hinweist, dass die Krankenkassen mit den Festbeträgen Höchstpreise für den Einkauf festlegen. Dennoch stellt er bei der Qualifizierung der Maßnahme nicht auf diese bezweckte mittelbare Folge, sondern auf die unmittelbare Folge, nämlich die Beschränkung des Leistungsanspruches im Versicherungsverhältnis an.

---

[204] Schlussanträge Generalanwalt *Jacobs* v. 22.05.2003, a.a.O.
[205] Schlussanträge Generalanwalt *Jacobs* v. 22.05.2003, Rn. 46.
[206] Schlussanträge Generalanwalt *Jacobs* v. 22.05.2003, a.a.O.

Liegt eine Einflussnahme auf die Preisgestaltung der Marktgegenseite vor, kann es aber nach dem Sinn und Zweck der Wettbewerbsregeln nicht darauf ankommen, ob diese Einflussnahme mittelbarer oder unmittelbarer Natur ist. Darauf wird bei der Untersuchung der Festbetragsfestsetzung noch zurückzukommen sein[207].

Festzuhalten bleibt, dass die Ausführungen des Generalanwalts nicht den Schluss zulassen, dass sich die Einordnung der Leistungsbeschaffung aus Sicht des Generalanwalts stets – quasi „akzessorisch" – nach der Einordnung der Leistungserbringung als wirtschaftliche oder nichtwirtschaftliche Tätigkeit richte. Die Auffassung des Generalanwaltes stützt sich vielmehr auf die rechtliche Konstruktion der Festbetragsfestsetzung und lässt sich nicht ohne weiteres auf alle Wettbewerbsbeschränkungen im Rahmen der Leistungsbeschaffung übertragen.

II. Die Beurteilung der Nachfragetätigkeit der Krankenkassen

Die Auswertung der Rechtsprechung hat ergeben, dass bisher nur das Europäische Gericht erster Instanz eindeutig davon auszugehen scheint, dass Krankenkassen bei der Leistungsbeschaffung aufgrund des nicht-wirtschaftlichen Charakters der Leistungserbringung im Verhältnis zu den Versicherten nicht als Unternehmen handeln. Den bisherigen Entscheidungen des Gerichtshofs lassen sich dagegen keine eindeutigen Aussagen zur Frage der Unternehmenseigenschaft der Krankenkassen bei der Leistungsbeschaffung entnehmen[208]. Gleiches gilt für die Aussagen des Generalanwaltes in seinen Schlussanträgen vom 22.05.2003, die sich allein auf die Unternehmenseigenschaft der Krankenkassen bei der Festbetragsfestsetzung bezogen.

Auf der anderen Seite wurde deutlich, dass der funktionale Unternehmensbegriff vom Gerichtshof auch im Sozialbereich angewendet wird und folglich zu prüfen ist, ob die konkrete Tätigkeit der Sozialversicherungsträger wegen ihres marktbezogenen Charakters den Wettbewerbsregeln unterliegt. Ausgehend von dieser Feststellung lässt sich daher die Leistungsbeschaffung der Krankenkassen auf den entsprechenden Märkten einordnen.

---

207 Siehe unten unter § 4 IV. Ziff. 1 a.

208 OLG Düsseldorf, Pharma Recht 1999, S. 283 (295).

1. Leistungsbeschaffung als wirtschaftliche Tätigkeit

Die Krankenkassen sind in Konsequenz des Sachleistungs- und Vertragsprinzips zur Beschaffung von Gütern und Dienstleistungen bei privaten Unternehmen verpflichtet, um mit diesen die Ansprüche ihrer Versicherten zu erfüllen. Sie sind Vertragspartner der Unternehmen und tragen die Kosten der von den Versicherten ausgewählten Leistungen und Güter. Diese sind zwar unmittelbare Nachfrager, Einfluss auf die Marktverhältnisse, insbesondere auf die Preise und Leistungsbedingungen haben aber allein die Krankenkassen. Bei funktionaler Betrachtungsweise stellen diese als mittelbare Nachfrager die Marktgegenseite zu den Leistungserbringern als Anbietern dar[209]. Ähnlich einem privaten Nachfrager besteht ein Leistungsaustauschverhältnis mit dem Anbieter, bei dem die Krankenkassen für sich möglichst günstige Konditionen zu erreichen suchen[210]. Die Funktion des Nachfragens von Waren oder Dienstleistungen ist eine klassische Teilnahme am Wirtschaftsverkehr, die auch nicht durch die Ausübung typischerweise hoheitlicher Vorrechte geprägt ist[211]. Die Krankenkassen werden bei der Leistungsbeschaffung wirtschaftlich und mithin als Unternehmen im Sinne der Art. 81 ff. EG tätig[212].

2. Fehlender solidarischer Charakter

Eine hoheitliche, weil rein soziale Tätigkeit läge nach den Abgrenzungskriterien des Gerichtshofs allerdings dann vor, wenn die Krankenkassen mit der Leistungsbeschaffung eine solidarische Aufgabe im Sinne der „Poucet et Pistre"-Rechtsprechung erfüllen würden. Mit dem „Einkauf" von Gütern und Dienstleistungen auf dem Markt handeln die Krankenkassen aber nicht anders als private Unternehmen. Dennoch wird in der Literatur gegen die Qualifikation der Leistungsbeschaffung als wirtschaftliche Tätigkeit deren Zusammenhang mit

---

209 *Maydell*, VSSR 1999, S. 3 (7); *Pitschas*, VSSR 1999, S. 221 (225); OLG Düsseldorf, NZS 1998, S. 567 (568); a.A *Kraftberger*, BKK 2003, S. 38 (42).

210 *Zechel*, Territorial begrenzte Leistungserbringung, S. 90.

211 *Gassner*, VSSR 2000, S. 121 (139); *Giesen*, Vorgaben des EG-Vertrages, S. 114.

212 OLG Düsseldorf PharmaRecht 1999, S. 283 (293), n.rk.; OLG Hamburg, EuZW 2001, S. 638 (639); *Axer*, NZS 2002, S. 57 (61); *Pitschas*, VSSR 1999, S. 221 (234); *Boecken*, NZS 2000, S. 269 (272); *Giesen*, a.a.O., ebenda; *Hänlein/Kruse*, NZS 2000, S. 165 (168); *Zechel*, Territorial begrenzte Leistungserbringung, S. 90; *Emmerich*, Staatliche Interventionen, S. 36; *Zuck*, GKV-Gesundheitsreform 2000, S. 24; *Gassner*, VSSR 2000, S: 121 (138); *Berg*, EuZW 2000, S. 170 (172); *Neumann*, Kartellrechtliche Sanktionierung, S. 101; *Knispel*, G+G 2001 Beilage Nr. 2, S. 7 (11); *Slot*, E.C.L.R. 2003, S. 580 (586); a.A. *Bieback*, EWS 1999, S. 361 (368 f.); *Storr*, ZESAR 2003, S. 249 (253).

dem Leistungsrecht angeführt[213]. Offensichtlich soll der Hinweis auf den „sozialen Zweck" der Nachfrage nach Gütern und Dienstleistungen, nämlich die Erfüllung der gegenüber den Versicherten bestehenden Versorgungsverpflichtungen, dazu dienen, die Leistungsbeschaffung als Teil der „ausschließlich sozialen" Tätigkeit nicht anhand der Wettbewerbsregeln zu messen[214]. Mit dieser Argumentation hatte auch das Europäische Gericht erster Instanz einen nichtwirtschaftlichen Charakter der Leistungsbeschaffung angenommen[215].

Ansatzpunkte für eine solche einheitliche Betrachtung von Leistungs- und Leistungserbringungsrecht könnte allenfalls das bereits erwähnte – vom Gericht erster Instanz nicht angesprochene – Urteil in der Rechtssache „Eurocontrol" liefern, in dem der Gerichtshof die Unternehmenseigenschaft der internationalen Flugsicherungsorganisation verneint hat[216]. Die Organisation war nicht nur mit der Durchführung der Flugsicherung betraut, sondern zog auch die Gebühren, die für die Flugsicherungsdienste zu erbringen waren, ein. Das Argument der Kläger, Eurocontrol habe mit dem Gebühreneinzug wirtschaftlich und damit als Unternehmen gehandelt, ließ der Gerichtshof nicht gelten. Diese Gebühren stellten nur die Gegenleistung für die typischerweise hoheitliche Aufgabe der Flugsicherung dar und ließen sich nicht von dieser trennen; Eurocontrol handele damit auch beim Gebühreneinzug hoheitlich[217]. Ähnlich entschied der Europäische Gerichtshof in der Rechtsache „Diego Cali", in der einer privaten Gesellschaft (SEPG) durch staatliche Behörden die ausschließliche Konzession zur Durchführung von vorbeugenden Umweltschutzmaßnahmen im Hafen von Genua übertragen wurde[218]. Für die durchgeführten Arbeiten stellte die Gesellschaft den die Hafenanlagen nutzenden Firmen Beträge in Rechnung, die sich nach behördlich genehmigten Tarifen richteten. Auch hier lehnte der Gerichtshof eine Unternehmenseigenschaft der SEPG ab, da die Umweltschutzmaßnahmen nach Art und Gegenstand mit der Ausübung typischerweise hoheitlicher Befugnisse zusammenhängen; die Gebührenerhebung sei wesentlicher Bestand-

---

213 *Bieback*, EWS 1999, S. 361 (366); *Ebsen*, Öffentlich-rechtliches Handeln von Krankenkassen als Gegenstand des Wettbewerbsrechts ?, S. 298 (312), in: Igl (Hrsg.), Gesundheitswesen in der Wettbewerbsordnung; *Knispel*, G+G 2001 Beilage Nr. 2, S. 7 (11); besonders betont wird die Einheit von Leistungs- und Leistungserbringungsrecht auch von der Bundesregierung im Gesetzentwurf zum GKV- Reformgesetz 2000, vgl. BT-Drucks. 14/1245, S. 67.

214 So *Bieback*, EWS 1999, S. 361 (366), mit der Einschränkung, dass die Leistungsbe schaffung „nur teilweise" der Umverteilung diene.

215 EuG EuZW 2003, S. 283 (285 f.) – FENIN/Kommission.

216 EuGH Slg. 1994, I-43 (64) Rn. 31 - SAT/Eurocontrol.

217 EuGH a.a.O., I-43 (63) Rn. 28.

218 EuGH Slg. 1997, I-1547 – Diego Cali&Figli.

teil dieser hoheitlichen Tätigkeit[219]. Dies lässt den Schluss zu, dass bei einer gebührenpflichtigen hoheitlichen Tätigkeit der Einzug dieser Gebühren wegen des Gesamtzusammenhanges mit dieser Tätigkeit ebenfalls als hoheitlich zu qualifizieren ist[220].

Auf den Bereich von Versicherungsverhältnis und Leistungserbringungsrecht im Rahmen der gesetzlichen Krankenversicherung lässt sich diese Argumentation indes nicht übertragen. Zwar ließe sich unter Umständen das Versicherungsverhältnis nach den wie dargelegt zweifelhaften Kriterien der Urteile „Poucet et Pistre" und „Fédération Francaise" als hoheitlich qualifizieren[221]: Es ist durch eine Pflichtmitgliedschaft und eine einkommensabhängige Beitragserhebung bei gleichem Leistungsumfang geprägt; zudem findet durch den Risikostrukturausgleich eine Umschichtung zwischen finanziell erfolgreichen und finanziell schwachen Kassen statt. Wie jedoch bereits bei der Darstellung des Solidaritätsgrundsatzes in der gesetzlichen Krankenversicherung deutlich wurde, ist der Bereich der Leistungsbeschaffung hiervon unabhängig organisiert[222]. Der solidarische Ausgleich wird gerade nicht berührt[223]. Fehlt es aber an einem untrennbaren Zusammenhang, muss es bei dem Grundsatz bleiben, dass jede Tätigkeit des Rechtsträgers getrennt auf ihren wirtschaftlichen Charakter hin zu überprüfen ist. Andernfalls würde die gesamte Beschaffungstätigkeit der Krankenkassen und damit auch die vielfältigen Wettbewerbsbeschränkungen der Krankenkassen bereits auf der Tatbestandsebene komplett einer wettbewerbsrechtlichen Kontrolle entzogen, obwohl die Vorschrift des Art. 86 Abs. 2 EG nur einzelfallbezogen und unter Beachtung des Verhältnismäßigkeitsprinzips Rechtfertigungen von Wettbewerbsbeschränkungen ermöglicht[224].

3. Kein anderes Ergebnis aufgrund der mitgliedstaatlichen Kompetenz zur Ausgestaltung der Sozialversicherungssysteme

Mit der Einordnung der Leistungsbeschaffung als wirtschaftliche Tätigkeit unterliegt die Tätigkeit der Krankenkassen auf diesem Gebiet im Grundsatz einer Kontrolle durch die Wettbewerbsregeln. Dies steht nach teilweise vertretener Ansicht im Widerspruch zu der Grundaussage, wonach das Gemeinschaftsrecht die Kompetenz der Mitgliedstaaten zur Ausgestaltung der Sozialversicherungs-

219 EuGH a.a.O., I-1547 (1589), Rn. 23 f.
220 Vgl. Schlussanträge Generalanwalt *Cosmas* in der Rechtssache Diego Cali, Slg. 1997, I-1547 (1564) Rn. 51.
221 A.A. Generalanwalt *Jacobs* in seinen Schlussanträgen v. 22.05.2003, Rn. 37 f.
222 Siehe im ersten Teil unter § 1 A IV 3.
223 *Kingreen*, ZESAR 2003, S. 199 (200).
224 Siehe unter § 5 B IV.

systeme unberührt lasse[225]. Entgegen dieser Kompetenzverteilung würden die Mitgliedstaaten durch die Anwendung des Wettbewerbsrechts mit seinen Verboten auf marktbezogene Verhaltensweisen faktisch zu einer Organisation gezwungen, bei der die Leistungsbeschaffung hoheitlich unter Einsatz staatlicher Regulierung erfolgt. Soll für die Ausgestaltungskompetenz der Mitgliedstaaten noch ein praktischer Anwendungsbereich verbleiben, müsse das Gemeinschaftsrecht daher die Entscheidung für eine marktmäßig organisierte Versorgung respektieren[226]. Daher sei davon auszugehen, das die Sozialversicherungsträger ungeachtet des funktionellen Unternehmensbegriffs nicht als Unternehmen handeln, wenn sich der nationale Gesetzgeber zu einer Ausgestaltung der Sozialversicherung entschließt, die Marktelemente enthält[227].

Zweifelhaft ist freilich, ob die Kompetenz der Mitgliedstaaten eine solche Relativierung des funktionellen Unternehmensbegriffs rechtfertigt. Die einschlägigen Urteile des Gerichtshofs lassen hierfür keinen Spielraum, sondern stellen im Gegenteil klar, dass die mitgliedstaatliche Kompetenz ihre Grenze im Gemeinschaftsrecht findet. Dies gilt zunächst für die Entscheidung in der Rechtssache „Duphar“, in der über Vereinbarkeit der niederländischen Negativliste zur Senkung der Arzneimittelausgaben mit den Grundfreiheiten zu befinden war. Eine solche Regelung sei nur dann mit dem Gemeinschaftsrecht vereinbar, wenn jegliche Diskriminierung ausländischer Präparate unterbleibe[228]. Die den Mitgliedstaaten zustehende Befugnis berechtigt somit nicht zu einer Ausgestaltung, die dem durch die Grundfreiheiten verfolgten Ziel eines Binnenmarktes zuwiderläuft. In folgenden Entscheidungen hat der Gerichtshof auf diesen Grundsatz zurückgegriffen und hinsichtlich der Kompetenz zur Ausgestaltung der Sozialversicherungssysteme erklärt, dass die Mitgliedstaaten

„bei der Ausübung dieser Befugnis das Gemeinschaftsrecht zu beachten [haben]“[229].

Zu einer Organisation der Sozialversicherungssysteme, die gegen zentrale Regelungen des EG-Vertrages verstößt, sind sie somit nicht befugt. Dies ist letzt-

---

225 *Ebsen*, Öffentlich-rechtliches Handeln von Krankenkassen als Gegenstand des Wettbewerbsrechts ?, S. 298 (312), in: Igl (Hrsg.), Gesundheitswesen in der Wettbewerbsordnung; *Fuchs/Giubboni*, BG 2001, S. 320 (326); *Knispel*, NZS 2000, S. 379 (381).

226 *Ebsen*, a.a.O., S. 312.

227 *Ebsen*, a.a.O., ebenda; ähnlich *Fuchs/Giubboni*, BG 2001, S. 320 (327), bezogen auf die Träger der gesetzlichen Unfallversicherung.

228 EuGH Slg. 1984, 523 (541) Rn. 21.

229 EuGH Slg. 1998, I-1931 Rn. 19 - Kohll; Slg. 1998, I-1831 Rn. 23 - Decker; EuGH NZS 2001, S. 478 (479) – Smits u. Peerbooms.

lich Konsequenz des vom Gerichtshof nicht in Frage gestellten Anwendungsvorrangs des Gemeinschaftsrechts, der die Gestaltungsfreiheit der Mitgliedstaaten begrenzt[230]. Für den Bereich der Leistungsbeschaffung bedeutet dies, dass bei einer Ausgestaltung, die marktrechtliche Strukturen zur Folge hat, das europäische Wettbewerbsrecht Anwendung findet[231]. Zu einer wettbewerbswidrigen Ausgestaltung des Leistungserbringungsrechts berechtigt die Kompetenz der Mitgliedstaaten nicht[232]. Dies gilt gerade auch für Versicherungssysteme, die entscheidend durch das Sachleistungsprinzip geprägt werden. Wie der Europäische Gerichtshof in der Rechtssache „Smits/Peerbooms" bereits festgestellt hat, ist ein danach organisiertes Krankenversicherungssystem nicht per se den Grundfreiheiten entzogen[233]. Es besteht kein Grund zu der Annahme, dass dies für die Wettbewerbsregeln, die ebenfalls einem freien Binnenmarkt zu dienen bestimmt sind, anders sein sollte[234]. Als mittelbare Nachfrager verfügen die Sozialversicherungsträger über die Möglichkeit wettbewerbsbeschränkender Verhaltensweisen, ein Umstand, der in der Rechtssache „Fédération Francaise" als entscheidender Gesichtspunkt für die Anwendung der Wettbewerbsregeln herangezogen wurde[235]. Dies muss nicht bedeuten, dass die sozialpolitischen Ziele der zuständigen Mitgliedstaaten völlig unberücksichtigt bleiben. Der tatbestandseröffnende Unternehmensbegriff ist hierfür aber der ungeeignete Standort; ob individuelle Besonderheiten eine Ausnahme von den Wettbewerbsregeln rechtfertigen, entscheidet sich nach Art. 86 Abs. 2 EG[236].

III. Zusammenfassung

Die Unternehmenseigenschaft der Krankenkassen richtet sich danach, ob die im Einzelnen in Frage stehende Tätigkeit wirtschaftlicher Natur ist. Die Urteile des Gerichtshofs zur Unternehmenseigenschaft von Sozialversicherungsträgern lassen unmissverständlich erkennen, dass dieser funktionelle Unternehmensbegriff auch im Sozialbereich Anwendung findet. Das häufig hiergegen angeführte Urteil „Poucet et Pistre" enthält Kriterien zur Bestimmung der hoheitlichen, nicht den Wettbewerbsregeln unterfallenden Versicherungstätigkeit, lässt aber an der Anwendung des funktionellen Unternehmensbegriffs keinen Zweifel. Die Nach-

---

230 *Haverkate/Huster*, Europäisches Sozialrecht, S. 70.

231 *Bieback*, EWS 1999, S. 361 (367).

232 *Gassner*, VSSR 1999, S. 121 (133); *Pitschas*, VSSR 1999, S. 221 (232); *Boecken*, NZS 2000, S. 269 (272).

233 EuGH NZS 2002, S. 478 (479).

234 *Slot*, E.C.L.R. 2003, S. 580 (581).

235 EuGH Slg. 1995, I-4013 (4030).

236 *Giesen*, Wettbewerb zwischen Sozialversicherungsträgern und Privatversicherungen, S. 123 (136) m.w.N., in: Soziale Sicherheit und Wettbewerb; ausführlich zu Art. 86 Abs. 2 EG unter § 5 B.

frage der Sozialversicherungsträger nach Leistungen und Gütern ist daher eigenständig zu beurteilen. Diese ist im Rahmen des SGB V so ausgestaltet, dass die Krankenkassen die an die Versicherten abzugebenden Güter und Leistungen auf dem Markt bei privaten Unternehmern nachfragen. Es handelt sich mithin um eine klassische, dem Wettbewerbsrecht unterfallende unternehmerische Tätigkeit. Einer Relativierung dieser funktionellen Betrachtungsweise mit dem Hinweis auf die Besonderheiten des Sachleistungssystems oder der mitgliedstaatlichen Kompetenz zur Ausgestaltung der Systeme sozialer Sicherheit hat der Gerichtshof eine Absage erteilt. Der Gedanke einer Sonderstellung des Sozialbereichs im Hinblick auf die Anwendbarkeit der Wettbewerbsregeln findet keine Stütze im EG-Vertrag.

Ungeachtet der Unternehmenseigenschaft hängt eine tatsächliche Anwendung des Kartellverbots aber nicht zuletzt davon ab, ob den Kassen ein hinreichender Spielraum zur Beschränkung des Wettbewerbs verbleibt. Dies lässt sich nur für den Einzelfall beurteilen. Die Reichweite des durch die Kartellvorschriften geleisteten Schutzes lässt sich daher erst im Rahmen der Untersuchung der beispielhaft genannten Beschränkungen des Wettbewerbs durch die Kassen- und Kassenverbände bzw. durch den Bundesausschuss der Ärzte und Krankenkassen (unten § 4) ermitteln.

§ 3 Die Mitgliedstaaten als Adressaten der Wettbewerbsregeln

Das durch Art. 3 Abs. 1 lit. g EG vorgegebene System unverfälschten Wettbewerbs wird nicht nur durch unternehmerisch veranlasste, sondern in noch größerem Maße durch hoheitliche Wettbewerbsbeschränkungen gefährdet. Bei der Bewertung dieser Verhaltensweisen trennt der EG-Vertrag zwischen den an die Unternehmen gerichteten Anforderungen der Art. 81, 82 EG und den sich für die Mitgliedstaaten aus den Beihilfevorschriften und Grundfreiheiten ergebenden Einschränkungen. Diese Trennung trägt indes nicht der Tatsache Rechnung, dass vielfach staatliche und unternehmerische Maßnahmen ineinander greifen, beispielsweise indem die Mitgliedstaaten ein wettbewerbsbeschränkendes Verhalten der Unternehmen durch Übertragung entsprechender Privilegien erst ermöglichen oder veranlassen[237]. Will man Lücken im Schutz des Prinzips des unverfälschten Wettbewerbs vermeiden, bedarf es daher einer Einbeziehung dieser staatlichen Regulierungstätigkeit. Dem dient zum einen die aus Art. 3 Abs. 1 lit. g, 10 Abs. 2 i.V.m. 81, 82 EG abgeleitete Verpflichtung der Mitgliedstaaten zur Beachtung der praktischen Wirksamkeit der Wettbewerbsregeln, zum anderen

---

[237] Immenga/Mestmäcker-*Mestmäcker*, EG-Wettbewerbsrecht Band 2, Art. 37, 90 Kap. B Rn. 34.

die Vorschrift des Art. 86 Abs. 1 EG. Im Zusammenhang mit der Leistungsbeschaffung sind diese Verpflichtungen vor allem deshalb von Interesse, weil die Mehrzahl der dargestellten wettbewerbsbeschränkenden Verhaltensweisen der Krankenkassen und ihrer Verbände auf einer entsprechenden gesetzlichen Ermächtigung beruhen.

I. Die Verpflichtung der Mitgliedstaaten zur Beachtung der Wettbewerbsregeln aus Art. 3 Abs. 1 lit. g, 10 Abs. 2 i.V.m. 81, 82 EG

Der Europäische Gerichtshof hat sich für eine Verknüpfung des Loyalitätsgebots aus Art. 10 Abs. 2 EG mit der Zielbestimmung des Art. 3 Abs. 1 lit. g EG und deren Konkretisierung in Art. 81, 82 EG entschieden, um die Fälle staatlicher Regulierung des Wettbewerbs zu erfassen. Ein Verstoß gegen diese, mittlerweile als ständige Rechtsprechung[238] bezeichneten Verpflichtung der Mitgliedstaaten kommt jedoch nur bei bestimmten Voraussetzungen in Betracht. Im Folgenden soll daher zunächst ein kurzer Überblick[239] über die Rechtsprechungsentwicklung gegeben werden (unten 1.), anhand dessen dann die Grenzen der mitgliedstaatlichen Verpflichtung zu erörtern sind (unten 2.).

1. Die Entwicklung der Rechtsprechung zur Verpflichtung der Mitgliedstaaten

In einer Reihe von Vorlagefragen war der Gerichtshof zunächst mit der Frage befasst worden, ob staatliche Maßnahmen, insbesondere im Bereich der Normsetzung, sich direkt an Art. 81 ff. EG messen lassen müssten. Dies hat er mehrfach im Hinblick auf die Tatsache, dass sich die Vorschriften nach dem klaren Wortlaut nur an Unternehmen richten, abgelehnt[240]. Auf staatliche Maßnahmen sind die Vorschriften daher nur dann anwendbar, wenn unternehmerisches Handeln in Frage steht[241]. Der Gerichtshof hat jedoch erstmals im Jahre 1977 in der Rechtssache „Inno/ATAB“, in der es um die Vereinbarkeit einer staatlichen Festsetzung von Mindestverkaufspreisen mit den Wettbewerbsregeln ging, eine mittelbare Verpflichtung der Mitgliedstaaten zur Beachtung der Wettbewerbsregeln angenommen[242]. Die streitgegenständliche belgische Regelung sah Mindestpreise für Tabakerzeugnisse vor, die von den Herstellern bzw. Importeuren der Ware und damit von Unternehmen festgesetzt wurden. Aufgrund dieser Re-

---

238 So erstmals EuGH Slg. 1986, 1425 (1471) Rn. 71 – Ministère public/Asjes.

239 Ausführlich zu der Rechtsprechungsentwicklung *Bach*, Wettbewerbsrechtliche Schranken, S. 127 ff.; *Steinberger*, Staatliche Wirtschaftsinterventionen, S. 29 ff.

240 EuGH Slg. 1971, 487 (499) Rn. 6 – Deutsche Grammophon/Metro; Slg. 1979, 3203 (3231) Rn. 30 – Buys.

241 *Bach*, Wettbewerbsrechtliche Schranken, S. 23 m.w.N.

242 EuGH Slg. 1977, 2115 – GB Inno/ATAB.

gelung erlangte diese Festsetzung durch Unternehmen eine umfassende Bindungswirkung. Der Europäische Gerichtshof stellte klar, dass sich aus dem Grundsatz der Gemeinschaftstreue spezifische Pflichten der Mitgliedstaaten ergeben können:

„Art. 5 Abs. 2 (nach Änderung jetzt Art. 10 Abs. 2 EG) des Vertrages bestimmt, daß die Mitgliedstaaten alle Maßnahmen unterlassen, welche die Verwirklichung der Ziele des Vertrages gefährden können. Obgleich sich Art. 86 EGV (nach Änderung jetzt Art. 82 EG) an die Unternehmen richtet, begründet deshalb der Vertrag doch auch für die Mitgliedstaaten die Verpflichtung, keine Maßnahmen zu treffen oder beizubehalten, die die praktische Wirksamkeit dieser Bestimmungen ausschalten könnten“[243].

Ob ein Verstoß gegen den „effet utile“ der Wettbewerbsvorschriften vorlag, ließ der Gerichtshof offen, zumal eine entsprechende Vorschrift nach seiner Ansicht auch mit dem Verbot mengenmäßiger Einfuhr- und Ausfuhrbeschränkungen und Maßnahmen gleicher Wirkung unvereinbar sei[244]. Er stellte aber unmissverständlich klar, dass die Verantwortung der Unternehmen nach Art. 81 ff. EG von einem entsprechenden staatlichen Verstoß unberührt bleibe[245].

In der Folgezeit griff der Gerichtshof zunächst nicht auf diesen Ansatz zurück, sondern prüfte staatliche Regelungen nur anhand der Grundfreiheiten. So hat er in dem Verfahren „Roussel Laboratoria“ eine niederländische Maßnahme zur Deckelung der Arzneimittelpreise allein an Art. 28 EG gemessen, obwohl das vorlegende Gericht die Frage nach der Vereinbarkeit dieser Maßnahme mit den Art. 3 Abs. 1 lit. g, 10 Abs. 2 i.V.m. 81, 82 EG stellte[246]. Auch in der bereits erwähnten Entscheidung „Duphar“ zur Zulässigkeit einer niederländischen Negativliste beschränkte sich der Gerichtshof auf die Prüfung, ob diese Liste gegen die Warenverkehrsfreiheit verstoße[247].

Erst ab Mitte der achtziger Jahre erfolgte eine Konkretisierung des Grundsatzes der praktischen Wirksamkeit: Die Mitgliedstaaten verstoßen gegen ihre Verpflichtung, wenn sie Kartellabsprachen vorschreiben oder solche Absprachen

---

243 EuGH a.a.O., 2145, Rn. 30/35.
244 EuGH a.a.O., 2146, Rn. 30/35.
245 EuGH a.a.O., ebenda.
246 EuGH Slg. 1983, 3849 (3870) – Roussel Laboratoria/Niederlande.
247 EuGH Slg. 1984, 523 – Duphar/Niederlande.

erleichtern[248], indem sie etwa durch Schaffung entsprechender Rahmenbedingungen wettbewerbswidriges Verhalten fördern[249]. Untersagt ist es ihnen aber auch, wettbewerbsbeschränkende Verhaltensweisen in ihren Auswirkungen zu verstärken: Dies ist vor allem dann anzunehmen, wenn eine staatliche Regelung eine bestehende Kartellabsprache oder Teile davon ganz oder teilweise übernimmt und so ihre umfassende Wirkung sicherstellt[250]. Diese drei Fallgruppen wurden mit der Entscheidung „van Eycke/ASPA"[251], in der es um per Rechtsverordnung vorgeschriebene Zinshöhen für Spareinlagen ging, um eine vierte erweitert: Ein Verstoß gegen Art. 3 Abs. 1 lit. g, 10 Abs. 2 i.V.m. 81 EG liege auch dann vor, wenn der Staat

„der eigenen Regelung dadurch ihren staatlichen Charakter nimmt, dass er die Verantwortung für in die Wirtschaft eingreifende Entscheidungen privaten Wirtschaftsteilnehmern überträgt"[252].

Im konkreten Fall hatten sich die staatlichen Stellen aber die Befugnis zur Festsetzung der Höchstsätze für Spareinlagen vorbehalten und nicht an private Wirtschaftsteilnehmer übertragen, weshalb der Gerichtshof einen Verstoß ablehnte[253]. Wie der Gerichtshof in anderem Zusammenhang ergänzte, komme es bei dieser Fallgruppe darauf an, ob die Befugnis zu entsprechenden Eingriffen tatsächlich vollständig auf die Wirtschaftsteilnehmer übertragen wurde. Im Verfahren „Reiff"[254] beispielsweise oblag die Festsetzung von Mindesttarifen für den Güterfernverkehr einer Sachverständigenkommission. Die hierzu gefassten Beschlüsse mussten jedoch vom Bundesverkehrsminister genehmigt werden, der die Tarife auch selbst festsetzen konnte, wenn sie nicht dem allgemeinen Wohl entsprachen. Eine Verletzung der mitgliedstaatlichen Verpflichtung kam deswegen aus Sicht des Gerichtshofs nicht in Betracht[255]. Dagegen hatte der italienische Staat in dem der Entscheidung „Kommission/Italien"[256] zugrundeliegenden

---

248 EuGH Slg. 1986, 1425 (1471) Rn. 72 – Asjes; Slg. 1987, 3801 (3826) Rn. 11 – Vlaamse Reisbureaus/VZW Sociale Dienst; Slg. 1987, 2963 (2977) Rn. 7 – Ministère public/Régis Lefèvre.

249 EuGH Slg. 1989, 803 (852) Rn. 49, 52 – Ahmed Saeed Flugreisen/Zentrale zur Bekämpfung des unlauteren Wettbewerbs e.V.

250 EuGH Slg. 1985, 391 (423) Rn. 19 ff. – BNIC/Clair; Slg. 1987, 3801 (3826) Rn. 10 – Vlaamse Reisbureaus; Slg. 1988, 4769 (4792), Rn. 18 – van Eycke/ASPA.

251 EuGH Slg. 1988, 4769 – van Eycke/ASPA.

252 EuGH a.a.O., 4791, Rn. 16.

253 EuGH a.a.O., 4792 Rn. 19; ebenso EuGH Slg. 1993, I-5751 (5798) Rn. 20 – Meng; EuGH WuW/E EU-R 531 (532) – Manuele Arduino.

254 EuGH Slg. 1993, I-5801 – Reiff.

255 EuGH Slg. 1993, I-5801 (5849) Rn. 22 f. - Reiff; ebenso EuGH Slg. 1994, I-2517 (2531) Rn. 21 f. – Delta.

256 EuGH Slg. 1998, I-3851 - Kommission/Italien.

Sachverhalt die Befugnis zum Erlass einer Gebührenordnung für Zollspediteure in vollem Umfang einem Berufsverband der Zollspediteure übertragen, weshalb ein Verstoß gegen Art. 3 Abs. 1 lit. g, 10 Abs. 2 i.V.m. 81 EG bejaht wurde[257].

Wettbewerbsrechtliche Pflichten hat der Gerichtshof auch aus den Art. 3 Abs. 1 lit. g, 10 Abs. 2 i.V.m. 82 EG abgeleitet. Schon im Verfahren „Inno/ATAB" hatte Generalanwalt *Reischl* die Auffassung vertreten, dass es den Mitgliedstaaten untersagt sei, durch staatliches Handeln Folgen herbeizuführen, die Unternehmen nicht nach Art. 82 EG herbeiführen dürfen[258]. Daran anknüpfend hat der Gerichtshof eine Verantwortung des Staates bei einer durch ihn geschaffenen Gefahr eines Wettbewerbsverstoßes postuliert: Verschafft der Staat mittels einer gesetzlichen Regelung einem oder mehreren Unternehmen eine beherrschende Stellung auf dem Markt, ist er dafür verantwortlich, wenn diese die beherrschende Stellung missbräuchlich ausnutzen[259]. Dabei kommt es nicht darauf an, ob der Missbrauch nur begünstigt oder erzwungen wurde[260]. In beiden Fällen ist von einem Verstoß gegen Art. 3 Abs. 1 lit. g, 10 Abs. 2 i.V.m. 82 EG auszugehen.

2. Grenzen der mitgliedsstaatlichen Verpflichtung

Der Gerichtshof ist bestrebt, Wettbewerbsbeschränkungen infolge des Zusammenwirkens von staatlichen Maßnahmen und unternehmerischem Verhalten einer Kontrolle anhand der Wettbewerbsregeln zu unterziehen. Die Reichweite dieser Verpflichtung wird jedoch durch das Erfordernis eines konkreten Zusammenhanges der staatlichen Regelung mit dem unternehmerischen Verhalten eingeschränkt.

a. Akzessorietät des staatlichen Verstoßes

Den dargestellten Fallgruppen des Vorschreibens, Förderns oder Verstärkens einer Kartellabsprache ist gemeinsam, dass die staatliche Maßnahme mit einer bestehenden oder zukünftigen Kartellabsprache verknüpft sein muss, um einen Verstoß gegen Art. 3 Abs. 1 lit. g, 10 Abs. 2 i.V.m. 81 EG annehmen zu können[261]. Besonders deutlich kommt dieses Erfordernis in der Rechtssache

---

257 EuGH a.a.O., I-3900 f.

258 Schlussanträge Generalanwalt *Reischl*, Slg. 1977, 2152 (2166).

259 EuGH Slg. 1995, I-2883 (2912) Rn. 34 – Centro Servizio Spediporto/Spedizioni Marittima; Slg. 1991, I-1979 (2018) Rn. 32 – Höfner u. Elser/Macrotron.

260 Immenga/Mestmäcker-*Mestmäcker*, EG-Wettbewerbsrecht Band 2, Art. 37, 90 Kap. B Rn. 47; Groeben-*Schröter*, Art. 85 Abs. 1 Rn. 120.

261 *Niemeyer*, WuW 1994, S. 721 (723).

„Vlaamse Reisbureaus" zum Ausdruck, in welcher der Gerichtshof zunächst untersucht, ob Kartellabsprachen vorliegen, und dann der Frage nachgeht, ob die Regelung bezweckt oder bewirkt, die Auswirkungen dieser Absprachen zu verstärken[262]. Die Verantwortung der Mitgliedstaaten hängt somit akzessorisch davon ab, ob dem Unternehmen seinerseits ein Verstoß gegen die Wettbewerbsregeln vorzuwerfen ist[263]. Verzichtet wird auf das Merkmal der Akzessorietät lediglich bei der Fallgruppe der Übertragung der Verantwortung für in die Wirtschaft eingreifende Entscheidungen[264], sowie im Rahmen von Art. 3 Abs. 1 lit. g, 10 Abs. 2 i.V.m. 82 EG: Hier werden missbräuchliche Verhaltensweisen der Unternehmen dem Staat zugerechnet, ohne dass es darauf ankommt, ob das betroffene Unternehmen sich einem hoheitlichen Zwang gebeugt hat oder eigenständig tätig wurde.

Dies bedeutet, dass eine Regelung ungeachtet ihrer wettbewerbsbeschränkenden Wirkungen nicht gegen Art. 3 Abs. 1 lit. g, 10 Abs. 2 i.V.m. 81 EG verstößt, wenn jeder Zusammenhang mit einem von Art. 81 EG erfassten Verhalten fehlt[265]. Der Gerichtshof hat zwar im Verfahren „Leclerc/Au blé vert"[266] erläutert, dass die praktische Wirksamkeit der für die Unternehmen geltenden Wettbewerbsregeln auch nicht durch legislative Akte ausgeschaltet werden dürfe[267]. Dies wurde teilweise dahingehend interpretiert, dass ein Verstoß gegen die Verpflichtung auch dann vorliegen könne, wenn die staatliche Regelung nicht an eine Kartellvereinbarung anknüpft, sondern sie bereits überflüssig macht[268]. In seinem Urteil "Cullet/Leclerc"[269] zur französischen Regelung der Treibstoffpreise hat der Gerichtshof jedoch klargestellt, dass die aus Art. 3 Abs. 1 lit. g, 10 Abs. 2 i.V.m. 81 EG abgeleitete Verpflichtung keine Anwendung finde, wenn die Beschränkung durch eine staatliche Preisregelung bewirkt wird, die dem Einfluss der Marktteilnehmer entzogen ist[270]. Auch in den Entscheidungen „Meng"[271] und „Ohra"[272], in denen die Zulässigkeit eines gesetzlichen Provisi-

---

262 EuGH Slg. 1987, 3801 (3826) Rn. 11.

263 Immenga/Mestmäcker-*Mestmäcker*, EG-Wettbewerbsrecht Bd. 2, Art. 37, 90 Kap. B Rn. 40; *Giesen*, Sozialversicherungsmonopol, S. 62 f.; Callies/Ruffert-*Weiß*, Art. 81 EG Rn. 14.

264 Vgl. statt aller EuGH Slg. 1994, I-2517 (2531) Rn. 19

265 EuGH Slg. 1993, I-5751 (5797) Rn. 15 – Meng; Slg. 1993, I-5801 (5847 f.) – Reiff; Slg. 1998, I-3949 (3994) Rn. 35 – Corsica Ferries France/Gruppo Antichi Ormeggiatori del porto di Genova.

266 EuGH Slg. 1985, 1 – Leclerc/Au blé vert.

267 EuGH a.a.O., 31 Rn. 14.

268 *Bach*, Wettbewerbsrechtliche Schranken, S. 136; *Simm*, Der Gerichtshof der EG, S. 105 f.; a.A. *Niemeyer*, WuW 1994, S. 721 (723).

269 EuGH Slg. 1985, 305 – Cullet/Leclerc.

270 EuGH a.a.O., 320, Rn. 17.

271 EuGH Slg. 1993, I-5751 – Meng.

onsabgabe- bzw. Rabattverbotes im Raume stand, hat der Gerichtshof keinen Anlass gesehen, an deren Zulässigkeit im Hinblick auf Art. 3 Abs. 1 lit. g, 10 Abs. 2 i.V.m. 81 EG zu zweifeln. In beiden Fällen war die Beschränkung des Wettbewerbs nicht Folge einer Vereinbarung, sondern direkt auf die gesetzliche Regelung zurückzuführen, womit mangels Absprache weder ein Vorschreiben noch ein Erleichtern oder Fördern einer Kartellabsprache im Sinne einer der anerkannten Fallgruppen in Betracht kam[273]. Der Gerichtshof verzichtet somit nicht auf den Zusammenhang zwischen Vereinbarung und staatlicher Regelung. Macht diese private Kartellabsprachen überflüssig, ist sie im Hinblick auf Art. 3 Abs. 1 lit. g, 10 Abs. 2 i.V.m. 81 EG unbedenklich, und wird nur anhand der Grundfreiheiten gemessen[274].

b. Die Kritik an dem Abgrenzungskriterium des Gerichtshofs

Das Abstellen des Gerichtshofs auf die Akzessorietät ist nicht frei von Kritik geblieben. Bemängelt wird insbesondere, dass eine staatliche Regelung ohne Bezug zu einer unternehmerischen Absprache nicht an den Wettbewerbsregeln gemessen wird, selbst wenn sie erhebliche wettbewerbsschädigende Auswirkungen mit sich bringt[275]. Dieses Kriterium sei daher zur Abgrenzung ungeeignet, da die staatliche Regulierung von Märkten und des Wettbewerbs nicht umfassend an den Wettbewerbsregeln gemessen werden könne[276]. Daher wurde teilweise vorgeschlagen, auf dieses Merkmal zu verzichten und jegliches staatliche Handeln mit wettbewerbsbeschränkenden Wirkungen an Art. 3 Abs. 1 lit. g, 10 Abs. 2 i.V.m. 81, 82 EG zu messen[277]. Generalanwalt *Lenz* hatte hierzu in seinen Schlussanträgen in der Rechtssache „Vlaamse Reisbureaus“ vorgeschlagen, alle Tatbestandsmerkmale des Art. 81 EG zu prüfen und dabei an Stelle des Merkmals der Vereinbarung die gesetzliche Norm zu setzen, die diese Tatbestandsmerkmale überflüssig macht[278].

Obwohl die Kritik angesichts der negativen Folgen der herrschenden Praxis für den Wettbewerbsschutz berechtigt ist, sprechen doch systematische Gründe wie auch der Wortlaut des Art. 81 EG gegen eine solche Ausweitung der Verpflich-

---

272 EuGH Slg. 1993, I-5851 – Ohra Schadeverzekeringen NV.

273 EuGH Slg. 1993, I-5751 (5798) Rn. 17 ff.; Slg. 1993, I- 5851 (5878) Rn. 11 ff.

274 *Niemeyer*, WuW 1994, 721 (727); *Simm*, Der Gerichtshof der EG, S. 249.

275 *Dreher*, WuW 1994, S. 193 (203).

276 *Ehricke*, EuZW 1990, S. 507 (509); *ders.*, WuW 1991, S. 183 (188).

277 *Bauer*, Wettbewerbsbeschränkungen durch Staaten?, S. 151 ff.; *Mestmäcker*, Zur Anwendbarkeit der Wettbewerbsregeln auf die Mitgliedstaaten und die Europäischen Gemeinschaften, S. 277 (283), in: FS Börner; *Ehricke,* WuW 1991, S. 183 (190); *Schubert,* Der Gemeinsame Markt als Rechtsbegriff, S. 270.

278 Schlussanträge Generalanwalt *Lenz*, Slg. 1987, 3801 (3816) Rn. 42.

tung aus Art. 3 Abs. 1 lit. g, 10 Abs. 2 i.V.m. 81 EG[279]. Die Wettbewerbsregeln richten sich nur an Unternehmen bzw. Unternehmensvereinigungen, und lassen es daher nicht zu, den Staat bei wettbewerbsbeschränkendem hoheitlichen Handeln wie beispielsweise dem Erlass von Gesetzen darunter zu subsumieren[280]. Staatliche Maßnahmen sollen gerade nicht anhand der unternehmensbezogenen Vorschriften überprüft werden. Sonst würde auch die Systematik des EG-Vertrages durchbrochen, der klar zwischen den staatsgerichteten und den an Unternehmen gerichteten Verboten trennt: Aufgabe der Art. 81 ff. EG ist es, Wettbewerbsbeschränkungen durch Unternehmen zu bekämpfen, während insbesondere die Grundfreiheiten der staatlichen Regulierungstätigkeit Grenzen ziehen[281]. Beide Normkomplexe stellen unterschiedliche Anforderungen an die Adressaten. Soll diese systematische Unterscheidung nicht völlig aufgehoben werden, muss daher die Verpflichtung der Mitgliedstaaten aus Art. 3 Abs. 1 lit. g, 10 Abs. 2 i.V.m. 81 EG an das unternehmerische Verhalten als wesentliches Tatbestandsmerkmal anknüpfen.

Dies bedeutet allerdings nicht, dass einer wettbewerbsbezogenen Überprüfung staatlicher Maßnahmen ohne Bezug zu unternehmerischem Verhalten eine völlige Absage zu erteilen wäre[282]. Unter dem Gesichtspunkt des aus Art. 3 Abs. 1 lit. g EG zu folgernden umfassenden und geschlossenen Wettbewerbsschutzes besteht ein konkretes Bedürfnis, auch staatliche Regelungen, die aus sich heraus den Wettbewerb beschränken, einer Überprüfung zu unterziehen. Diese Kontrolle kann aber nicht auf die unternehmensbezogenen Wettbewerbsvorschriften gestützt werden, sondern bedarf einer davon unabhängigen, eigenständigen Grundlage. Unter § 6 ist zu erörtern, ob und wie auch staatliche Wettbewerbsbeschränkungen auf ihre Vereinbarkeit mit dem Grundsatz unverfälschten Wettbewerbs kontrolliert werden können.

II. Die Bindung der Mitgliedstaaten an Art. 86 Abs. 1 EG

Unmittelbare Pflichten im Hinblick auf den Wettbewerbsschutz ergeben sich schließlich aus Art. 86 Abs. 1 EG. Entgegen ihrer systematischen Stellung rich-

---

279 *Schwarze*, EuZW 2000, S. 613 (621); *Bach*, Wettbewerbsrechtliche Schranken, S. 177 f.; *Niemeyer*, WuW 1994, S. 721 (727).

280 Anders verhält es sich mit Sec. 2 Sherman Act, dessen Normadressatenumschreibung „every person" so ausgelegt werden *kann*, dass auch staatliches Handeln am Maßstab des Sherman Act zu messen ist, vgl. *Bach*, Wettbewerbsrechtliche Schranken S. 20 f.

281 *Bach*, Wettbewerbsrechtliche Schranken, S. 177; *Niemeyer*, WuW 1994, S. 721 (727).

282 In jedem Fall können diese Maßnahmen anhand der Grundfreiheiten überprüft werden, vgl. *Giesen*, Vorgaben des EG-Vertrages, S. 116; *ders.*, Sozialversicherungsmonopole, S. 63; *Schwarze*, EuZW 2000, S. 613 (621); *Emmerich*, Kartellrecht, § 36 Ziff. 3; Langen/Bunte-*Bunte*, Generelle Prinzipien, Art. 81 EG Rn. 14.

tet sich die Vorschrift nicht an die Unternehmen sondern direkt an die Mitgliedstaaten als Normadressaten. Sie soll verhindern, dass diese ihre Stellung gegenüber den genannten Unternehmen ausnutzen, um diese zu vertragswidrigem Verhalten zu veranlassen[283]. In Zusammenhang mit Abs. 1 steht Abs. 3 der Vorschrift, welcher besondere Kompetenzen der Kommission zur Durchsetzung des Artikels begründet, während sich Abs. 2 der Vorschrift direkt an die Unternehmen richtet.

1. Regelungszweck und Systematik

Art. 86 Abs. 1 EG ist wie Abs. 2 der Vorschrift Ausdruck eines politischen Kompromisses zwischen den Mitgliedstaaten, die Wettbewerbsnachteile für ihre überwiegend privatwirtschaftlich organisierte Industrie gegenüber dem starken öffentlichen Sektor in anderen Mitgliedstaaten befürchteten, und denjenigen, die das ungehinderte Funktionieren eben dieser öffentlichen Sektoren durch die völlige Gleichstellung aller Unternehmen in der Gemeinschaft gefährdet sahen[284]. Mit Abs. 1 der Vorschrift wurde den Bedenken im Hinblick auf einen wettbewerbsbeschränkenden Einsatz des öffentlichen Sektors Rechnung getragen und dessen Einbeziehung in das europäische Kartellrecht sichergestellt. Art. 86 Abs. 1 und 2 EG stellen klar, was bereits aus dem funktionalen Unternehmensbegriff folgt: Wirtschaftlich handelnde öffentliche Rechtsträger haben die Wettbewerbsregeln zu beachten[285]. Abs. 1 untersagt den Mitgliedstaaten daher, das Verbot bestimmter Verhaltensweisen dadurch zu umgehen, dass sie ihren Einfluss auf bestimmte Unternehmen missbrauchen und diese zu einem bestimmten wettbewerbsbeschränkenden Verhalten veranlassen[286]. Wegen des staatlichen Zwangs auf die Unternehmen bestünde sonst die Gefahr, gegen diese wegen der fehlenden Handlungsfreiheit nicht nach Art. 81, 82 EG vorgehen zu können, während gleichzeitig der Mitgliedsstaat sich der Verantwortung durch Verweis auf das unternehmerische Verhalten entzieht. Diese Lücke schließt Art. 86 Abs. 1 EG. Einzelne Tatbestandsmerkmale der Vorschrift sind immer im Hinblick auf dieses Ziel des Schutzes vor Umgehungen der Vertragsvorschriften auszulegen.

---

283 Schlussanträge Generalanwalt *Da Cruz Vilaca* in der Rechtssache Bodson/Pompes funèbres, Slg. 1988, 2479 (2489 ff.).

284 Langen/Bunte-*Jungbluth,* Art. 86 EG Rn. 3; näher *Bach*, Wettbewerbsrechtliche Schranken, S. 29 ff.; zu Art. 86 Abs. 2 siehe unter § 5 B.

285 Immenga/Mestmäcker-*Mestmäcker,* EG-Wettbewerbsrecht Band 2, Art. 37, 90 Kap. B Rn. 52 f.

286 *Mikroulea*, Wettbewerbsbeschränkende Maßnahmen, S. 96; Schwarze-*von Burchard,* Art. 86 EG Rn. 8; Langen/Bunte-*Jungbluth,* Art. 86 EG Rn. 2.

Systematisch handelt es sich bei Art. 86 Abs. 1 EG um eine Verweisungsnorm[287]. Unmittelbar anwendbar ist sie damit nur, wenn die als verletzte Norm in Frage stehende Vertragsvorschrift selbst unmittelbar anwendbar ist.

2. Anwendungsbereich des Art. 86 Abs. 1 EG

a. Unternehmen im Sinne des Art. 86 Abs. 1 EG

Der Anwendungsbereich der Vorschrift erfasst allgemein nur Unternehmen, für deren Verhalten die Mitgliedstaaten auf Grund des Einflusses, den sie auf dieses Verhalten ausüben, besondere Verantwortung tragen. Voraussetzung ist damit zunächst, dass das Verhalten des Rechtsträgers im Einzelfall auch tatsächlich als unternehmerisch und nicht als hoheitlich zu qualifizieren ist. Daneben muss eine besondere Beziehung zwischen Mitgliedsstaat und Unternehmen bestehen, die der EG-Vertrag mit der Formulierung „öffentliche Unternehmen" und „Unternehmen mit besonderen oder ausschließlichen Rechten" umschreibt.

Der Begriff „öffentlich" ist gemeinschaftsrechtlich auszulegen, so dass es auf die Rechtsform oder Einordnung nach dem nationalen Recht nicht ankommt[288]. Eine Definition enthält der EG-Vertrag indes nicht. Zur Begriffsbestimmung wird daher überwiegend auf Art. 2 Abs. 1 der Transparenzrichtlinie zurückgegriffen, wonach jedes Unternehmen als öffentliches Unternehmen anzusehen ist, auf das die öffentliche Hand aufgrund Eigentums, finanzieller Beteiligung, Satzung oder sonstiger Bestimmungen, welche die Tätigkeit des Unternehmens regeln, unmittelbar oder mittelbar beherrschenden Einfluss ausüben kann[289]. Zwar gilt diese Definition nur im Rahmen und für die Zwecke dieser Richtlinie[290]. Sie lässt sich jedoch als Anhaltspunkt für die Auslegung des Art. 86 Abs. 1 EG heranziehen, entspricht sie doch der Funktion der Vertragsvorschrift, die Unternehmen zu umschreiben, auf deren Unternehmensleitung der Staat maßgeblichen Einfluss ausübt[291]. Die Formulierung stellt zudem klar, dass bereits die Möglichkeit der Beeinflussung genügt, um ein öffentliches Unternehmen

---

287 Callies/Ruffert-*Jung*, Art. 86 EG Rn. 7.

288 Immenga/Mestmäcker-*Mestmäcker*, EG-Wettbewerbsrecht Band 2, Art. 37, 90 Kap. C Rn. 13; Langen/Bunte-*Jungbluth*, Art. 86 EG Rn. 16; Callies/Ruffert-*Jung*, Art. 86 EG Rn. 12.

289 Richtlinie der Kommission vom 25.06.1980 über die Transparenz der finanziellen Beziehungen zwischen den Mitgliedstaaten und den öffentlichen Unternehmen (80/723/EWG), ABl. 1980 Nr. L 195/ 35.

290 EuGH Slg. 1982, 2545 (2579) Rn. 26 – Frankreich u.a./Kommission.

291 *Bleckmann*, Europarecht, S. 336; *Emmerich*, Wirtschaftsrecht, S. 413 ff.; *Bach*, Wettbewerbsrechtliche Schranken, S. 34; *Mikroulea*, Wettbewerbsbeschränkende Maßnahmen, S. 107; *Schwarze*, EuZW 2000, S. 613 (623).

annehmen zu können, ohne dass dieser Einfluss tatsächlich ausgeübt werden muss[292]. Den öffentlichen Unternehmen gleichgestellt sind Unternehmen mit besonderen oder ausschließlichen Rechten, da die Gewährung derselben sie in eine vergleichbare Abhängigkeitsposition bringt[293]. Diese besondere Rechtsbeziehung zum Staat, die sich von der Rechtsposition sonstiger privater Unternehmen deutlich unterscheidet, macht das Wesensmerkmal dieser Unternehmen aus[294]. Erfasst werden damit nur Rechte, die individuell bestimmten, und nicht einer unbestimmten Anzahl von Unternehmen zustehen[295]. Ausschließliche Rechte liegen dabei dann vor, wenn wirtschaftliche Tätigkeitsbereiche einem Unternehmen unter Ausschluss von Wettbewerbern vorenthalten werden, während es bei besonderen Rechten an einer solchen exklusiven Rechtsstellung fehlt: Letztere privilegieren bestimmte Unternehmen und verschaffen diesen damit gegenüber ihren Wettbewerbern einen spürbaren Vorteil[296].

Diese Trennung der von Art. 86 Abs. 1 EG angesprochenen Unternehmen darf nicht überbewertet werden, zumal Überschneidungen denkbar sind und auch einem öffentlichen Unternehmen besondere oder ausschließliche Rechte gewährt werden können[297]. Für die Frage der mitgliedstaatlichen Verpflichtung ist in erster Linie entscheidend, ob ein Unternehmen unter die Bestimmung des Art. 86 Abs. 1 EG fällt. Dies beantwortet sich nach der Funktion der Vorschrift im Gemeinschaftsvertrag. Dem System unverfälschten Wettbewerbs liegt die Vorstellung zugrunde, dass die Entscheidungen der Wirtschaftsteilnehmer in der Gemeinschaft unabhängig und am eigenen Interesse orientiert erfolgen. Diese Grundlage wird aber in Frage gestellt, wenn der Mitgliedstaat vollständig das Verhalten der Unternehmen im Wettbewerb steuert und zum Instrument staatlicher Wirtschaftspolitik macht[298]. Wirksam kann der Wettbewerb vor solchen Einflüssen nur geschützt werden, wenn die staatliche Einflussmöglichkeit einer möglichst umfassenden Kontrolle unterworfen wird[299]. Von Art. 86 Abs. 1 EG werden daher prinzipiell alle Unternehmen erfasst, auf deren Geschäftstätigkeit

---

292 Groeben-*Hochbaum*, Art. 90 Rn. 9.

293 Callies/Ruffert-*Jung*, Art. 86 EG Rn. 14; *Bach*, Wettbewerbsrechtliche Schranken, S. 34.

294 Vgl. EuGH Slg. 1982, 2545 (2578) Rn. 24 – Frankreich u.a./Kommission.

295 Langen/Bunte-*Jungbluth*, Art. 86 EG Rn. 21.

296 Immenga/Mestmäcker-*Mestmäcker*, EG-Wettbewerbsrecht Band 2, Art. 37, 90 Kap. C Rn. 19.

297 *Temple Lang*, Fordham Corp. Law Inst. 1984, S. 543 (553).

298 *Mestmäcker*, Europäisches Wettbewerbsrecht, S. 642; *Ehricke*, Staatliche Eingriffe in den Wettbewerb, S. 163.

299 *Ehricke*, a.a.O., ebenda.

der Staat einen bestimmenden Einfluss ausüben kann[300]. Ist dies im Einzelfall zu bejahen, sind die Mitgliedstaaten an die Pflichten aus Art. 86 Abs. 1 EG gebunden und dürfen keine Maßnahmen „in Bezug" auf diese Unternehmen treffen.

b. Maßnahmen „in Bezug" auf Unternehmen

Der Begriff Maßnahme umschließt unter Berücksichtigung des Regelungsziels der Vorschrift jegliche rechtliche oder tatsächliche Einflussnahme auf ein Unternehmen unter Einschluss legislativer Akte[301]. Nur auf diese Weise wird sichergestellt, dass alle mitgliedsstaatlichen Handlungsformen erfasst werden, die einen spezifischen Bezug zu den privilegierten Unternehmen aufweisen und die geeignet sind, deren Wettbewerbsverhalten zu beeinflussen. Untersagt sind sowohl der Erlass wie auch die Beibehaltung von Maßnahmen, so dass im Einzelfall aus Art. 86 Abs. 1 EG auch eine Beseitigungspflicht im Hinblick auf vertragswidrige Regelungen resultieren kann. Fehlt es allerdings ganz an einer staatlichen Maßnahme, etwa weil das Unternehmen in vollem Umfang für das in Frage stehende Verhalten selbst verantwortlich ist und eine staatliche Veranlassung nicht vorliegt, ist Art. 86 Abs. 1 EG nicht anwendbar[302]. In diesen Fällen bleibt nur das direkte Vorgehen gegen die Unternehmen nach Art. 81, 82 EG. Art. 86 Abs. 1 EG ist auch dann nicht anwendbar, wenn rein hoheitliches Handeln ohne Bezug zu Unternehmen den Wettbewerb beschränkt[303].

Eine andere Frage ist, ob die Verpflichtung der Mitgliedstaaten aus Art. 86 Abs. 1 EG nur bei Vorliegen eines Verstoßes seitens des Unternehmens eingreift. Dafür könnte die Qualifikation der Vorschrift als spezieller Anwendungsfall der allgemeinen Verpflichtung aus Art. 3 Abs. 1 lit. g, 10 Abs. 2 i.V.m. 81, 82 EG sprechen[304]. Indes würde das Erfordernis einer Akzessorietät dem Ziel des Art. 86 Abs. 1 EG, Umgehungen der Vertragsbestimmungen zu verhindern,

---

300 EuGH Slg. 1997, I-5815 (5832) Rn.46 – Kommission/Frankreich; Slg. 1997, I-5789 (5806) Rn. 40 – Kommission/Italien; Slg. 1997, I-5699 (5777) Rn. 29 - Kommission/Niederlande; Schwarze-*von Burchard*, Art. 86 EG Rn. 13; Lenz-*Grill*, Art. 86 EG Rn. 7; *Bach*, Wettbewerbsrechtliche Schranken, S. 34; *Temple Lang*, Fordham Corp. Law Inst. 1984, S. 543 (553)

301 Immenga/Mestmäcker-*Mestmäcker*, EG-Wettbewerbsrecht Band 2, Art. 37, 90 Kap. C Rn. 61; *Emmerich*, Staatliche Interventionen, S. 42; *Mikroulea*, Wettbewerbsbeschränkende Maßnahmen, S. 110; *Ehricke*, Staatliche Eingriffe in den Wettbewerb, S. 164; Schwarze-*von Burchard*, Art. 86 EG Rn. 29; Langen/Bunte-*Jungbluth*, Art. 86 EG Rn. 25.

302 EuGH Slg. 1988, 2479 (2512 f.) – Bodson/Pompes funèbres.

303 *Heinemann*, Grenzen staatlicher Monopole im EG-Vertrag, S. 75.

304 So vor allem *Mestmäcker*, RabelsZ 52 (1988), S. 526 (551); ausführlich zum Verhältnis des Art. 86 Abs. 1 EG zu der „mittelbaren" Verpflichtung der Mitgliedstaaten im Folgenden unter III.

nicht nur entgegenstehen, sondern diese Umgehungen sogar erleichtern. Wegen der fehlenden Handlungsfreiheit bei staatlichem Zwang zu wettbewerbsbeschränkendem Verhalten könnte weder das Unternehmen noch der Mitgliedsstaat in die Verantwortung genommen werden. Der Mitgliedsstaat hätte es in der Hand, durch entsprechende Ausgestaltung der Maßnahme sich den Anforderungen des Art. 86 Abs. 1 EG zu entziehen. Daher ist das Erfordernis einer Akzessorietät zwischen unternehmerischen und mitgliedsstaatlichem Verhalten im Rahmen des Art. 86 Abs. 1 EG abzulehnen[305]. Diesen Standpunkt nimmt auch der Europäische Gerichtshof ein, der allein darauf abstellt, ob die rechtlichen Wirkungen einer Maßnahme Vorschriften des Gemeinschaftsrechts verletzen können, unabhängig davon, ob dem Unternehmen seinerseits der Vorwurf eines Verstoßes gegen Art. 81 EG gemacht werden kann[306]. Art. 86 Abs. 1 EG findet daher immer dann Anwendung, wenn ein Verstoß des privilegierten Unternehmens gegen Gemeinschaftsrecht vorliegt. Lässt die staatliche Regelung dem Unternehmen ausreichend Handlungsspielraum bei der Ausführung der Maßnahme, kommt ein Eingreifen sowohl der unternehmens- wie auch der staatsbezogenen Regelungen in Betracht: Die Art. 81 ff. EG sind auf das Verhalten der Unternehmen anwendbar, während die staatliche Maßnahme unter Art. 86 Abs. 1 EG fällt[307].

c. Widerspruch zum Vertrag

Die Maßnahmen sind verboten, wenn sie dem Vertrag widersprechen, weil durch sie die staatsgerichteten Verbote oder die unternehmensgerichteten Normen des Vertrages umgangen würden. Bei staatsgerichteten Verboten ist dies dann der Fall, wenn bei unmittelbarem Handeln der Staat selbst gegen die Grundfreiheiten verstoßen würde. Die Mitgliedstaaten dürfen keine Maßnahmen in bezug auf die Unternehmen treffen, die den Grundfreiheiten wie etwa der Warenverkehrsfreiheit widersprechen. Ebenso ist ihnen untersagt, die Unternehmen zu einem Verhalten zu veranlassen oder zu verpflichten, das mit den Wettbewerbsregeln unvereinbar ist. Umstritten ist, ob bereits die Gewährung von ausschließlichen Rechten im Widerspruch zum Vertrag steht und gegen Art. 86 Abs. 1 EG i.V.m. 82 EG verstößt. Eine verbreitete Ansicht sieht diese die Sonderstellung begründenden Akte als nicht von Art. 86 Abs. 1 EG erfasst

---

305 *Bach*, Wettbewerbsrechtliche Schranken, S. 45; *Mikroulea*, Wettbewerbsbeschränkende Maßnahmen, S. 112; *Emmerich*, Wirtschaftsrecht, S. 422; Immenga/Mestmäcker-*Mestmäcker*, EG-Wettbewerbsrecht Band 2, Art. 37, 90 Kap. C Rn. 68; *Schwarze*, EuZW 2000, S. 613 (626).

306 EuGH Slg. 1988, 2479 (2517) Rn. 34 – Bodson/Pompes funèbres.

307 EuGH Slg. 1977, 2115 (2146) Rn. 30/35 – GB Inno/ATAB; Slg. 1980, 3125 (3261 ff.) – van Landewyck/Kommission; Kommission, ABl. 1974 L 343/19 (23 f.) – Kugellager.

an, da die Vorschrift das Bestehen derartiger Rechte gerade voraussetze[308]. Währen der Gerichtshof dieser Ansicht anfangs gefolgt ist und die Schaffung von Monopolen als mit den Wettbewerbsbestimmungen vereinbar angesehen hat[309], tendierte er in den vergangenen Jahren zu einer deutlich strengeren Sichtweise: Die Schaffung eines Monopols wird zumindest dann von Art. 86 Abs. 1 EG erfasst, wenn das Unternehmen durch die bloße Ausübung der ihm übertragenen Rechte seine beherrschende Stellung im Widerspruch zu Art. 82 EG ausnutzt oder wenn eine Lage geschaffen werden könnte, in der das Unternehmen einen solchen Missbrauch begeht[310]. Die staatliche Begründung eines Monopols ist damit nicht generell einer Überprüfung anhand von Art. 86 Abs. 1 EG entzogen.

In zahlreichen Einzelentscheidungen hat der Gerichtshof die sich aus Art. 86 Abs. 1 EG und den Wettbewerbsvorschriften ergebenden Verpflichtungen der Mitgliedstaaten konkretisiert[311]. So verstößt es beispielsweise gegen Art. 86 Abs. 1 i.V.m. 81 Abs. 1 lit. a EG, wenn die Preisabsprachen durch Unternehmen mit ausschließlichen Rechten hoheitlich genehmigt werden[312]. Ist ein Verstoß zu bejahen, kommt nur noch eine Rechtfertigung nach Art. 86 Abs. 2 EG in Betracht, der auch im Rahmen von Art. 86 Abs. 1 EG Anwendung findet[313].

III. Das Verhältnis der mitgliedsstaatlichen Verpflichtungen zueinander

Das Bestehen einer einerseits in Art. 86 Abs. 1 niedergelegten und einer andererseits aus der Treuepflicht und den Art. 81, 82 EG abgeleiteten Verpflichtung der Mitgliedstaaten wirft die Frage auf, ob diese grundsätzlich nebeneinander anwendbar sind oder ob sie sich gegenseitig ausschließen. Dies hängt davon ab, inwieweit sich die Anwendungsbereiche überschneiden.

---

308 Langen/Bunte-*Jungbluth,* Art. 86 EG Rn. 20; Immenga/Mestmäcker-*Mestmäcker,* EG-Wettbewerbsrecht Band 2, Art. 37, 90 Kap. C Rn. 24 f.; *Bauer,* Wettbewerbsbeschränkungen durch Staaten ?, S. 131; a.A. *Ehricke,* Staatliche Eingriffe in den Wettbewerb, S. 165 ff.

309 EuGH Slg. 1974, 409 (430) Rn. 14 – Sacchi.

310 EuGH Slg. 1991, I-1979 (2018) Rn. 32 – Höfner u. Elser/Macrotron; EuGH Slg. 1991, I-2925 (2963) Rn. 38 – ERT; Slg. 1991, I-5889 (5928) Rn. 17 – Porto di Genova/Siderurgica Gabrielli; Slg. 1993, I-2533 (2568) Rn. 11 ff. – Corbeau; Slg. 1997, I-7119 (7149) Rn. 31 – Job Centre; Slg. 1998, I-533 (579) Rn. 27 – Raso.

311 Übersicht bei Schwarze-*Burchard,* Art. 86 EG Rn. 39 ff.

312 EuGH Slg. 1989, 803 (852) Rn. 52 – Ahmed Saeed.

313 *Bach,* Wettbewerbsrechtliche Schranken S. 46; Immenga/Mestmäcker-*Mestmäcker,* EG-Wettbewerbsrecht Band 2, Art. 37, 90 Kap. C Rn. 29.

1. Art. 86 Abs. 1 EG als lex specialis

Inhaltlich enthält Art. 86 Abs. 1 EG nur eine Wiederholung und Präzisierung der allgemeinen, aus Art. 3 Abs. 1 lit. g, 10 Abs. 2 i.V.m. 81 EG abgeleiteten Pflichten der Mitgliedstaaten: Die Vorschrift zielt ebenfalls auf die Verwirklichung der Ziele des Vertrages, indem sie den Mitgliedstaaten untersagt, ihren Einfluss auf bestimmte Unternehmen zur Umgehung von Vertragsvorschriften zu missbrauchen[314]. Dieses Verständnis des Art. 86 Abs. 1 EG als eine die allgemeine Verpflichtung der Mitgliedstaaten konkretisierende Norm kommt besonders deutlich in der Rechtsprechung des Gerichtshofs zum Ausdruck. In der Rechtssache „Inno/ATAB“ betonte dieser ausdrücklich, dass Art. 86 Abs. 1 EG nur einen besonderen Anwendungsfall der allgemeinen, die Mitgliedstaaten verpflichtenden Grundsätze darstelle[315]. Auch in der Rechtssache „Höfner“ ging der Gerichtshof nicht auf seine Rechtsprechung zu Art. 3 Abs. 1 lit. g, 10 Abs. 2 i.V.m. 81, 82 EG ein, sondern zog allein Art. 86 Abs. 1 EG zur Prüfung der staatlichen Maßnahme heran[316]. Im Anschluss an diese Rechtsprechung wird in der Literatur überwiegend die Ansicht vertreten, dass Art. 86 Abs. 1 EG keine neuen materiellen Pflichten der Mitgliedstaaten normiert, sondern lediglich einen speziellen, auf die genannten Unternehmen beschränkten Anwendungsfall der allgemeinen Verpflichtungen der Mitgliedstaaten enthält[317]. Dieser besondere Anwendungsbereich kommt auch darin zum Ausdruck, dass Art. 86 Abs. 1 EG unabhängig von einem vorhergehenden Verstoß der Unternehmen gegen Art. 81, 82 anwendbar ist. Ist Art. 86 Abs. 1 EG damit als speziellere Vorschrift anzusehen, kann auf die aus allgemeinen Grundsätzen abgeleitete Verpflichtung der Mitgliedstaaten nach Art. 3 Abs. 1 lit. g, 10 Abs. 2 EG i.V.m. 81, 82 EG nicht zurückgegriffen werden[318]. Sofern die Krankenkassen und deren Verbände sowie der Bundesausschuss der Ärzte und Krankenkassen als Unternehmen im Sinne des Art. 86 Abs. 1 EG qualifiziert werden können, findet allein diese Vorschrift Anwendung.

---

314 *Ehricke*, Staatliche Eingriffe in den Wettbewerb, S. 161.

315 EuGH Slg. 1977, 2115 (2146) Rn. 40/42 – Inno/ATAB.

316 EuGH Slg. 1991, I-1979 (2017 f.) – Höfner u.Elser/Macrotron.

317 *Bach*, Wettbewerbsrechtliche Schranken, S. 32; *Mikroulea*, Wettbewerbsbeschränkende Maßnahmen, S. 97; Lenz-*Grill*, Art. 86 Rn. 2; Langen/Bunte-*Jungbluth*, Art. 90 EG Rn. 4; Callies/Ruffert-*Jung*, Art. 86 EG Rn. 4; *Schwarze*, EuZW 2000, S. 613 (623); *Mestmäcker*, RabelsZ 52 (1988), S. 526 (554); Groeben-*Hochbaum*, Art. 90 EG Rn. 5; Immenga/Mestmäcker-*Mestmäcker*, EG-Wettbewerbsrecht Band 2, Art. 37, 90 Kap. B Rn. 37.

318 EuGH Slg. 1994, I-1783 (1819) Rn. 18 – Corsica Ferries Italia, zum Verhältnis des allgemeinen Diskriminierungsverbotes zu Art. 59 EG ergangen; *Steinberger*, Staatliche Wirtschaftsinterventionen, S. 7.

2. Krankenkassen, Krankenkassenverbände und Bundesausschuss der Ärzte und Krankenkassen als Unternehmen im Sinne von Art. 86 Abs. 1 EG

a. Krankenkassen

Die Organisation der Kassen als öffentlich-rechtliche Selbstverwaltungskörperschaften gibt nach dem oben Gesagten noch keinen Aufschluss darüber, ob sie gemeinschaftsrechtlich als Unternehmen im Sinne des Art. 86 Abs. 1 EG zu qualifizieren sind. In der Literatur wird meist ohne nähere Begründung davon ausgegangen, dass die Krankenkassen als öffentliche Unternehmen zu qualifizieren sind[319]. Ausführlich mit der Einordnung der Krankenkassen im Rahmen von Art. 86 Abs. 1 EG setzt sich *Reich* auseinander, der erörtert, ob die Krankenkassen bei der Festbetragsregelung als Unternehmen mit besonderen Rechten handeln, dies im Ergebnis aber wegen der nach seiner Ansicht fehlenden Unternehmenseigenschaft verneint[320]. Andere diskutieren dagegen im Hinblick auf die Wettbewerbsbeschränkungen bei der Leistungsbeschaffung eine auf Art. 3 Abs. 1 lit. g, 10 Abs. 2 i.V.m. 81 EG gestützte Verpflichtung der Mitgliedstaaten[321]. Unter Berücksichtigung des lex specialis-Verhältnisses lässt sich daraus nur der Schluss ziehen, dass die Krankenkassen nach dieser Ansicht gar nicht unter Art. 86 Abs. 1 EG gefasst werden können. Es bedarf daher zunächst der Erörterung, ob den Krankenkassen eine entsprechende Sonderstellung zukommt. Nur wenn dies bejaht werden kann, können die beispielhaft aufgeführten, staatlich eingeräumten Kompetenzen zur Wettbewerbsbeschränkung wie etwa die zur Festsetzung von Festbeträgen als „Maßnahmen" von Art. 86 Abs. 1 EG erfasst werden.

Krankenkassen werden bei der Wahrnehmung der ihnen vom Gesetzgeber zugewiesenen Aufgaben nicht ausschließlich wirtschaftlich tätig. So ist zumindest die von den gesetzlichen Krankenkassen wahrgenommene Aufgabe der Pflichtversicherung nach den Kriterien des „Poucet et Pistre"-Urteils als hoheitliche Tätigkeit einzuordnen. Art. 86 Abs. 1 EG setzt aber voraus, dass die Krankenkassen als Unternehmen handeln. Nur wenn ihnen als Unternehmen eine Sonderstellung im Sinne einer besonderen Rechtsbeziehung zum Staat zukommt, werden sie von der Vorschrift erfasst. Dies schließt es aus, zur Begründung der Sonderstellung auf die besonderen Einflussmöglichkeiten des Staates im Rah-

---

319 *Emmerich*, Staatliche Interventionen, S. 39; *Zuck*, GKV-Gesundheitsreform 2000, S. 24; *Giesen*, Vorgaben des EG-Vertrages, S. 123; *Gassner*, VSSR 2000, S. 121 (144).

320 *Reich*, EuZW 2000, S. 653 (655 f.).

321 *Ebsen*, Öffentlich-rechtliches Handeln von Krankenkassen als Gegenstand des Wettbewerbsrechts ?, S. 298 (313), in: Igl (Hrsg.), Gesundheitswesen in der Wettbewerbsordnung.

men der Versicherungstätigkeit abzustellen, da die Krankenkassen hier nicht wirtschaftlich tätig werden[322]. Vielmehr muss sich die Einflussmöglichkeit gerade auf den Bereich der Leistungsbeschaffung als unternehmerische Tätigkeit beziehen.

Auf den ersten Blick scheint die Organisation der Kassen als Selbstverwaltungskörperschaften der Annahme eines bestimmenden Einflusses des Staates entgegenzustehen, lässt sie doch eine gewisse Unabhängigkeit vermuten. Die Einordnung nach nationalem Recht sagt jedoch noch nichts über die Qualifikation im Rahmen von Art. 86 Abs. 1 EG aus, zumal die Krankenkassen bei ihrer Tätigkeit einem engen Netz staatlicher Vorgaben unterliegen, sodass in weiten Teilen von einer Selbstverwaltung im Sinne eigenverantwortlichen, vom Staat unbeeinflussten Gestaltens schon nicht die Rede sein kann[323]. Dies gilt insbesondere für den Bereich der Leistungsbeschaffung. Über den Grundsatz der Wirtschaftlichkeit und der Beitragssatzstabilität wird ein erheblicher Einfluss auf die Geschäftstätigkeit ausgeübt. So ist beispielsweise der Spielraum der Krankenkassen bei Vertragsabschlüssen durch die Vorgabe des § 71 SGB V, der eine an der Beitragssatzhöhe orientierte Preisgestaltung vorschreibt, eingeschränkt. Entscheidend ist in diesem Zusammenhang, dass die Krankenkassen dabei einer staatlichen Einflussmöglichkeit in Form der Aufsicht nach § 87 SGB IV unterliegen, welche die Einhaltung dieser Vorgaben sicherstellt. Der im Rahmen des Art. 86 Abs. 1 EG erforderliche besondere Einfluss beruht somit auf den gesetzlichen Regelungen zur Aufsicht[324]. Die Krankenkassen sind daher als öffentliche Unternehmen im Sinne des Art. 86 Abs.1 EG einzustufen.

b. Krankenkassenverbände und Bundesausschuss

Fraglich könnte die Anwendbarkeit des Art. 86 Abs. 1 EG aber dann sein, wenn nicht den Krankenkassen, sondern deren Verbänden oder dem Bundesausschuss wettbewerbsbeschränkende Kompetenzen eingeräumt werden, da diese als Unternehmensvereinigungen handeln[325]. Art. 86 Abs. 1 EG verbietet jedoch dem Wortlaut nach nur Maßnahmen in bezug auf öffentliche Unternehmen. Berücksichtigt man jedoch den Zweck der Vorschrift, so kann kein Zweifel daran bestehen, dass auch Zusammenschlüsse von Unternehmen erfasst sein müssen:

---

322 So aber *Mestmäcker*, Vereinbarkeit von Preisregelungen auf dem Arzneimittelmarkt, S. 62, der in dem Versicherungsmonopol der gesetzlichen Krankenversicherung die Gewährung ausschließlicher Rechte i.S.v. Art. 86 Abs. 1 EG sieht.

323 Schulin-*ders.*, Handbuch KV, § 6 Rn. 84, § 49 Rn. 70.

324 *Emmerich*, Staatliche Interventionen, S. 39.

325 Siehe bereits im zweiten Teil unter § 1 A III 2 und 3 a sowie nachfolgend unter II 1 a und II 1 a.

Art. 86 Abs. 1 EG soll verhindern, dass die Mitgliedstaaten ihre Einflussmöglichkeit auf bestimmte Unternehmen missbrauchen, um Vertragsvorschriften zu umgehen. Ihnen werden daher vertragswidrige Maßnahmen in bezug auf diese Unternehmen verboten. Würde dieses Verbot nur Unternehmen, nicht aber Unternehmensvereinigungen erfassen, könnte es umgangen werden, indem der Mitgliedstaat die Unternehmen unbehelligt lässt, sie jedoch gesetzlich zum Zusammenschluss zu einer Unternehmensvereinigung verpflichtet und gegenüber dieser vertragswidrige Maßnahmen trifft. Sofern die aufgrund dieser Maßnahme getroffenen Beschlüsse für die angehörigen Unternehmen bindend sind, hätte der Mitgliedstaat „mittelbar" Maßnahmen in bezug auf diese getroffen. Derartige Maßnahmen können aber nicht anders behandelt werden, als wenn der Mitgliedstaat direkt gegenüber den öffentlichen Unternehmen entsprechenden Einfluss ausübt. Nach Sinn und Zweck muss das Verbot des Art. 86 Abs. 1 EG daher auch auf Unternehmensvereinigungen, in denen öffentliche Unternehmen oder Unternehmen mit besonderen Rechten zusammengeschlossen sind, Anwendung finden[326]. Auf die Krankenkassenverbände als Zusammenschluss öffentlicher Unternehmen ist daher ohne weiteres Art. 86 Abs. 1 EG anwendbar, wenn der Staat diese zu wettbewerbswidrigen Maßnahmen verpflichtet. Das Gleiche gilt für den Bundesausschuss der Ärzte und Krankenkassen als Vereinigung von Unternehmensvereinigungen, vorausgesetzt, das wettbewerbswidrige Handeln beruht auf einer gesetzlichen Anordnung[327].

IV. Zusammenfassung

Die Mitgliedstaaten unterliegen, sofern sie auf die Tätigkeit der Krankenkassen oder deren Verbände einwirken, dem Verbot des Art. 86 Abs. 1 EG: Sie dürfen diese nicht zu vertragswidrigem Verhalten veranlassen. Als lex specialis ist das aus Art. 86 Abs. 1 EG folgende Verbot vor dem allgemeinen, aus Art. 3 Abs. 1 lit. g, 10 Abs. 2 i.V.m. 81, 82 EG abzuleitenden anzuwenden. Liegt ein Verstoß vor, kommt nur noch eine Rechtfertigung nach Art. 86 Abs. 2 EG in Betracht.

---

326 Zur verminderten Bedeutung des Wortlautes und des Vorrangs der teleologischen und systematischen Methode bei der Auslegung des Gemeinschaftsrechts *Bleckmann*, NJW 1982, S. 1177 (1178, 1181 f.).

327 Bei dem Verordnungsausschluss ist dies gerade nicht der Fall, so dass hier Art. 86 Abs. 1 EG nicht zur Anwendung gelangt, vgl. unter § 4 III 3.

§ 4 Die Vereinbarkeit von wettbewerbsbeschränkenden Eingriffen bei der Leistungsbeschaffung mit den Wettbewerbsregeln

In den beiden vorhergehenden Abschnitten wurde der Rahmen abgesteckt, den die europäischen Wettbewerbsregeln für Beschränkungen des Wettbewerbs bei der Leistungsbeschaffung ziehen. Deutlich wurde, dass einerseits die Krankenkassen und ihre Verbände sowie der Bundesausschuss grundsätzlich den durch die Art. 81 ff. EG gezogenen Grenzen unterliegen. Andererseits ergeben sich auch für die Mitgliedstaaten Verpflichtungen aus Art. 86 Abs. 1 EG, welche die Möglichkeiten zur Einräumung wettbewerbsbeschränkender Kompetenzen an die Mitgliedstaaten einschränken. Diese allgemeinen Feststellungen sind nun anhand der ausgewählten Beispiele von Wettbewerbsbeschränkungen im Bereich der Leistungsbeschaffung zu konkretisieren. Dabei kommt es zunächst darauf an, ob die konkrete wettbewerbsbeschränkende Verhaltensweise des handelnden Akteurs die Voraussetzungen des Kartellverbots nach Art. 81 Abs. 1 EG oder des Missbrauchsverbots nach Art. 82 EG erfüllt. Zudem ist zu untersuchen, inwieweit der Staat mit der Vorgabe entsprechender Verhaltensweisen tatsächlich gegen Art. 86 Abs. 1 EG verstößt.

I. Wettbewerbsbeschränkungen durch Regelungen hoheitlichen Charakters

Es wurde bereits deutlich, dass auch der Erlass einer Rechtsverordnung als wirtschaftliche Tätigkeit einzuordnen ist, wenn der erlassende Rechtsträger damit eigenständig Inhalt oder Bedingungen seiner Leistungsbeziehungen regelt. Insofern sagt die äußere Form der hier zusammengefassten Wettbewerbsbeschränkungen noch nichts über ihren hoheitlichen Charakter aus. Letzterer muss vielmehr nach gemeinschaftsautonomen Grundsätzen ermittelt werden.

Die hier relevante Positiv- und Negativliste wie auch die Festbetragsfestsetzung nach § 35a SGB V werden unmittelbar vom Bundesminister für Gesundheit, teilweise im Einvernehmen mit dem Bundesminister für Wirtschaft erlassen. Sie setzten die Rahmenbedingungen für das wirtschaftliche Verhalten von Unternehmen und entfalten aus sich heraus eine wettbewerbsbeschränkende Wirkung. Es handelt sich um eine genuin hoheitliche Tätigkeit, bei der die an die Unternehmen gerichteten Art. 81 ff. EG keine Anwendung finden[328]. Als Gesetz- oder Verordnungsgeber ist der Staat aber Adressat des Art. 86 Abs. 1 EG und damit in seiner Tätigkeit den sich hieraus ergebenden Einschränkungen unterworfen. Wie erörtert erfasst diese Vorschrift aber nicht allgemein legislative Akte mit wettbewerbsbeschränkenden Wirkungen, sondern nur Maßnahmen, die sich spe-

---

[328] EuGH Slg. 1984, 523 (544) Rn. 30 – Duphar.

zifisch an öffentliche Unternehmen oder Unternehmen mit besonderen oder ausschließlichen Rechten richten. Dies ist bei den hier in Frage stehenden Regelungen aber nicht der Fall. Positiv- wie Negativliste begrenzen mit allgemeiner Wirkung für Kassen, Versicherte und Leistungserbringer die Zahl der verordnungsfähigen Arzneimittel. Auch das bis zum 31.12.2003 anzuwendende Verfahren zur Festbetragsfestsetzung nach § 35a SGB V veranlasst nicht die Krankenkassen und ihre Verbände zu einem den Wettbewerbsregeln widersprechenden Verhalten. Es fehlt damit an einer von Art. 86 Abs. 1 EG vorausgesetzten Maßnahme in bezug auf bestimmte Unternehmen[329].

II. Wettbewerbsbeschränkungen durch Kombination von Kollektivverträgen, Höchstpreisfestsetzung und Zulassungsregulierung

Die im ersten Teil unter § 2 III 1 c dargestellten Wettbewerbsbeschränkungen sind Folge eines Zusammenwirkens von der Sache nach unternehmerischem Verhalten und staatlicher Regelung. Es ist zunächst auf die wettbewerbsrechtliche Verantwortung der Krankenkassenverbände einzugehen (unten 1.), bevor zur Verantwortung des Staates Stellung genommen wird (unten 2.).

1. Verstoß der Krankenkassenverbände gegen Art. 81 Abs. 1 lit. a EG

a. Unternehmensvereinigung

Wie bereits erwähnt dient das Geflecht aus Kollektivvereinbarungen, gesetzlicher Höchstpreisfestsetzung und Zulassungsregulierung letztlich dazu, den Preiswettbewerb zugunsten der nachfragenden Krankenkassen einzuschränken[330]. Dies könnte gegen Art. 81 Abs. 1 lit. a EG verstoßen, der alle Verhaltens- und Koordinierungsweisen erfasst, welche die Unternehmen bei der Ausübung ihrer Preisbildungsfreiheit beschränken[331]. Die Landesverbände der Krankenkassen koordinieren und unterstützen die Nachfragetätigkeit der ihnen angehörenden Krankenkassen, indem sie mit Wirkung für die Mitgliedskassen die Rahmenverträge mit den Leistungserbringerverbänden abschließen. In dieser Funktion handeln sie als Unternehmensvereinigung.

329 Im Ergebnis ebenso das Landessozialgericht Berlin; es hat in einem Eilverfahren gegen die Anpassung von Festbeträgen auf Grundlage des § 35a SGB V die Festsetzung als mit EG-Kartellrecht vereinbar angesehen, vgl. LSG Berlin, Beschluss v. 30.01.2002, Az. L 9 KR/ 982/01 NV ER (redaktioneller Leitsatz in SGb 2002, S. 384).

330 Siehe im ersten Teil unter § 2 II 1.

331 Grabitz/Hilf-*Stockenhuber*, Art. 81 EG Rn. 177.

b. Fehlender Handlungsspielraum

Eine Anwendung des Kartellverbots muss nach der herrschenden Meinung gleichwohl ausscheiden, wenn den Landesverbänden die Durchführung der Wettbewerbsbeschränkung auferlegt wurde, ohne dass eine Möglichkeit für ein selbstständiges Wettbewerbsverhalten besteht. Wie die Kommission in der Entscheidung zur französisch-japanischen Vereinbarung über Kugellager ausführt, fallen Beschränkungen auf Grundlage solcher Verpflichtungen

„nicht in den Anwendungsbereich des Art. 85 (jetzt Art. 81 EG). Jedoch könnte in diesen ... Fällen Artikel 85 auf etwaige zusätzliche Vereinbarungen und abgestimmte Verhaltensweisen zur Anwendung gelangen"[332].

Die Landesverbände unterliegen daher nur dann dem Kartellverbot, wenn ihnen hinreichende Möglichkeiten verbleiben, die Wettbewerbsverhältnisse durch individuelle Initiativen spürbar zu verändern[333]. Entscheidend ist daher, ob die Ausgestaltung der Kollektivverträge noch Raum für eine selbstständige, den Kassenverbänden zurechenbare Wettbewerbsbeschränkung lässt. Hier gilt insoweit nichts anderes als im Rahmen von § 1 GWB[334]: Der Abschluss der Verträge als Kollektivverträge ist vorgegeben, ebenso die Eigenschaft der vereinbarten Preise als Höchstpreise. Zudem müssen die Landesverbände die von ihnen vorzunehmende Zulassungsentscheidung zwingend davon abhängig machen, dass die Leistungserbringer diese „für die Versorgung der Versicherten geltenden Vereinbarungen" anerkennen. Die bereits beschriebenen wettbewerbsbeschränkenden Wirkungen dieser Kombination von Kollektivverträgen, Höchstpreisanordnung und Zulassungsvorschriften lassen sich somit unmittelbar auf die von den Landesverbänden zu befolgenden Vorgaben zurückführen. Ein Spielraum für darüber hinausgehende, auf „zusätzlichen" Vereinbarungen beruhenden Wettbewerbsbeschränkungen besteht nicht. Eine Anwendung des Kartellverbots auf diese Verhaltensweisen scheidet daher aus, da die Wettbewerbsbeschränkung nicht der Unternehmensvereinigung zugerechnet werden kann[335].

---

332 Kommission, ABl. 1974 Nr. L 343/19 (23) – Kugellager.

333 EuGH, Slg. 1975, 1663 (1943 f.) – Suiker Unie/Kommission; Slg. 1985, 3831 (3869) Rn. 29 – Stichting Sigarettenindustrie/Kommission.

334 Siehe im zweiten Teil unter § 2 III 2.

335 Dies gilt naturgemäß dann auch für einen Verstoß gegen Art. 82 EG.

2. Verstoß der Bundesrepublik Deutschland gegen Art. 86 Abs. 1 i.V.m. 81 Abs. 1 lit. a EG

Dagegen kann ein Verstoß gegen Art. 86 Abs. 1 EG bejaht werden. Die beschriebene Kombination aus Kollektivvereinbarung, Zulassungsregelung und Höchstpreisanordnung richtet sich gezielt an die Krankenkassenverbände als Zusammenschluss öffentliche Unternehmen im Sinne der Vorschrift. Würden die Vertragsparteien eigenständig in kollektivem Zusammenwirken Höchstpreise vereinbaren, läge unzweifelhaft ein Verstoß gegen Art. 81 Abs. 1 lit. a EG vor. Die Eignung zur Beeinträchtigung des innergemeinschaftlichen Handels liegt schon deshalb vor, weil über die Zulassung auch ausländische Anbieter an diese Preise gebunden werden. Da der Akzessorietätsgrundsatz im Rahmen von Art. 86 Abs. 1 EG keine Anwendung findet, ist der fehlende Handlungsspielraum an dieser Stelle unbeachtlich. Die gesetzliche Ausgestaltung der Kombination von Kollektivverträgen, Höchstpreisanordnung und Zulassungsregulierung stellt somit eine Regelung dar, mit der die unternehmensbezogenen Wettbewerbsvorschriften des Vertrages umgangen werden. Für die Kommission bestünde die Möglichkeit, über Art. 86 Abs. 3 EG eine Entscheidung zu erlassen, die diesen Verstoß der Bundesrepublik Deutschland durch Beibehaltung der §§ 125 Abs. 2, 127 Abs. 2 SGB V feststellt. Ein Ausweg aus diesem Verstoß kommt nur noch über den noch zu erörternden Rechtfertigungstatbestand des Art. 86 Abs. 2 EG in Betracht, der auch im Rahmen von Abs. 1 Anwendung findet.

III. Verordnungsausschluss durch Arzneimittelrichtlinien

Richtlinien, die bestimmte Arzneimittel von der Verordnungsfähigkeit ausschließen, führen dazu, dass einzelne Hersteller mit ihren Produkten vom Absatzmarkt „Gesetzliche Krankenversicherung" ausgeschlossen werden. Ungeachtet der rechtlichen Qualifikation des Richtlinienbeschlusses nach nationalem Recht kommt daher eine Kontrolle anhand von Art. 81, 82 EG in Betracht.

1. Verstoß gegen Art. 81 Abs. 1 lit. b EG

a. Unternehmensvereinigung

Ist die Leistungsbeschaffung im Sinne der Nachfrage von Gütern und Leistungen auf einem Markt als wirtschaftliche Tätigkeit einzustufen, kann auch die Einordnung des Ausschlusses von Arzneimitteln von der Verordnungsfähigkeit nicht zweifelhaft sein. Die Arzneimittelrichtlinien verfolgen ausdrücklich den Zweck, auf die Entscheidungen der Ärzte, die über die Verordnung bestimmter

Mittel letztlich über die von den Kassen zu tragenden Kosten entscheiden, Einfluss zu nehmen. Bei funktionaler Betrachtung dient der Ausschluss von Arzneimitteln mittels Richtlinien somit der günstigeren Leistungsnachfrage und damit der wirtschaftlichen Tätigkeit der Krankenkassen[336]. Die Annahme einer genuin hoheitlichen Tätigkeit verbietet sich schon deshalb, weil ein Verordnungsausschluss durch den Bundesausschuss bisher gesetzlich gar nicht vorgesehen ist[337]. Er ist hierzu weder berechtigt noch ermächtigt, sondern auf die Konkretisierung des Wirtschaftlichkeitsgebotes beschränkt[338]. Aus dem gleichen Grund kann auch keine Rede davon sein, dass der Bundesausschuss beim Verordnungsausschluss im Rahmen strikt vorgegebener Rechtsvorschriften handelt, welche ihm praktisch keine Entscheidungsfreiheit belassen. Vielmehr koordinieren die Mitglieder des Bundesausschusses kraft eigenen Entschlusses in wettbewerbsrelevanter Weise ihr Verhalten[339].

In dieser Funktion ist der Bundesausschuss daher als Unternehmensvereinigung anzusehen, in der wiederum die Landesverbände als Unternehmensvereinigungen zusammengeschlossen sind. Dieser Einordnung steht, wie auch im Bereich von § 1 GWB, nicht entgegen, dass neben den Kassen- und Ärztevertretern auch drei unparteiische Mitglieder im Bundesausschuss vertreten sind. Denn die Eigenschaft als Unternehmensvereinigung hängt nicht zwingend davon ab, ob sämtliche Mitglieder der Vereinigung als Unternehmen handeln. Wie Generalanwalt *Jacobs* in der Rechtssache „Albany" in bezug auf die zwischen Arbeitgebern und Arbeitnehmern geschlossenen Kollektivverträge festgestellt hat, ist es für Art. 81 Abs. 1 EG ausreichend, dass es zumindest zwischen den in der Vereinigung vertretenen Unternehmen zu einer Verhaltensabstimmung kommt; die Beteiligung von Nicht-Unternehmen an dem Beschluss ist dann unbeachtlich[340]. Übertragen auf die Arzneimittelrichtlinien bedeutet dies, dass die zwischen den Krankenkassenverbänden bewirkte Verhaltensabstimmung für die Qualifizierung des Bundesausschusses als Unternehmensvereinigung genügt,

---

336 *Neumann*, Kartellrechtliche Sanktionierung, S. 166.

337 Siehe im ersten Teil unter § 2 II 4; *Millarg*, Pharm. Ind. 1999, 698 (700).

338 Für den Erlass von Arzneimittelrichtlinien durch den „Gemeinsamen Bundesausschuss" ab dem 01.01.2004 gilt dies nicht, da dieser durch § 92 Abs. 1 SGB V in der Fassung des GKV-Modernisierungsgesetzes auch zum Ausschluss von Leistungen von der Verordnungsfähigkeit berechtigt ist. Dennoch dürfte sich inhaltlich an der Qualifikation als wirtschaftliche Tätigkeit unter Zugrundelegung des funktionalen Unternehmensbegriffs nichts ändern, da der Gemeinsame Bundesausschuss – ebenso wie die Spitzenverbände bei der Festbetragsfestsetzung - gezielt die Nachfrage beeinflusst. Vgl. im Einzelnen die Ausführungen unter IV. 1 a.

339 OLG Hamburg, EuZW 2001, S. 638 (640); *Neumann*, Kartellrechtliche Sanktionierung, S. 165.

340 Schlussanträge Generalanwalt *Jacobs*, Slg. 1999, I-5751 (5808) Rn. 235 f.

ohne dass die Beteiligung unparteiischer Mitglieder daran etwas ändert[341]. Dies wäre nur dann anders zu beurteilen, wenn die Kassenvertreter selbst bei der Beschlussfassung als unabhängige Sachverständige agieren würden. Die hierfür vom Gerichtshof aufgestellten Kriterien erfüllen die Kassenvertreter beim Beschluss eines Verordnungsausschlusses aber nicht[342]. Zwar werden sie nach §§ 91 Abs. 2 S. 5, 90 Abs. 3 S. 1, 2 SGB V ehrenamtlich und unabhängig von den Weisungen der sie entsendenden Kassen tätig. Es fehlt aber an der gesetzlichen Verpflichtung zur Berücksichtigung der Interessen der Allgemeinheit. Der Bundesausschuss wird durch § 92 SGB V nur zur Konkretisierung des Wirtschaftlichkeitsgebots, nicht aber zum Verordnungsausschluss ermächtigt. Letzterer erfolgt somit ohne gesetzliche Grundlage.

Mit dem GKV-Modernisierungsgesetz wurde § 92 Abs. 1 SGB V zwar um eine Ermächtigung zum Ausschluss von Leistungen von der Verordnungsfähigkeit ergänzt. Dies ändert jedoch nichts daran, dass die Ausschussmitglieder – und damit auch die Vertreter der Krankenkassen - primär die Eigeninteressen der Krankenkassen wahrnehmen, wenn sie teurere Arzneimittel faktisch vom Markt ausschließen[343]. Sie unterliegen dann auch einer kartellrechtlichen Kontrolle.

b. Kein Ausnahme aufgrund „Art und Gegenstand" des Beschlusses

Es bedarf keiner Erörterung, dass der Beschluss, bestimmte Arzneimittel von der Verordnungsfähigkeit auszuschließen, die wirtschaftliche Handlungsfreiheit der betroffenen Leistungserbringer einschränkt. Der Verordnungsausschluss kommt einem faktischen Ausschluss vom Absatzmarkt „Gesetzliche Krankenversicherung" gleich. Richtlinien mit einem entsprechenden Inhalt bewirken somit eine Einschränkung des Wettbewerbs im Sinne der Vorschrift[344].

Zu einer anderen Beurteilung könnten aber die bereits erörterten Urteile des Europäischen Gerichtshofs in den Rechtssachen „Albany", „Bokken" und „Brentjens Handelssondernejming" führen, in denen der Gerichtshof die streitgegenständlichen Tarifverträge zur Schaffung eines einheitlichen Betriebsrentenfonds

---

341 *Neumann*, Kartellrechtliche Sanktionierung, S. 166; ebenso *Millarg*, Pharm. Ind. 1999, S. 698 (699), mit der Erwägung, dass auch die Vertreter der Kassenärztlichen Vereinigung im BÄK die Nachfrageseite repräsentieren; a.A. *Knispel*, NZS 2000, S. 379 (385).

342 Zu den Voraussetzungen oben unter § 2 A I 2.

343 OLG Hamburg, EuZW 2001, S. 638 (639) zu § 92 SGB V in der Fassung bis zum 01.01.2004.

344 Gleichzeitig „bezwecken" diese Richtlinien eine Wettbewerbsbeschränkung, da analog zum GWB die objektiv feststellbare Tendenz der Maßnahme genügt, ohne dass es auf von den Parteien angestrebten Ziele ankommt, vgl. Lenz-*Grill*, Art. 81 m.w.N; a.A. LG Köln, WuW/E DE-R 844 (845).

als nach Art und Gegenstand nicht von Art. 81 Abs. 1 EG erfasst angesehen hat[345]. Mit diesen Entscheidungen hat der Gerichtshof einen punktuell begrenzten, keinen generellen Ausnahmebereich auf dem Gebiet der sozialen Sicherheit anerkannt[346]. Dieser ist an bestimmte Voraussetzungen geknüpft, bei deren Nichtvorliegen die vom Gerichtshof vorgenommene teleologische Reduktion der Wettbewerbsregeln von vornherein ausscheidet.

aa. Voraussetzungen einer Ausnahme von der Geltung der Wettbewerbsregeln aufgrund „Art und Gegenstand" der Vereinbarung

Ausgangspunkt dieser teleologischen Reduktion sind die potentiell im Widerspruch stehenden Bestimmungen der EG-Wettbewerbsregeln einerseits und der Art. 137, 139 EG sowie des Abkommens über die Sozialpolitik[347] andererseits. In diesen Vorschriften werden Tarifverträge als grundsätzlich schutz- und förderungswürdig eingestuft. Tarifverträge enthalten aber, etwa in Form der Festlegung von Mindestlöhnen, zwangsläufig wettbewerbsbeschränkende Elemente. Bei einer Anwendung des Art. 81 EG bliebe nur die Anmeldung und Freistellung zur Vermeidung der Nichtigkeitsfolge des Art. 81 Abs. 2 EG. Nach Ansicht von Generalanwalt *Jacobs* sei dies im Hinblick darauf, dass der EG-Vertrag in den genannten Bestimmungen von der Rechtmäßigkeit der Tarifverträge ausgehe, nicht nachvollziehbar: Der Konflikt sei dahingehend zu lösen, dass Tarifvereinbarungen zwischen Tarifparteien über Löhne und Arbeitsbedingungen „ohne weiteres" von der Wettbewerbswidrigkeitsprüfung freigestellt sind[348]. Voraussetzung für diese Freistellung sei jedoch, dass die Vereinbarung im förmlichen Rahmen von Tarifverhandlungen zwischen den Tarifparteien und im Hinblick auf die Kerngegenstände von Tarifverhandlungen getroffen wurde; zudem müsse sich die Vereinbarung auf das Verhältnis Arbeitnehmer zu Arbeitgeber beschränken und dürfe keine Einschränkungen für Dritte oder für andere Märkte enthalten[349].

Der Gerichtshof hat diese Ausführungen des Generalanwaltes im wesentlichen übernommen und darauf hingewiesen, dass die Tätigkeit der Gemeinschaft neben dem System zum Schutz des Wettbewerbs vor Verfälschungen in Art. 3 Abs. 1 lit. g EG in Abs. 1 lit. j EG auch eine Sozialpolitik umfasse[350]. Die Errei-

---

345 EuGH, Slg. 1999, I-5751 (5881) Rn. 55; Slg. 1999, I-6029 (6049) Rn. 61; Slg. 1999, I-6121 (6143) Rn. 51.

346 *Berg*, EuZW 2000, S. 170; *Gassner*, VSSR 2000, S. 121 (132).

347 ABl. 1992 Nr. C 191/91.

348 Schlussanträge Generalanwalt *Jacobs*, Slg. 1999, I-5751 (5794 ff.), Rn. 166-185.

349 Schlussanträge Generalanwalt *Jacobs*, Slg. 1999, I-5799 f., Rn. 190 ff.

350 EuGH Slg. 1999, I-5751 (5881) Rn. 54.

chung der unter anderem in Art. 1 des Abkommens über die Sozialpolitik genannten sozialpolitischen Ziele wie beispielsweise die Verbesserung der Arbeitsbedingungen sei ernsthaft gefährdet, wenn im Hinblick auf die zwangsläufig den Wettbewerb beschränkenden Wirkungen der Tarifverträge die Wettbewerbsregeln Anwendung fänden. Entsprechende Vereinbarungen fallen daher aufgrund Art und Gegenstand nicht unter Art. 81 EG[351].

Diese Praxis des Gerichtshofs ist nicht unbedenklich, eröffnet sie doch Ansätze zur Aushöhlung des EG-Kartellrechts[352]. Für die hier relevanten Beschlüsse des Bundesausschusses wird die vom Gerichtshof anerkannte Ausnahme jedenfalls nur dann relevant, wenn sie nicht auf Tarifverträge beschränkt ist, sondern auch auf andere Fälle des „Widerspruchs" zwischen den Anforderungen der Wettbewerbsregeln und anderen gemeinschaftsrechtlich anerkannten Zielen Anwendung findet.

bb. Keine Übertragbarkeit auf Verordnungsausschluss

Kernpunkt der Argumentation von Gerichtshof und Generalanwalt ist das Spannungsverhältnis zwischen den tarifvertragsbezogenen Normen des EG-Vertrags einerseits und den Wettbewerbsregeln andererseits. Der EG-Vertrag sieht Tarifverträge ungeachtet ihrer wettbewerbsbeschränkenden Wirkungen im Einzelfall als wünschenswert an. Daraus folgt nach Ansicht des Gerichtshofs eine teleologische Reduktion des Art. 81 Abs. 1 EG: Tarifverträge zwischen Tarifparteien fallen unter bestimmten Voraussetzungen bereits tatbestandlich nicht unter das Kartellverbot, sofern sie keine Beschränkungen für Dritte enthalten. Vereinbarungen, die nicht im Rahmen von Tarifverhandlungen geschlossen werden, können dagegen nach Ansicht des Gerichtshofs nicht vom Anwendungsbereich des Art. 81 Abs. 1 EG ausgenommen werden[353]. Eine entsprechende Anwendung dieser Ausnahme auf die Richtlinienbeschlüsse des Bundesausschusses erscheint daher schon aus diesem Grunde zweifelhaft[354].

Dennoch wird in der Literatur vereinzelt die Ansicht vertreten, die Argumentation des Gerichtshofs können auch auf andere Bereiche übertragen werden, bei denen ein ähnlicher Normkonflikt im Raume steht[355]. Statt auf den Normwider-

---

351 EuGH Slg. 1999, I-5863 (5881 f.).

352 *Berg*, EuZW 2000, S. 170 (171).

353 EuGH Slg. 2000, I-6451 (6519) Rn. 68 – Pavlov.

354 Ähnlich – für den Bereich der Festbetragsfestsetzung – *Slot*, E.C.L.R. 2003, S. 580 (582).

355 *Berg*, EuZW 2000, S. 170 (171); a.A. *Axer*, NZS 2002, S. 57 (61) und *Hänlein/Kruse*, NZS 2000, S. 165 (167), die davon ausgehen, dass die Ausnahme nur bei tarifvertragli

spruch innerhalb des EG-Vertrages abzustellen, wird auf die mitgliedstaatliche Gestaltungsbefugnis im Sozialbereich als Anknüpfungspunkt für eine teleologische Reduktion verwiesen[356]: Wettbewerbsbeschränkende Vereinbarungen als Folge der Ausgestaltung des Sozialbereichs könnten dann bereits tatbestandlich aus dem Anwendungsbereich des Art. 81 Abs. 1 EG ausscheiden, um auf diese Weise der Zuständigkeit der Mitgliedstaaten Rechnung zu tragen.

Selbst wenn man dem entgegen der vom Gerichtshof zum Ausdruck gebrachten Begrenzung der Ausnahme auf Tarifverträge zustimmen wollte: Für den Verordnungsausschluss durch die Arzneimittelrichtlinien wäre eine Ausnahme nach „Art und Gegenstand" bereits aufgrund ihrer Wirkungsweise ausgeschlossen. Die Tatbestandsreduktion kommt nur dann in Betracht, wenn die wettbewerbsbeschränkenden Wirkungen der Vereinbarung auf die Vertragspartner begrenzt sind und Beschränkungen Dritter oder anderer Märkte unterbleiben. Der Verordnungsausschluss betrifft jedoch immer auch die Arzneimittelhersteller als Dritte, da bestimmte Arzneimittel faktisch vom Markt verdrängt werden[357]. Es ist kein Grund ersichtlich, angesichts dieser wettbewerbsbeschränkenden Wirkungen die Richtlinien von vornherein jeglicher wettbewerbsrechtlicher Kontrolle zu entziehen. Der Richtlinienerlass unterliegt somit als wettbewerbsbeschränkender Beschluss dem Art. 81 EG.

c. Einschränkung des Absatzes i.S.v. Art. 81 Abs. 1 lit. b EG

Mit dem Ausschluss von der Verordnung im Rahmen der gesetzlichen Krankenversicherung, der die Verkaufsmöglichkeiten der Arzneimittelhersteller auf den Bereich der kassenfreien, privaten Verschreibung beschränkt, wirken sich die Arzneimittelrichtlinien als Einschränkung des Absatzes im Sinne von Art. 81 Abs. 1 lit. b EG aus. Sie sind zudem geeignet, den Handel zwischen den Mitgliedstaaten zu beeinträchtigen: Erforderlich, aber auch ausreichend ist hierfür, dass der Beschluss geeignet ist, unmittelbar oder mittelbar den Warenverkehr zwischen Mitgliedstaaten in einer Weise zu beeinflussen, die der Verwirklichung der Ziele eines einheitlichen zwischenstaatlichen Marktes nachteilig sein

---

chen Vereinbarungen eingreift; offen dagegen *Koenig/Sander*, WuW 2000, S. 975 (978 ff.).

356 So *Fuchs/Giubboni*, BG 2001, S. 320 (327), im Hinblick auf das Unfallversicherungsmonopol; für den Bereich von Kollektivvereinbarungen *Neumann*, Kartellrechtliche Sanktionierung, S. 137.

357 Dies trifft auch auf alle anderen „Kostensteuerungsinstrumente" zu, die über den Kreis der an der Vereinbarung Beteiligten hinaus gezielt auf Dritte in Gestalt der privaten Leistungserbringer einwirken.

könnte[358]. Die Wirkung des Ausschlusses durch den Bundesausschuss erstreckt sich auf das gesamte Hoheitsgebiet der Bundesrepublik Deutschland. Diese Abschottung eines wesentlichen Teils des gemeinsamen Marktes genügt zur Annahme einer Beeinträchtigung des Wettbewerbs[359].

d. Spürbarkeit

Der Gerichtshof verlangt darüber hinaus in ständiger Rechtsprechung als ungeschriebenes Tatbestandsmerkmal für die Anwendung des Art. 81 Abs. 1 EG, dass die Wettbewerbsbeschränkung spürbar ist[360]. Mit diesem Kriterium sollen Sachverhalte, die quantitativ unbedeutend sind, sogenannte Bagatellfälle, ausgeklammert werden[361]. Im Vordergrund der Prüfung steht der Marktanteil der beteiligten Unternehmen[362]. Die Abgrenzung des jeweils relevanten Nachfragemarktes erfolgt dabei wie auf nationaler Ebene aus Sicht der Lieferanten: Maßgebend ist, inwieweit es einem Anbieter zumutbar ist, auf andere Nachfrager auszuweichen, indem er sein Angebot umstellt[363]. Dies führt in räumlicher Hinsicht zum Gebiet der Bundesrepublik Deutschland als relevanten Markt, da hier die Wettbewerbsbedingungen als hinreichend homogen anzusehen sind[364]: Die Arzneimittelmärkte in anderen Mitgliedstaaten unterliegen wegen der verschiedenen nationalstaatlichen Anforderungen an Zulassung und Preisbildung der Arzneimittel spürbar anderen Wettbewerbsbedingungen. Die Abgrenzung des sachlich relevanten Marktes hängt wiederum von dem konkret im Einzelfall ausgeschlossenen Arzneimittel und der Fähigkeit des Anbieters zur Produkti-

---

358 EuGH Slg. 1966, 321 (389) – Consten u. Grundig/Kommission; weitere Nachweise bei Grabitz/Hilf-*Stockenhuber*, Art. 81 EGV Rn. 207.

359 EuGH Slg. 1972, 977 (991) Rn. 28/30 – Vereeniging van Cementhandelren/Kommission; Slg. 1981, 851 (867 f.) Rn. 13 – Coöperatieve Stremsel en Kleuse fabriek/Kommission; Slg. 1981, 1563 (1578 f.) Rn. 14 – Salonia/Poidomani u Giglio; Slg. 1985, 2545 (2572) Rn. 23 f. – Remia/Kommission; Slg. 1995, I-3477 (3518) Rn. 26 – Bundeskartellamt/Volkswagen; Slg. 1995, I-3439 (3469) Rn. 20 – BMW/ALD Auto-Leasing.

360 EuGH Slg. 1966, 281 (304) – LTM/Maschinenbau Ulm; Slg. 1969, 295 (302) Rn. 7 – Völk/Vervaecke; Slg. 1980, 2229 (2265) Rn. 28 – Distillers Company/Kommission; Slg. 1983, 3151 (3200 f.) – AEG/Kommission.

361 *Lange*, Handbuch Kartellrecht, Kap. 2 § 2 Rn. 58.

362 Die Kommission geht in ihrer Bagatellbekanntmachung davon aus, dass es bei einem Marktanteil von 10% bei horizontalen bzw. 15% bei vertikalen Vereinbarungen in der Regel an der Spürbarkeit der Wettbewerbsbeschränkung fehlt, vgl. Kommission, ABl. 2001 Nr. C 368/13, Rn. 7.

363 Langen/Bunte-*Dirksen*, Art. 82 EG Rn. 66; Grabitz/Hilf-*Jung*, Art. 82 EG Rn. 59; *Lange*, Handbuch Kartellrecht, Kap. 4 § 2 Rn. 24.

364 Zu diesem Abgrenzungskriterium EuGH Slg. 1988, 5987 (6009) Rn. 15 – Alsatel/Novasam; Kommission, ABl. 1997 Nr. C 372/5 (6); ABl. 1987 Nr. L 41/31 (35) – Mitchell Cotts/Sofiltra.

onsumstellung ab. Auf eine genaue Abgrenzung kann an dieser Stelle verzichtet werden, da der Nachfrageanteil der im Bundesausschuss zusammengeschlossenen Krankenkassen von 75% am Gesamtumsatz der Arzneimittel in jedem Fall zur Annahme der Spürbarkeit ausreicht. Vorbehaltlich einer Freistellung oder einer auf Art. 86 Abs. 2 EG gestützten Rechtfertigung sind Arzneimittelrichtlinien, die einen Verordnungsausschluss vorsehen damit nach Art. 81 Abs. 2 EG nichtig.

2. Verstoß gegen Art. 82 EG

Der Ausschluss von Arzneimitteln von der Verordnungsfähigkeit könnte zudem gegen Art. 82 EG verstoßen. Das Missbrauchsverbot ist neben dem Kartellverbot des Art. 81 EG anwendbar, sofern die tatbestandsmäßigen Voraussetzungen beider Vorschriften erfüllt sind. Missbrauchen Kartellmitglieder ihre Kollektivmacht, um von Abnehmern oder Anbietern unangemessene Bedingungen zu erzwingen, steht einer parallelen Anwendung der Art. 81 Abs. 1 und 82 EG in der Regel nichts entgegen[365]. Dies ist insofern von Bedeutung, als Art. 82 EG auch bei nach Art. 81 Abs. 3 EG freigestellten Vereinbarungen Anwendung findet[366].

a. Marktbeherrschende Stellung

Nach der Rechtsprechung des Gerichtshofs ist eine beherrschende Stellung eines Unternehmens eine wirtschaftliche Machtstellung, die das Unternehmen in die Lage versetzt, die Aufrechterhaltung eines wirksamen Wettbewerbs auf dem relevanten Markt zu verhindern, indem sie ihm die Möglichkeit zu einer unabhängigen Marktstrategie verschafft[367]. Wie bereits der Wortlaut des Art. 82 lit. a EG nahe legt, werden damit auch Nachfrager erfasst, wenn sie ihre marktbeherrschende Stellung dazu ausnutzen, besonders niedrige Einkaufspreise zu erzwingen. Der Vorschrift liegt wie dem GWB das Marktmachtkonzept zugrunde, wonach sich wirtschaftliche Macht nur auf einem bestimmten Markt bilden kann[368].

---

365 Immenga/Mestmäcker-*Möschel*, EG-Wettbewerbsrecht Band 1, Art. 86 Kap. A Rn. 7; *Emmerich*, Kartellrecht, § 38 Ziff. 4 b.

366 EuGH Slg. 1989, 803 (848) Rn. 32 – Ahmed Saeed Flugreisen; im Hinblick auf Einzel-- und Gruppenfreistellung trennend Immenga/Mestmäcker-*Möschel*, EG-Wettbewerbsrecht Band 1, Art. 86 Kap. A Rn. 8.

367 EuGH Slg. 1978, 207 (286) Rn. 63/66 – United Brands/Kommission; Slg. 1983, 3461 (3503) Rn. 30 – Michelin/Kommission; Slg. 1995, I-2883 (2911) Rn. 31 – Centro Servizi Spediporto; Slg. 1995, I-3257 (3296) Rn. 26 – DIP; Slg. 1997, I-3395 (3437) Rn. 44 – Sodemare.

368 EuGH Slg. 1973, 215 (248) Rn. 32 – Continental Can/Kommission; Slg. 1974, 223 (248 f.)– Commercial Solvents/Kommission; Slg. 1978, 207 (280 ff.) Rn. 10/11 – United Brands/Kommission; Slg. 1979, 461 (514 ff.) Rn. 21 – Hoffmann-La

Dieser relevante Markt beschränkt sich nach dem oben Gesagten in räumlicher Hinsicht auf das Gebiet der Bundesrepublik Deutschland und hängt in sachlicher Hinsicht von dem im konkreten Fall ausgeschlossenen Arzneimittel ab.

Fraglich ist, wem auf dem im Einzelfall relevanten Markt eine beherrschende Stellung zukommt, die ein gegenüber den Anbietern unabhängiges Verhalten ermöglicht. Der Bundesausschuss selbst handelt beim Richtlinienerlass nicht als Unternehmen. Er setzt sich aus verschiedenen Krankenkassenverbänden, in denen wiederum die einzelnen Krankenkassen vertreten sind, sowie aus Kassenärztlichen Vereinigungen und unparteiischen Mitgliedern zusammen. Bei der Tätigkeit wirken somit Nicht-Unternehmen und Unternehmen zusammen. Nachfrager sind dabei letztlich die in den Verbänden zusammengeschlossenen einzelnen Krankenkassen, welche für sich genommen mangels ausreichender Mitgliederzahlen über keine marktbeherrschende Stellung verfügen. Auch mehrere Unternehmen können aber eine marktbeherrschende Stellung innehaben, sofern sie so eng miteinander verbunden sind, dass sie auf dem Markt in gleicher Weise vorgehen können[369]. Eine solche kollektiv marktbeherrschende Stellung hat der Gerichtshof bisher vor allem dann angenommen, wenn Unternehmen einem Konzern angehören[370], oder wenn die beherrschende Stellung der Unternehmen auf einem Verstoß gegen Art. 81 EG beruht[371]. Die notwendige enge Verbundenheit liegt dabei nur vor, wenn es sowohl an einem Innenwettbewerb zwischen den Unternehmen wie auch einem wirksamen Außenwettbewerb fehlt[372].

Mit der Wahrnehmung der Aufgaben im Bundesausschuss sind nicht einzelne Krankenkassen, sondern die Bundesverbände beauftragt. Das individuelle Vorgehen einzelner Krankenkassen wird zugunsten eines kollektiven Vorgehens ausgeschaltet, so dass es an einem Innenwettbewerb fehlt. Aber auch ein Außenwettbewerb zwischen den Verbänden findet nicht statt, da alle Kassenverbände zusammen mit den anderen Mitgliedern des Bundesausschusses die Richtlinien beschließen. Davon abweichende Entscheidungen einzelner Verbände sind nicht möglich. Diese Ausgestaltung ermöglicht es den Kassenverbänden, gemeinsam einen wirksamen Wettbewerb auf dem jeweils relevanten Markt zu verhindern, da sie letztlich 90% der Versicherten als unmittelbare Nachfrager

---

Roche/Kommission; Slg. 1979, 1869 (1895 f.) – Hugin/Kommission; Slg. 1980, 3775 (3793) Rn. 25 – L'Oréal/PVBA.

369 EuGH Slg. 1994, I-1477 (1520) Rn. 42 – Almelo; Slg. 1997, I-3395 (3437) Rn. 46 - Sodemare.

370 EuGH Slg. 1988, 6005 (6010) Rn. 20 – Alsatel.

371 EuGH Slg. 1975, 1663 (2013) – Suiker Unie/Kommission.

372 Langen/Bunte-*Dirksen*, Art. 82 EG Rn. 59; *Zechel*, Territorial begrenzte Leistungerbringung, S. 105.

repräsentieren. Dass an der Entscheidung auch Nicht-Unternehmen beteiligt sind, ändert an der beherrschenden Stellung nichts. Ebenso spielt es keine Rolle, dass die beherrschende Stellung zum Teil Folge gesetzlicher Regelungen ist: Art. 82 EG ist unabhängig davon anwendbar, aus welchen Gründen Unternehmen in der Lage sind, eine gemeinsame beherrschende Stellung auszunutzen[373].

b. Missbrauch

Da sich Art. 82 EG nicht gegen die marktbeherrschende Stellung als solche richtet, bedarf es zusätzlich des Nachweises einer missbräuchlichen Ausnutzung dieser Stellung. Der Begriff des Missbrauchs ist im EG-Vertrag nicht definiert. Der Gerichtshof entnimmt jedoch aus der Zielsetzung des Wettbewerbs im EG-Vertrag seine heute allgemein gültige Definition des Missbrauchsbegriffs. Danach werden

„alle Verhaltensweisen eines Unternehmens in beherrschender Stellung [erfasst], die die Struktur eines Marktes beeinflussen können, auf dem der Wettbewerb gerade wegen der Anwesenheit des fraglichen Unternehmens bereits geschwächt ist, und die die Aufrechterhaltung des auf dem Markt noch bestehenden Wettbewerbs oder dessen Entwicklung durch die Verwendung von Mitteln behindern, welche von den Mitteln eines normalen Produkt- und Dienstleistungswettbewerbs auf der Grundlage der Leistungen der Marktbürger abweichen."[374]

Die Rechtsprechung geht somit von einem weit verstandenen objektiven Konzept aus: Der Vorwurf des Missbrauchs knüpft an der Beeinträchtigung des Wettbewerbs in seiner Marktsteuerungsfunktion durch leistungsfremde Mittel an, ohne dass es auf die Motive, Zielsetzungen oder Verschulden des Unternehmens ankommt[375]. Systematisch ist dabei zwischen Absatz 1 und Absatz 2 der Vorschrift zu unterscheiden. Während der Katalog des Abs. 2 einzelne missbräuchliche Verhaltensweisen aufführt, verbietet die Generalklausel des Abs. 1 generell die missbräuchliche Ausnutzung einer beherrschenden Stellung. Soweit

---

373 EuGH Slg. 1991, I-5941 (5979) Rn. 17 f. – RTT/GB Inno; Slg. 1988, 2479 (2514) Rn. 26 – Bodson/Pompes funèbres; *Emmerich*, Kartellrecht, § 38 Ziff. 3 lit. b; *Mestmäcker*, Europäisches Wettbewerbsrecht, S. 386.

374 EuGH Slg. 1979, 461 (541) Rn. 91 – Hoffmann-La Roche/Kommission; Slg. 1980, 3775 (3794) Rn. 27 – L'Oréal; Slg. 1991, I-3359 (3455) Rn. 69 – AKZO/Kommission; EuG Slg. 1990, II-309 (357) Rn. 23 – Tetra Pak/Kommission.

375 Immenga/Mestmäcker-*Möschel,* EG Bd.1, Art. 86 Rn. 125.

einer der in Art. 82 Abs. 2 EG genannten Beispielsfälle vorliegt, ist ein Rückgriff auf die Generalklausel entbehrlich[376].

Die mit dem Verordnungsausschluss verbundene Einschränkung, welche Produkte auf dem Markt für verschreibungspflichtige Arzneimittel für den Versicherten zur Verfügung stehen, könnte als Missbrauch in Form der Einschränkung des Absatzes zum Schaden der Verbraucher gegen Art. 82 Abs. 2 lit. b EG verstoßen. Unzweifelhaft hat ein entsprechender Richtlinienbeschluss eine Verknappung der angebotenen Produkte zur Folge. Es lässt sich jedoch nicht nachweisen, dass diese Verknappung mittelbar oder unmittelbar mit einem Schaden für die Verbraucher einhergeht. Ein solcher Schaden ist vor allem dann anzunehmen, wenn die Angebotsverknappung eine Verteuerung bewirkt[377]. Der Verordnungsausschluss bestimmter Arzneimittel hat indes nicht zwingend zur Folge, dass die noch auf dem Markt befindlichen im Preis steigen.

Erfassen lässt sich dieses Verhalten aber über die Generalklausel des Art. 82 Abs. 1 EG. Nach der Definition des Gerichtshofs ist der Missbrauch unter anderem durch den Umstand geprägt, dass die Wettbewerbsentwicklung durch die Verwendung von Mitteln beeinträchtigt wird, welche von den Mitteln eines normalen Produkt- oder Dienstleistungswettbewerbs abweichen. Ein über Richtlinien beschlossener Verordnungsausschluss führt wegen der Bindungswirkung für die Beteiligten dazu, dass Ärzte diese Mittel nicht mehr verordnen. Die betroffenen Unternehmen können ihre Produkte nicht mehr auf dem Markt der gesetzlichen Krankenversicherung absetzen. Dieser Verlust von Marktanteilen ist dabei nicht Folge eines Unterliegens im Wettbewerb, sondern lässt sich unmittelbar auf den von außen in den Wettbewerb eingreifenden Verordnungsausschluss durch den Bundesausschuss zurückführen, der ohne gesetzliche Befugnis einzelne Produkte bewertet und über deren Verordnungsfähigkeit entscheidet. Auf die betroffenen Hersteller wirkt sich diese Vorgehensweise sowohl als faktische Geschäftsverweigerung wie auch als Diskriminierung aus. Derartige Verhaltensweisen sind marktbeherrschenden Unternehmen nach der Generalklausel des Art. 82 Abs. 1 EG untersagt, wenn damit den betreffenden Unternehmen der Zugang zum relevanten Markt versperrt wird. Da der Verordnungsausschluss nicht auf Arzneimittel nationaler Hersteller beschränkt ist, liegt auch eine Eignung zur Beeinträchtigung des zwischenstaatlichen Handels vor. Der Ausschluss von der Verordnungsfähigkeit durch die Richtlinien verstößt somit gegen Art. 82 Abs. 1 EG.

---

[376] *Zechel*, Territorial begrenzte Leistungserbringung, S. 107.

[377] Callies/Ruffert-*Weiß*, Art. 82 EG Rn. 51; Langen/Bunte-*Dierksen*, Art. 82 EG Rn. 110.

2. Verstoß der Bundesrepublik Deutschland gegen Art. 86 Abs. 1 i.V.m. 81, 82 EG

Ein Verstoß der Bundesrepublik Deutschland gegen Art. 86 Abs. 1 EG kommt nur dann in Betracht, wenn der Verordnungsausschluss im Zusammenhang mit einer spezifisch auf den Bundesausschuss bezogenen staatlichen Maßnahme steht. Zwar beruht die Kompetenz zum Richtlinienerlass auf einer entsprechenden gesetzlichen Anordnung, die Befugnis zum Ausschluss von Arzneimitteln von der Verordnungsfähigkeit wird von ihr aber gerade nicht umfasst. Es handelt sich hier um ein autonomes Handeln des Bundesausschusses, das in keinem Zusammenhang mit einer gesetzlichen Anordnung steht. Art. 86 Abs. 1 EG findet hierauf keine Anwendung.

IV. Festbetragsfestsetzung für Arzneimittel nach § 35 SGB V

Bisher am intensivsten wird in der Rechtsprechung nationaler Gerichte und in der Literatur die Frage diskutiert, ob die Festbetragsfestsetzung für Arzneimittel durch die Spitzenverbände nach § 35 SGB V gegen das Kartellverbot verstößt. Der Europäische Gerichtshof hat sich hierzu bisher nicht geäußert[378]. Die Kommission hat in ihrer Mitteilung über den Binnenmarkt für Arzneimittel die Herausnahme bestimmter, in ihren therapeutischen Wirkungen zweifelhafter Arzneimittel aus der Erstattungspflicht als einen grundsätzlich gangbaren Weg zu Kosteneindämmung bezeichnet, freilich ohne damit ausdrücklich auf die Zulässigkeit der Festbetragsfestsetzung nach § 35 SGB V einzugehen[379].

1. Verstoß gegen Art. 81 Abs. 1 lit. a EG

Die Festbetragsfestsetzung könnte gegen das von Art. 81 Abs. 1 lit. a EG aufgestellte Verbot der Preis- und Konditionenkartelle verstoßen. Es ist im denkbar weitesten Sinne zu verstehen und umfasst jede kollektive Einflussnahme auf die Preisbildungsfreiheit der Unternehmen[380]. Mit dem Beschluss, in den einzelnen Arzneimittelgruppen Festbeträge in einer bestimmten Höhe festzusetzen, bewir-

---

378 Der Bundesgerichtshof hat mit Beschluss vom 3.07.2001 die Frage der Vereinbarkeit der Festbetragsfestsetzung mit EG-Kartellrecht dem EuGH vorgelegt, vgl. BGH WuW/E DE-R 747. In seinen Schlussanträgen geht Generalanwalt *Jacobs* davon aus, dass die Spitzenverbände bei der Festbetragsfestsetzung als Unternehmensvereinigung handeln, vgl. Schlussanträge in den Rechtssachen C-264/01, C.306/01, C-354/01 und C-355/01 v. 22.05.2003, Rn. 72.

379 KOM (98) 588, BR-Drucks. 991/98, S. 14, 18.

380 Immenga/Mestmäcker-*Emmerich,* EG-Wettbewerbsrecht Band 1, Art. 85 Abs. 1 Kap. B, Rn. 8.

ken die Spitzenverbände letztlich ein Ausweichen der Versicherten auf die Arzneimittel, die zum Festbetrag erhältlich sind. Sie beschränken aber auch die wirtschaftliche Handlungsfreiheit der betroffenen Hersteller, da diese zu Preissenkungen auf Festbetragsniveau gezwungen sind, um keine Marktanteile zu verlieren. Das Vorgehen der Spitzenverbände tangiert damit das Verbot des Art. 81 Abs. 1 lit. a EG, dessen Anwendung davon abhängt, ob die Spitzenverbände als Unternehmen oder Unternehmensvereinigung handeln.

a. Unternehmensvereinigung

Die Besonderheiten des Sozialbereichs ändern nach dem oben Gesagten nichts daran, dass der Bereich der Beschaffung als grundsätzlich wirtschaftliche Tätigkeit und unabhängig von anderen Tätigkeiten der Krankenversicherungsträger einzuordnen ist. Dies gilt uneingeschränkt auch für den Arzneimittelmarkt, auf dem die Arzneimittel von den Herstellern über die Apotheken an die Versicherten abgegeben werden, die Kassen aber die Zahllast tragen. Die Beschaffung der Arzneimittel ist daher ebenso wie die damit im Zusammenhang stehenden kostenbeeinflussenden Maßnahmen als wirtschaftliche Tätigkeit einzuordnen[381].

Angesichts der klaren Aussagen des Gerichtshofs zur Geltung des funktionalen Unternehmensbegriffs im Sozialbereich ist es daher schon fast erstaunlich, wie die Anwendung des Kartellverbots auf die Spitzenverbände gleichwohl weithin mit dem Hinweis auf die angeblich „hoheitliche" bzw. „soziale" Rechtsnatur der Festbetragsfestsetzung in Zweifel gezogen wird. So führt der Bundesgerichtshof in seinem Vorlagebeschluss vom 03.07.2001[382] aus, dass die Kassen der gesetzlichen Krankenversicherung zwar „als solche" als Unternehmen und ihre Verbände somit als Unternehmensvereinigung anzusehen seien; im Rahmen der Festbetragsfestsetzung sei dies aber fraglich, da diese und die ihr zugrundeliegende Regelung einem System der sozialen Sicherheit zuzurechnen seien, das auf dem Prinzip der allgemeinen Solidarität beruhe[383]. Ihrem unmittelbaren Gegenstand nach betreffe die Regelung des § 35 SGB V nur das Verhältnis der Kassen der gesetzlichen Krankenversicherung zu den bei diesen versicherten Personen und lege in diesem Versicherungsverhältnis fest, welche Leistungen der Versicherte beanspruchen könne[384]. Ähnlich argumentiert das Landessozial-

---

[381] *Maassen*, Verfassungs- und EG-rechtliche Grundanforderungen an Maßnahmen der Kostendämpfung im Arzneimittelbereich, S. 145 (157), in: Bitburger Gespräche, Jahrbuch 1996.

[382] BGH WuW/E DE-R 747.

[383] BGH a.a.O., 747 (751 f.).

[384] BGH a.a.O., 747 (753).

gericht Nordrhein-Westfalen in seinem Vorlagebeschluss vom 28.09.2000[385]: Die Festbetragsfestsetzung könne nicht als wirtschaftliche Tätigkeit qualifiziert werden, da es sich rechtlich nur um eine Begrenzung des Leistungsanspruches der Versicherten handele[386]. Das Recht der Arzneimittelhersteller, den Preis festzusetzen, werde nicht berührt. Zwar möge das Ausweichen der Versicherten auf Arzneimittel innerhalb des Festbetragsrahmens dazu führen, dass sich einzelne Hersteller gezwungen sehen, im Interesse ihrer Marktchancen die Preise auf das Festbetragsniveau herabzusenken. Die Hersteller würden damit aber nur mittelbar betroffen[387]. Offensichtlich soll nach Ansicht des Landessozialgerichts wegen dieser bloß „mittelbaren" Betroffenheit eine wirtschaftliche Tätigkeit der Spitzenverbände ausscheiden. Beide Gerichte bezweifeln damit aufgrund des Zusammenhangs der Festbetragsfestsetzung mit dem Ziel der solidarischen Absicherung des Krankheitsrisikos als staatliche Aufgabe, dass die Spitzenverbände bei der Festbetragsfestsetzung wirtschaftlich tätig werden. Auch in der Literatur wird auf den Charakter der Festbetragsfestsetzung als Normvollzug und damit als hoheitliche Tätigkeit verwiesen[388]. Generalanwalt *Jacobs* hat in seinen Schlussanträgen vom 22.05.2003 betreffend die Verfahren zur Festbetragsfestsetzung ebenfalls damit argumentiert, dass bei der Einordnung als wirtschaftliche oder soziale Tätigkeit die Festbetragsfestsetzung nicht von der Versicherungstätigkeit getrennt werden könne[389].

Diese Auffassung hält einer Überprüfung anhand der für die Abgrenzung unternehmerischer und hoheitlicher Tätigkeiten geltenden Grundsätze nicht stand. Die Entscheidung in der Rechtssache „Poucet et Pistre", in der die Unternehmenseigenschaft der Sozialversicherungsträger verneint wurde, bezog sich allein auf den vom Solidarprinzip umfassten Kernbereich der Sozialversicherung in Gestalt des Versicherungsverhältnisses. Ob eine hoheitliche Tätigkeit vorliegt, kann wegen des funktionellen Unternehmensbegriffs nur anhand der einzelnen Tätigkeit entschieden werden[390]. Wie der Gerichtshof zutreffend in der Entscheidung „Fédération Francaise" festgestellt hat, ist von einer wirtschaftlichen Tätigkeit vor allem dann auszugehen, wenn diese zu Verhaltensweisen führen

385 LSG NRW, Beschluss v. 28.09.00, Az. L 5 KR/11/95; die Vorlage hatte sich nach Klagerücknahme erledigt.
386 LSG NRW a.a.O., S. 9.
387 LSG NRW a.a.O., S. 10.
388 *Knispel*, NZS 2000, S. 379 (382); *Bieback*, EWS 1999, S. 361 (368).
389 Schlussanträge Generalanwalt *Jacobs* in den Rechtssachen C-264/01, C-306/01, C-354/01 und C-355/01 v. 22.05.2003, Rn. 45; im Ergebnis ging der Generalanwalt jedoch von einem wirtschaftlichen Charakter der Erbringung von Krankenversicherungsleistungen, und damit auch von einem wirtschaftlichen Charakter der Festbetragsfestsetzung aus (Rn. 72).
390 OLG Düsseldorf, Pharma Recht 1999, S. 283 (293), n.rk.

kann, die von den Wettbewerbsregeln unterbunden werden sollen[391]. Die rechtliche Zuordnung der Festbetragsfestsetzung zum Leistungsrecht ist daher irrelevant, wenn sie bei funktionaler Betrachtung die Wettbewerbsverhältnisse zu Dritten beeinflusst. Unzweifelhaft steuern die Spitzenverbände durch die für die Krankenkassen verbindliche Begrenzung der Kostentragung auf die Höhe des Festbetrages die Nachfrage und beeinflussen damit die Preisbildung auf dem Markt für verordnungspflichtige Arzneimittel. Wie auch der Bundesgerichtshof in seinem Vorlagebeschluss eingesteht, können die Hersteller angesichts der Tatsache, dass 90 % der Bevölkerung bei den Kassen der gesetzlichen Krankenversicherung versichert sind, auf diesen Markt nicht verzichten und sind gezwungen, die Preise an die mit den Festbeträgen bestimmten Obergrenzen anzupassen[392]. Eine autonome Preisbestimmung ist damit praktisch ausgeschlossen. Diese Einwirkung auf die Preisbildungsfreiheit der Unternehmen ist nicht bloß mittelbare Folge der Festbeträge, sondern ausdrücklich bezweckt, um auf diesem Weg Preissenkungen für eine wirtschaftliche Versorgung der Versicherten durchzusetzen[393]. Eine massive Einflussnahme auf die Abgabepreise der Anbieter steht aber in besonderem Kontrast zu dem von Art. 81 EG geschützten Prinzip eines unverfälschten Wettbewerbs, wie das Regelbeispiel des Art. 81 Abs. 1 lit. a EG zeigt. Nach Sinn und Zweck der Wettbewerbsregeln muss sie dann auch einer entsprechenden Kontrolle unterliegen[394]. Anders wäre dies nur dann zu beurteilen, wenn die Spitzenverbände gerade gegenüber den Leistungserbringern zu hoheitlichem Handeln ermächtigt wären. Gegenüber den Arzneimittelherstellern verleiht die Festbetragsfestsetzungskompetenz jedoch ersichtlich keine Vorrechte typischerweise hoheitlicher Natur[395]. Unabhängig von der Qualifikation nach nationalem Recht bleibt es daher dabei, dass die Festbetragsfestsetzung wegen ihrer wettbewerbsbeeinflussenden Wirkung als wirtschaftliche Tätigkeit der wettbewerbsrechtlichen Kontrolle unterliegt[396].

Der Einstufung der Spitzenverbände als Unternehmensvereinigung kann auch nicht entgegengehalten werden, dass die Mitglieder bei der Festbetragsfestset-

---

391 EuGH Slg. 1995, I-4013 (4030) Rn. 21.

392 BGH WuW/E DE-R 747 (753).

393 BSG SGb 2001, S. 450 (451); OLG Düsseldorf, PharmaRecht 1999, S. 283 (293), n.rk.; *Axer*, NZS 2002, S. 57 (62); *Koenig/Sander*, NZS 2001, S. 617 (618).

394 *Kingreen*, ZESAR 2003, S. 199 (201); treffend auch *Oppermann*, SozSich 2001, S. 93 (97): *„Wieso sollte eine Handlung, die erklärtermaßen preiswettbewerbliche Wirkungen erzielen will, nicht auch einer preiswettbewerbsrechtlichen Kontrolle unterliegen ?"*.

395 OLG Düsseldorf, Pharma Recht 1999, S. 283 (292).

396 OLG Düsseldorf a.a.O., S. 283 (291 ff.); *Slot*, E.C.L.R., S. 580 (586); *Axer*, NZS 2002, S. 57 (62); *Koenig/Sander*, WuW 2000, S. 975 (982); *dies.*, NZS 2001, S. 617 (618); *Hänlein/Kruse*, NZS 2000, S. 165 (174); *Gassner*, VSSR 2000, S. 121 (140); *Neumann*, Kartellrechtliche Sanktionierung, S. 157.

zung aufgrund der gesetzlichen Vorgaben in den §§ 35, 36 SGB V als unabhängige Sachverständige tätig würden. Die Spitzenverbände verfolgen mit der Festsetzung die Interessen der in den Landesverbänden als Mitglieder der Spitzenverbände zusammengeschlossenen Krankenkassen. Wie Generalanwalt *Jacobs* in seinen Schlussanträgen vom 22.05.2003 zutreffend ausführte, werden die finanziellen Mittel der Krankenkassen bei besonders niedrigen Festbeträge weniger in Anspruch genommen; dieses Eigeninteresse stehe der Annahme entgegen, dass die Mitglieder der Spitzenverbände bei der Festsetzung überwiegend im Allgemeininteresse tätig würden[397]. Es handelt sich bei den Spitzenverbänden somit um einen Zusammenschluss von Unternehmensvereinigungen, der ebenfalls Art. 81 Abs. 1 EG unterfällt[398].

b. Autonomer Handlungsspielraum bei der Festsetzung

Die Anwendung des Art. 81 EG muss gleichwohl ausscheiden, wenn § 35 SGB V den Spitzenverbänden die Festsetzung zwingend vorschreibt oder wenn die Vorschrift einen Rahmen bildet, der jede Möglichkeit eines eigenverantwortlichen Verhaltens im Wettbewerb ausschließt. Hiervon gehen sowohl Bundesgerichtshof wie auch das Landessozialgericht Nordrhein-Westfalen aus. Sie weisen darauf hin, dass die Anforderungen an die Festsetzung in § 35 SGB V im einzelnen festgelegt sind und die Tätigkeit der Spitzenverbände einer gerichtlichen Kontrolle unterliege[399]. Zudem unterliege die Festsetzung einer staatlichen Aufsicht und könne durch das Bundesministerium für Gesundheit ersetzt werden, weshalb die Festsetzung als ausschließlich staatliche Maßnahme anzusehen sei[400]. Das Bundesverfassungsgericht verweist in seinem Urteil vom 17.12.2002 ebenfalls darauf, dass die Spitzenverbände keine Möglichkeit zur Gestaltung des Preiswettbewerbs bei der Festbetragsfestsetzung hätten[401]. Auch in der Literatur wird neben der Bindung der Kassen an das Wirtschaftlichkeitsgebot die staatliche Letztverantwortung sowie der in § 35 Abs. 5 S. 3 SGB V festgelegte enge Festsetzungsrahmen als Argument dafür angeführt, eine Anwendung des Kartellverbots mangels wettbewerblichen Spielraums der Kassen abzulehnen[402].

---

397 Schlussanträge Generalanwalt *Jacobs* v. 22.05.2003, Rn. 55.

398 OLG Düsseldorf, Pharma Recht 1999, S. 283 (290), n. rk.; *Storr,* ZESAR 2003, S. 249 (253).

399 BGH WuW/E DE-R 747 (756); LSG NRW a.a.O., S. 11.

400 LSG NRW a.a.O., ebenda.

401 BVerfG NJW 2003, S. 1232.

402 *Reich*, Wirkungen des Wettbewerbs, S. 189, in: Igl (Hrsg.), Gesundheitswesen in der Wettbewerbsordnung; *Bieback*, EWS 1999, S. 361 (368).

Dieser Ansicht ist zuzugeben, dass die bis zum 31.12.2003 außer Kraft gesetzten Regelungen zur Festsetzung der Arzneimittelfestbeträge gemäß § 35 SGB V durch ein enges Netz staatlicher Vorgaben geprägt sind. Dies gilt zum einen im Hinblick auf die Pflicht zur Festbetragsfestsetzung als solche, bei deren Unterlassung eine Ersatzvornahme durch den Bundesminister für Gesundheit erfolgen kann (§ 213 Abs. 3 SGB V). Zum anderen sind die Spitzenverbände in inhaltlicher Hinsicht bei der Festsetzung eingeschränkt: Sie haben die Festbeträge im unteren Drittel des Preissegments auf dem Markt festzusetzen und mindestens einmal im Jahr zu überprüfen. Auf der anderen Seite kann nicht außer Acht gelassen werden, dass innerhalb dieses gegebenen Rahmens es den Spitzenverbänden obliegt, wie sie die Festbeträge festzusetzen haben. Fraglich ist daher, ob die gesetzlichen Vorgaben und die Möglichkeit einer Ersatzvornahme dazu führen, dass jede Möglichkeit einer eigenständigen Wettbewerbsbeschränkung ausgeschlossen ist.

Bei der Frage, ob staatliche Vorgaben den unternehmerischen Handlungsspielraum ausschließen, tendiert der Gerichtshof zu einer strengen Auslegung. Eine umfangreiche staatliche Regulierung eines Marktes genügt dafür noch nicht, wenn die Unternehmen in einem kleinen Bereich noch zu autonomen Beschränkungen des Wettbewerbs fähig sind. Wie der Gerichtshof in der Rechtssache „Suiker Unie“ entschieden hat, verbleibt in solchen Fällen dann auch für die Wettbewerbsregeln ein

„echter, wenn auch schmaler Anwendungsbereich“[403].

Dies lässt sich damit rechtfertigen, dass gerade dort, wo ohnehin infolge staatlicher Maßnahmen nur ein stark eingeschränkter Wettbewerb existiert, das Interesse der Gemeinschaft am Funktionieren dieses Restwettbewerbs besonders groß ist[404]. Auch genügt es nicht, wenn der Staat eine Kartellabsprache bloß fördert oder vorschreibt, die nähere Ausgestaltung aber den Unternehmen obliegt. Das Verhalten des Unternehmens muss vielmehr so zwingend vorgeschrieben sein, dass dem Unternehmen bei objektiver Betrachtung damit die für den Wettbewerb konstitutive Handlungsfreiheit fehlt[405]. Nur dann ist es gerechtfertigt, von einer Anwendung des Kartellverbotes abzusehen. Auch der Generalanwalt wies in seinen Schlussanträgen in den Vorlageverfahren darauf hin, dass eine fehlende Handlungsfreiheit nur angenommen werden könne, wenn es den Spitzenverbänden nicht möglich sei, die Festsetzung von Festbeträgen überhaupt zu

---

403 EuGH Slg. 1975, 1663 (1942) Rn. 24. - Suiker Unie/Kommission.
404 *Bauer*, Wettbewerbsbeschränkungen durch Staaten ?, S. 265.
405 *Axer*, NZS 2002, S. 57 (62).

vermeiden, oder wenn jegliche Selbständigkeit bei der Festsetzung der Festbeträge fehle[406]. Ob dies bei der Festbetragsfestsetzung gemäß § 35 V der Fall sei, sei von den nationalen Gerichten zu prüfen[407].

Die Vorgaben an die Spitzenverbände durch § 35 SGB V tragen die Annahme eines fehlenden Handlungsspielraumes nicht. Sowohl die zeitliche Vorgabe durch § 35 Abs. 5 SGB V, wonach die Festbeträge mindestens einmal im Jahr zu überprüfen sind, wie auch die inhaltliche Vorgabe der Festsetzung im unteren Preisdrittel am Markt lassen ausreichend Raum für eigenständige Entscheidungen. Die vorgeschriebene jährliche Festsetzung ist eine Mindestanforderung, welche die Verbände nicht daran hindert, mehrmals im Jahr die Festbeträge anzupassen, wenn es die Marktlage erfordert (§ 35 Abs. 5 S. 4 SGB V). Auch die Entscheidung über die konkrete Höhe innerhalb des unteren Marktdrittels obliegt allein den Verbänden. Dabei haben sie allerdings die das Wirtschaftlichkeitsgebot konkretisierenden Zielvorgaben des § 35 Abs. 5 SGB V zu beachten, wonach die Festbeträge eine ausreichende, zweckmäßige und wirtschaftliche sowie in der Qualität gesicherte Versorgung gewährleisten sollen. Den Spitzenverbänden kommt die Aufgabe zu, die teilweise divergierenden Zielvorgaben im Einzelfall in Ausgleich zu bringen[408]. Sie müssen dabei auch Prognoseentscheidungen treffen und Schätzungen vornehmen, die einer eingeschränkten gerichtlichen Kontrolle unterliegen[409]. Daraus ergibt sich im Einzelfall ein Festsetzungsspielraum, der zwischen dem Maximum einer ausreichenden und zweckmäßigen Versorgung und dem Minimum einer möglichst preisgünstigen Versorgung liegt[410]. Es kann daher keine Rede davon sein, dass die Festbetragsfestsetzung in jeder Hinsicht zwingend vorgeschrieben ist. Die unbestimmten Rechtsbegriffe eröffnen vielmehr Gestaltungsspielräume innerhalb des von § 35 Abs. 5 SGB V gezogenen Rahmens und lassen im Hinblick auf das jeweilige Festbetragsniveau eine Preisspanne zu, innerhalb der sich die konkrete Festsetzung noch im Rahmen der Vorgabe hält[411]. Dass die eigenständigen Entscheidungen der Spitzenverbände durch die Pflicht zur Festbetragsfestsetzung überhaupt erst initiiert wurden, nimmt ihnen nicht ihren Charakter als autonom getroffene, wettbewerbsrelevante Handlungen.

---

406 Schlussanträge Generalanwalt *Jacobs* v. 22.05.2003, Rn. 81 f.; liege eine fehlende Handlungsfreiheit vor, komme allerdings ein Verstoß der Bundesrepublik Deutschland gegen Art. 3 Abs. 1 EG i.V.m. Art. 10, 81 EG in Betracht.

407 Schlussanträge Generalanwalt *Jacobs* v. 22.05.2003, Rn. 80.

408 OLG Düsseldorf, Pharma Recht 1999, S. 283 (296).

409 Peters-*Hauck*, Handbuch KV, § 35 SGB V Rn. 46.

410 Krauskopf-*Wagner*, § 35 SGB V Rn. 14.

411 Schulin-*Schneider*, Handbuch KV, § 20 Rn. 191; *Axer*, NZS 2002, S. 57 (62).

Die Möglichkeit der Ersatzvornahme nach § 213 Abs. 3 SGB V ändert an dieser Beurteilung nichts. Sie greift ein, wenn die Spitzenverbände die Festbeträge nicht oder nicht innerhalb einer gewissen Frist festsetzen. Eine Entscheidung des Bundesministers für Gesundheit im Einvernehmen mit dem Bundesminister für Wirtschaft an Stelle der Spitzenverbände kann somit nur dann erfolgen, wenn diese überhaupt nicht tätig werden. Werden dagegen Festbeträge von den Spitzenverbänden festgesetzt, fehlt es an den Voraussetzungen für eine Ersatzvornahme. Der oben beschriebene Spielraum hinsichtlich der konkreten Festbetragshöhe wird von § 213 Abs. 3 SGB V somit nicht tangiert.

Das Kartellverbot ist somit auf die durch Beschluss der Spitzenverbände festgesetzten Festbeträge, welche Bindungswirkung für sämtliche Kassen der gesetzlichen Krankenversicherung entfalten, anwendbar[412]. Faktisch bestimmen die in den Spitzenverbänden zusammengeschlossenen Krankenkassen gemeinsam, welchen Preis sie für die zu liefernden Arzneimittel maximal bezahlen wollen. Die kollektive Einflussnahme auf die Arzneimittelhersteller mit dem Ziel, die Senkung der Preise auf Festbetragsniveau zu erreichen, erfüllt damit das Regelbeispiel des Art. 81 Abs. 1 lit. a EG[413].

c. Ausschluss eines Kartellverstoßes wegen wettbewerbsfördernder Wirkung der Festbeträge?

Vor dem Hintergrund der beschriebenen Marktdefizite könnten aber Zweifel daran bestehen, ob die Festbeträge tatsächlich gegen das Kartellverbot verstoßen. Die durch die Festbeträge festgesetzte Erstattungsgrenze führt dazu, dass der Versicherte als Konsument den Preis eines Arzneimittels als Auswahlkriterium berücksichtigt, und mildert damit die Preisunempfindlichkeit der Nachfrageentscheidung ab. Daraus wird vereinzelt der Schluss gezogen, die Festbetragsfestsetzung könne mangels Hervorrufens einer Wettbewerbsbeschränkung nicht gegen Art. 81 Abs. 1 EG verstoßen, da sie letztlich wettbewerbsfördernd wirke[414]. Geht man indes von dem vom Gerichtshof anerkannten Selbstständigkeitspostulat aus, steht eine unterstellte wettbewerbsfördernde Wirkung der Festbeträge der Annahme einer Beschränkung des Wettbewerbs zunächst nicht entgegen: Die Krankenkassen koordinieren über die Festsetzung durch die Spitzenverbände ihr Verhalten gegenüber den Anbietern, welche mittelbar zu Preissenkungen gezwungen werden. Nicht zu übersehen ist aber, dass der Gerichtshof

---

412 *Slot,* E.C.L.R. 2003, S. 580 (590).

413 *Koenig/Sander,* NZS 2001, S. 617 (618); *dies.,* WuW 2000, S. 975 (982).

414 LSG NRW, Beschluss v. 28.09.00, Az. L 5 KR 11/95, S.12; *Knispel,* NZS 2000, S. 379 (383); *Eichenhofer,* NZS 2001, S. 1 (6); *Storr,* ZESAR 2003, S. 249 (253); *Kingreen,* ZESAR 2003, S. 199 (201).

entgegen diesem Ansatz im Einzelfall Vereinbarungen ungeachtet ihrer die Handlungsfreiheit beschränkenden Wirkung bereits auf der Tatbestandsebene des Art. 81 Abs. 1 EG aus dem Geltungsbereich der Wettbewerbsregeln ausgeklammert hat, wenn mit dieser positive Auswirkungen auf den Wettbewerb verbunden waren. Im folgenden soll der Frage nachgegangen werden, ob diese Praxis der Tatbestandsreduktion auf die Festbetragsfestsetzung übertragbar ist.

aa. Restriktion des Tatbestands bei wettbewerbsfördernder Wirkung einer Absprache

Im Vordergrund der Einschränkung des Tatbestandes steht die Erwägung, dass die Beschränkung der Handlungsfreiheit durch eine Absprache noch nicht zwangsläufig eine negative Beeinträchtigung des Wettbewerbs bedeuten muss. Zweifelhaft ist dies beispielsweise dann, wenn die Absprache einem der Beteiligten erst ermöglicht, auf einem bestimmten Markt als Wettbewerber tätig zu sein[415]. Die Absprache führt hier zu mehr Wettbewerb, so dass es verfehlt wäre, allein auf die Beschränkung der Handlungsfreiheit abzustellen[416]. Gerichtshof und Kommission prüfen daher im Sinne einer „wirtschaftlichen"[417] Betrachtungsweise zusätzlich, ob die Absprache im konkreten Fall auch geeignet ist, die Marktverhältnisse in negativer Weise zu verändern[418]. Nur wenn dies neben der Beschränkung der Handlungsfreiheit zu bejahen ist, liegt ein Verstoß gegen Art. 81 Abs. 1 EG vor. Ob im Einzelfall eine negative Veränderung der Marktverhältnisse vorliegt, entscheidet sich durch einen Vergleich der Wettbewerbssituation, die sich aufgrund der Absprache ergeben hat mit derjenigen, wie sie ohne die Absprache bestehen würde[419]. Zur Konkretisierung dieser Prüfung haben Gerichtshof wie Kommission im Laufe der Zeit eine Reihe von Fallgruppen herausgearbeitet, die vom Kartellverbot nicht erfasst wurden, weil die Einschränkung der wirtschaftlichen Handlungsfreiheit beteiligter oder dritter Unternehmen gegenüber den positiven Auswirkungen der Absprache auf den Wettbewerb in den Hintergrund trat. Auf eine Darstellung der vielfältigen und nicht immer einheitlich beurteilten Fallgestaltungen muss hier verzichtet werden, da dies den Rahmen der Untersuchung sprengen würde[420]. Für die weitere Untersu-

---

415 EuGH Slg. 1966, 280 (304) – LTM/Maschinenbau Ulm.

416 Lenz-*Grill*, Art. 81 EG Rn. 20.

417 So ausdrücklich Kommission, 2001, ABl. Nr. C 3/2 Rn. 6 ff.

418 EuGH Slg. 1995, I-347 (3517) Rn. 21 f. – Bundeskartellamt/Volkswagen; Slg. 1995, I-3439 (3469) Rn. 20 – BMW/ALD Auto-Leasing.

419 EuGH Slg. 1971, 949 (960) Rn. 16/18 – Béguelin/SAGL; Slg. 1985, 2545 (2571) Rn. 18 – Remia/Kommission.

420 Ausführlich hierzu *Emmerich*, Kartellrecht, § 37 Ziff. 7; Groeben-*Schröter*, Art. 85 Abs. 1 Rn. 77 ff.; Immenga/Mestmäcker-*Emmerich*, EG-Wettbewerbsrecht Band 1,

chung genügt der Hinweis, dass der Gedanke der Markterschließung und Wettbewerbs-förderung im Vordergrund der Praxis von Gerichtshof und Kommission steht: Vereinbarungen, die einem Unternehmen erst die Möglichkeit verschafften, neue Märkte zu erschließen, wurden daher in der Regel positiv bewertet[421]. Voraussetzung ist jedoch, dass die Absprache nicht gleichzeitig eine Abschottung des schwer zugänglichen Markts zugunsten der Unternehmen bewirkt[422]. Daneben werden wettbewerbsbeschränkende Nebenabreden zu anerkannten Rechtsgeschäften wie beispielsweise Unternehmensveräußerungsverträgen aus dem Tatbestand ausgeklammert, sofern sie für die Durchführung der kartellrechtlich zulässigen Hauptvereinbarung zwingend notwendig sind[423].

In der Literatur wird die Frage uneinheitlich beantwortet, ob ein Erfordernis für eine weitere, neben dem ungeschriebenen Tatbestandsmerkmal der Spürbarkeit anzuwendende Reduktion des Tatbestandes besteht. Die Gegner einer solchen Einschränkung verweisen auf die Freistellungsmöglichkeit nach Art. 81 Abs. 3 EG, welche keinen Raum für eine Berücksichtigung positiver wettbewerbsfördernder Aspekte im Rahmen des Abs. 1 lasse[424]. Andere begrüßen die Tatbestandsreduktion dagegen vor allem im Hinblick auf die damit verbundene Kompetenzverlagerung[425]: Abs. 1 der Vorschrift ist von nationalen Behörden und Gerichten unmittelbar anzuwenden, während Freistellungsentscheidungen nach Abs. 3 gemäß Art. 9 der VO Nr. 17 nur von der Kommission getroffen werden können. Dieses Freistellungsmonopol der Kommission und die extensive Anwendung des Kartellverbots führen zu einer Überlastung mit Freistellungsverfahren, die in der Folge mehrheitlich nicht durch eine förmliche Freistellungs-

---

Art. 85 Abs. 1 Kap. A Rn. 193 ff., 257 ff.; Langen/Bunte-*Bunte*, Art. 81 EG Generelle Prinzipien, Rn.69 ff; Callies/Ruffert-*Weiß*, Art. 81 EG Rn. 110 ff.

421 EuGH Slg. 1966, 281 (304) – LTM/Maschinenbau Ulm; Slg. 1971, 351 (356) Rn. 7/10 – Cadillon/Hoess; Slg. 1998, I-1997 (2004) Rn. 19 – Javico/Yves Saint Laurent; Kommission, ABl.1990 Nr. L 228/31 (33) – Konsortium ECR 900; ebenso für Gemeinschaftsunternehmen: Kommission, ABl. 1990 Nr. L 209/15 (18f.) - Elopak/Metal Box; in anderen Entscheidungen berücksichtigte die Kommission den Aspekt der Marktöffnung dagegen erst im Rahmen der Freistellung nach Art. 81 Abs. 3 EG, vgl. Kommission, ABl. 1975 Nr. L 249/27 (29 f.) – Bronbemaling/Heidemaatschappij; ABl. 1988 Nr. L 301/68 (71 f.) BBC Brown Boveri.

422 EuGH Slg. 1991, I-935 (986) Rn. 24 – Delimitis/Henninger Bräu..

423 EuGH Slg. 1985, 2545 (2571) Rn. 19 f. – Remia/Kommission; Slg. 1987, 4487 (4587) Rn. 54 ff. – British-American Tobacco/Kommission; Slg. 1994, I-5641 (5687 f.) Rn. 34 f. – Gottrup-Klim/DLG; EuGH WuW/E EU-R 533 (541) – Wouters/Nederlandse Orde van Advocaten.

424 Immenga/Mestmäcker-*Emmerich*, EG-Wettbewerbsrecht Band 1, Art. 85 Abs. 1 Kap. A Rn. 257 ff.; Schwarze-*Brinker*, Art. 81 EG Rn. 44 f.

425 *Mikroulea*, Wettbewerbsbeschränkende Maßnahmen, S. 230; Grabitz-*Stockenhuber*, Art. 81 EGV Rn. 149.

entscheidung, sondern durch formlose Verwaltungsschreiben (sogenannte „comfort letter") abgeschlossen werden[426]. Für die betroffenen Unternehmen ist diese Lösung indes mit Rechtsunsicherheit verbunden, da nationale Behörden und Gerichte nicht an die comfort letter gebunden sind[427]. Eine restriktive Auslegung des Art. 81 Abs. 1 EG löst diese unbefriedigende Situation, indem das Freistellungsverfahren „umgangen" wird: Vereinbarungen, die wegen ihrer fehlenden negativen Wirkung auf den Wettbewerb bereits auf der Tatbestandsebene aus dem Kartellverbot ausscheiden, werden ohne besonderen Freistellungsakt der Kommission der Nichtigkeitsfolge des Art. 81 Abs. 2 EG entzogen. Die damit verbundene Arbeitsentlastung der Kommission dürfte in der Tat mehr noch als materiellrechtliche Erwägungen die Entwicklung einer Tatbestandsrestriktion im Rahmen des Art. 81 Abs. 1 EG beeinflusst haben[428]. Durch die Verordnung zur Neuregelung des Wettbewerbsverfahrensrechts vom 16.12.2002[429] verliert dieser Aspekt indes seine Bedeutung: Art. 81 Abs. 3 EG ist ab dem 01.05.2004 auch durch nationale Behörden und Gerichte unmittelbar anzuwenden, womit Freistellungsentscheidungen in der bisherigen Form entfallen[430]. Die Kompetenzspaltung bei der Anwendung des Kartellverbots und der Freistellungsvorschrift wird damit zugunsten einer einheitlichen Zuständigkeit der nationalen Stellen aufgehoben[431]. Es bleibt abzuwarten, ob der Gerichtshof angesichts dieser umfassenden nationalen Zuständigkeit für die Anwendung des Art. 81 EG an der Berücksichtigung wettbewerbsfördernder Wirkungen im Rahmen von Art. 81 Abs. 1 EG festhalten wird.

bb. Grenzen einer Tatbestandsrestriktion

Die von Gerichtshof und Kommission anerkannte Einschränkung des Tatbestandes bei Förderung von Wettbewerb unterliegt jedoch Grenzen. Zum einen muss die Absprache entsprechend dem Grundsatz der Verhältnismäßigkeit objektiv

---

426 *Deselaers/Obst*, EWS 2000, S. 41 (42).

427 EuGH Slg. 1980, 2327(2374) Rn. 13 – Procureur de la République/Guerlain.

428 Immenga/Mestmäcker-*Emmerich*, EG-Wettbewerbsrecht Band 1, Art. 85 Abs. 1 Kap. A Rn. 259; *Ulmer*, Rule of Reason, S. 37 (40), in: XI. Internationales EG Kartellrechtsforum; *Gleiss/Hirsch*, Art. 85 (3) Rn. 1783; *Ehle*, Einbeziehung des Umweltschutzes, S. 113.

429 Verordnung (EG) Nr. 1/2003 des Rates vom 16.12.2002 zur Durchführung der in den Art. 81 und 82 des Vertrags niedergelegten Wettbewerbsregeln, abgedruckt in GRUR Int., 2003, S. 417.

430 Vgl. Art. 1 der Verordnung.

431 Allgemein zu der Reform und den Bedenken bei der Anwendung durch nationale Stellen Langen/Bunte-*Baron*, Einführung EG-Kartellrecht, Rn. 198 ff. m.w.N.

das einzig mögliche Mittel sein, um Wettbewerb zu schaffen[432]. Zum anderen muss sich die Vereinbarung auf die Marktöffnung bzw. die Förderung neuen Wettbewerbs beschränken; beinhaltet sie zugleich eine Beschränkung des bestehenden Wettbewerbs, kommt eine Tatbestandsrestriktion nicht in Betracht[433]. Daher sind offenkundige Verstöße gegen das Kartellverbot im Sinne eines der Regelbeispiele des Art. 81 Abs. 1 EG, wie beispielsweise Preiskartelle grundsätzlich verboten[434]. In diesen Fällen kommt es auf eventuelle positive Wirkungen der Vereinbarung nicht an.

Hierin liegt zugleich ein wesentlicher Unterschied zu der im US-amerikanischen Antitrustrecht entwickelten „rule of reason". Diese Rechtsfigur dient der Eingrenzung des als zu weit empfundenen sec. 1 Sherman Act, der im Gegensatz zum EG-Kartellrecht keine Freistellungsmöglichkeit enthält[435]. In mehreren Phasen wurde die „rule of reason" dahingehend entwickelt, dass sec. 1 Sherman Act nur die Wettbewerbsbeschränkungen erfassen soll, deren negative Auswirkungen auf den Wettbewerb eventuelle positive, wettbewerbsfördernde überwiegen[436]. Damit kommt den Gerichten im Einzelfall die Aufgabe zu, die wettbewerblichen Wirkungen der Vereinbarung zu ermitteln und anhand deren positivem oder negativem Gehalt in bezug auf die Marktverhältnisse festzustellen, ob sec. 1 Sherman Act eingreift und die Vereinbarung verboten ist, oder ob sie wegen der überwiegend positiven Auswirkungen nicht dem Kartellverbot unterfällt[437]. Eine solche Abwägung ist der Tatbestandsrestriktion im Rahmen des Art. 81 Abs. 1 EG nach dem oben gesagten fremd: Quantitativ spürbare Wettbewerbsbeschränkungen können hier nicht mit den durch sie verursachten positiven Wettbewerbswirkungen gerechtfertigt werden[438]. Daraus ergibt sich

---

432 EuGH Slg. 1977, 1875 (1905) Rn. 20 – Metro/Kommission; Slg. 1986, 353 (382) Rn. 14 ff. – Pronuptia.

433 Langen/Bunte-*Bunte*, Art. 81 EG Generelle Prinzipien, Rn. 68.

434 EuGH Slg. 1985, 391 (423) Rn. 22 – BNIC/Clair; EuG Slg. 1992, II-1155 (1246 f.) – Montedipe/Kommission; Slg. 1995, II-1063 (1107) Rn. 109 – Tréfilunion/Kommission; *Emmerich*, Kartellrecht, § 37 Ziff. 7 a).

435 Sec. 1 Sherman Act: „*Every contract, combination in the form of trust or otherwise, or conspiracy, in restraint of trade or commerce among the several States, or with foreign nations, is hereby declared to be illegal...*".

436 Schwarze-*Brinker*, Art. 81 EGV Rn. 42.

437 *Ulmer*, Rule of Reason, S. 37 (43), in: XI. Internationales EG-Kartellrechtsforum (1986); *Möhring*, WuW 1955, 5 (7 f.).

438 *Baldi*, Die Freistellung vom EWG-Kartellverbot, S. 202; allerdings zeigen sich in einzelnen Entscheidungen des EuGH Ansätze, die auf eine Abwägung positiver und negativer Auswirkungen einer Vereinbarung auf den Wettbewerb hindeuten, vgl. EuGH Slg. 1977, 1875 (1906) Rn. 21 Metro/Kommission.

zugleich, dass die im Rahmen des EG-Vertrages vorgenommene Praxis der Tatbestandsrestriktion nicht mit der „rule of reason“ gleichgesetzt werden kann[439].

cc. Keine Übertragbarkeit auf die Festbetragsfestsetzung

Wendet man die in der Praxis von Gerichtshof und Kommission zum Ausdruck kommenden Grundsätze für eine Tatbestandsrestriktion an, kann nicht mehr zweifelhaft sein, dass die Festbetragsfestsetzung unter das Kartellverbot des Art. 81 Abs. 1 EG fällt. Absprachen werden nur dann dem Kartellverbot entzogen, wenn sie letztlich den Zielen des EG-Vertrages dienen, weil sie Wettbewerb, insbesondere grenzüberschreitenden fördern und so zur Marktintegration beitragen. Festbeträge verfolgen aber gerade nicht den Zweck der Wettbewerbsverbesserung oder Marktintegration, sondern dienen im Kern dem außerwettbewerblichen Ziel der Stabilisierung der Ausgaben der gesetzlichen Krankenversicherung[440]. Dementsprechend wurde der Schwerpunkt in der Ermächtigung auch auf die Sicherung möglichst niedriger Festbeträge, und nicht auf die Verbesserung der Marktstruktur gelegt: § 35 Abs. 5 S. 3 SGB V fordert die Spitzenverbände zur Festsetzung im unteren Preisdrittel auf, verbunden mit der von politischer Seite erfolgten Vorgabe konkreter Einsparpotentiale. Derartige sozialpolitische Faktoren können im Rahmen einer restriktiven Auslegung des Tatbestandes aber keine Berücksichtigung finden[441].

Die restriktive Auslegung des Kartellverbots lässt sich somit nicht für die Festbetragsfestsetzung fruchtbar machen. Dies bedeutet nicht, dass ein Ausgleich der aus Marktdefiziten resultierenden Preisunempfindlichkeit der Nachfrage und eine Kosteneinsparung durch Förderung des Kostenbewusstseins bei den Versicherten unzulässig ist. Eine solche Zielsetzung rechtfertigt es aber nicht, den Kartellverstoß bereits tatbestandlich auszuschließen. Dies gilt vor allem dann, wenn das Ziel der Kosteneinsparung durch ein Preiskartell nach Art. 81 Abs. 1 lit. a EG erreicht werden soll.

Damit verstößt die Festbetragsfestsetzung nach § 35 SGB V gegen Art. 81 Abs. 1 EG. Raum für eine punktuelle Ausnahme aufgrund von Art und Gegenstand der Festbetragsfestsetzung bleibt nicht, da diese ausscheidet, wenn sich die be-

---

439 *Rittner*, Wettbewerbs- und Kartellrecht, § 7 Rn. 80; Lenz-*Grill*, Art. 81 EG Rn. 22; Callies/Ruffert-*Weiß*, Art. 81 EG Rn.115; vgl. auch EuGH Slg. 1966, 321 – Consten u. Grundig/Kommission, wo sich die Klägerinnen und die Bundesregierung ausdrücklich auf die „rule of reason“ berufen hatten; der EuGH nahm hierzu keine Stellung.

440 *Axer*, NZS 2002, S. 57 (61); *Oppermann*, SozSich 2001, S. 93 (97); a.A. *Knispel*, NZS 2000, S. 379 (383).

441 Schwarze-*Brinker*, Art. 81 EGV Rn. 42.

schränkenden Wirkungen wie hier auf Dritte oder andere Märkte ausdehnen. Angesichts der Tatsache, dass 59,1 % des Arzneimittelumsatzes in der Bundesrepublik auf ausländische Firmen oder deren Tochterfirmen entfallen[442], kann eine Eignung der bundesweit geltenden Festbeträge zur spürbaren Beeinträchtigung des zwischenstaatlichen Handels nicht ernsthaft in Zweifel gezogen werden. Die Festbetragsfestsetzung ist daher nur dann mit dem europäischen Kartellrecht vereinbar, wenn eine Freistellung nach Art. 81 Abs. 3 EG oder eine Ausnahme von der Geltung der Wettbewerbsregeln nach Art. 86 Abs. 2 EG in Betracht kommt.

2. Verstoß gegen Art. 82 Abs. 2 lit. a EG

Auch bei der Festbetragsfestsetzung kommt zudem ein Verstoß gegen Art. 82 EG in Betracht. In der faktischen Festsetzung der Ankaufspreise durch die Spitzenverbände könnte zugleich die missbräuchliche Ausnutzung einer marktbeherrschenden Stellung zu sehen sein.

Hinsichtlich den Kriterien zur Marktabgrenzung kann auf das unter III 1 d Gesagte verwiesen werden. Die Festbeträge beziehen sich naturgemäß nur auf verordnungspflichtige Arzneimittel und werden bundesweit festgesetzt. Relevanter Markt ist somit der Markt für verordnungspflichtige Arzneimittel, der sich auf das gesamte Bundesgebiet erstreckt und auf dem die in den Spitzenverbänden zusammengeschlossenen Krankenkassen eine beherrschende Stellung einnehmen. Ausgehend von der vom Gerichtshof verwendeten Definition ist hierfür ausschlaggebendes Merkmal die Fähigkeit des Unternehmens, sich dem Wettbewerbsdruck zu entziehen und unabhängig davon die Wettbewerbsbedingungen in einer Weise zu beeinflussen, die allein den eigenen Interessen entspricht[443]. Indiz für eine solche wirtschaftliche Machtstellung ist etwa die Fähigkeit, die Preise auf einem Markt zu bestimmen[444]. Die Spitzenverbände repräsentieren alle gesetzlichen Krankenkassen der Bundesrepublik Deutschland, für deren Versicherte, die 90% der gesamten Bevölkerung ausmachen, die Festbeträge und damit faktisch der Preis festgesetzt werden. Derart hohe Marktanteile liefern ohne weiteres den Beweis für das Vorliegen einer marktbeherrschenden Stellung. [445]

---

442 BPI, Pharma Daten 2001, S. 13.

443 *Emmerich*, Kartellrecht, § 38 Ziff. 3 a.

444 EuGH Slg. 1971, 487 (501) Rn. 19 – Deutsche Grammophon/Metro; Slg. 1988, 2507 (2516) Rn. 33 – Bodson/Pompes funèbres.

445 EuGH Slg. 1975, 1663 (1996) Rn. 376 ff. - Suiker Unie/Kommission; nach *Giesen* ist bei Trägern der Sozialen Sicherheit die marktbeherrschende Stellung daher „regelmäßig“ zu bejahen, vgl. *Giesen*, Wettbewerb zwischen Sozialversicherungsträgern und

Schließlich müssten die Spitzenverbände mit der Festbetragsfestsetzung diese marktbeherrschende Stellung missbräuchlich ausgenutzt haben. Verhaltensweisen, mit denen ein marktbeherrschendes Unternehmen der Marktgegenseite faktisch vorschreibt, welche Preise diese auf dem Markt zu verlangen hat, sind als typischer Fall des Ausbeutungsmissbrauchs in lit. a des Katalogs missbräuchlicher Verhaltensweisen in Art. 82 Abs. 2 EG ausdrücklich benannt. Wegen der beschriebenen Wirkung der Festbeträge bestehen keine Bedenken dagegen, die Festsetzung als mittelbare Erzwingung von unangemessenen Einkaufspreisen zu erfassen, vorausgesetzt, die mit den Festbeträgen faktisch festgesetzten Höchstpreise sind im Einzelfall tatsächlich unangemessen. Der Europäische Gerichtshof sieht Preise dann als unangemessen an, wenn sie in einem Missverhältnis zum wirtschaftlichen Wert der Ware oder Leistung stehen[446]. Schwierigkeiten bereitet freilich die Feststellung des Missverhältnisses im Allgemeinen sowie hinsichtlich der Festbeträge für Arzneimittel im Besonderen. Das im Vordergrund der Entscheidungspraxis stehende räumliche Vergleichsmarktkonzept, wonach die Preise für Güter und Dienstleistungen mit denen auf anderen geographischen Märkten innerhalb der EG verglichen werden, muss im Fall der Arzneimittel schon an den unterschiedlichen Regulierungen der Arzneimittelpreise innerhalb Europas scheitern. Wegen der vielfältigen staatlichen Einflussnahmen besteht eine starke Schwankungsbreite, die kaum zuverlässige Vergleiche zulässt[447]. Mehr Erfolg liefert hier das Konzept der objektiven Gewinnspannenbegrenzung, das auf einem Vergleich des Verkaufspreises mit den jeweiligen Gestehungskosten beruht[448]. Soll der Preismissbrauch eines marktbeherrschenden Nachfragers festgestellt werden, bedarf es eines Preis-Kosten-Vergleichs der Ware des Lieferanten. Eine Unangemessenheit im Sinne eines krassen Missverhältnisses zwischen Preis und wirtschaftlichem Wert der Gegenleistung dürfte hier dann anzunehmen sein, wenn die Produktions- und Forschungskosten nicht gedeckt werden können. Werden Festbeträge somit in einer Höhe festgesetzt, die den Herstellern keine „angemessene“ Gewinnspanne belässt oder die faktisch sogar zu Verlusten führt, liegt eine nach Art. 82 EG verbotene Erzwingung unangemessener Einkaufspreise vor. Wegen der bundesweiten Geltung der

---

Privatversicherungen nach europäischem Kartellrecht, S. 123 (137), in: Soziale Sicherheit und Wettbewerb.

446 EuGH Slg. 1975, 1367 (1379) Rn. 11/12 – General Motors/Kommission; Slg. 1978, 207 (305) Rn. 248/257 – United Brands/Kommission; Slg. 1986, 3263 (3304) Rn. 27 – British Leyland/Kommission.

447 Vgl. zu den Differenzen BPI, Pharma Daten 2001, S. 24 f.

448 Grundlegend EuGH Slg. 1978, 207 (305 f.) – United Brands/Kommission.

Festbeträge kann auch an der Eignung der Festbeträge zur Beeinträchtigung des Handels zwischen den Mitgliedstaaten nicht gezweifelt werden[449].

3. Verstoß der Bundesrepublik Deutschland gegen Art. 86 Abs. 1 i.V.m. 81 EG

Unabhängig von der Verantwortung der Spitzenverbände nach Art. 81, 82 EG lässt sich ein Verstoß der Bundesrepublik Deutschland gegen Art. 86 Abs. 1 i.V.m. 81, 82 EG feststellen. Nach der hier vertretenen Auffassung verfügen die Spitzenverbände über einen hinreichenden Gestaltungsspielraum, der indes die staatliche Verantwortung für die Festsetzung nicht ausschließt. Denn dieses Handeln beruht auf einer staatlichen Ermächtigung und ist in ihr begründet. Faktisch wird den Spitzenverbänden der Abschluss einer gegen Art. 81 EG verstoßenden Kartellvereinbarung vorgeschrieben. Die Bundesrepublik Deutschland verstößt mit § 35 SGB V somit gegen Art. 86 Abs.1 i.V.m. 81 EG, sofern keine Rechtfertigung über Art. 86 Abs. 2 EG in Betracht kommt[450].

V. Festbetragsfestsetzung für Hilfsmittel nach § 36 SGB V

1. Verstoß gegen Art. 81 Abs. 1 lit. a EG

Die Preisbeeinflussung durch die Festbetragsfestsetzung für Hilfsmittel kann nicht anders bewertet werden als die Festbetragsfestsetzung für Arzneimittel. Sie führt aus Sicht der Anbieter von Hilfsmitteln zu einer faktisch mittelbaren Festsetzung der Ankaufspreise und zwingt diese zu entsprechenden Preisanpassungen. Diese Tätigkeit der Landesverbände der Krankenkassen ist ohne weiteres als Koordination des wirtschaftlichen Verhaltens ihrer Mitgliedskassen einzustufen. Sie sind bei der Ausübung noch mehr als bei den Arzneimitteln an pauschale Vorgaben wie „zweckmäßige und wirtschaftliche“ Versorgung gebunden, ohne dass ihnen Vorgaben im Hinblick auf die Höhe der Festbeträge gemacht werden: Bei der Festsetzung unterliegen sie nicht der engen Vorgabe von § 35 Abs. 3 S. 4 SGB V. Zum anderen besteht mangels Verweis auf § 213 SGB V keine Möglichkeit des Bundesministers für Gesundheit zur Ersatzvornahme,

---

449 In seiner an die Spitzenverbände der Krankenkassen gerichteten Ankündigung vom 22.01.2001 (Geschäfts-Zeichen B 1014/01) ging das Bundeskartellamt angesichts des Finanzvolumens der vorgenommenen Festbetragsanpassung von einer missbräuchlichen Ausnutzung der Monopolstellung durch gemeinsames und einheitliches Handeln der Spitzenverbände aus, vgl. *Kaesbach*, BKK 2001, S. 161 (164), sowie FAZ v. 29.01.2001, „Bundeskartellamt hegt Bedenken gegen Festbeträge für Medikamente“, S. 13 f.

450 *Axer*, NZS 2002, S. 57 (63); *Storr*, ZESAR 2003, S. 249 (253); ein Verstoß gegen Art. 86 Abs. 1 i.V.m. 82 EG hängt dagegen davon ab, ob die Festbeträge im Einzelfall als unangemessen bewertet werden können.

wenn die Kassenverbände die Festsetzung unterlassen. Es kann daher kein Zweifel daran bestehen, dass die Landesverbände hier eigenständige Entscheidungen treffen und damit als Unternehmensvereinigungen handeln[451].

Die hierdurch bewirkte Wettbewerbsbeschränkung ist auch geeignet, den Handel zwischen den Mitgliedstaaten spürbar zu beeinträchtigen. Es wäre verfehlt und würde der wirtschaftlichen Bedeutung nicht gerecht, wenn die landesspezifisch vorgenommene Festsetzung nach Bundesländern isoliert betrachtet würde. Wettbewerbsbeschränkungen aufgrund einer entsprechenden Vereinbarung, die für sich genommen zu keiner Beeinträchtigung des Handels führen, können Teil eines eine Vielzahl solcher Vereinbarungen umfassenden Vertragssystems sein, das in seiner Gesamtheit geeignet ist, die Handelsströme zwischen den Mitgliedstaaten zu beeinträchtigen. Nach der vom Europäischen Gerichtshof angewendeten Bündeltheorie ist daher bei der Beurteilung einer einzelnen Vereinbarung zu prüfen, ob diese Teil eines umfassenden Vertragssystems ist[452]. Überträgt man diese an den Auswirkungen auf den innergemeinschaftlichen Handel ansetzende Bündeltheorie auf die Festbetragsfestsetzung für Hilfsmittel, muss daher das Konzept der Festbetragsfestsetzung als ganzes in die Betrachtung mit einbezogen werden. Dieses war von vornherein so konzipiert, dass bundesweit Festbeträge festgesetzt werden sollen, da nur so die angestrebten Einsparpotentiale zu erreichen waren. Die Festsetzung auf Landesebene soll lediglich regionalen Besonderheiten bei der Versorgung Rechnung tragen. Sie ist Teil eines ganz Deutschland erfassenden Systems zur Gewährleistung möglichst niedriger Kosten für Hilfsmittel und daher nicht anders zu beurteilen als die Festbetragsfestsetzung für Arzneimittel. Die Festbetragsfestsetzung für Hilfsmittel verstößt daher als mittelbare Festsetzung der Ankaufspreise ebenfalls gegen Art. 81 Abs. 1 lit. a EG.

2. Verstoß gegen Art. 82 Abs. 2 lit. a EG

Die Festbetragsfestsetzung stellt darüber hinaus einen Missbrauch einer marktbeherrschenden Stellung in der Form einer mittelbaren Erzwingung unangemessener Einkaufspreise dar. Bei der Abgrenzung des relevanten Marktes ist zunächst in sachlicher Hinsicht zwischen den einzelnen Hilfsmitteln zu trennen, da aus Sicht der Anbieter eine Produktumstellung wegen der ganz unterschiedlichen Einsatzgebiete der Hilfsmittel ausscheidet. Somit bestehen im Bereich der

---

451 *Neumann*, Kartellrechtliche Sanktionierung, S. 157; *Hänlein/Kruse*, NZS 2000, S. 165 (174); OLG Düsseldorf, NZS 1998, S. 567 (569).

452 EuGH Slg. 1967, 543 (555 f.) – Brasserie de Haecht/Wilkin u. Janssen; Slg. 1977, 65 (91) Rn. 6/8 – De Norre/Concordia; Slg. 1991, I-935 (984) Rn. 15 ff. – Delimitis/Henninger Bräu; Slg. 1994, I-1508 (1518) Rn. 35 – Almelo.

Hilfsmittel mehrere sachlich relevante Märkte. In räumlicher Hinsicht kommt es auch hier darauf an, inwieweit die Leistungserbringer auf andere Nachfrager ausweichen können.

Auf dem jeweils relevanten Markt haben die Landesverbände, in denen alle gesetzlichen Krankenkassen zusammengeschlossen sind, eine marktbeherrschende Stellung, da sie 90% der Nachfrage repräsentieren. Zumindest bei den größeren Bundesländern wird dabei zugleich ein wesentlicher Teil des Gemeinsamen Marktes betroffen sein[453]. Nicht anders gilt aber für die kleineren Bundesländer: Die Landesverbände erfüllen hier für sich zwar nicht die Voraussetzungen des Art. 82 EG. In ihrer Gesamtheit decken sie jedoch das Gebiet der Bundesrepublik ab. Bei solchen regional begrenzten Beherrschungspositionen einzelner Unternehmen, die zusammen das Gebiet eines ganzen Mitgliedstaates abdecken, kommt jedem einzelnen Unternehmen eine beherrschende Stellung zu[454]. Wie bereits bei den Festbeträgen für Arzneimittel hängt die Annahme einer missbräuchlichen Ausnutzung in Form des Erzwingens unangemessener Preise davon ab, ob im Einzelfall ein krasses Missverhältnis zwischen wirtschaftlichem Wert und Preis angenommen werden kann.

3. Verstoß der Bundesrepublik Deutschland gegen Art. 86 Abs. 1 i.V.m. 81 EG

Die Ermächtigung des § 36 SGB V richtet sich ausschließlich an die Landesverbände der Krankenkassen als öffentliche Unternehmen und schreibt diesen eine wettbewerbswidrige Kartellabsprache vor. Die Bundesrepublik als Adressat der Vorschrift verstößt somit vorbehaltlich einer Rechtfertigung nach Art. 86 Abs. 2 EG gegen Art. 86 Abs. 1 i.V.m. 81 EG.

VI. Wettbewerbsbeschränkendes Marktverhalten einzelner Krankenkassen

Neben dem kollektiven Vorgehen der Krankenkassen über ihre Verbände können grundsätzlich auch die im ersten Teil unter § 2 I 2 beschriebenen Verhaltensweisen einzelner Krankenkassen dem Missbrauchsverbot des Art. 82 EG unterfallen. Zumindest in den beispielhaft aufgeführten Fällen der Diskriminierung dürfte ein Verstoß gegen Art. 82 EG aber daran scheitern, dass der relevante Markt keinen wesentlichen Teil des Gemeinsamen Marktes umfasst. Bei entsprechend begrenzten Kapazitäten kleinerer Betriebe kommt ein Ausweichen auf andere Kassen nur in einem kleinen regionalen Umfeld in Betracht, so dass

---

453 Vgl. EuGH Slg. 1975, 1663 (2011) Rn. 442 ff – Suiker Unie/Kommission.

454 EuGH Slg. 1998, 2479 (2515) Rn. 27-29 – Bodson/Pompes funèbres; Slg. 1994, I-5077 (5106) Rn. 25 f. – Centre d'Insémination dela Crespelle; Kommission, ABl. 1999 Nr. L 69/31 (35) – Portugiesische Flughäfen.

sich daraus kleine regionale Märkte ergeben[455]. Zwar genügen grundsätzlich auch schon kleine Produktions- und Verbrauchsanteile, wenn aufgrund der Struktur des Marktes oder der Größe und des Umfangs der Produktion von einer hohen Gemeinschaftsrelevanz auszugehen ist[456]. Dies kann bei der Diskriminierung einzelner Anbieter wie etwa in den Fällen der Krankentransportleistungen aber nur schwerlich angenommen werden. Art. 82 EG dient jedoch der Umsetzung des in Art. 3 Abs. 1 lit. g EG genannten Ziels eines durch Wettbewerb gesteuerten Binnenmarktes und nicht dem Schutz vor Machtmissbrauch auf lokalen Märkten. Art. 82 EG findet bei diesen Fallgestaltungen keine Anwendung. Ähnliches gilt für den Boykott von Unternehmen durch einzelne Krankenkassen und die Empfehlungen. Der EG-Vertrag kennt keinen eigenen Boykott- oder Empfehlungsverbotstatbestand, womit sich entsprechende Verhaltensweisen nur in Einzelfällen durch Art. 81 Abs. 1 EG erfassen lassen[457]. In der Mehrzahl der Fälle dürfte es aber auch hier an der Gemeinschaftsrelevanz fehlen.

VII. Zwischenergebnis

Die durch Rechtsverordnung erlassenen Positiv- und Negativlisten sowie die Festbetragsfestsetzung nach § 34a SGB V sind einer Überprüfung anhand der europäischen Wettbewerbsregeln entzogen, während der Verordnungsausschluss durch Arzneimittelrichtlinien sowie die Festbetragsfestsetzung für Arznei- und Hilfsmittel wegen des kollektiven Vorgehens der in den handelnden Verbänden bzw. dem Bundesausschuss zusammengeschlossenen Krankenkassen gegen Art. 81 und 82 EG verstößt: Es handelt sich um Kartelle, welche die Regelbeispiele der Art. 81 Abs. 1 lit. a bzw. lit. b EG erfüllen. Daneben tritt jeweils die Verantwortung der Bundesrepublik Deutschland aus Art. 86 Abs. 1 EG. Bei der Kombination von Kollektivverträgen, Zulassungsvorschriften und Höchstpreisen liegt allein ein Verstoß der Bundesrepublik gegen Art. 86 Abs. 1 EG i.V.m. 81 Abs. 1 EG vor. Wegen des Vorrangs des Gemeinschaftsrechts können sich weder die Krankenkassen und ihre Verbände noch die Bundesrepublik auf nationale Vorschriften zur Rechtfertigung berufen.

---

455 Vgl. den Sachverhalt von BGHZ 114, 218 - Einzelkostenerstattung.

456 So wurden vom EuGH mehrfach einzelne Flug- und Seehäfen wegen ihrer Bedeutung als wesentlicher Teil des Gemeinsamen Marktes anerkannt, vgl. EuGH Slg. 1991, I-5923 (5928) Rn. 15 – Porto di Genova; Slg. 1994, 1812 (1824) Rn. 41 – Corsica Ferries Italia; Slg. 1997, 4453 (4465) Rn. 35 f. – GT-Link/De Danske Statsbaner.

457 Immenga/Mestmäcker-*Emmerich,* EG-Wettbewerbsrecht Band 1, Art. 85 Abs. 1 Kap. A Rn. 134; *Rittner*, Wettbewerbs- und Kartellrecht, § 11 Rn. 32.

Wie bereits erörtert, sind diese Verstöße von den Betroffenen seit dem 01.01.2000 vor den Sozialgerichten geltend zu machen[458]. Nach § 51 Abs. 2 S. 2 SGG sind die §§ 87, 96 GWB nicht mehr anwendbar, womit auch die Zuweisung EG-kartell-rechtlicher Streitigkeiten an die Landgerichte durch § 96 S. 2 GWB in dem von § 51 Abs. 2 SGG erfassten Bereich keine Anwendung mehr findet. Da der Beschluss von Arzneimittelrichtlinien, aber auch die Festsetzung von Festbeträgen unter § 51 Abs. 2 Nr. 3 SGG fällt, liegen Streitigkeiten in Angelegenheiten nach dem SGB V vor, so dass der Rechtsweg zu den Sozialgerichten eröffnet ist.

§ 5 Auswege aus den Verbotstatbeständen

Aus der Feststellung eines Verstoßes der handelnden Unternehmen oder Unternehmensvereinigungen folgt nicht zwangsläufig die Unvereinbarkeit mit gemeinschaftsrechtlichem Kartellrecht. Wenn auch der unverfälschte Wettbewerb prinzipiell zu einer besseren Versorgung der Märkte beiträgt als Absprachen zwischen den Marktteilnehmern, kann es doch in Einzelfällen Ausnahmen von dieser Regel geben. Der EG-Vertrag erkennt dies an und ermöglicht in Art. 81 Abs. 3 EG die Freistellung von Absprachen vom Kartellverbot, wenn sie bessere Ergebnisse als der Markt erzielen. Daneben relativiert der bereits erwähnte Art. 86 Abs. 2 EG als Ausnahmeregel die umfassende Anwendung der Wettbewerbsregeln auf die wirtschaftliche Tätigkeit der öffentlichen Hand. Für bestimmte Unternehmen enthält die Vorschrift einen Vorbehalt von den Vorschriften des Vertrages, der in Grenzen Abweichungen vom Vertrag zulässt. Sie stellt den zentralen Ansatzpunkt dar, um die Interessen der Mitgliedstaaten am Einsatz bestimmter Unternehmen zur Förderung nationalstaatlicher Zielsetzungen mit dem Interesse der Gemeinschaft an der Einhaltung der Wettbewerbsregeln in Einklang zu bringen[459].

A. Freistellung nach Art. 81 Abs. 3 EG

Soweit ersichtlich, wurde die Möglichkeit einer Freistellung kartellrechtsrelevanter Verhaltensweisen von Sozialversicherungsträgern in der Literatur bisher kaum diskutiert[460]. Die Auseinandersetzung um die Rechtfertigung von Wettbewerbsbeschränkungen wird überwiegend bei der Frage der Unternehmenseigenschaft der Sozialversicherungsträger sowie bei der möglichen Anwendung des Art. 86 Abs. 2 EG auf dieselben geführt. Die Anwendung dieser Vorschrift setzt

---

458 Siehe im zweiten Teil unter § 1 A IV 2 a.

459 EuGH Slg. 1991, I-1223 (1263) Rn. 12 – Frankreich/Kommission.

460 Eine kurze Auseinandersetzung mit der möglichen Freistellung der Festbetragsfestset zungen für Arzneimittel findet sich bei *Hänlein/Kruse*, NZS 2000, S. 165 (170).

jedoch voraus, dass die Freistellungsmöglichkeiten ausgeschöpft worden sind[461]. Auch steht die generalklauselartige Fassung des Art. 81 Abs. 3 EG einer Anwendung dieser Bestimmung auf Verhaltensweisen von Sozialversicherungsträgern nicht grundsätzlich entgegen. Es handelt sich um eine umfassende Freistellungsmöglichkeit, die nicht auf bestimmte Formen wettbewerbsbeschränkenden Zusammenwirkens beschränkt ist[462]. Prinzipiell kann daher auch eine unter einen der in Art. 81 Abs. 1 lit. a bis e aufgeführten Beispielstatbestände fallende Vereinbarung freigestellt werden, wenn die Voraussetzungen der Vorschrift erfüllt sind[463].

I. Wirkung und Voraussetzungen einer Freistellung nach Art. 81 Abs. 3 EG

1. Die Rechtsnatur von Art. 81 Abs. 3 EG

a. Legalausnahme versus Erlaubnisvorbehalt

War die Auslegung des Art. 81 Abs. 3 EG unmittelbar nach Schaffung der Vorschrift noch umstritten, so hatte sich doch zuletzt die Ansicht durchgesetzt, das es sich hierbei um ein Verbot mit Erlaubnisvorbehalt handelt[464]. Folglich sind bisher Vereinbarungen, Beschlüsse oder abgestimmte Verhaltensweisen, die unter Art. 81 Abs. 1 EG fallen solange verboten, bis sie von der hierfür zuständigen Kommission freigestellt werden. Umgekehrt darf die Kommission über ein Verbot erst dann entscheiden, wenn sie die Möglichkeiten einer Ausnahme nach Abs. 3 EG geprüft und abgelehnt hat. Voraussetzung für eine Freistellung ist, sofern keine Gruppenfreistellungsverordnung existiert, die Anmeldung der Vereinbarung nach Art. 4 Abs. 1 VO Nr. 17 durch die Unternehmen. Die Anmeldung hat zugleich Auswirkungen auf eventuelle Verfahren vor nationalen Gerichten: Solange eine Freistellungsentscheidung noch nicht vorliegt, hat das Gericht anhand der Rechtsprechung des Europäischen Gerichtshofs zu überprüfen, ob eine Freistellung in Betracht kommt und bejahendenfalls das Verfahren

---

461 Schlussanträge Generalanwalt *Lenz* in der Rs. „Asjes“, Slg. 1986, 1425 (1445); Immenga/Mestmäcker-*Mestmäcker*, EG-Wettbewerbsrecht Band 2, Art. 37, 90 Kap. D Rn. 28; *Mestmäcker*, RabelsZ 52 (1988), S. 526 (569); Groeben-*Hochbaum*, Art. 90 Rn. 63.

462 *Gleiss/Hirsch*, Art. 85 (3) Rn. 1784.

463 Groeben-*Schröter*, Art. 85 Abs. 3 Rn. 241; zu den Einschränkungen im Hinblick auf Preiskartelle vgl.unter II.

464 Nachweise bei Groeben-*Schröter*, Art. 85 Abs. 3 Rn. 242; Langen/Bunte-*Bunte*, Art. 81 EG Generelle Prinzipien, Rn. 146; Immenga/Mestmäcker-*Sauter*, EG-Wettbewerbsrecht Band 1, Art. 85 Abs. 3 Kap. A Rn. 2; *Lange*, Handbuch Kartellrecht, Kap. 2 § 2 Rn. 146; *Gleiss/Hirsch*, Art. 85 (3) Rn. 1779.

bis zu einer Entscheidung der Kommission auszusetzen[465]. Auf diese Weise werden Widersprüche zwischen der Anwendung des Art. 81 Abs. 1 EG durch die nationalen Stellen und der Freistellungsentscheidung der Kommission vermieden.

Die soeben skizzierte Rechtswirkung der Freistellungsentscheidung erfährt durch die Verordnung EG Nr. 1/2003 vom 16.12.2002[466] einen grundsätzlichen Wandel. Das bisherige, auf einer Anmelde- und Genehmigungspflicht basierende System wird zum 01.05.2004 in ein System der Legalausnahme überführt: Eine unter Abs. 1 fallende Vereinbarung ist automatisch freigestellt, wenn die Voraussetzungen des Art. 81 Abs. 3 EG vorliegen, ohne dass dies einer konstitutiven Entscheidung bedarf[467]. Damit entfällt auch die Notwendigkeit einer Anmeldung. Die Prüfung, ob die Voraussetzungen des Art. 81 Abs. 3 EG vorliegen, obliegt gemäß Art. 5 und Art. 6 der VO 1/2003 dabei den nationalen Behörden und Gerichten[468].

b. Folgerungen für eine Freistellung wettbewerbsbeschränkender Verhaltensweisen bei der Leistungsbeschaffung

Für die hier interessierenden Wettbewerbsbeschränkungen im Zusammenhang mit Regulierungsmaßnahmen im Bereich der Leistungserbringung existiert ersichtlich keine Gruppenfreistellungsverordnung. Um der Nichtigkeitsfolge des Art. 81 Abs. 2 EG zu entgehen, bedürfte es daher nach geltendem Recht der Anmeldung der Beschlüsse zur Festsetzung von Festbeträgen sowie der Richtlinienbeschlüsse des Bundesausschusses. Bis zu einer entsprechenden Entscheidung der Kommission bestünde dann gemäß Art. 15 Abs. 5 lit. a VO Nr. 17 zumindest nicht die Gefahr, dass Bußgelder verhängt werden. Ob die Voraussetzungen für eine Freistellung vorliegen, hat die Kommission von Amts wegen zu ermitteln. Die betreffenden Spitzenverbände bzw. den Bundesausschuss trifft insofern eine Obliegenheit zur Mitwirkung, als dass sie der Kommission Beweismaterial für die wirtschaftliche Rechtfertigung einer Freistellung vorzulegen haben[469].

---

465 EuGH Slg. 1991, I-935 (992) Rn. 48 f. – Delimitis/Henninger Bräu; Immenga/Mestmäcker-*Sauter*, EG-Wettbewerbsrecht Band 1, Art. 85 Abs. 3 Kap. A Rn. 4.

466 Verordnung (EG) 1/2003 des Rates vom 16.12.2002 zur Durchführung der in den Art. 81 und 82 des Vertrags niedergelegten Wettbewerbsregeln.

467 Art. 1 Abs. 2 der VO (EG) Nr. 1 /2003.

468 In dem „Entwurf von Eckwerte einer 7. GWB-Novelle" des Bundeswirtschaftsministeriums wird dem durch den Vorschlag einer unmittelbaren Bußgeldbewehrung von Verstößen gegen EG-Kartellrecht und einer Einräumung der in der VO 1/2003 vorgesehenen Befugnissen nationaler Behörden an das Bundeskartellamt Rechnung getragen.

469 EuGH Slg. 1985, 2545 (2578) Rn. 47 – Remia/Kommission.

Dieses Vorgehen dürfte freilich schon aus praktischen Gesichtspunkten für die Spitzenverbände und den Bundesausschuss gegenwärtig kaum in Betracht kommen: Unternehmen warten aufgrund der Überlastung der Kommission mit Freistellungsanträgen zum Teil 2 bis 5 Jahre auf eine Entscheidung, die zudem in der Mehrzahl der Fälle in einem die nationalen Gerichte nicht bindenden Verwaltungsschreiben besteht[470]. Dies erscheint etwa für die Festbetragsfestsetzung nach § 35 SGB V, bei der eine jährliche Anpassung zu erfolgen hat, nicht tragbar: Da die Maßnahmen bis zum Erlass einer Freistellungsentscheidung nach Art. 81 Abs. 3 EG verboten bleiben, könnte aufgrund der Dauer des Freistellungsverfahrens letztlich keine aktuelle Festbetragsanpassung als kartellrechtlich wirksam durchgesetzt werden. Ein Legalausnahmesystem hätte dagegen zumindest den Vorteil, dass die Frage, ob die Freistellungsvoraussetzungen des Art. 81 Abs. 3 EG vorliegen, von dem zur Anwendung berufenen nationalen Gericht im Prozess mit inter-partes Wirkung geklärt wird. Arzneimittelhersteller und Krankenkassen erlangen damit schneller Klarheit darüber, ob Beschlüsse, mit denen Festbeträge festgesetzt oder Arzneimittelrichtlinien erlassen wurden, mit Art. 81 EG vereinbar sind oder nicht[471]. Dies hängt letztlich davon ab, ob die wettbewerbsbeschränkenden Absprachen unter die materiellen Freistellungsvoraussetzungen des Art. 81 Abs. 3 EG subsumiert werden können.

2. Materielle Freistellungsvoraussetzungen

Art. 81 Abs. 3 EG nennt zwei positive und zwei negative Voraussetzungen, die für eine Freistellung vorliegen müssen bzw. nicht vorliegen dürfen, und bei deren Beurteilung die Kommission einen gewissen Beurteilungsspielraum hat[472]. Die genannten Voraussetzungen müssen dabei kumulativ vorliegen, so dass eine Freistellung schon dann zu versagen ist, wenn es nur an einer fehlt[473]. Sind dagegen alle Voraussetzungen gegeben, haben die betreffenden Unternehmen einen Anspruch auf Freistellung[474].

---

470 *Deselaers/Obst*, EWS 2000, S. 41 (42).

471 Es sei hier nochmals darauf hingewiesen, dass ein Verstoß gegen Art. 82 EG keinesfalls durch Art. 81 Abs. 3 EG freigestellt werden kann, vgl. bereits oben unter § 4 III 2.

472 EuG Slg. 1995, II-1611 (1773) Rn. 140 – Schöller/Kommission.

473 EuGH Slg. 1966, 322 (395 f.) – Consten u Grundig/Kommission; Slg. 1984, 19 (70) Rn. 59 –VBVB u. VBBB/Kommission; *Gleiss/Hirsch*, Art. 85 (3) Rn. 1852.

474 EuG Slg. 1991, II-653 (668) Rn. 47 – Peugeot/Kommission.

a. Verbesserung der Warenerzeugung oder -verteilung oder Förderung des technischen oder wirtschaftlichen Fortschritts

Dieses erste und zentrale Merkmal benennt insgesamt vier mögliche Vorteile der wettbewerbsbeschränkenden Abrede, welche geeignet sind, eine Wettbewerbsbeschränkung zu rechtfertigen. Von den genannten Kriterien, die sich vielfach überschneiden können, muss nur eines erfüllt sein[475]. Die Verbesserung der Warenerzeugung kann z.B. die Erhöhung der Rentabilität oder die Qualitätsverbesserung betreffen oder in der Erhöhung der Produktionskapazität und den dadurch ermöglichten Einsparungen liegen[476]. Eine Verbesserung der Warenverteilung wird insbesondere durch eine Konzentration der Verkaufstätigkeit herbeigeführt, während die Förderung des technischen oder wirtschaftlichen Fortschritts z.B. durch Rationalisierung der Forschungs- und Entwicklungstätigkeit durch Technologieaustausch oder durch gemeinsame Forschung und Entwicklung erreicht werden kann[477]. Diese Wettbewerbsbeschränkungen werden hingenommen, wenn sie im Einzelfall zu Rationalisierungsgewinnen oder ähnlichen Vorteilen für den Wirtschaftsablauf führen[478]. Die Verbesserung bzw. Förderung muss dabei nicht Allein- oder Hauptzweck der betreffenden Absprache sein[479]. Sie muss aber kausal spürbare objektive Vorteile mit sich bringen, die geeignet sind, die mit der Beschränkung verbundenen Nachteile für den Wettbewerb auszugleichen[480]. Dies verlangt eine Abwägung der positiven und der negativen Auswirkungen einer Absprache durch die Kommission, die auch eine Prognose über die Entwicklung des Marktes und der Warenerzeugung beinhaltet[481]. Ausreichend ist dabei, wenn die Vorteile zumindest mit hoher Wahrscheinlichkeit zu erwarten sind[482].

Im Rahmen der Abwägung berücksichtigt die Kommission neben wirtschaftlichen auch Gemeinwohlinteressen: So wurde beispielsweise die Sicherung der

---

475 *Baldi*, Die Freistellung vom EWG-Kartellverbot, S. 287 m.w.N.

476 Vgl. die Beispiele bei Langen/Bunte-*Bunte*, Art. 81 EG Generelle Prinzipien, Rn. 152 f.

477 *Ehle*, Einbeziehung des Umweltschutzes, S. 133.

478 *Gleiss/Hirsch*, Art. 85 (3) Rn. 1869; *Lange*, Handbuch Kartellrecht, Kap. 2 § 2 Rn. 149.

479 *Baldi*, Die Freistellung vom EWG-Kartellverbot, S. 293 f.

480 EuGH Slg. 1966, 322 (397) – Consten u.Grundig/Kommission; Slg. 1980, 3125 (3276) Rn. 177 – van Landewyck/Kommission; Slg. 1985, 2725 (2746) Rn. 35 - Ford/Kommission; Kommission, ABl. 1990 Nr. L 31/32 (44) – Zuckerrüben.

481 Immenga/Mestmäcker-*Sauter*, EG-Wettbewerbsrecht Band 1, Art. 85 Abs. 3 Kap. C Rn. 5; Nachweise über die Entscheidungspraxis des Kommission bei *Gleiss/Hirsch*, Art. 85 (3) Rn. 1864 ff.

482 Kommission, ABl. 1968 Nr. L 201/7 (9) – ACEC/Berliet; ABl. 1975 Nr. L 29/20 (24) – Rank/SOPELEM; ABL. 1983 Nr. L 224/19 (25) – Rockwell/Iveco.

Energieversorgung[483] zur Begründung einer Freistellung herangezogen. Auch ein verbesserter Umweltschutz als Folge einer Produktionsverbesserung kann als Vorteil in die Abwägung mit einfließen[484]. Diese Gemeinwohlinteressen allein können eine Freistellung aber nicht rechtfertigen: Im Vordergrund der Kommissionsentscheidungen stehen stets die Verbesserung der Warenverteilung bzw. -Erzeugung oder die Förderung des technischen Fortschritts; Umweltschutz- oder ähnliche gemeinwohlorientierte Aspekte werden nur ergänzend herangezogen[485].

b. Angemessene Beteiligung der Verbraucher am Gewinn

Dieses zweite positive Merkmal soll sicherstellen, dass letztlich die Verbraucher, deren optimale Versorgung durch den Wettbewerb gewährleistet werden soll, von den positiven Ergebnissen einer Wettbewerbsbeschränkung profitieren[486]. Praxis und Schrifttum tendieren zu einer weiten Auslegung der einzelnen Merkmale: Verbraucher sind nicht nur die Endverbraucher, sondern alle unmittelbaren oder mittelbaren Abnehmer der in Betracht kommenden Erzeugnisse[487]. Auch der Begriff „Gewinn" ist weit zu verstehen und erfasst nicht nur Preissenkungen, sondern jeden Vorteil, der dem Verbraucher auf Grund der Absprache zufließt[488]. Angemessen ist die Beteiligung an diesem Gewinn immer dann, wenn die aus der Absprache resultierenden Vorteile die Nachteile überwiegen, die sich für die Verbraucher aus der Wettbewerbsbeschränkung ergeben[489]. Dies erfordert eine dem ersten Tatbestandsmerkmal vergleichbare Bewertung und Abwägung durch die Kommission[490]. Bei dieser Abwägung berücksichtigt die Kommission neben wirtschaftlichen Vorteilen vereinzelt auch Verbesserungen

---

483 Kommission, ABl. 1976 Nr. L 51/7 (11 f.) – United Reprocessors; ABl. 1985 Nr. L 369/6 (8) – BP/Kellogg; ABl. 1983 Nr. L 376/17 (19 f.) – Carbon Gas Technologie; ABl. 1991 Nr. L 178/31 (34) – Scottish Nuclear.

484 Kommission, ABl. 1993 Nr. L 20/14 (17) – Ford/Volkswagen; ABl. 1994, Nr. L 144/20 (31) – Exxon/Shell; ABl. 1994 Nr. L 378/37 (40) – Philips/Osram.

485 Kommission, ABl. 1988 Nr. L 301/68 (72) – BBL Brown Boveri; ABl. 1993 Nr. L 20/14 (17) – Ford/Volkswagen; weitere Nachweise zu entsprechenden Kommissionsentscheidungen bei *Ehle*, Einbeziehung des Umweltschutzes, S. 138 ff.

486 Immenga/Mestmäcker-*Sauter*, EG-Wettbewerbsrecht Band 1, Art. 85 Abs. 3 Kap. C Rn. 18.

487 Statt aller Groeben-*Schröter*, Art. 85 Abs. 3 Rn. 304.

488 EuGH Slg. 1977, 1875 (1916) Rn. 46 f. – Metro/Kommission; *Gleiss/Hirsch*, Art. 85 (3) Rn. 1909; Langen/Bunte-*Bunte*, Art. 81 EG Generelle Prinzipien Rn. 157; Schwarze-*Brinker*, Art. 81 EGV Rn. 72; *Baldi*, Die Freistellung vom EWG-Kartellverbot, S. 299; *Emmerich*, Kartellrecht, § 37 Ziff. 12 lit. b).

489 Kommission, ABl. 1971 L 10/15 (22) – Fliesenhersteller.

490 *Gleiss/Hirsch*, Art. 85 (3) Rn. 1924; Groeben-*Schröter*, Art. 85 Abs. 3 Rn. 305.

allgemeiner Art wie beispielsweise eine verringerte Luftverschmutzung[491] als Gewinn für die Verbraucher[492].

c. Unerlässlichkeit der Beschränkung

Als negatives Merkmal schließt Art. 81 Abs. 3 lit. a EG eine Freistellung aus, wenn über das notwendige Maß hinausgehende Wettbewerbsbeschränkungen vereinbart werden. Diese Voraussetzung betont, parallel zu Art. 30 S. 2 EG den bei der Gewährung von Ausnahmen zu beachtenden Verhältnismäßigkeitsgrundsatz[493]. Die Beschränkung muss sich daher nach ihrem Gegenstand, ihrem Inhalt und ihren Auswirkungen in den Grenzen des zur Erreichung der Ziele unbedingt erforderlichen halten[494]. Gibt es objektiv Handlungsalternativen zur angemeldeten Absprache, welche dieselben Wirkungen erzielen, scheidet eine Freistellung aus[495]. Die Unerlässlichkeit ist dabei stets mit Bezug auf die nach Art. 81 Abs. 3 EG eine Freistellung rechtfertigenden Ziele, nämlich die Verbesserung bzw. Förderung unter angemessener Verbraucherbeteiligung zu prüfen, ohne dass außerhalb der Absprache liegende Gründe für die Beschränkung herangezogen werden dürfen[496].

d. Kein Ausschluss wesentlichen Wettbewerbs

Schließlich scheitert eine Freistellung nach Art. 81 Abs. 3 lit. b EG auch dann, wenn die Absprache den Unternehmen die Möglichkeit verschafft, sich einem wirksamen Wettbewerb zu entziehen[497]. Diese Einschränkung ist Konsequenz des Systems des EG-Vertrages, der den unverfälschten Wettbewerb als Ordnungsprinzip anerkennt: Eine Freistellung kann dort nicht in Betracht kommen, wo das vom Vertrag vorausgesetzte Mindestmaß an Wettbewerb ausgeschlossen wird[498]. Stets muss daher bei Freistellung einer Vereinbarung gewährleistet sein, dass wirksamer Wettbewerb fortbestehen kann[499]. Dies erfordert eine Würdigung der Marktverhältnisse unter Berücksichtigung der Marktstruktur und der

---

491 Kommission, ABL. 1994 Nr. L 378/37 (40) – Philips/Osram.

492 Kritisch hierzu Callies/Ruffert-*Weiß*, Art. 81 EG Rn. 159.

493 Schwarze-*Brinker*, Art. 81 EGV Rn. 73; Groeben-*Schröter*, Art. 85 Abs. 3 Rn. 295; Langen/Bunte-*Bunte*, Art. 81 EG Rn. 161; Lenz-*Grill*, Art. 81 EG Rn. 45.

494 Groeben-*Schröter*, Art. 85 Abs. 3 Rn. 305; *Ehle*, Einbeziehung des Umweltschutzes, S. 134; *Mestmäcker*, Europäisches Wettbewerbsrecht, S. 321.

495 Kommission, 13.07.1983, ABl. 1983 L 224/19 (26) – Rockwell/Iveco.

496 *Baldi*, Die Freistellung vom EWG-Kartellverbot, S. 312.

497 *Gleiss/Hirsch*, Art. 85 (3) Rn. 1949.

498 *Mestmäcker*, Europäisches Wettbewerbsrecht, S. 323; *Ehle*, Einbeziehung des Umweltschutzes, S. 135; *van der Esch*, WuW 1988, S. 563 (565).

499 EuGH Slg. 1973, 215 (245) Rn. 25 – Continental Can/Kommission .

Marktanteile der beteiligten Unternehmen auf dem abzugrenzenden, relevanten Markt[500]. Wenn auch der Marktanteil nicht das alleinige Kriterium darstellt, so tendiert die Praxis doch dazu, bei einem Anteil von über 80% wegen des fehlenden Restwettbewerbs eine Freistellung als ausgeschlossen zu betrachten[501].

II. Freistellungsfähigkeit von Festbetragsfestsetzungen und Arzneimittelrichtlinien

Wie unter I. deutlich wurde, sind die Freistellungsvoraussetzungen des Art. 81 Abs. 2 EG in erster Linie an wirtschaftlichen Werten orientiert und bringen die Grundentscheidung des EG-Vertrages für einen unbeschränkten Wettbewerb zum Ausdruck[502]. Dies wirft die Frage auf, ob die unter dem sozialpolitischen Aspekt der Kostensenkung erfolgenden Festbetragsfestsetzungs- und Richtlinienbeschlüsse überhaupt freistellungsfähig sind.

Der Verordnungsausschluss durch Richtlinien führt ebenso wie die Festbetragsfestsetzung zu einer Senkung der Ausgaben, welche die Krankenkassen für Arznei- und Hilfsmittel zu tragen haben. Dieses Individualinteresse der über die Verbände an dem Beschluss beteiligten Kassen allein genügt für die erste Freistellungsvoraussetzung jedoch nicht: Die Vorteile müssen objektiv sein und sich somit über den Kreis der unmittelbar Beteiligten hinaus günstig auswirken. Dies könnte bejaht werden, wenn die Auswirkungen auf die Versicherten der gesetzlichen Krankenversicherung berücksichtigt werden. Zwar kommt ihnen die Senkung der Ausgaben nicht unmittelbar zugute, da sie die Kosten der Arzneimittel nicht tragen. Mittelbar könnte sich die Senkung der Ausgaben jedoch zugunsten der Versicherten in niedrigeren oder doch zumindest stabilen Beiträgen niederschlagen. Eine Beitragssatzstabilisierung als Folge der Festbetragsfestsetzung beispielsweise ist angesichts des angestrebten Einsparpotentiales von 2 Mrd. DM zumindest nicht unwahrscheinlich[503]. Bei diesem Ziel handelt es sich strenggenommen aber um einen Vorteil sozialpolitischer Art, ohne dass weitere Vorteile wirtschaftlicher Art im Sinne von Rationalisierungserfolgen ersichtlich wären. Gemeinwohlorientierte Ziele werden in der Verwaltungspraxis der Kommission aber nur dann berücksichtigt, wenn tatsächlich eine Verbesserung der Warenerzeugung oder –verteilung oder ein technischer oder wirtschaftlicher Fortschritt feststellbar ist. Es ist daher fraglich, ob Freistellung auch

---

500 Langen/Bunte-*Bunte*, Art. 81 EG Rn. 164.

501 EuGH Slg. 1980, 3125 (3280) Rn. 189 – van Landewyck/Kommission; Slg. 1981, 851, Rn. 18 – Coöporative Stensel- en Kleurselfabriek; anders aber Kommission, ABl. 1972 Nr. L 182/24 (27) – Feinpapier.

502 *Ehle*, Einbeziehung des Umweltschutzes, S. 135; *Müller-Graff*, EuR 1992, S. 1 (20).

503 Vgl. BT-Drucks. 11/2237, S. 275.

dann in Betracht kommen kann, wenn nur sozial- oder wirtschaftspolitische Ziele verfolgt werden. Tatsächlich finden sich in der Literatur Ansätze, welche von einem allgemeinpolitischen Bezug der Freistellungsregelung ausgehen und sie als wirtschafts- und gemeinschaftspolitische Kartellrechtfertigungsmöglichkeit bezeichnen[504]. Ansatzpunkt für dieses aus dem Wortlaut nicht ohne weiteres ableitbare Verständnis der Vorschrift ist dabei meist die Zielbestimmung des Art. 2 EG, die zusammen mit Art. 3 Abs. 1 lit. g EG bei der Auslegung der Wettbewerbsregeln heranzuziehen ist. Die Gemeinschaftsaufgabe aus Art. 2 EG enthalte nicht nur ökonomische, sondern auch allgemeinpolitische Aspekte[505]. Dementsprechend hätten auch die freistellungsbegründenden Tatbestandsmerkmale des Art. 81 Abs. 3 EG einen allgemeinpolitischen Bezug[506].

Diese Ansicht ist vor dem Hintergrund des eindeutigen Wortlauts des Art. 81 Abs. 3 EG nicht haltbar. Allgemeinpolitische Zielsetzungen können wegen der abschließenden Aufzählung der Freistellungsgründe in Art. 81 Abs. 3 EG nur dann berücksichtigt werden, wenn sie unter einen dieser Gründe subsumierbar sind[507]. Dies wird auch in der Verwaltungspraxis der Kommission nicht anders gehandhabt, die sich bei ihren Entscheidungen an den vier Voraussetzungen des Art. 81 Abs. 3 EG orientiert[508]. Gemeinwohlorientierte Ziele können zwar als Vorteil für die Verbraucher berücksichtigt werden, jedoch nur, wenn es tatsächlich zu einer Verbesserung der Warenerzeugung bzw. –verteilung oder zu einer Förderung des technischen Fortschritts kommt. Die betreffende Absprache muss somit unter wettbewerbstheoretischen Gesichtspunkten Vorteile bringen, welche die Nachteile im Hinblick auf den Wettbewerb überwiegen; isolierte sozialpolitische Vorteile können dagegen nicht mit den Nachteilen für den Wettbewerb abgewogen werden[509].

Die Maßnahmen der Krankenkassen wirken sich in negativer Weise auf den Wettbewerb aus. So verringern die Arzneimittelrichtlinien mit dem Ausschluss von Arzneimitteln von der Verordnungsfähigkeit das für den Versicherten auf dem Markt befindliche Angebot, da diese in ihrer Auswahl auf die übrigen Arzneimittel beschränkt werden. Eine solche Einschränkung von Marktalternativen läuft aber in besonderer Weise dem Marktprinzip zuwider und kann daher nicht

504 *Willemsen*, Wettbewerbstheorie – Wettbewerbspolitik, S. 257; *Stumpf*, Aufgabe und Befugnis, S. 166.

505 *Stumpf*, a.a.O., S. 161.

506 *Stumpf*, a.a.O., S. 169 f.

507 *Müller-Graff*, EuR 1992, S. 1 (23); *Ehle*, Einbeziehung des Umweltschutzes, S. 137.

508 Vgl. im Hinblick auf das Merkmal Umweltschutz die Nachweise zur Entscheidungspraxis der Kommission bei *Ehle*, Einbeziehung des Umweltschutzes, S. 138 ff.

509 *Baldi*, Die Freistellung vom EWG-Kartellverbot, S. 403.

freigestellt werden. Die Festbeträge wiederum schränken wegen ihrer faktischen Wirkung als Höchstpreise in erheblicher Weise den Preiswettbewerb ein, da dieser sich nur noch unterhalb der Festbeträge entfalten kann. Zwar sollen damit Marktdefizite als Folge des Sachleistungsprinzips ausgeglichen werden. Einen solchen Ausgleich von Marktdefiziten hat die Kommission in ihrer Kunstfaserentscheidung als Vorteil i.S.d. Art. 81 Abs. 3 EG für eine Freistellung herangezogen[510]. Dabei handelte es sich allerdings um ein zeitlich begrenztes Kartell zum Abbau von Überkapazitäten, das letztlich zu einer Konzentration der Unternehmen auf den Einsatz fortschrittlicherer Technologie und damit zu einer „Förderung des technischen Fortschritts" im Sinne des Art. 81 Abs. 3 EG führte. Dagegen können Preiskartelle wie die Festbetragsfestsetzung, zumal wenn sie zeitlich nicht begrenzt werden, wegen ihrer gesamtwirtschaftlich schädlichen Auswirkungen praktisch nie die mit ihnen verbundenen Nachteile ausgleichen[511]. Sie sind regelmäßig nicht freistellungsfähig[512]. Die Freistellungsklausel des Art. 81 Abs. 3 EG ist damit nicht geeignet, den Konflikt zwischen dem mitgliedstaatlichen Interesse an einer Kostensenkung mit dem Gemeinschaftsinteresse an einem möglichst unverfälschten Wettbewerb zu lösen.

B. Art. 86 Abs. 2 EG

Lässt die an wirtschaftlichen Aspekten ausgerichtete Freistellungsbefugnis nach Art. 81 Abs. 3 EG keine Ausnahme unter sozialpolitischen Gesichtspunkten zu, bietet sich im Rahmen der Wettbewerbsvorschriften nur noch Art. 86 Abs. 2 EG als Ausweg aus den Verbotsfolgen der Art. 81, 82 EG an. Für die dort genannten Unternehmen werden die gemeinschaftsrechtlichen Verhaltensanforderungen modifiziert: Verstöße gegen die Wettbewerbsregeln sind zulässig, soweit die Ausnahme greift[513]. Dies gilt naturgemäß auch für die Mitgliedstaaten, wenn diese auf ein von Art. 86 Abs. 2 EG gedecktes Verhalten der Unternehmen hinwirken. Entsprechende Maßnahmen verstoßen nicht gegen Art. 86 Abs. 1 EG[514].

---

510 Kommission, ABl. 1984 Nr. L 207/17 (22 f.) – Kunstfasern.

511 Kommission, ABl. 1972 Nr. L 22/16 (26) – Nederlandse Cement-Handelmaatschappij; ABl. L 303/24 (38) - Cimbel; ABl. 1977 Nr. L 242/10 (18) – COBELPA/VNP.

512 *Gleiss/Hirsch*, Art. 85 (3) Rn. 1901; Callies/Ruffert-*Weiß*, Art. 81 EG Rn. 161; *Mestmäcker*, Europäisches Wettbewerbsrecht, S. 316; *Lüttge*, Reaktive Wettbewerbsbeschränkungen, S. 149; *Baldi*, Die Freistellung vom EWG-Kartellverbot, S. 403; *Müller-Graff*, EuR 1992, S. 1 (23).

513 *Bach*, Wettbewerbsrechtliche Schranken, S. 49.

514 *Bach*, a.a.O., ebenda; *Bauer*, Wettbewerbsbeschränkungen durch Staaten ?, S. 232; *Heinemann*, Grenzen staatlicher Monopole, S. 68; Immenga/Mestmäcker-*Mestmäcker*, EG-Wettbewerbsrecht Band 2, Art. 37, 90 Kap. B Rn. 53.

I. Art. 86 Abs. 2 EG als einzelfallabhängiger Rechtfertigungstatbestand

Auf den ersten Blick fügt sich Art. 86 Abs. 2 EG nur schwer in die Reihe sonstiger Ausnahmevorschriften des Vertrages (z.B. Art. 30 EG) ein. Weder wird generell festgestellt, dass die Vertragsvorschriften nicht gelten, noch wird festgeschrieben, dass bestimmte Regelungen bestimmten Verboten oder Beschränkungen nicht entgegenstehen. Unternehmen haben vielmehr nach der Grundaussage des Art. 86 Abs. 2 EG auch dann die unternehmensbezogenen Vorschriften zu beachten, wenn sie mit Dienstleistungen von allgemeinem wirtschaftlichen Interesse betraut sind. Erst in zweiter Linie findet sich eine vorsichtige Einschränkung der Wettbewerbsregeln für diese Unternehmen.

1. Regelungszweck

Art. 86 Abs. 2 EG hat nicht den Zweck, Unternehmen der genannten Art generell den Wettbewerbsregeln zu entziehen[515]. Dies würde die vom Wettbewerbsrecht angestrebte, durch den funktionalen Unternehmensbegriff umgesetzte und durch Art. 86 Abs. 1 EG bestätigte Gleichbehandlung öffentlicher und privater Unternehmen letztlich ins Leere laufen lassen. Die generelle Anwendung der Wettbewerbsregeln auf die wirtschaftliche Tätigkeit öffentlicher Unternehmen gerät jedoch in Konflikt mit dem Interesse der Mitgliedstaaten, wirtschafts- und sozialpolitische Ziele auch mittels öffentlicher Unternehmen durchzusetzen. Die Kompromissvorschrift des Art. 86 Abs. 2 EG trägt diesem Konflikt dadurch Rechnung, dass in Einzelfällen Ausnahmen von den Wettbewerbsregeln zugelassen werden[516]. Voraussetzung ist ein konkreter Konflikt zwischen dem Gemeinschaftsrecht und der wirtschaftlichen Tätigkeit des Unternehmens: Nur wenn letztere tatsächlich die Tatbestandsmerkmale der Art. 81, 82 EG erfüllt und auch nicht nach Art. 81 Abs. 3 EG freigestellt werden kann, kommt Art. 86 Abs. 2 EG zur Anwendung[517]. Liegen die Voraussetzungen der Vorschrift vor, ist der Verstoß gerechtfertigt. Sofern ein Unternehmen mit mehreren besonderen Aufgaben betraut ist, muss hinsichtlich jeder einzelnen geprüft werden, ob eine Ausnahme von den Wettbewerbsregeln in Betracht kommt. Art. 86 Abs. 2 EG

---

515 Art. 86 Abs. 2 EG ist in seiner Wirkung nicht auf die Wettbewerbsregeln beschränkt, sondern erlaubt allgemein Ausnahmen von den Vertragsvorschriften. Da hier aber nur der Verstoß gegen die Wettbewerbsregeln im Raum steht, beschränken sich die folgenden Ausführungen auf diese.

516 EuGH Slg. 1991, I-1223 (1263) Rn. 12 – Frankreich/Kommission; Slg. 1993, I-2533 (2568) Rn. 14 – Corbeau; Slg. 1997, I-5815 (5834) Rn. 55 f. – Kommission/Frankreich; Slg. 1997, I-5699 (5779) Rn. 39 f. – Kommission/Niederlande; Langen/Bunte-*Jungbluth*, Art. 86 EG Rn. 35; *Heinemann*, Grenzen staatlicher Monopole, S. 175.

517 Schwarze-*von Burchard*, Art. 86 EGV Rn. 71; *Mestmäcker*, Europäisches Wettbewerbsrecht, S. 664.

ist daher als einzelfallabhängige Legalausnahme und nicht als Bereichsausnahme zu charakterisieren[518].

Obwohl die Norm damit nur einzelfallbezogen Abweichungen von den Vertragsvorschriften zulässt, ist nicht zu verkennen, dass sie das grundlegende System des unverfälschten Wettbewerbs durchbricht: Bestimmte Unternehmen dürfen wegen der ihnen staatlicherseits übertragenen Aufgaben von den Anforderungen der Art. 81, 82 EG abweichen. Art. 86 Abs. 2 EG wird daher auch als systemwidrige Ausnahmevorschrift bezeichnet[519]. Diese Stellung des Art. 86 Abs. 2 EG als Fremdkörper innerhalb der Wettbewerbsregeln erschwert ebenso wie die *„deutliche Unklarheit"*[520] in der Formulierung eine sachgemäße Interpretation der Vorschrift.

2. Überblick über die Voraussetzungen des Art. 86 Abs. 2 EG

Die Ausnahmebestimmung richtet sich nur an Unternehmen, die mit Dienstleistungen von allgemeinem wirtschaftlichen Interesse betraut sind, sowie an Finanzmonopole. Diese Beschränkung des Adressatenkreises resultiert aus der Tatsache, dass nur bei Unternehmen, denen staatlicherseits eine Sonderaufgabe übertragen wurde, ein Konflikt zwischen mitgliedstaatlicher Gestaltungskompetenz und den Wettbewerbsregeln bestehen kann. Nicht entscheidend ist dagegen, ob sie als öffentliche oder private Unternehmen zu qualifizieren sind[521]. Voraussetzung für eine Rechtfertigung ist daher zunächst, dass die Krankenkassen und ihre Verbände als Adressaten des Art. 86 Abs. 2 EG in Betracht kommen (unten II.).

Eine Ausnahme von den Wettbewerbsregeln kommt aber nur in Betracht, soweit deren Anwendung die Erfüllung der übertragenen Aufgabe verhindern würde. Daraus lässt sich der Schluss ziehen, dass die Abweichung erforderlich im Sinne des Verhältnismäßigkeitsprinzips sein muss[522]. Ist dies zu bejahen, so scheidet nach Art. 86 Abs. 2 S. 2 EG eine Ausnahme dennoch aus, wenn die Entwicklung des Handelsverkehrs entgegen den Interessen der Gemeinschaft beeinträchtigt

---

518 EuGH Slg. 1974, 313 (318) Rn. 19/20 – BRT/Sabam; *Bauer*, Wettbewerbsbeschrän-kungen durch Staaten ?, S. 239; *Bach*, Wettbewerbsbeschränkende Maßnahmen, S. 49; Langen/Bunte-*Jungbluth*, Art. 86 EG Rn. 36.

519 *Stumpf*, Aufgabe und Befugnis, S. 289.

520 So Generalanwalt *Tesauro*, Schlussanträge in der Rechtssache Frankreich/Kommission, Slg. 1991, I-1223 (1243) Rn. 11.

521 *Heinemann*, Grenzen staatlicher Monopole, S. 176.

522 EuGH Slg. 1991, I-2925 (2962) Rn. 34 – ERT; Kommission, ABl. 1982 Nr. L 167/39 (48) – Navewa-Anseau; Immenga/Mestmäcker-*Mestmäcker*, EG-Wettbewerbsrecht Band 2, Art. 37,90 Kap. D Rn. 48; *Bach*, Wettbewerbsrechtliche Schranken, S. 48.

wird. Parallel zu Art. 81 Abs. 3 lit. b EG soll so gewährleistet werden, dass auch bei der Gewährung von Ausnahmen das Prinzip des unverfälschten Wettbewerbs nicht vollständig ausgehöhlt wird[523]. Ob das Gemeinschaftsinteresse durch die Nichtanwendung der Vertragsvorschriften verletzt würde, entscheidet sich aufgrund einer Abwägung dieses Interesses mit den entgegenstehenden nationalen Interessen an der übertragenen besonderen Aufgabe[524]. Art. 86 Abs. 2 S. 2 EG versteht sich damit letztlich als Hinweis auf die Prüfung der Angemessenheit einer Ausnahme[525].

Noch nicht vollständig geklärt ist allerdings, welche Anforderungen im Einzelfall erfüllt werden müssen, damit eine Ausnahme gewährt werden kann. Wie nicht zuletzt die Praxis von Gerichtshof und Kommission zeigt, sind die hier bestehenden Interpretationsunsicherheiten im Hinblick auf die Reichweite des Verhältnismäßigkeitsprinzips Folge des bereits angesprochenen Kompromisscharakters der Vorschrift (unten III.). Um die Frage beantworten zu können, ob die Wettbewerbsbeschränkungen im Rahmen der Leistungsbeschaffung über diese Ausnahmevorschrift zu rechtfertigen sind, bedarf es daher einer systematischen Analyse der Vorschrift (unten IV).

3. Unmittelbare Anwendbarkeit

Von Bedeutung ist auch die Frage, ob Art. 86 Abs. 2 EG unmittelbar anwendbar ist. Die nationalen Gerichte sind zur Anwendung der Art. 81, 82 EG befugt. Ein Verstoß gegen die Wettbewerbsregeln kann aber erst dann festgestellt werden, wenn die Möglichkeit einer Rechtfertigung nach Art. 86 Abs. 2 EG in Betracht gezogen wurde. Ob die nationalen Gerichte auch die Voraussetzungen des Art. 86 Abs. 2 EG prüfen und so über Ausnahmen von den Vertragsvorschriften entscheiden können, ist bisher nicht vollständig geklärt. Die unmittelbare Anwendbarkeit wird bisher nur hinsichtlich Satz 1 der Vorschrift eindeutig bejaht[526]. Für die in S. 2 niedergelegte Abwägung im Rahmen der Verhältnismäßigkeitskontrolle wie auch für die Bestimmung des Gemeinschaftsinteresses soll dagegen ausschließlich die Kommission zuständig sein, womit S. 2 nicht un-

---

523 Immenga/Mestmäcker-*Mestmäcker,* EG-Wettbewerbsrecht Band 2, Art. 37, 90 Kap. D Rn. 61.

524 EuGH Slg. 1971, 723 (730) Rn. 13/16 – Luxemburg/Muller („Hafen von Mertert"); Langen/Bunte-*Jungbluth,* Art. 86 EG Rn. 45; Lenz-*Grill,* Art. 86 EGV Rn. 28.

525 *Bala*, Art. 90 Abs. 2 EGV im System unverfälschten Wettbewerbs, S. 90; *Heinemann*, Grenzen staatlicher Monopole, S. 187; *van der Esch*, ZHR 155 (1991), S. 274 (285); Lenz-*Grill,* Art. 86 EG Rn. 28.

526 Übersicht über die Rechtsprechungsentwicklung des Gerichtshofs bei Immenga/Mestmäcker-*Mestmäcker,* EG-Wettbewerbsrecht Band 2, Art. 37, 90 Kap. D Rn. 22 ff.; *Bala*, Art. 90 Abs.2 EG im System unverfälschten Wettbewerbs, S. 96 ff.

mittelbar anwendbar wäre[527]. Zur Begründung wird auf die begrenzte Fähigkeit nationaler Gerichte zur Ermittlung des Gemeinschaftsinteresses verwiesen: Ob der zwischenstaatliche Handel in einem Ausmaß beeinträchtigt werde, das diesem Interesse zuwiderlaufe, lasse sich nicht mit Hilfe richterlicher Auslegung ermitteln; zudem bestünde die Gefahr widersprechender Entscheidungen, da die Kommission nach Art. 86 Abs. 3 EG weiterhin zuständig sei[528]. Nach dieser Ansicht können die Gerichte zwar die Erforderlichkeit einer Ausnahme von den Wettbewerbsregeln feststellen. Zur Abwägung nach S. 2 müssen sie dann aber das Verfahren aussetzen und eine Entscheidung der Kommission herbeiführen[529].

Ob der Anwendung des Art. 86 Abs. 2 S. 2 EG durch nationale Gerichte tatsächlich solche unüberwindbare Schwierigkeiten entgegenstehen, ist aber zweifelhaft. Lässt sich das zu berücksichtigende Gemeinschaftsinteresse im Rahmen der systematischen Analyse der Vorschrift hinreichend genau bestimmen, kann auch der nationale Richter die nach S. 2 erforderliche Abwägung vornehmen. Der Europäische Gerichtshof hat jedenfalls bei Vorlagen von nationalen Gerichten mehrfach die Ansicht vertreten, dass diese befugt sind festzustellen, ob die Voraussetzungen des Art. 86 Abs. 2 EG vorliegen, ohne dabei zwischen S. 1 und S. 2 zu differenzieren[530].

II. Krankenkassen, Krankenkassenverbände und Bundesausschuss als Normadressaten des Art. 86 Abs. 2 EG

1. Begrenzung des Anwendungsbereichs auf Unternehmen mit Sonderaufgaben

Die Annahme eines Finanzmonopols für die Beschaffungstätigkeit scheidet aus, so dass die Krankenkassen und ihre Verbände bzw. der Bundesausschuss nur als Unternehmen, die mit Dienstleistungen von allgemeinem wirtschaftlichen Interesse betraut sind, der Regelung des Art. 86 Abs. 2 EG unterfallen können.

a. Dienstleistungen

Der von Art. 86 Abs. 2 EG verwendete Begriff „Dienstleistungen" entspricht nicht dem der Dienstleistungen im Sinne von Art. 50 EG, sondern geht weit dar-

527 Statt aller Langen/Bunte-*Jungbluth*, Art. 86 EG 8 ff. m.w.N.

528 Immenga/Mestmäcker-*Mestmäcker*, EG-Wettbewerbsrecht Band 2, Art. 37, 90 Kap. D Rn. 29.

529 Callies/Ruffert-*Jung*, Art. 86 EG Rn. 9.

530 EuGH Slg. 1991, I-2925 (2962) Rn. 34 – ERT; Slg. 1993, I-2533 (2569) Rn. 20 – Corbeau; Slg. 1994, I-1477 (1521) Rn. 50 – Almelo.

über hinaus. Es fallen alle Aktivitäten zur Sicherung von Infrastruktur und Daseinsvorsorge darunter[531]. Somit wird auch das Bereithalten, Bereitstellen und Verteilen von Sachleistungen erfasst[532].

b. Allgemeines wirtschaftliches Interesse

Diese Dienstleistungen müssen im allgemeinen wirtschaftlichen Interesse erbracht werden. Obwohl Art. 16 EG eine ähnliche Formulierung enthält, fehlt es an einer exakten Definition des Begriffs. Da die von der Vorschrift erfassten Sachverhalte jedoch in allen Mitgliedstaaten in gleicher Weise abgegrenzt werden müssen, bedarf es einheitlicher, gemeinschaftsrechtlicher Definitionskriterien: Zum einen muss das vorausgesetzte Interesse „allgemeiner" Art sein, die Dienstleistungen dürfen also nicht zugunsten reiner Gruppen- oder Individualinteressen erbracht werden. Allgemein sind sie nur dann, wenn sie zumindest auch im öffentlichen Interesse wahrgenommen werden und in irgendeiner Weise der Allgemeinheit unmittelbar zugute kommen[533]. Schließlich muss das Interesse auch wirtschaftlicher Art sein, womit Tätigkeiten aus rein karitativen, kulturellen oder sozialen Gründen nicht erfasst werden[534]. Bei genauer Betrachtung handelt es sich hierbei freilich um ein Scheinproblem, da die Wettbewerbsregeln und damit auch Art. 86 Abs. 2 EG überhaupt nur anwendbar sind, wenn die mit der Sonderaufgabe betrauten Rechtssubjekte als Unternehmen und damit wirtschaftlich handeln[535]. Dass mit der Tätigkeit zugleich soziale oder andere Ziele erfüllt werden, steht der Anwendung nicht entgegen, solange das Unternehmen Leistungen oder Güter anbietet oder nachfragt.

Diese Definitionskriterien vermögen indes nur einen einheitlichen gemeinschaftsrechtlichen Rahmen für die Anwendung der Vorschrift abzustecken. Abschließend gemeinschaftsrechtlich bestimmen lässt sich der Begriff der Dienstleistungen von allgemeinem wirtschaftlichen Interesse dagegen nicht, da der

531 Callies/Ruffert-*Jung*, Art. 86 EG Rn. 36; Groeben-*Hochbaum*, Art. 90 EGV Rn. 52; Immenga/Mestmäcker-*Mestmäcker*, EG-Wettbewerbsrecht Band 2, Art. 37, 90 Kap. D Rn. 42; *Mestmäcker*, Europäisches Wettbewerbsrecht, S. 661.

532 *Heinemann*, Grenzen staatlicher Monopole, S. 176; Groeben-*Hochbaum*, Art. 90 EGV Rn. 52.

533 Schlussanträge Generalanwalt *Roemer* in der Rechtssache Sail, Slg. 1972, 119 (145); Schlussanträge Generalanwalt *van Gerven* in der Rechtssache Porto di Genova, Slg. 1991, I-5889 (5919) Rn. 27.

534 *Bauer*, Wettbewerbsbeschränkungen durch Staaten ?, S. 236; Langen/Bunte-*Jungbluth*, Art. 86 EG Rn. 39.

535 Immenga/Mestmäcker-*Mestmäcker*, EG-Wettbewerbsrecht Band 2, Art. 37, 90 Kap. D Rn. 46; *Heinemann*, Grenzen staatlicher Monopole, S. 175.

Vertrag keine einheitliche Wirtschaftspolitik vorsieht[536]. Nach Sinn und Zweck der Vorschrift soll mit dem Begriff letztlich das Interesse der Mitgliedstaaten bezeichnet werden, welches mit den Anforderungen der Wettbewerbsregeln in Einklang gebracht werden muss. Erkennt der EG-Vertrag dieses Interesse der Mitgliedstaaten an, muss die Festlegung, was als Dienstleistung von allgemeinem wirtschaftlichen Interesse zu gelten hat, in den Grenzen der gemeinschaftseinheitlichen Kriterien auch den Mitgliedstaaten zustehen[537]. Andernfalls wäre nicht gewährleistet, dass die Mitgliedstaaten ihre Ziele der staatlichen Politik definieren und diese mittels des Einsatzes bestimmter Unternehmen nach Maßgabe des Art. 86 Abs. 2 EG durchsetzen können[538]. Dementsprechend hat auch die Kommission zuletzt in ihrer Mitteilung vom 20.09.00 ausgeführt, dass die Vorschrift durch den Grundsatz der Neutralität, Gestaltungsfreiheit und der Verhältnismäßigkeit geprägt sei. Aus dem Grundsatz der Gestaltungsfreiheit folge, dass den Mitgliedstaaten die Definition obliege, was als Dienstleistung von allgemeinem wirtschaftlichen Interesse zu gelten hat; die Kommission beschränke sich insoweit auf eine Kontrolle auf offenkundige Fehler[539]. Der Gestaltungsspielraum der Mitgliedstaaten sei dabei besonders dann groß, wenn noch keine Gemeinschaftspolitik auf dem entsprechenden Sektor bestehe[540]. Den Mitgliedstaaten wird somit ein gewisser Ermessensspielraum bei der Bestimmung der von Art. 86 Abs. 2 EG erfassten Dienstleistungen eingeräumt, um damit möglichst viele Konflikte zwischen Gemeinschafts- und mitgliedstaatlichen Interessen lösen zu können[541].

c. Betrauungsakt

Art. 86 Abs. 2 EG erfordert zudem, dass das Unternehmen mit der Wahrnehmung der Aufgabe betraut wurde. Der Gerichtshof hat an diesen Akt hohe Anforderungen gestellt: Die rein tatsächliche Erbringung der Leistung reiche nicht aus, erforderlich sei vielmehr eine Betrauung durch Gesetz oder durch einen

---

536 Groeben-*Hochbaum*, Art. 90 EG Rn. 57.

537 Schwarze-*von Burchard*, Art. 86 EG Rn. 63; *Mestmäcker*, RabelsZ 52 (1988), S. 526 (564); *ders.*, Europäisches Wettbewerbsrecht, S. 662; *Bauer*, Wettbewerbsbeschränkungen durch Staaten ?, S. 243.

538 EuGH Slg. 1997, I-5699 (5779) Rn. 40 – Kommission/Niederlande.

539 Kommission, ABl. 2001 Nr. C 17/4 (8), Rn. 22.

540 Kommission, a.a.O., ebenda.

541 Nach Generalanwalt *de Lamothe* ist der Begriff des allgemeinen wirtschaftlichen Interesses absichtlich so unbestimmt gefasst, um ihm einen möglichst weiten Anwendungsbereich geben zu können, vgl. Schlussanträge Slg. 1971, 723 (739) – Staatsanwaltschaft Luxemburg/Muller.

sonstigen Akt der öffentlichen Gewalt[542]. Werden ausschließliche Rechte im Sinne von Art. 86 Abs.1 EG übertragen, liegt darin gewöhnlich auch eine Betrauung im Sinne von Art. 86 Abs. 2 EG[543].

2. Krankenkassen

Für die Einordnung der Krankenkassen als Unternehmen im Sinne von Art. 86 Abs. 2 EG ist somit entscheidend, ob die wirtschaftliche Tätigkeit von den Kassen im allgemeinen Interesse ausgeübt wird und ob diese mit derselben „betraut" wurden. Da Art. 86 Abs. 2 EG nur einzelfallbezogen Ausnahmen gewährt, bezieht sich die Rechtfertigung nur auf das konkret in Frage stehende wirtschaftliche Verhalten[544]. Die Krankenkassen müssten daher gerade bei der Leistungsbeschaffung mit einer im Interesse der Allgemeinheit liegenden Dienstleistung betraut sein[545].

Wegen der weiten Auslegung des Begriffs unterfällt auch die Beschaffung von Gütern und Leistungen zur Weitergabe an die Versicherten als unzweifelhaft wirtschaftliches Verhalten Art. 86 Abs. 2 EG. Die Notwendigkeit einer solchen Beschaffung ist Konsequenz des vom Gesetzgeber in Wahrnehmung seiner Kompetenz zur Ausgestaltung der Sozialversicherungssysteme eingeführten Sachleistungsprinzips: Zur Erfüllung der Ansprüche der Versicherten werden die Krankenkassen verpflichtet, die Güter und Leistungen wirtschaftlich, also zu möglichst günstigen Bedingungen zu beschaffen, um einen sparsamen Umgang mit den aus Zwangsbeiträgen der Versicherten gesammelten Finanzmitteln der Krankenversicherung zu gewährleisten. Ausgehend von der Gestaltungsfreiheit der Mitgliedstaaten, die nur auf offenkundige Fehler überprüft wird, bestehen gegen eine Qualifizierung dieser von den Krankenkassen vorzunehmenden „Leistungsbeschaffung zu möglichst wirtschaftlichen Bedingungen" als Dienstleistung im Sinne der Vorschrift keine Bedenken[546]. Die übertragene Aufgabe liegt insbesondere auch im allgemeinen Interesse: Sie soll letztlich gewährleisten, dass die Versicherten der gesetzlichen Krankenversicherung die Leistungen

---

542 EuGH Slg. 1981, 2021 (2030) Rn. 7 – Züchner/Bayerische Vereinsbank; Slg. 1989, 803 (853) Rn. 55 – Ahmed Saeed.

543 Vgl. Nachweise bei *Heinemann*, Grenzen staatlicher Monopole, S. 180 Fn. 879; Lenz-*Grill*, Art. 86 EG Rn. 21.

544 Groeben-*Hochbaum*, Art. 90 EGV Rn. 63; Immenga/Mestmäcker-*Mestmäcker*, EG-Wettbewerbsrecht Band 2, Art. 37, 90 Kap. D Rn. 52.

545 *Neumann*, Kartellrechtliche Sanktionierung, S. 105; a.A. *Reich*, EuZW 2000, S. 653 (656).

546 Vgl. *Bieback*, EWS 1999, S. 361 (369), der ebenfalls die "Nachfrage nach wirtschaftlichen Leistungen" als Dienstleistung von allgemeinem wirtschaftlichen Interesse einstuft.

zu wirtschaftlich tragbaren Bedingungen zur Verfügung gestellt bekommen und damit Beitragserhöhungen vermieden werden. Das Interesse der in der gesetzlichen Krankenversicherung versicherten Personen als eines Teils der Bevölkerung genügt jedoch, um ein allgemeines Interesse im Sinne der Vorschrift anzunehmen[547]. Zudem hat der Gerichtshof die Sicherung der finanziellen Stabilität der gesetzlichen Krankenversicherung als zwingenden Grund des Allgemeininteresses im Rahmen der Grundfreiheiten anerkannt; im Rahmen des Art. 86 Abs. 2 EG muss diesem Ziel daher eine vergleichbare Bedeutung zukommen[548]. Da die Aufgaben im Rahmen der Leistungsbeschaffung entsprechend dem für öffentlich-rechtliche Körperschaften geltenden Gesetzesvorbehalt durchweg gesetzlich geregelt sind, kann auch an einer Betrauung im Sinne von Art. 86 Abs. 2 EG kein Zweifel bestehen[549]. Die Krankenkassen sind daher im Rahmen der Leistungsbeschaffung als mit Dienstleistungen von allgemeinem wirtschaftlichen Interesse betraute Unternehmen anzusehen[550].

3. *Krankenkassenverbände*

Wie bei Art. 86 Abs. 1 EG stellt sich auch hier die Frage, ob die Vorschrift des Art. 86 Abs. 2 EG Unternehmensvereinigungen einschließt, obwohl nur von „Unternehmen" die Rede ist. Die wettbewerbsrelevanten Festbetragsfestsetzungen sind den Spitzenverbänden der Krankenkassen und damit Unternehmensvereinigungen und nicht Unternehmen übertragen. Die Anwendbarkeit des Art. 86 Abs. 2 EG auch auf Unternehmensvereinigungen muss jedoch ebenso wie bei Art. 86 Abs. 1 EG bejaht werden. Die Vorschrift des Art. 86 Abs. 2 EG gestattet unter bestimmten Voraussetzungen Ausnahmen von den Vertragsvorschriften für öffentliche Unternehmen bzw. für Unternehmen mit besonderen Rechten. Steht die koordinierende Tätigkeit einer aus solchen Unternehmen bestehenden Unternehmensvereinigung im Vordergrund, muss die Rechtfertigung nach Art. 86 Abs. 2 EG auch für diese Tätigkeit möglich sein. Es wäre andernfalls nicht zu erklären, wieso die Tätigkeit einzelner Unternehmen der genannten Art jeweils unter Art. 86 Abs. 2 EG fällt, die Zusammenfassung dieser Tätigkeiten

---

547 Schlussanträge Generalanwalt *Roemer* in der Rechtssache Sail, Slg. 1972, 119 (146).

548 *Axer*, NZS 2002, S. 57 (64).

549 A.A. *Slot*, E.C.L.R. 2003, S. 580 (593).

550 A.A. *Neumann*, Kartellrechtliche Sanktionierung, S. 105, die darauf abstellt, dass die eingeräumten Befugnisse zur Schaffung einer wirtschaftlichen Machtposition nicht im Interesse der Allgemeinheit liegen; der besondere Auftrag im Sinne von Art. 86 Abs. 2 EG ist jedoch die Beschaffung von Leistungen zu wirtschaftlich tragbaren Bedingungen. Ob zur Erreichung dieses Ziels eine Durchbrechung der Wettbewerbsregeln in Form einer Ermächtigung zu wettbewerbsbeschränkendem Verhalten notwe dig ist, entscheidet sich erst bei der Frage, ob eine Anwendung der Wettbewerbsregeln die Erfüllung der Aufgabe „verhindern" würde.

hingegen nicht. Nach Sinn und Zweck kann daher auch der Kartellverstoß der Kassenverbände prinzipiell nach Art. 86 Abs. 2 EG gerechtfertigt werden[551].

4. Bundesausschuss der Ärzte und Krankenkassen

Bei dem vom Bundesausschuss vorgenommenen Verordnungsausschluss durch Arzneimittelrichtlinien fehlt es dagegen an einer Betrauung im Sinne des Art. 86 Abs. 2 EG. Denn die Entscheidung darüber, welche Arzneimittel unter wirtschaftlichen Gesichtspunkten nicht verordnet werden sollen, wurde dem Bundesausschuss durch § 92 SGB V in der bis zum 01.01.2004 geltenden Fassung nicht zugewiesen. Der Bundesausschuss wird mit dem Verordnungsausschluss vielmehr außerhalb des ihm zugewiesenen Kompetenzbereichs tätig. Da bei der Frage der Rechtfertigung nach Art. 86 Abs. 2 EG auf die konkrete wirtschaftliche Tätigkeit abzustellen ist, kommt es nicht darauf an, dass der Bundesausschuss bei der Wahrnehmung der von § 92 SGB V übertragenen Aufgaben unter Art. 86 Abs. 2 EG fällt. Er handelt bei dem Verordnungsausschluss durch Arzneimittelrichtlinien nicht als Unternehmen im Sinne der Vorschrift, womit eine Rechtfertigung ausscheidet[552].

III. Die Anforderungen an die Gewährung einer Ausnahme in der Praxis von Gerichtshof und Kommission

Gerichtshof und Kommission haben sich bisher vor allem mit der Frage auseinandergesetzt, unter welchen Voraussetzungen eine Ausnahme von den Vertragsvorschriften „erforderlich" im Sinne des Art. 86 Abs. 2 S. 1 EG ist.

1. Die Interpretation des Merkmals „Verhinderung der übertragenen Aufgabe"

Während in der Praxis von Kommission und Gerichtshof die Voraussetzungen an die Erforderlichkeit einer Ausnahme anfangs restriktiv gehandhabt wurden, (unten a.), zeichnet sich in jüngster Zeit eine deutlich großzügigere Prüfung dieses Merkmals ab (unten b.).

---

551 Gerichte, die mit der Festbetragsfestsetzung befasst waren, gingen ausdrücklich oder doch zumindest stillschweigend von einer Anwendbarkeit des Art. 86 Abs. 2 EG auf die Festbetragsfestsetzung der Spitzen- und Landesverbände aus, vgl. BGH, WuW/E DE-R 747 (757); OLG Düsseldorf, Pharma Recht 1999, S. 283 (297); LSG NRW, Beschluss v. 28.09.00, Az.: L 5 KR 11/95, S. 13.

552 Nach § 92 Abs. 1 SGB V in der Fassung des GKV-Modernisierungsgesetzes ist der Gemeinsame Bundesausschuss dagegen zum Verordnungsausschluss ausdrücklich ermächtigt und damit als „betraut" im Sinne der Vorschrift anzusehen, vgl. Art. 1 des GKV-Modernisierungsgesetzes, BGBl. I (2003), S. 2190 (2211).

a. Restriktive Auslegung

Vorschriften, die wie Art. 86 Abs. 2 EG Ausnahmen von grundlegenden Prinzipien der Gemeinschaft zulassen, sind eng auszulegen[553]. Dieses Prinzip stand anfangs im Zentrum der Anwendung durch Gerichtshof und Kommission. Entsprechend dem Charakter der Norm als Ausnahmebestimmung wurden an die Voraussetzungen für eine Nichtanwendung der Wettbewerbsregeln strenge Anforderungen gestellt: Die Einhaltung der Vertragsvorschriften müsse mit der Erfüllung der übertragenen Aufgaben nachweislich unvereinbar sein[554]. Damit schied eine Anwendung von Art. 86 Abs. 2 EG immer dann aus, wenn die Aufgabenerfüllung durch die Anwendung der Wettbewerbsregeln zwar erschwert oder behindert, aber nicht verhindert wurde[555]. Nur wenn die Durchführung der betreffenden Dienstleistungen unter den Bedingungen der Vertragsvorschriften unmöglich war, kam eine Freistellung in Betracht[556]. Wie die Kommission betonte, komme es darauf an, ob es

„keinen anderen technisch möglichen und wirtschaftlich wie rechtlich zumutbaren Weg gibt, um die übertragenen Aufgaben auch ohne Vertragsverletzung zu erfüllen"[557].

Die Beweislast für den Nachweis der Unvereinbarkeit liegt dabei bei dem Mitgliedstaat bzw. dem Unternehmen[558]. Die Literatur schloss sich dieser Interpretation überwiegend an und entnahm dem Ausdruck des „Verhinderns", dass für die Ausnahme aus Sicht des Vertrages nur ein sehr schmaler Anwendungsbereich bestehen sollte[559]. Gestützt wurde dieses Verständnis auch durch die französische und englische Fassung der Vorschrift[560]. Die Annahme, eine bloße Be-

---

553 Statt aller Langen/Bunte-*Jungbluth*, Art. 86 EG Rn. 36.

554 EuGH Slg. 1974, 409 (431) Rn. 15 – Sacchi; Slg. 1991, I-5889 (5931) Rn. 26 – Porto di Genova; Slg. 1991, I-1979 (2017) Rn. 24 – Höfner u.Elser/Macotron; EuG Slg. 1991, II-485 (524) Rn. 82 – RTE/Kommission.

555 EuGH Slg. 1985, 873 (888 f.) – Italien/Kommission („British Telecom"); Schlussanträge Generalanwalt *Reischl* in der Rechtssache GVL/Kommission, Slg. 1983, 483 (524); Kommission, ABl. 1982 L 360/36 (42) – British Telecom; ABl. 1993 L 179/23 (36) – EBU/Eurovisionssystem; *Steinmeyer*, Wettbewerbsrecht im Gesundheitswesen, S. 59.

556 Callies/Ruffert-*Jung*, Art. 86 EG Rn. 45; *Bleckmann*, Europarecht, Rn. 1983; *Emmerich*, Wirtschaftsrecht, S. 456.

557 Kommission, ABl. 1982 Nr. L 167/39 (48) – Navewa-Anseau.

558 Kommission, ABl. 1990 Nr. L 233/19 (22) – Spanische Eilkurierdienste; *Mestmäcker*, RabelsZ 52 (1988), S. 526 (569).

559 *Bach*, Wettbewerbsrechtliche Schranken, S. 47; *Emmerich*, Staatliche Interventionen, S. 54; *Mestmäcker*, RabelsZ 52 (1988), S. 526 (563).

560 „Faire échec" bzw. "obstruct the performance".

hinderung oder Erschwerung der Aufgabenerfüllung könne eine Nichtanwendung der Wettbewerbsregeln rechtfertigen, war damit nicht vereinbar.

Angesichts dieser Hürden für eine Rechtfertigung nach Art. 86 Abs. 2 EG überrascht es nicht, dass es zunächst keinen Fall gab, wo Gerichtshof oder Kommission vom Vorliegen dieser Voraussetzungen ausgingen. Zwar wurden zahlreiche Unternehmen als mit Sonderaufgaben betraute Unternehmen eingestuft[561]. Den Nachweis, dass die Erfüllung einer bestimmten Aufgabe durch die Anwendung des Gemeinschaftsrechts vollständig verhindert würde, konnten die Mitgliedstaaten bzw. die Unternehmen aber in keinem Fall führen. Aufgrund der engen Auslegung kam der Vorschrift somit praktisch keine Bedeutung zu.

b. Ausweitung des Anwendungsbereichs

Dieses strikt am Wortlaut ausgerichtete Verständnis des Art. 86 Abs. 2 EG wurde seit Anfang der neunziger Jahre zugunsten einer mehr die Interessen der Mitgliedstaaten in den Vordergrund rückenden Interpretation der Vorschrift modifiziert. In mehreren Entscheidungen des Gerichtshofs wurden die Voraussetzungen an das „Verhindern" der Aufgabenerfüllung gelockert und in einigen Fällen eine Befreiung von den Vertragsvorschriften sogar bejaht. Dabei stand in allen Fällen die Schaffung bzw. Aufrechterhaltung eines Monopols zur Sicherung bestimmter gemeinwohlorientierter Aufgaben im Vordergrund.

aa. Dienstleistungs- und Versorgungsmonopole

Den Anfang machte der Gerichtshof in der Rechtssache „Corbeau", in der es um die Frage ging, ob das Monopol der belgischen Post zur Sammlung, Beförderung und Verteilung von Postsendungen als Dienstleistung i.S.v. Art. 86 Abs. 2 EG anzusehen sei[562]. Bedeutsam ist, dass der Gerichtshof nicht wie in früheren Entscheidungen an erster Stelle den Ausnahmecharakter der Vorschrift betont hat, sondern primär die Befugnis der Mitgliedstaaten erörterte, zur Sicherstellung der Erfüllung der übertragenen Aufgaben Rechte zu verleihen, die im Widerspruch zu den Wettbewerbsregeln stehen[563]. Auch ein eindeutiger Hinweis auf die notwendige „Unvereinbarkeit" mit den Wettbewerbsregeln fehlt. Statt dessen bezieht der Gerichtshof erstmals den wirtschaftlichen Hintergrund der Tätigkeit des Unternehmens mit ein. Bei der Prüfung der Erforderlichkeit von

---

561 Vgl. die Nachweise bei Langen/Bunte-*Jungbluth*, Art. 86 EG Rn. 37.
562 EuGH Slg. 1993, I-2533 – Corbeau.
563 EuGH a.a.O., I-2533 (2568) Rn. 14.

Wettbewerbsbeschränkungen sei zu berücksichtigen, inwieweit diese zur Ermöglichung einer Erfüllung der Aufgaben

„unter wirtschaftlich tragbaren Bedingungen“[564]

notwendig seien. Das Monopolunternehmen, die belgische Régie des Postes war zur flächendeckenden Beförderung und Verteilung von Postsendungen verpflichtet. Nach Ansicht des Gerichtshofs setzt die Erfüllung dieser Aufgabe den Ausschluss potentieller Konkurrenten aus den rentablen Bereichen voraus. Denn andernfalls könnten sich diese auf die rentablen Bereiche konzentrieren und wegen der fehlenden Verpflichtung zur Leistungserbringung in unrentablen Bereichen zu günstigeren Bedingungen als die Régie des Postes tätig werden; der Ausgleich zwischen rentablen und unrentablen Bereichen und damit die Wahrnehmung der Aufgabe zu wirtschaftlich tragbaren Bedingungen sei dann gefährdet[565]. Mit dieser Argumentation beschränkt sich der Anwendungsbereich des Art. 86 Abs. 2 EG nicht mehr auf den Fall, dass die Anwendung der Wettbewerbsregeln die Erfüllung der Aufgabe unmöglich macht. Die Wettbewerbsregeln können vielmehr auch dann außer Acht gelassen werden, wenn ihre Anwendung das wirtschaftliche Gleichgewicht der Unternehmen gefährdet[566]. Allerdings schränkte dies der Gerichtshof dahingehend ein, dass der Ausschluss des Wettbewerbs auf die Dienstleistungen von allgemeinem wirtschaftlichen Interesse beschränkt sein muss und nicht spezifische, hiervon zu trennende andere Dienstleistungen erfassen darf[567]. Die Prüfung dieser Kriterien wurde dem vorlegenden Gericht überlassen.

Diesen Ansatz hat der Gerichtshof auch in der Rechtssache „Almelo“ aufgegriffen, in der um die Zulässigkeit eines lokalen Versorgungsunternehmen auferlegten Verbots der Einfuhr von Elektrizität bei gleichzeitiger Verpflichtung zur Abnahme bei einem bestimmten Unternehmen gestritten wurde. Zweck dieses Ausschließlichkeitsrechts war die Sicherung der ununterbrochenen Stromversorgung zu einheitlichen Tarifen für alle Bürger. Der Gerichtshof betonte, dass bei der Frage, inwieweit Wettbewerbsbeschränkungen zur Sicherung der Aufgabenerfüllung erforderlich sind, auch die wirtschaftlichen Voraussetzungen, unter denen das Unternehmen tätig werde, berücksichtigt werden müssten; dazu gehörten auch die Kosten, die dem Unternehmen bei der Erfüllung seiner besonde-

---

564 EuGH a.a.O., I-2533 (2569) Rn. 16; ebenso EuGH Slg. 2000, I-825 (876) Rn.49 – Deutsche Post/GZS; Slg. 2001, I-4109 (4162) Rn. 54 – TNT Traco/Ente Poste Italiane.

565 EuGH a.a.O., I-2533 (2569) Rn. 18.

566 Vgl. auch Schlussanträge Generalanwalt *Darmon* in der Rs. Almelo, Slg. 1994, I-1477 (1502) Rn. 146.

567 EuGH Slg. 1993, I-2533 (2569) Rn. 19 - Corbeau.

ren Aufgabe entstehen[568]. Die Prüfung der Frage, ob das Monopol zur Sicherung einer einheitlichen Versorgung erforderlich war, wurde dem vorlegenden Gericht überlassen.

Die Entscheidungen des Gerichtshofs zur gemeinschaftsrechtlichen Zulässigkeit von Import- und Exportmonopolen bei Strom und Gas markieren die vollständige Abkehr von einer restriktiven Interpretation des Merkmals im Bereich der Versorgungsmonopole[569]. In allen drei Fällen ging es um die Frage, inwieweit staatliche Regelungen, die das Recht zur Einfuhr von Elektrizität bzw. Gas auf bestimmte Unternehmen konzentrierten, mit Art. 31 EG vereinbar sind. Der Gerichtshof stellte zunächst klar, dass sich die Mitgliedstaaten auch zur Rechtfertigung von Verstößen gegen Art. 31 EG auf Art. 86 Abs. 2 EG berufen können[570]. Darüber hinaus rückte er bei der Frage der Rechtfertigung den Sinn und Zweck der Regelung in den Vordergrund: Ungeachtet des Charakters des Art. 86 Abs. 2 EG als Ausnahmebestimmung müsse der Funktion der Vorschrift, welche das Interesse der Mitgliedstaaten am Einsatz bestimmter Unternehmen mit dem Gemeinschaftsinteresse in Einklang bringen soll, Rechnung getragen werden[571]. Aus dieser Funktion schließt der Gerichtshof, dass es den Mitgliedstaaten erlaubt sein müsse, bei der Umschreibung der Dienstleistungen von allgemeinem Interesse die Ziele ihrer staatlichen Politik zu berücksichtigen und diese auch mittels Wettbewerbsbeschränkungen im Rahmen von Art. 86 Abs. 2 EG durchzusetzen[572]. Im konkreten Fall bestand dieses Ziel darin, eine flächendeckenden Versorgung der Bevölkerung mit Elektrizität zu möglichst niedrigen Preisen zu gewährleisten. Das Einfuhrmonopol sollte verhindern, dass sich Unternehmen auf ausländischen Märkten günstiger mit Strom versorgen. Dies hätte zwangsläufig zur Folge gehabt, dass der im Inland erzeugte Strom teilweise ungenutzt bliebe, mit der Folge eines Kostenanstiegs bei der Stromerzeugung. Es stellte sich daher die Frage, ob das Einfuhrmonopol nach Art. 86 Abs. 2 EG gerechtfertigt war. Gegen den Einwand der Kommission, dass die Erreichung des Ziels einer kostengünstigen Versorgung bei einer Anwendung der Vertragsvorschriften nicht vollständig verhindert werde, führte der Gerichtshof aus, dass die Vertragsvorschriften gemäß Art. 86 Abs. 2 EG bereits dann nicht anwendbar seien, wenn

568 EuGH Slg. 1994, I-1477 (1521) Rn. 49 – Almelo.

569 EuGH Slg. 1997, I-5699 – Kommission/Niederlande; Slg. 1997, I-5789 – Kommission/Italien; Slg. 1997, I-5815 – Kommission/Frankreich.

570 EuGH a.a.O., I-5699 (5777) Rn. 32; I-5789 (5806) Rn. 43; I-5815 (5833) Rn. 49; ebenso EuGH Slg. 2000, I-825 (876) Rn. 49 – Deutsche Post/GZS, zur Rechtfertigung eines Verstoßes gegen Art. 49 EG.

571 EuGH Slg. 1997, I-5699 (5779) Rn. 39; Slg. 1997, I-5815 (5834) Rn. 55.

572 EuGH Slg. 1997, I-5699 (5779) Rn. 40; Slg. 1997, I-5815 (5834) Rn. 56.

„ihre Anwendung die Erfüllung der besonderen Verpflichtungen ... tatsächlich oder rechtlich gefährden würden. Es ist nicht erforderlich, daß das Überleben des Unternehmens bedroht ist“[573].

Zudem brachte der Gerichtshof Klarheit in die Frage der Beweislastverteilung: Der Mitgliedstaat müsse eingehend darlegen, aus welchen Gründen eine Erfüllung der Aufgabe bei Anwendung der Vertragsvorschriften gefährdet wäre; er müsse aber nicht positiv darlegen, dass es keine andere vorstellbaren Maßnahmen zur Erfüllung der Aufgaben gebe[574]. Die Kommission hatte in den Vertragsverletzungsverfahren nach Ansicht des Gerichtshofs nicht genügend tatsächliche Anhaltspunkte für das Vorliegen einer Vertragsverletzung geliefert, weshalb er die Klagen in allen drei Fällen abgewiesen hat.

bb. Sozialversicherungsmonopole

Die bereits erwähnten Entscheidungen zu der Zulässigkeit der niederländischen Betriebsrentenfonds werden von den gleichen Erwägungen getragen. Auch hier verwies der Gerichtshof auf die Befugnis der Mitgliedstaaten, die Ziele ihrer staatlichen Politik mittels Wettbewerbsbeschränkungen durchzusetzen und darauf, dass eine Gefährdung der Aufgabenerfüllung zur Anwendung des Art. 86 Abs. 2 EG ausreiche[575]. Nach seiner Ansicht erfordere die soziale Funktion dieser Fonds, neben der geringen gesetzlichen Rente eine Alterssicherung aufzubauen, ein ausschließliches Recht der Fonds zur Gewährung dieser Zusatzrenten. Denn die Fonds seien durch einen erhöhten Grad an Solidarität gekennzeichnet, der sich unter anderem in risikounabhängigen Beiträgen, einer Pflicht zur Aufnahme von Versicherten sowie Möglichkeiten zur Befreiung von der Beitragszahlung bei Arbeitsunfähigkeit niederschlage. Wegen dieser Zwänge, denen private Versicherungsunternehmen nicht unterliegen, sei der Fonds praktisch nicht wettbewerbsfähig[576]. Ohne eine Monopolstellung des Fonds bestehe daher die Gefahr einer Risikoselektion, weil Unternehmen mit jungem und gesundem Personal aus dem Fond austreten und zu Privatanbietern wechseln würden; dies gefährde aber die wirtschaftliche Tragfähigkeit des Systems, da die Fonds keine Renten zu annehmbaren Kosten mehr anbieten könnten[577]. Damit

---

573 EuGH Slg. 1997, I-5699 (5780) Rn. 43; Slg. 1997, I-5815 (5835) Rn. 59.

574 EuGH Slg. 1997, I-5699 (5784) Rn. 58; Slg. 1997, I-5789 (5809) Rn. 54; Slg. 1997, I-5815 (5845) Rn. 101.

575 EuGH Slg. 1999, I-5751 (5893) Rn. 104, 107 – Albany; Slg. 1999, I-6025 (6058) Rn. 104, 107 – Brentjens Handelssondernejming; Slg. 1999, I-6121 (6153) Rn. 94, 97 – Bokken.

576 EuGH Slg. 1999, I-5751 (5894) Rn. 109/110; Slg. 1999, I-6025 (6060) Rn. 109/110.

577 EuGH Slg. 1999, I-5751 (5894) Rn. 108.

hat der Gerichtshof letztlich die Gründe zur Rechtfertigung herangezogen, die noch in der Entscheidung „Poucet et Pistre“ für die hoheitliche Natur der Versicherungstätigkeit ausschlaggebend waren[578].

Darüber hinaus hat der Gerichtshof dargelegt, wie sich der Gestaltungsspielraum der Mitgliedstaaten im Sozialbereich auf die Prüfung der Voraussetzungen des Art. 86 Abs. 2 EG auswirken kann. Die klagende Firma Albany, die sich gegen die Zwangsmitgliedschaft in dem Betriebsrentenfonds wandte, hatte Alternativmaßnahmen zur Sicherstellung der den Betriebsrentenfonds übertragenen Aufgabe benannt. Das Ziel, ein angemessenes Rentenniveau zu gewährleisten, könne auch durch die Festlegung von Mindestanforderungen für alle Versicherungsgesellschaften erreicht werden. Der Gerichtshof sah gleichwohl keinen Anlass, an der Verhältnismäßigkeit der Beschränkung zu zweifeln. Unter Hinweis auf den Ermessensspielraum der Mitgliedstaaten bei der Ausgestaltung der Systeme sozialer Sicherheit sei es letztlich

„Sache jedes einzelnen Mitgliedstaates ... zu prüfen, ob die Festlegung von Mindestanforderungen ihm noch ermöglichen würde, das Rentenniveau sicherzustellen, das er in einem Wirtschaftszweig dadurch zu gewährleisten zu beabsichtigt, dass er die Mitgliedschaft in einem Rentenfonds verbindlich vorschreibt“[579].

Mit anderen Worten: Sofern die Mitgliedstaaten über einen großen Gestaltungsspielraum auf einem Gebiet verfügen, obliegt ihnen die Prüfung, ob es Maßnahmen gibt, welche die Aufgabenerfüllung bei einer geringeren Beeinträchtigung des Gemeinschaftsrechts sicherstellen können. Der Gerichtshof deutet hier an, dass er sich bei der Prüfung von Alternativmaßnahmen im Rahmen von Art. 86 Abs. 2 EG zurückhält, soweit der Bereich der mitgliedstaatlichen Kompetenz berührt wird. Dies bedeutet freilich nicht, dass das Eingreifen der Ausnahme im Ermessen der Mitgliedstaaten steht, da diese nach wie vor nachweisen müssen, dass bei Anwendung der Vertragsvorschriften die Erfüllung der Aufgabe gefährdet oder erschwert würde. Der Gerichtshof beschränkt sich jedoch auf eine Überprüfung der Erforderlichkeit auf offensichtliche Beurteilungsfehler[580].

Die Kommission hat sich der soeben skizzierten Linie des Gerichtshofs in der bereits erwähnten Mitteilung vom 20.09.00 angeschlossen. Der Art. 86 Abs. 2 EG zugrundeliegende Grundsatz der Gestaltungsfreiheit berechtige nicht nur zur

---

578 *Giesen*, Wettbewerb zwischen Sozialversicherungsträgern und Privatversicherungen nach europäischem Kartellrecht, S. 123 (134), in: Soziale Sicherheit und Wettbewerb.

579 EuGH Slg. 1999, I-5751 (5897) Rn. 122.

580 *Axer*, NZS 2002, S. 57 (64).

Bestimmung der Leistungen, sondern erstrecke sich auch auf die Organisation derselben: Es sei daher Sache der Mitgliedstaaten, die Mittel zur Erbringung der Dienstleistungen festzulegen[581]. Überprüft werde diese Entscheidung nur darauf, ob die Mittel zur Erreichung des Ziels erforderlich sind, und ob die Grenze des Art. 86 Abs. 2 S. 2 EG eingehalten werde[582].

2. Die Beeinträchtigung der Entwicklung des Handelsverkehrs

Die praktische Bedeutung der in Art. 86 Abs. 2 S. 2 EG niedergelegten Regelung blieb anfangs gering, da die restriktive Auslegung des Art. 86 Abs. 2 S. 1 EG einen Rückgriff auf diese Einschränkung entbehrlich machte[583]. Übereinstimmung bestand jedoch dahingehend, dass das zu schützende Gemeinschaftsinteresse aus den Zielen und Grundsätzen des Gemeinschaftsrechts, insbesondere den Art. 2 und 3 EG ermittelt werden muss[584]. Im Vordergrund dieses Gemeinschaftsinteresses steht dabei das von der Ausnahme nach S. 1 betroffene und im Primärrecht verankerte Ziel der Verwirklichung des Binnenmarktes in einem System unverfälschten Wettbewerbs[585]. Darüber hinaus wird das Gemeinschaftsinteresse durch Sekundärrecht, insbesondere durch die aufgrund von Art. 86 Abs. 3 EG ergangenen Richtlinien und Entscheidungen der Kommission konkretisiert.

Mit der Neuorientierung bei der Auslegung des Erforderlichkeitskriteriums nach Art. 86 Abs. 2 S. 1 EG wäre auch eine Klarstellung im Hinblick auf die Einschränkung des S. 2 zu erwarten gewesen. Die Literatur folgerte aus der Rechtsprechungsänderung zumindest vereinzelt einen Bedeutungszuwachs für S. 2 bei der Begrenzung der Ausnahmen vom Gemeinschaftsrecht[586]. Es überrascht daher, dass der Gerichtshof in den Entscheidungen zu den Betriebsrentenfonds Art. 86 Abs. 2 S. 2 EG nicht ausdrücklich erwähnte. Bei der Frage der Rechtfertigung der Strom- und Gasmonopole ging der Gerichtshof dagegen auf das Tatbestandsmerkmal der Beeinträchtigung der Entwicklung des innergemeinschaftlichen Handels ein. Nach seiner Ansicht sei es im Hinblick auf Art. 86 Abs. 3

---

581 Kommission, ABl. 2001 Nr. C 17/4 (8) Rn. 22.

582 Kommission, a.a.O., Rn. 23.

583 Immenga/Mestmäcker-*Mestmäcker,* EG-Wettbewerbsrecht Band 2, Art. 37, 90 Kap. D Rn. 61.

584 Immenga/Mestmäcker-*Mestmäcker*, EG-Wettbewerbsrecht Band 2, Art. 37, 90 Kap. D Rn. 63; Callies/Ruffert-*Jung,* Art. 86 EG Rn. 52; *Bala*, Art. 90 Abs. 2 EGV im System unverfälschten Wettbewerbs, S. 87 f.; *Ehricke*, EuZW 1993, S. 211 (215).

585 *Heinemann*, Grenzen staatlicher Monopole, S. 186.

586 *Ehricke*, EuZW 1998, S. 741 (746).

EG Sache der Kommission, das Interesse der Gemeinschaft zu definieren[587]. Die Kommission hatte von dieser Kompetenz aber keinen Gebrauch gemacht und nicht dargelegt, dass sich der Binnenhandel aufgrund der gewährten Monopolstellungen entgegen dem Interesse der Gemeinschaft entwickle, weshalb die Klagen abgewiesen wurden.

Es wäre allerdings verfehlt, daraus zu folgern, dass der Gerichtshof von einer fehlenden unmittelbaren Anwendbarkeit der Vorschrift ausgeht. Die Entscheidungen ergingen im Rahmen von Vertragsverletzungsverfahren, wobei der Gerichtshof aus dem vorprozessualen Vortrag der Beklagten für die Kommission die Notwendigkeit folgerte, tatsächliche Nachweise für eine Beeinträchtigung des Handels zu liefern[588]. Dies deutet darauf hin, dass es sich um eine aus der besonderen Verfahrenssituation folgenden Pflicht der Kommission handelt. Wie bereits erörtert hat der Gerichtshof in Vorlageverfahren die Befugnis der nationalen Gerichte zur Prüfung der Voraussetzungen des Art. 86 Abs. 2 EG betont, ohne die Notwendigkeit einer Konkretisierung des Gemeinschaftsinteresses durch die Kommission zu erwähnen[589].

3. Zusammenfassung

Mit der Neuorientierung wurden die ehemals strengen Anforderungen an die Erforderlichkeit einer Ausnahme von den Wettbewerbsregeln merklich gelockert. Während sich der restriktive Ansatz fast ausschließlich an der systematischen Stellung der Norm als Fremdkörper orientiert hatte, stellt der Gerichtshof nunmehr stärker darauf ab, dass die Vorschrift es ihrem Inhalt nach den Mitgliedstaaten ermöglichen soll, öffentliche Unternehmen der Anwendung des Gemeinschaftsrechts entziehen zu können. Er lässt daher zum einen bereits eine Gefährdung der Aufgabenerfüllung für die Erforderlichkeit einer Ausnahme ausreichen. Zum anderen erkennt er einen weitgehenden Entscheidungsfreiraum der Mitgliedstaaten an, was die Wahl der Mittel zur Aufgabenerfüllung angeht: Eine Rechtfertigung scheidet nicht schon deshalb aus, weil andere Gestaltungsmöglichkeiten zur Erfüllung der Aufgabe denkbar sind. Die Entscheidung der Mitgliedstaaten, Unternehmen zur Umsetzung ihrer wirtschafts- und sozialpolitischen Ziele einzusetzen, wird vom Gemeinschaftsrecht akzeptiert. Darin liegt

---

587 EuGH Slg. 1997, I-5699 (5786) Rn. 69 – Kommission/Niederlande; Slg. 1997, I-5789 (5812) Rn. 65 – Kommission/Italien; Slg. 1997, I-5815 (5848) Rn. 113 – Kommission/Frankreich.

588 Vgl. Slg. 1997, I-5699 (5786) Rn. 66 f.; allgemein zum Vertragsverletzungsverfahren *Bleckmann*, Europarecht, Rn. 812 ff.

589 EuGH Slg. 1993, I-2533 (2569) Rn. 20 – Corbeau; Slg. 1994, I-1477 (1521) Rn. 50 – Almelo.

der maßgebliche Unterschied zu der restriktiven Interpretation, welche die Anforderungen an eine Ausnahme so hoch setzte, dass die Wahrnehmung der vom Mitgliedstaat definierten Aufgaben durch Unternehmen praktisch nicht in Betracht kam.

Die Aussagen des Gerichtshofs sind jedoch notwendigerweise stark auf die besondere Situation der Monopole zugeschnitten, die mit Versorgungsaufgaben im Bereich der Daseinsvorsorge betraut waren. Es ist daher zweifelhaft, ob die Argumentation auf die hier relevanten Wettbewerbsbeschränkungen im Bereich der Leistungsbeschaffung übertragbar ist, oder ob der Gerichtshof mit der Gewährung einer Ausnahme letztlich nur der besonderen Lage solcher öffentlicher Unternehmen Rechnung getragen hat, die aus Gründen des Allgemeinwohls unrentable Dienstleistungen erbringen müssen[590]. Das Landessozialgericht Nordrhein-Westfalen wie auch Teile der Literatur gehen davon aus, dass die den Krankenkassen übertragene Aufgabe einer wirtschaftlichen Leistungsbeschaffung bei Anwendung der Wettbewerbsregeln gefährdet sei, so dass Art. 86 Abs. 2 EG erfüllt sei[591]. Die Krankenkassen werden hier jedoch nicht als Anbieter, sondern als Nachfrager tätig. Auch geht es nicht um die Zulässigkeit der Schaffung von Ausschließlichkeitsrechten. Im Vordergrund steht vielmehr die Rechtfertigung punktueller Eingriffe in den bestehenden und vom Gesetzgeber auch ausdrücklich gewollten Wettbewerb im Rahmen der Leistungsbeschaffung. Wegen dieser Unterschiede lässt sich aus der bisherigen Rechtsprechung des Gerichtshofs daher nicht ohne weiteres ableiten, dass die Mitgliedstaaten generell über ein Ermessen bei der Auswahl der zur Aufgabenerfüllung erforderlichen Mittel verfügen[592].

Zudem verliert Art. 86 Abs. 2 S. 1 EG mit der Auslegung durch den Gerichtshof letztlich jede begrenzende Funktion, wenn das Bestehen von milderen, den Wettbewerb weniger beschränkenden Mitteln nur noch sehr eingeschränkt überprüft wird. Dieser faktische Verzicht auf die Erforderlichkeitsprüfung darf aber nicht dazu führen, dass die Erfüllung der Voraussetzungen des Art. 86 Abs. 2 EG praktisch in das Ermessen des einzelnen Mitgliedstaates gestellt wird. Mit der Erweiterung des Anwendungsbereichs von Art. 86 Abs. 1 S. 1 EG rückt daher verstärkt die Grenzziehung durch Art. 86 Abs. 2 S. 2 EG ins Blickfeld, um

---

590 Im letzteren Sinne einschränkend *Oppermann*, Europarecht, Rn.1057; Lenz-*Grill*, Art. 86 EG Rn. 27.

591 LSG NRW, Beschluss v. 28.09.00, Az. L 5 KR/95, S. 13; *Hänlein/Kruse*, NZS 2000, S. 165 (174); *Bieback*, EWS 1999, S. 361 (369); *Knispel*, NZS 2000, S. 379 (383); *ders.*, G+G 2001 Beilage Nr. 2, S. 7 (12); *Reich*, EuZW 2000, S. 653 (656); *Steinmeyer*, Wettbewerbsrecht im Gesundheitswesen, S. 104 f.

592 So ausdrücklich BGH WuW/E DE-R 747 (757).

dem Ausnahmecharakter der Vorschrift Rechnung zu tragen. Die mit einer erforderlichen Maßnahme einhergehende Beschränkung des Handelsverkehrs ist danach dann nicht mehr tolerierbar, wenn das hier tangierte Gemeinschaftsinteresse an einem unverfälschten Wettbewerb verletzt wird. Da die Art. 81, 82 EG aber gerade dem Schutz dieses Prinzips dienen, widerspricht letztlich jede Ausnahme von den Wettbewerbsregeln dem Gemeinschaftsinteresse. Würde dies bereits ausreichen, eine Ausnahme zu versagen, hätte die Vorschrift keinen Anwendungsbereich, da eine Ausnahme nie gewährt werden könnte[593]. Es bedarf daher einer Eingrenzung der Beschränkungen des Handelsverkehrs, die wegen ihrer Intensität nicht mehr vom Gemeinschaftsrecht hinzunehmen sind.

IV. Die Rechtfertigung von Wettbewerbsbeschränkungen im Rahmen der Leistungsbeschaffung durch Art. 86 Abs. 2 EG

Für die Rechtfertigung der festgestellten Beschränkungen des Wettbewerbs im Rahmen der Leistungsbeschaffung kommt es daher darauf an, in welchem Umfang die Auswahl der Mittel zur Erfüllung der Aufgabe einer wirtschaftlichen Leistungsbeschaffung einer gemeinschaftsrechtlichen Kontrolle unterliegt. Verdeutlichen lässt sich dies etwa am Beispiel der Festbetragsfestsetzung: Unter Zugrundelegung eines restriktiven Verständnisses wäre eine Ausnahme von den Wettbewerbsregeln nicht erforderlich im Sinne des Art. 86 Abs. 2 S. 1 EG, da zweifellos kartellrechtskonforme Möglichkeiten denkbar sind, um eine wirtschaftliche Arzneimittelversorgung sicherzustellen[594]. Die durch die Festbetragsfestsetzung bewirkte Wettbewerbsbeschränkung kann daher nur dann gerechtfertigt werden, wenn die politische Entscheidung des Mitgliedstaates, die angestrebte Ausgabensenkung durch die Einflussnahme auf die Arzneimittelhersteller herbeizuführen, vom Gemeinschaftsrecht hingenommen wird. Dies gilt selbstverständlich auch für die anderen Steuerungsinstrumente im Bereich der Leistungsbeschaffung. Es ist daher zunächst der Frage nachzugehen, ob aus Systematik und Zweck des Art. 86 Abs. 2 EG zwingend eine weite Auslegung, wie sie der Gerichtshof bezüglich der Übertragung von Ausschließlichkeitsrechten vertreten hat, folgt (unten 1.). Schließlich ist zu klären, wann die Beschränkung des Art. 86 Abs. 2 S. 2 EG einer Ausnahme entgegensteht (unten 2.). Ist der Anwendungsrahmen der Vorschrift auf diese Weise bestimmt, lassen sich die bisher festgestellten Verstöße auf eine mögliche Rechtfertigung hin untersuchen (unten 3.).

---

593 *Bala*, Art. 90 Abs. 2 EGV im System unverfälschten Wettbewerbs, S. 90.

594 Das Bundessozialgericht beispielsweise verweist auf die Möglichkeit einer prozentuale Selbstbeteiligung der Versicherten als milderes Mittel zum Ausgleich der Marktstörungen, vgl. BSG NZS 1995, S. 502 (505).

1. Der Freiraum der Mitgliedstaaten bei der Auswahl wettbewerbsbeschränkender Maßnahmen

Bei der Auslegung des Art. 86 Abs. 2 S. 1 EG ist zunächst auf den bereits angesprochenen Zweck der Vorschrift einzugehen, durch Ausnahmen von den Vertragsvorschriften der wirtschafts- und sozialpolitischen Gestaltungskompetenz der Mitgliedstaaten Rechnung zu tragen. Ebenfalls im Rahmen der Auslegung zu berücksichtigen ist Art. 86 Abs. 2 EG, der die Dienste von allgemeinem wirtschaftlichen Interesse betont und damit in systematischem Zusammenhang mit Art. 86 Abs. 2 EG steht[595].

a. Ausgleich des Spannungsverhältnisses zwischen mitgliedstaatlicher Gestaltungskompetenz und Gemeinschaftsrecht durch Art. 86 Abs. 2 EG

Wie erwähnt besteht ein Spannungsverhältnis zwischen der mitgliedstaatlichen Gestaltungskompetenz im Sozialbereich und den Anforderungen des EG-Vertrages an einen unverfälschten Wettbewerb: Die Mitgliedstaaten sind zur Ausgestaltung der sozialen Sicherungssysteme allein zuständig und können die Wahrnehmung sozialpolitischer Aufgaben auch Unternehmen übertragen. Diese Gestaltungsentscheidung ist vom Gemeinschaftsrecht im Grundsatz hinzunehmen, da dem EG-Vertrag keine Vorgaben für die Organisation des Sozialbereichs zu entnehmen ist und die Gemeinschaft gemäß Art. 5 Abs. 1 EG nur im Rahmen der vertraglich festgelegten Zuständigkeiten tätig werden darf[596]. Die Mitgliedstaaten sind mit dieser Befugnis allerdings nicht von der Bindung an das Gemeinschaftsrecht, insbesondere an das Prinzip unverfälschten Wettbewerbs befreit, das zu den fundamentalen Grundsätzen des Gemeinschaftsrechts zu rechnen ist[597]. Faktisch beschränkt dies den Gestaltungsspielraum der Mitgliedstaaten: Betätigen sie sich im Anwendungsbereich des gemeinschaftlichen Wettbewerbsrechts, müssen sie im Einklang mit dem Wettbewerbsrecht handeln. Hier gilt somit nichts anderes als im Bereich der Grundfreiheiten, wo die Kompetenzwahrnehmung ebenfalls nur im Einklang mit dem Gemeinschaftsrecht erfolgen kann. Die Übertragung einer Aufgabe im Rahmen der Sozialversicherung an Unternehmen wird somit, obwohl sie Teil der Gestaltungsbefugnis der Mitgliedstaaten ist, durch das Gemeinschaftsrecht zunächst erschwert, da sie im Einklang mit den Anforderungen des Wettbewerbsrechts erfolgen muss[598].

---

595 Der dort verwendete Begriff der Dienste von allgemeinem wirtschaftlichen Interesse deckt sich inhaltlich mit den in Art. 86 Abs. 2 EG erwähnten Dienstleistungen, vgl. Lenz-*ders.*, Art. 16 EG Rn. 11.

596 Schwarze-*Lienbacher*, Art. 5 EGV Rn. 1.

597 EuGH Slg. 1985, 531– Procureur de la République/ADBHU (Altöl).

598 Siehe bereits unter § 2 II 3.

Art. 86 Abs. 2 EG lockert diese Bindung an das Gemeinschaftsrecht: Die Vorschrift gestattet den Mitgliedstaaten, Unternehmen zur Umsetzung nationaler Ziele auch dann einzusetzen, wenn es dabei zu einer Kollision mit den Vertragsbestimmungen kommt. In den Grenzen des Art. 86 Abs. 2 S. 2 EG darf von den Anforderungen der Wettbewerbsregeln abgewichen werden, wenn dies zur Wahrnehmung der Aufgabe erforderlich erscheint. Das Gemeinschaftsinteresse tritt insoweit hinter das nationale Interesse zurück[599]. Die darin liegende Durchbrechung des Systems unverfälschten Wettbewerbs wird vom EG-Vertrag mit der Vorschrift des Art. 86 Abs. 2 EG als vertragskonforme Möglichkeit zur Umsetzung nationalstaatlicher Ziele akzeptiert.

Für die Bestimmung des Anwendungsbereichs bedeutet dies, dass eine nur an dem in Art. 3 Abs. 1 lit. g EG niedergelegten System unverfälschten Wettbewerbs orientierte Interpretation der Voraussetzungen mit der Konzeption und der Systematik des Art. 86 Abs. 2 EG nicht zu vereinbaren wäre. Denn das nationale Interesse steht im Rahmen des Art. 86 Abs. 2 S. 1 EG auf gleicher Stufe mit dem Gemeinschaftsinteresse, da es Abweichungen von den Vertragsvorschriften rechtfertigen kann. Erst die Bestimmung des Art. 86 Abs. 2 S. 2 EG räumt dem Gemeinschaftsinteresse Vorrang ein. Eine Auslegung des Art. 86 Abs. 2 S. 1 EG, die dazu führt, dass die von der Vorschrift vorgesehene Ausnahme praktisch nie gewährt werden kann, missachtet diese Konzeption, und ist daher unzulässig. Die anfänglich vom Gerichtshof vertretene restriktive Auslegung, die wie gezeigt zu keinem praktischen Anwendungsfall führte, ist daher zugunsten der neuen Rechtsprechung, die eine Gefährdung der Aufgabenerfüllung ausreichen lässt, aufzugeben.

Aus dem Regelungszweck des Art. 86 Abs. 2 EG folgt aber auch, dass bei der Frage der Erforderlichkeit einer Ausnahme von der konkreten Gestaltungsentscheidung des jeweiligen Mitgliedstaates auszugehen ist. Denn Art. 86 Abs. 2 EG gestattet es ja gerade den Mitgliedstaaten, ihre Ziele durch den Einsatz von Unternehmen zu verwirklichen[600]. Nicht nur die Festlegung der Dienstleistungen von allgemeinem wirtschaftlichen Interesse, sondern auch die Entscheidung, wie diese wahrgenommen werden sollen, obliegt daher den Mitgliedstaaten, ohne dass sich aus Art. 86 Abs. 2 EG Vorgaben hierzu ableiten lassen. Es kommt daher nur darauf an, ob das betraute Unternehmen einer Ausnahme bedarf, um seine Aufgabe erfüllen zu können. Nicht entscheidend ist dagegen, ob das Ziel auch durch andere, den Wettbewerb weniger einschränkende Maßnahmen als

---

599 *Ehricke*, EuZW 1993, S. 211 (215).

600 EuGH Slg. 1999,*5699* (5893) Rn. 104; Slg. 1999, I-6025 (6058) Rn. 104; Slg. 1999, I-6121 (6153) Rn. 94.

den Einsatz von Unternehmen erreichbar wäre[601]. Eine solche Interpretation des Art. 86 Abs. 2 S. 1 EG würde sich nicht mehr darauf beschränken, Wettbewerbseingriffe auf das notwendige Maß zu beschränken, sondern würde die Mitgliedstaaten zu einer bestimmten, gemeinschaftsrechtlich möglicherweise vorzuziehenden Organisation der allgemeinwirtschaftlichen Dienste zwingen. Dies ist jedoch mit der Konzeption des Art. 86 Abs. 2 EG als einer Kompromissvorschrift, die den Mitgliedstaaten zur Wahrnehmung ihrer Kompetenzen ausdrücklich auch den Einsatz von Unternehmen gestattet, nicht vereinbar.

Für ein entsprechend weites Verständnis des Art. 86 Abs. 2 S. 1 EG sprechen neben der Systematik des Art. 86 Abs. 2 EG auch praktische Gesichtspunkte. Denn die mitgliedstaatliche Entscheidung, mit welchen Mitteln die festgelegte Aufgabe erfüllt werden soll, ist oft das Ergebnis komplexer politischer, wirtschaftlicher und sozialer Erwägungen. Ein Gericht, das bei der Prüfung der Erforderlichkeit auch beurteilen müsste, ob andere Mittel als der Einsatz von Unternehmen den Wettbewerb weniger beschränken, wäre als Judikative mit der Einbeziehung dieser politischen Aspekte schlichtweg überfordert[602]. Es stellt sich insoweit ein vergleichbares Problem wie bei der Verhältnismäßigkeitsprüfung im Rahmen der „zwingenden Erfordernisse" bei Art. 28 EG: Dort konnte festgestellt werden, dass die Erforderlichkeit einer Einschränkung zugunsten nationaler Ziele wegen des letztlich politischen Charakters der Entscheidung dazu führt, dass die Gerichte auf die Prüfung offensichtlicher Fehler beschränkt sind[603]. Im Rahmen des Art. 86 Abs. 2 S. 1 EG gilt insoweit nichts anderes. Da die Gerichte nur eine rechtliche, nicht eine politische Prüfung der Erforderlichkeit einer Maßnahme vornehmen dürfen, reduziert sich ihr Prüfungsrahmen auf den Ausschluss offensichtlicher Ermessensfehler[604]. Dieses Verständnis liegt auch der neueren Rechtsprechung des Gerichtshofs zugrunde. So hat der Gerichtshof in der Rechtssache „Albany" die angeordnete Zwangsmitgliedschaft ungeachtet der theoretischen, alternativen Mittel zur Sicherung der Aufgabenerfüllung als nach Art. 86 Abs. 2 EG gerechtfertigt angesehen, weil die Auswahl der Mittel letztlich der demokratisch legitimierten Legislative und nicht den Gerichten obliege[605]. Und in den Entscheidungen zu den Strom- und Gasmonopolen hat er es unter Hinweis auf die zu berücksichtigenden wirtschaftlichen, sozialen und finanziellen Gesichtspunkte ausdrücklich abgelehnt zu ermitteln, ob es

601 Immenga/Mestmäcker-*Mestmäcker,* EG-Wettbewerbsrecht Band 2, Art. 37, 90 Kap. D Rn. 49.

602 *Edward/Hoskins*, CML Rev. 1995, S. 157 (170).

603 Siehe oben unter § 1 II 1 c.

604 *Edward/Hoskins*, CML Rev. 1995, 157 (172).

605 EuGH Slg. 1999, I-5751 (5896) Rn. 119 ff. – Albany.

alternative, den Wettbewerb weniger beschränkende Maßnahmen als den Einsatz von Unternehmen gebe[606].

Die Funktion des Art. 86 Abs. 2 S. 1 EG reduziert sich damit auf den Ausschluss offensichtlich unangemessener Beschränkungen des Wettbewerbs. Wann ein solcher Fall vorliegen kann, zeigt die Entscheidung „Höfner u. Elser" zum deutschen Arbeitsvermittlungsmonopol: Die Bundesanstalt für Arbeit war nach den tatsächlichen Feststellungen gar nicht in der Lage, die ihr übertragene Aufgabe der Vermittlung von Führungskräften zu erfüllen; erst die Tätigkeit privater Arbeitsvermittler vermochte die Nachfrage zu befriedigen[607]. Ist ein Unternehmen aber von vornherein nicht imstande, die ihm übertragene Aufgabe zu erfüllen, kann es auch nicht durch die Anwendung der Wettbewerbsregeln an der Erfüllung der Aufgabe gehindert werden[608]. Eine Ausnahme nach Art. 86 Abs. 2 S. 1 EG kommt hier, da offensichtlich nicht erforderlich, nicht in Betracht.

b. Die Funktion des Art. 16 EG im Rahmen des Art. 86 Abs. 2 EG

Gestützt wird dieses Verständnis letztlich auch durch die Regelung des Art. 16 EG. Diese Vorschrift wurde auf Betreiben verschiedener Mitgliedstaaten, Interessengruppen und des europäischen Parlaments eingeführt[609]. Sie hat zum Ziel, die gemeinwohlorientierte Wirtschaftsformen gegenüber dem Modell der Marktwirtschaft zu stärken[610]. Die Vorschrift richtet hierzu den Handlungsauftrag an die Gemeinschaft und die Mitgliedstaaten, dafür Sorge zu tragen, dass die Träger dieser Dienste ihren Aufgaben nachkommen können, ohne dabei jedoch Mitgliedstaaten oder der Gemeinschaft eigenständige Befugnisse zu gewähren[611]. Die Frage nach der Zuständigkeit lässt sich somit nur im Einzelfall anhand der Kompetenzverteilung des EG-Vertrages beantworten[612].

Allerdings gilt dieser Handlungsauftrag nur „unbeschadet" der Art. 73, 86 und 87 EG. Die Verpflichtung der Mitgliedstaaten nach Art. 86 Abs. 1 EG, aber auch die Anforderungen, die Art. 86 Abs. 2 EG an eine Ausnahme stellt, werden

---

606 EuGH Slg. 1997, I-5699 (5785) Rn. 63 – Kommission/Niederlande; Slg. 1997, I-5789 (5810) Rn. 59 – Kommission/Italien; Slg. 1997, I-5815 (5846) Rn. 106 – Kommission/Frankreich.

607 EuGH Slg. 1991, I-1979 (2017) Rn. 25 – Höfner u. Elser/Macrotron.

608 *Heinemann*, Grenzen staatlicher Monopole, S. 183.

609 Überblick über die Vorschläge bei Callies/Ruffert-*Jung*, Art. 16 EG Rn. 5 ff.

610 Schwarze-*Hatje*, Art. 16 EGV Rn. 4; Callies/Ruffert-*Jung*, Art. 16 EG Rn. 7; Lenz-*ders.*, Art. 16 EG Rn. 8; *Schwarze*, EuZW 2001, S. 334 (336).

611 Callies/Ruffert-*Jung*, Art. 16 EG Rn. 10; Schwarze-*Hatje*, Art. 16 EG Rn. 7.

612 *Schwarze*, EuZW 2001, S. 334 (337).

nach dem klaren Wortlaut der Vorschrift somit nicht modifiziert[613]. Wegen dieser Einschränkung besteht in der Literatur nach wie vor keine Einigkeit darüber, ob Art. 16 EG überhaupt die Anwendung des Art. 86 EG beeinflussen kann[614].

Um zu klären, welche Funktion dem Art. 16 EG zukommt, ist die Stellung der Vorschrift im EG-Vertrag zu berücksichtigen. Art. 16 EG wurde in den Grundsatznormen des EG-Vertrages verankert. Diese Normen benennen die allgemeine Zielsetzung der Gemeinschaft und beanspruchen Gültigkeit für den gesamten Anwendungsbereich der Verträge[615]. Sie sind bei der Anwendung und Auslegung der anderen Vertragsbestimmungen zu berücksichtigen[616]. Der Regelungsinhalt des Art. 16 EG erlangt daher als Auslegungsdirektive im Rahmen der Interpretation einzelner Tatbestandsmerkmale des Art. 86 Abs. 2 EG Bedeutung[617].

Allerdings lässt der Wortlaut allein zunächst keinen Rückschluss auf den Inhalt des Art. 16 EG zu: Die Vorschrift betont nur, dass die Mitgliedstaaten und die Gemeinschaft bei der Ausübung ihrer Befugnisse sicherstellen müssen, dass die allgemeinwirtschaftlichen Dienste ihren Aufgaben nachkommen können. Konkretisieren lässt sich die Funktion des Art. 16 EG aber unter Berücksichtigung der Stellung der gemeinwohlorientierten Dienste im EG-Vertrag und der Entstehungsgeschichte der Vorschrift. Die von Art. 16 EG wie von Art. 86 Abs. 2 EG erfassten, gemeinwohlorientierten Unternehmen stellen in der marktwirtschaftlichen Wirtschaftsverfassung des EG-Vertrages einen Fremdkörper dar: Sie unterliegen staatlichen Zwängen wie beispielsweise der Vorgabe einer flächendeckenden Versorgung der Bevölkerung zu günstigen Preisen, die in der Regel nur dann zu erfüllen sind, wenn zugleich in den Wettbewerb steuernd eingegriffen wird. Dies ist jedoch auch nach Einführung des Art. 16 EG nur ausnahmsweise nach Maßgabe des Art. 86 Abs. 2 EG gestattet.

Nach dem Willen der Vertragsstaaten soll Art. 16 EG aber diese gemeinwohlorientierte Unternehmen schützen und sicherstellen, dass sie ihren Aufgaben nachkommen können. Dieses politische Ziel könnte unter Zugrundelegung der oben skizzierten, restriktiven Auslegung des Art. 86 Abs. 2 S. 1 EG aber praktisch nicht verwirklicht werden, da eine Ausnahme von den Wettbewerbsregeln

---

613 Schwarze-*Hatje*, Art. 16 EGV Rn. 9; Callies/Ruffert-*Jung*, Art. 16 EG Rn. 12; *Luthe*, SGb 2000, S. 585 (594); a.A. Lenz-*ders.*, Art. 16 EG Rn. 9.

614 Callies/Ruffert-*Jung*, Art. 16 EG Rn. 13; Lenz-*ders.*, Art. 16 EG Rn. 9.

615 *Oppermann*, Europarecht, § 6 Rn. 477; Schwarze-*Hatje*, Art. 16 EGV Rn. 8; Callies/Ruffert-*Jung*, Art. 16 EG Rn. 13.

616 Lenz-*ders.*, Art. 16 EG Rn. 10; Schwarze-*Hatje*, Art. 16 EGV Rn. 5.

617 *Axer*, NZS 2002, S. 57 (64).

wie gezeigt im Regelfall nicht in Betracht käme. Die Unternehmen würden letztlich durch ein enges Verständnis der Ausnahmevorschrift daran gehindert, die ihnen übertragenen Aufgaben wahrzunehmen. Aus der in Art. 16 EG niedergelegten positiven Verpflichtung folgt daher, dass Art. 86 Abs. 2 EG so ausgelegt werden muss, dass eine Wahrnehmung dieser Dienste durch Unternehmen unter Abweichung vom Wettbewerbsrecht möglich bleibt[618]. Die oben dargestellte Beschränkung des Art. 86 Abs. 2 S. 1 EG auf den Ausschluss offensichtlicher Beurteilungsfehler entspricht diesem Erfordernis. Sie trägt der Kompetenz der Mitgliedstaaten zum Einsatz von Unternehmen zur Erfüllung der Dienstleistungen von allgemeinem wirtschaftlichen Interesse ausreichend Rechnung. Art. 16 EG bestätigt damit das aus dem Zweck des Art. 86 Abs. 2 EG abgeleitete, erweiternde Verständnis des Art. 86 Abs. 2 S. 1 EG[619].

c. Folgerungen für die Erforderlichkeit wettbewerbsbeschränkender Maßnahmen im Bereich der Leistungsbeschaffung

Die Frage, ob eine Einschränkung der Wettbewerbsregeln zur Sicherstellung einer wirtschaftlichen Leistungsbeschaffung erforderlich ist, hat somit von der Organisationsentscheidung des Mitgliedstaates auszugehen, die Sozialversicherungsträger mit der Aufgabe einer wirtschaftlichen Leistungsbeschaffung zu beauftragen. Die Erforderlichkeit bestimmt sich allein danach, ob diese Sozialversicherungsträger zur Erfüllung der ihnen übertragenen Aufgaben einer Ausnahme von den Wettbewerbsregeln bedürfen, ohne dass alternative Gestaltungsformen in Betracht gezogen werden können. Denn die Entscheidung, der Ausgabensteigerung durch eine Einflussnahme auf den Nachfragevorgang und nicht durch Beitragssatzerhöhungen oder anderer Maßnahmen entgegenzuwirken, ist politischer Natur und kann gemeinschaftsrechtlich nicht allein unter dem Aspekt der wirtschaftlichen Auswirkungen auf den Wettbewerb beurteilt werden[620].

Entgegen der vom Oberlandesgericht Düsseldorf und Teilen der Literatur vertretenen Auffassung ist die Übertragung wettbewerbsbeschränkender Befugnisse

---

618 *Badura*, Wirtschaftliche Betätigung der öffentlichen Hand, S. 25 (30), in: Schwarze (Hrsg.), Daseinsvorsorge im Lichte des Wettbewerbsrechts.

619 Nach Generalanwalt *Alber* unterstreicht Art. 16 EG die Bedeutung des Art. 86 Abs. 2 EG als „*Ausdruck einer grundlegenden Wertentscheidung des Gemeinschaftsrechts*“, vgl. Schlussanträge Slg. 2001, I-4109 (4133) Rn. 94 – TNT Traco/Ente Poste Italiane; ähnlich *Reich*, EuZW 2000, S. 653 (657).

620 Eine Erhöhung der Beiträge stellt unter rein wettbewerblichen Gesichtspunkten ein milderes Mittel zur Bekämpfung der Kostensteigerungen dar als beispielsweise die kollektive Einflussnahme auf eine Marktseite. Sie widerspricht allerdings dem Grundsatz der Beitragsatzstabilität und damit der politischen Vorgabe des Gesetzgebers, die Beiträge zur Krankenversicherung auf möglichst niedrigem Niveau zu halten.

an die Krankenkassen bzw. deren Verbände als Nachfrager daher nicht schon deshalb unzulässig, weil alternativ eine Wahrnehmung dieser Befugnisse durch unabhängige staatliche Stellen, etwa durch die Bundesregierung in Form einer Rechtsverordnung, in Betracht kommt[621]. Es handelt sich zwar insoweit um eine geringere Beeinträchtigung des Wettbewerbs, als nach den bisherigen Feststellungen in diesen Fällen kein Verstoß gegen die Art. 81, 82 EG vorliegt[622]. Würde man mit Hinweis darauf jedoch die Erforderlichkeit einer Ausnahme zugunsten der Sozialversicherungsträger verneinen, so würden die Mitgliedstaaten letztlich zu einer hoheitlichen Ausgestaltung der Leistungsbeschaffung gezwungen, um jegliche Konflikte mit den Art. 81, 82 EG zu vermeiden. Den Krankenkassen könnte zwar die Aufgabe der Leistungsbeschaffung, nicht aber die entsprechenden Instrumente zur Sicherstellung einer wirtschaftlichen Leistungsbeschaffung übertragen werden. Dies ist mit Art. 86 Abs. 2 EG, der ausdrücklich den Einsatz von Unternehmen gestattet, nicht vereinbar[623]. Die Voraussetzung des Art. 86 Abs. 1 S. 1 EG wird von den Krankenkassen und ihren Verbänden somit schon dann erfüllt, wenn sie die Aufgabe einer wirtschaftlichen Leistungsbeschaffung ohne entsprechende Eingriffe in den Wettbewerb nicht erfüllen können.

2. Begrenzung durch das Wettbewerbsinteresse der Gemeinschaft nach Art. 86 Abs. 2 S. 2 EG

Näher zu bestimmen ist, wann eine nach Art. 86 Abs. 2 S. 1 EG zulässige Beschränkung des Wettbewerbs das Gemeinschaftsinteresse an einem unverfälschten Wettbewerb so beeinträchtigt, dass eine Rechtfertigung wegen der Auswirkungen auf die Entwicklung des Handelsverkehrs nach Art. 86 Abs. 2 S. 2 EG ausscheiden muss. Vergleicht man die Vorschrift des Art. 86 Abs. 2 EG mit anderen Abweichungen vom Wettbewerbsprinzip im EG-Vertrag, so zeigt sich, dass eine Ausnahme auf Fälle beschränkt sein muss, in denen die Abweichung allokationstheoretisch zu rechtfertigen ist (unten a.). Daraus lässt sich weiter ableiten, dass auch nationale Gerichte dazu befugt sind, die nach Art. 86 Abs. 2 S. 2 EG erforderliche Abwägung vorzunehmen (unten b.). Im Bereich der Leistungsbeschaffung beschränkt Art. 86 Abs. 2 S. 2 EG die Rechtfertigung von Wettbewerbsbeschränkungen auf die Fälle, in denen das Ziel einer wirtschaftli-

---

621 OLG Düsseldorf, Pharma Recht 1999, S. 283 (298); *Ebsen*, Öffentlich-rechtliches Handeln von Krankenkassen als Gegenstand des Wettbewerbsrechts ? S. 298 (311), in: Igl (Hrsg.), Gesundheitswesen in der Wettbewerbsordnung; *Koenig/Sander*, WuW 2000, S. 975 (984); *Gassner*, VSSR 2000, S. 121 (143).

622 Vgl. aber zu der direkten Überprüfung hoheitlicher Maßnahmen am Grundsatz des unverfälschten Wettbewerbs im Folgenden unter § 6.

623 *Reich*, EuZW 2000, S. 653 (657).

chen Leistungsbeschaffung unter Wettbewerbsbedingungen nicht zu erreichen ist (unten c.).

a. Allokationstheoretische Rechtfertigung der Ausnahmen

Die zentrale Stellung des unverfälschten Wettbewerbs im EG-Vertrag basiert auf der Vorstellung, dass grundsätzlich das Konkurrenzverhalten auf dem Markt das ökonomisch beste Ergebnis hervorbringt und so zur Erreichung der Ziele der Art. 2, 3 EG beiträgt. Eingriffe in diesen Prozess sind nach dem bisher Gesagten nur dann zulässig, wenn ausnahmsweise mit der Beschränkung des Wettbewerbs bessere Ergebnisse erzielt werden: Dieser Gedanke liegt sowohl der Praxis der Tatbestandsreduktion im Rahmen des Art. 81 Abs. 1 EG wie auch der Freistellungsklausel des Art. 81 Abs. 3 EG zugrunde. Daraus lässt sich schließen, dass der EG-Vertrag Beschränkungen des Wettbewerbs nur dann zulässt, wenn das Prinzip „Wettbewerb" nicht funktioniert[624]. An diesem Grundsatz muss sich auch die Anwendung des Art. 86 Abs. 2 EG ausrichten:

Nach der oben entwickelten Konzeption des Art. 86 Abs. 2 S. 1 EG wird der Einsatz von Unternehmen zur Durchsetzung nationaler Ziele sowie die Einräumung wettbewerbsbeschränkender Kompetenzen prinzipiell vom Gemeinschaftsrecht hingenommen. Die Grenze ist erst dann überschritten, wenn die Kompetenzen offensichtlich nicht notwendig zur Sicherung der Aufgabenerfüllung sind oder eindeutig über das Maß des Erforderlichen hinausgehen[625]. Art. 86 Abs. 2 S. 1 EG vermag damit nur extreme Verstöße gegen das Prinzip unverfälschten Wettbewerbs auszuscheiden.

Es erscheint aber auch darüber hinaus nicht hinnehmbar, wenn der Wettbewerb als Verfahren der Güterverteilung beschränkt wird, obwohl er zu ökonomisch erwünschten Ergebnissen führt. Ein solches Vorgehen wären mit der Grundvorstellung des Wettbewerbs als Allokationsprimat nicht in Einklang zu bringen, unabhängig davon, ob ein offensichtlicher Verstoß vorliegt oder nicht. Es muss daher sichergestellt werden, dass der Wettbewerb nur dann beschränkt oder ausgeschlossen werden kann, wenn ein Versagen dieses Koordinationsinstruments vorliegt[626]. Da S. 1 aus den oben genannten Gründen keine sinnvolle Begrenzung der Ausnahmen zulässt, hat diese Einschränkung über S. 2 zu erfolgen, der ausdrücklich auf das Gemeinschaftsinteresse Bezug nimmt. Die Rechtfertigung einer nach Art. 86 Abs. 1 S. 1 EG zulässigen Wettbewerbsbeschränkung hängt

624 *Fesenmair*, Öffentliche Dienstleistungsmonopole, S. 214.
625 EuGH Slg. 1993, I-2533 (2569) Rn. 19 - Corbeau.
626 *Fesenmair*, Öffentliche Dienstleistungsmonopole, S. 214.

somit davon ab, ob im Einzelfall tatsächlich ein Marktversagen vorliegt, wobei auf das mitgliedstaatlich definierte Ziel abzustellen ist: Kann beispielsweise die Aufgabe der flächendeckenden Versorgung zu erschwinglichen Preisen auch unter Wettbewerbsbedingungen sichergestellt werden, sind Beschränkungen des Wettbewerbs in Form von Ausschließlichkeitsrechten unzulässig. Diese Interpretation gleicht die Ausweitung des Anwendungsbereichs durch die oben skizzierte Auslegung des Art. 86 Abs. 2 S. 1 EG aus und stellt sicher, dass nur „erforderliche" Beschränkungen legitimiert werden.

Diese Bindung der Ausnahme nach Art. 86 Abs. 2 EG an allokationstheoretische Überlegungen liegt auch den bereits erwähnten Entscheidungen des Gerichtshofs zu den Versorgungsmonopolen zugrunde. Die Unternehmen waren in allen Fällen dazu verpflichtet, auch unrentable Bereiche abzudecken und dabei gleichwohl die Leistungen zu wirtschaftlich tragbaren Bedingungen zur Verfügung zu stellen. Dies konnte nur durch Einräumung einer umfassenden Monopolstellung mit der Möglichkeit eines Ausgleichs zwischen rentablen und unrentablen Bereichen sichergestellt werden[627]. Denn ohne diese Monopolstellung hätte die Gefahr bestanden, dass sich Konkurrenzunternehmen, die nicht zur Leistung in unrentablen Bereichen verpflichtet sind, auf diesen rentablen Bereich konzentrieren, womit die Möglichkeit einer Quersubventionierung ausscheiden würde[628]. Das Ziel einer flächendeckenden und gleichzeitig kostengünstigen Versorgung war unter Wettbewerbsbedingungen somit nicht zu verwirklichen, weshalb letztlich die Schaffung der Monopole nach Art. 86 Abs. 2 EG gerechtfertigt war.

Nichts anderes gilt im Sozialbereich, wo die Ausnahmen nach Art. 86 Abs. 2 EG ebenfalls auf Fälle allokativen Marktversagens beschränkt sind. Zwar scheint der Gerichtshof vordergründig soziale Aspekte zur Begründung der Rechtfertigung heranzuziehen, wenn er auf die solidarische Funktion der Fonds in Gestalt einer Verpflichtung zur Aufnahme der Versicherten unabhängig vom Risiko und einer Befreiung von der Beitragszahlung bei Arbeitsunfähigkeit verweist. Allerdings diente der Hinweis auf diese Verpflichtungen der Fonds nur dazu, ihre fehlende Wettbewerbsfähigkeit gegenüber privaten Anbietern zu untermauern: Es bedurfte einer Monopolstellung, um ein Abwandern „guter" Risiken zu den privaten Konkurrenzunternehmen, welche nicht diesen sozialpolitisch motivierten Zwängen unterliegen, zu verhindern[629]. Damit stand nicht die Erfüllung einer sozialen Aufgabe, sondern die allokationstheoretischen Folgen dieser Erfüllung bei der Rechtfertigung im Vordergrund. Mit dieser Interpretation des Art. 86

627 *Fesenmair*, a.a.O., S. 219; *Heinemann*, Grenzen staatlicher Monopole, S. 184.
628 Lenz-*Grill*, Art. 86 EG Rn. 27.
629 Vgl. EuGH Slg. 1999, I-5863 (5894) Rn. 109/110.

Abs. 2 EG lassen sich schließlich auch die Fälle erfassen, in denen der Gerichtshof aus dem solidarischen Charakter einer Tätigkeit deren hoheitliche Natur gefolgert hat. Wie erörtert geht der Gerichtshof bei einem umlagefinanzierten Versicherungssystem, bei dem die Beiträge und Leistungen gesetzlich festgelegt sind davon aus, dass die Verwaltung dieses Systems keine unternehmerische Tätigkeit darstelle[630]. Tatsächlich führt diese Umlagefinanzierung zur Durchsetzung des sozialen Ziels der Umverteilung zu den beschriebenen Wettbewerbsdefiziten, wie sie hier der Anwendung des Art. 86 Abs. 2 EG zugrundegelegt werden. Entsprechende Versicherungssysteme erfüllen damit stets die Voraussetzungen des Art. 86 Abs. 2 EG. Die Bindung der Ausnahmevorschrift an allokationstheoretische Rechtfertigungsgründe führt somit auch hier zu sachgerechten Lösungen. Die Abgrenzungsprobleme, die mit der vom Gerichtshof vorgenommenen Differenzierung zwischen den Versicherungssystemen entstehen können, werden so vermieden.

Abweichung von den Wettbewerbsregeln kommen somit auch im Sozialbereich nur in Betracht, wenn sie wettbewerbstheoretisch zu legitimieren sind. Dem steht weder die ausschließliche Zuständigkeit der Mitgliedstaaten im Sozialbereich noch die Auslegungsdirektive des Art. 16 EG entgegen. Denn die Mitgliedstaaten werden durch Art. 4 EG ausdrücklich auf den Grundsatz einer offenen Marktwirtschaft mit freiem Wettbewerb verpflichtet. Dies gilt auch in Bereichen, die allein in die Kompetenz der Mitgliedstaaten fallen, wie die in Art. 98 EG niedergelegte, explizite Bindung der Mitgliedstaaten an den Grundsatz im Bereich der Wirtschaftspolitik zeigt. Die Mitgliedstaaten sind daher auch im Sozialbereich verpflichtet, im Einklang mit den Prinzipien des freien Wettbewerbs zu handeln, wie der Gerichtshof bereits mehrfach betont hat. Im Rahmen des Art. 86 Abs. 2 EG bedeutet dies, dass der Wettbewerb nicht beliebig außer Kraft gesetzt oder beschränkt werden darf, sondern nur dann, wenn nachgewiesen werden kann, dass das mitgliedstaatliche Ziel unter Wettbewerbsbedingungen nicht zu erreichen ist.

Zu klären ist noch, ob Art. 86 Abs. 2 S. 2 EG nur solche Abweichungen von den Vertragsvorschriften untersagt, welche neben der unzulässigen Beschränkung des Wettbewerbs zugleich die Entwicklung des Handelsverkehrs auch gemeinschaftsweit gesehen wesentlich beeinträchtigen. Ein solches quantitatives Verständnis könnte aus der Formulierung des Art. 86 Abs. 2 S. 2 EG zu schließen sein, wonach auf das Ausmaß der Beeinträchtigung des Handelsverkehrs abgestellt wird. Dies hätte zur Folge, dass eine nach den bisherigen Kriterien nicht zu rechtfertigende Beschränkung des Wettbewerbs nur dann an Art. 86 Abs. 2 S. 2

630 Siehe oben unter § 2 B I 1 c.

EG scheitern würde, wenn sie nicht nur einzelne Produkte betrifft, sondern sich darüber hinaus auf den Handel auswirkt[631].

Eine derartige Einschränkung ist aber abzulehnen, da sie der Konzeption des Art. 86 Abs. 2 EG widerspricht. Denn die Ausnahme gilt nur für bestimmte Dienstleistungen eines Unternehmens, die für sich genommen aber nur schwerlich den Handelsverkehr im gesamten Binnenmarkt beeinträchtigen können[632]. Würde man hier das Eingreifen der Beschränkung des S. 2 von einer Beeinträchtigung des freien Wirtschaftsverkehrs innerhalb der Gemeinschaft abhängig machen, so hätte dies zur Folge, dass die Vorschrift jegliche Begrenzungsfunktion verlöre, was vor dem Hintergrund der weiten Auslegung des Art. 86 Abs. 2 S. 1 EG kaum vertretbar erscheint. Es muss daher genügen, wenn sich der unzulässige Ausschluss des Wettbewerbs auf den betroffenen Handelsverkehr negativ auswirkt. Das Ziel, unwesentliche Beeinträchtigungen des Wettbewerbs auszuscheiden, wird bereits durch das Merkmal der Spürbarkeit im Rahmen des Art. 81 Abs. 1 EG erreicht, dessen Tatbestandsmerkmale für die Anwendung des Art. 86 Abs. 2 EG zwingend vorliegen müssen.

Festzuhalten bleibt daher, dass die Entwicklung des Handelsverkehrs durch den Eingriff nur dann nicht mehr als notwendig beeinträchtigt wird, wenn die Abweichung wettbewerbstheoretisch legitimierbar ist. Kann die Aufgabe dagegen auch unter Wettbewerbsbedingungen erfüllt werden, hat das Gemeinschaftsinteresse Vorrang: Die Wettbewerbsregeln finden Anwendung und beschränken damit die autonomen Entscheidungsbefugnisse der Mitgliedstaaten[633].

b. Befugnis der nationalen Gerichte zur Abwägung

Die oben skizzierte Abwägung, ob die nationale Aufgabe auch unter Wettbewerbsbedingungen zu erfüllen ist, kann vom einzelstaatlichen Richter auch ohne Kommissionsentscheidung vorgenommen werden. Art. 86 Abs. 3 EG ermächtigt die Kommission zur Konkretisierung, beinhaltet aber keinen Vorbehalt über die Anwendung der Norm im Einzelfall[634]. Das Gemeinschaftsinteresse an einem unverfälschten Wettbewerb ist in den Grundsatzbestimmungen der Art. 2, 3 Abs. 1 lit. g EG normiert und durch die Rechtsprechung des Gerichtshofs hinreichend klar bestimmt. Da das jeweilige Unternehmen bzw. der jeweilige Mit-

---

631 *Fesenmair*, a.a.O., S. 213 m.w.N.

632 Immenga/Mestmäcker-*Mestmäcker*, EG-Wettbewerbsrecht Band 2, Art. 37, 90 Kap. D Rn. 62.

633 Schlussanträge Generalanwalt *Tesauro* in der Rechtssache Frankreich/Kommission, Slg. 1991, I-1223 (1243) Rn. 11.

634 *Bala*, Art. 90 Abs. 2 EGV im System unverfälschten Wettbewerbs, S. 103.

gliedstaat das Vorliegen der Voraussetzungen des Art. 86 Abs. 2 EG beweisen muss, verfügt der nationalstaatliche Richter über die Entscheidungsgrundlage um festzustellen, ob dieses Gemeinschaftsinteresse einer Ausnahme entgegensteht. Nur wenn das Unternehmen hinreichend dargelegt hat, warum es eines Eingriffs in den Wettbewerb zur Erfüllung der festgelegten Aufgabe bedarf, kommt eine Ausnahme in Betracht. Reicht der Vortrag nicht aus oder ist das Gericht der Meinung, dass es überhaupt keines Eingriffs bedurfte, ist eine Ausnahme dagegen zu versagen. Damit sind keine Gründe ersichtlich, die gegen eine entsprechende Befugnis der nationalen Gerichte zur Anwendung des Art. 86 Abs. 2 S. 2 EG sprechen würden. Sollten gleichwohl einmal Zweifel im Hinblick auf gemeinschaftsrechtliche Anforderungen bestehen, kann das Verfahren ausgesetzt und zur Klärung nach Art. 234 EG dem Europäischen Gerichtshof vorgelegt werden.

c. Die Marktdefizite im Bereich der Leistungsbeschaffung als Grundlage einer Rechtfertigung

Beschränkungen des Wettbewerbs durch die Krankenkassen bzw. die Krankenkassenverbände sind dann nach Art. 86 Abs. 2 EG gerechtfertigt, wenn das Ziel einer wirtschaftlichen Leistungsbeschaffung zur Sicherung der finanziellen Stabilität unter Bedingungen des freien Wettbewerbs nicht zu erreichen ist. Auch wenn sich dies im Einzelfall nur anhand des konkreten Eingriffs beantworten lässt, so deuten doch bereits die besonderen Marktverhältnisse im Bereich der Leistungsbeschaffung darauf hin, dass hier die Voraussetzungen für ein Überwiegen des nationalen Interesses vorliegen. Es kommt hier als Folge des Sachleistungsprinzips zu einer Dreiteilung der Nachfrageseite, die wiederum bewirkt, dass der Preis als Auswahlkriterium bei der konkreten Auswahlentscheidung kaum eine Rolle spielt. Bei dieser Wettbewerbssituation ist eine wirtschaftliche Leistungsbeschaffung durch die Krankenkassen, welche die Kosten tragen, ohne Einwirkung auf die Preiskomponente nicht zu gewährleisten[635]. Der unbeeinflusste Wettbewerb kann daher eine umfassende Versorgung der Versicherten bei gleichzeitiger Erhaltung der finanziellen Stabilität der gesetzlichen Krankenversicherung nicht sicherstellen.

[635] *Reich*, Wirkungen des Wettbewerbs, S. 449 (466), in: Igl (Hrsg.), Gesundheitswesen in der Wettbewerbsordnung; *ders.*, EuZW 2000, S. 653 (656).

3. Anwendung des Art. 86 Abs. 2 EG auf Wettbewerbsbeschränkungen bei der Leistungsbeschaffung

a. Festbetragsfestsetzung für Hilfs- und Arzneimittel, §§ 35, 36 SGB V

Die wettbewerbsbeschränkende Wirkung der Festbetragsfestsetzung liegt in der kollektiven Festsetzung der Ankaufspreise, die nur dann nach Art. 86 Abs. 2 EG zu rechtfertigen ist, wenn sie nicht offensichtlich über das Maß des Erforderlichen hinausgeht und wenn sie lediglich Wettbewerbsdefizite ausgleicht.

Wie bereits dargestellt, reagieren die Hersteller von Arznei- und Hilfsmitteln auf das geänderte Nachfrageverhalten der Versicherten langfristig mit einer Senkung der Preise, was sich in niedrigeren Ausgaben der Krankenkassen für diese Mittel niederschlägt. Auf der anderen Seite lässt sich nachweisen, dass hohe Arzneimittelausgaben unmittelbar mit Budgetdefiziten und in der Folge mit Beitragssatzsteigerungen zusammenhängen[636]. Berücksichtigt man das zuletzt mit der Festbetragsregelung veranschlagte Einsparvolumen von 3 Mrd. DM[637], so können die betroffenen Verbände hinreichend darlegen, dass ohne die Festbetragsfestsetzung die Wirtschaftlichkeit der Leistungsbeschaffung und damit die Sicherung der finanziellen Stabilität der gesetzlichen Krankenversicherung gefährdet wäre[638]. Den positiven Nachweis, dass keine andere, weniger einschränkende Maßnahme in Betracht kommt, müssen sie nach der Rechtsprechung des Gerichtshofs nicht führen.

Fraglich könnte lediglich sein, ob nicht statt der kollektiven Festsetzung der Festbeträge durch die Verbände als milderes Mittel eine Festsetzung durch die einzelne Krankenkasse nach den gleichen Festsetzungskriterien erfolgen kann. Es ist allerdings zweifelhaft, ob diese Maßnahme gleich geeignet wäre, da beispielsweise die Vorgaben nach § 35 SGB V hinreichend Spielraum für unterschiedliche Festsetzungen lassen; bei einer Festsetzung durch jede Kasse bestünde daher die Gefahr unterschiedlich hoher Festbeträge, mit der Folge, dass die Versicherten bei einem über dem Festbetrag liegenden Arznei- oder Hilfsmittel je nach Kassenzugehörigkeit unterschiedlich hohe Zuzahlungen in Kauf

---

636 Vgl. Sachverständigenrat für die Konzertierte Aktion im Gesundheitswesen, Addendum zum Gutachten 2000/2001, S. 11, 13: Im ersten Halbjahr 2001 stiegen die Arzneimittelausgaben mit 11 % überdurchschnittlich und trugen wesentlich zum Kassendefizit in Höhe von 4,9 Mrd. DM bei; sie waren damit mitursächlich für die in der Folge notwendige Beitragssatzerhöhung.

637 Vgl. Begründung zum Festbetrags-Anpassungsgesetz, BT-Drucks. 14/6408, S. 1.

638 *Axer*, NZS 2002, S. 57 (64); *Hänlein/Kruse*, NZS 2000, S. 165 (171); *Koenig/Sander*, WuW 2000, S. 975 (983).

nehmen müssten. Eine einheitlich wirtschaftliche Leistungsbeschaffung wäre dann nicht mehr gewährleistet. Eine offensichtlich über das Maß des Erforderlichen hinausgehende Beschränkung des Wettbewerbs wird durch die kollektive Festsetzung somit nicht bewirkt.

Wegen der beschriebenen Wettbewerbsdefizite verstößt die Festbetragsfestsetzung letztlich auch nicht gegen das Gemeinschaftsinteresse an einem unverfälschten Wettbewerb. Ohne eine entsprechende Einwirkung würde es wegen der Preisunempfindlichkeit der Nachfrage zu deutlich höheren Ausgaben für Arznei- und Heilmittel kommen. Angesichts dieses Allokationsdefizits ist es im Rahmen von Art. 86 Abs. 2 S. 2 EG nicht zu beanstanden, wenn der Mitgliedstaat zu der Einschätzung kommt, dass ein Eingriff in die Preisgestaltungsfreiheit notwendig ist, um das Ziel einer wirtschaftlichen Leistungsbeschaffung zu erreichen[639].

b. Wettbewerbsbeschränkungen durch Kombination von Kollektivverträgen, Höchstpreisfestsetzung und Zulassungsregulierung

Mit der in den §§ 125 Abs. 2 S. 2, 127 Abs. 2 S. 4 SGB V getroffenen Ausgestaltung hat die Bundesrepublik Deutschland gegen Art. 86 Abs. 1 EG verstoßen. Die Kombination von Kollektivverträgen, Zulassungsentscheidungen und Preisfestsetzung ist daher nur dann mit dem Gemeinschaftsrecht vereinbar, wenn eine Rechtfertigung über Art. 86 Abs. 2 EG in Betracht kommt.

Da sich ein Preiswettbewerb von vornherein nur unterhalb des festgesetzten Höchstpreises entwickeln kann, ist diese Ausgestaltung grundsätzlich geeignet, eine kostengünstige Leistungsbeschaffung zu gewährleisten. Fraglich ist aber, ob nicht als milderes Mittel ein Abschluss der Verträge mit einzelnen Kassen statt mit den Kassenverbänden erfolgen kann. Hiergegen bestehen aber ähnliche Bedenken wie im Falle der Festbetragsfestsetzung: Die Versorgung der Versicherten zu einheitlichen Bedingungen wäre nicht mehr gewährleistet, sondern würde von Kasse zu Kasse divergieren. Im Hinblick auf den mitgliedstaatlichen Gestaltungsspielraum ist die Kombination von Kollektivverträgen mit Höchstpreisen und einer Zulassungsregulierung daher erforderlich im Sinne des Art. 86 Abs. 2 S. 1 EG. Da sie zudem dazu dient, die Preisunempfindlichkeit der Nachfrage im Bereich der Leistungsbeschaffung auszugleichen und damit zur

---

639 *Axer*, NZS 2002, S. 57 (64); *Reich*, EuZW 2000, S. 653 (656 f.); a.A. *Slot*, E.C.L.R. 2003, S. 580 (593), der u.a. davon ausgeht, dass der durch die Festbetragsfestsetzung bewirkte Eingriff in den Wettbewerb unverhältnismäßig ist.

Sicherung der finanziellen Stabilität der gesetzlichen Krankenversicherung beizutragen, ist sie auch angemessen im Sinne des Art. 86 Abs. 2 S. 2 EG.

§ 6 Grenzen für hoheitliche Beschränkungen des Wettbewerbs bei der Leistungsbeschaffung

Offen bleibt nach dem bisherigen Ergebnis der Untersuchung, unter welchen Voraussetzungen die Positiv- und Negativliste bzw. die Festbetragsfestsetzung durch Rechtsverordnung nach § 35a SGB V einer gemeinschaftsrechtlichen Kontrolle unterworfen werden können. Berücksichtigt man die von ihnen ausgehenden wettbewerbsbeschränkenden Wirkungen und die bisher ermittelten Grenzen hierfür, so zeigt sich, dass im Hinblick auf derartige hoheitliche Regelungen eine Lücke im Schutz vor Beschränkungen des Wettbewerbs besteht (unten I.). Dieses nicht auf den Bereich der Leistungsbeschaffung beschränkte, sondern alle Wirtschaftsbereiche betreffende Defizit wurde in der Literatur schon früh erkannt und durch Ansätze zur Kontrolle jeglicher staatlichen Handlungen anhand der Grundsätze des unverfälschten Wettbewerbs auszugleichen versucht (unten II.). Im folgenden soll zunächst die Tragfähigkeit dieser Lösung überprüft werden (unten III.), bevor die hoheitlichen Beschränkungen im Bereich der Leistungsbeschaffung einer entsprechenden Kontrolle unterzogen werden (unten IV.).

I. Lücke im Schutz des Wettbewerbs bei Beschränkungen durch hoheitliche Regelungen

Nach den im ersten Teil der Untersuchung getroffenen Feststellungen kann kein Zweifel daran bestehen, dass Positiv- und Negativliste wie auch die Festbetragsfestsetzung nach § 35a SGB V die Handlungsfreiheit der Anbieter und damit auch den Wettbewerb beschränken. Sie nehmen aber direkt auf das Verhalten der Marktteilnehmer Einfluss, ohne sich gezielt an bestimmte Unternehmen zu richten. Ein Verstoß gegen Art. 86 Abs. 1 EG war daher abzulehnen. Sofern man ungeachtet des Vorrangs des Art. 86 Abs. 1 EG als speziellere Regelung auf die Verpflichtung aus Art. 3 Abs. 1 lit. g, 10 Abs. 2 i.V.m. 81 EG zurückgreift, ergibt sich in der Sache kein anderes Ergebnis, da es an der hier notwendigen Akzessorietät zu einem unternehmerischen Verhalten fehlen würde: Die Rechtverordnungen regeln den Ausschluss der Produkte vom Markt bzw. die Festbeträge unmittelbar, ohne auf eine Absprache Bezug zu nehmen. Einer direkten Überprüfung dieser Maßnahmen anhand von Art. 3 Abs. 1 lit. g, 10 Abs. 2 i.V.m. 81 EG unter Verzicht auf die Akzessorietät stehen die bereits erörterten systematischen Bedenken entgegen[640]. Es bleibt daher nur eine Überprüfung anhand der Grundfreiheiten, welche diese Wettbewerbsverstöße aber wie erörtert nicht in ausreichender Weise erfassen können[641]. Zwar ist richtig, dass der Schutzumfang der Grundfreiheiten insofern umfassender ist, als auf das Spürbarkeitserfordernis verzichtet wird[642]. Dies ändert jedoch nichts an der Tatsache, dass den Grundfreiheiten primär die Funktion zukommt, eine Beschränkung des grenzüberschreitenden Handels zu verhindern, nicht aber vor Wettbewerbsverfälschungen zu schützen. Das hat die Untersuchung unter § 1 deutlich vor Augen geführt. Im Wettbewerbsrecht selbst ist eine dem Art. 28 EG vergleichbare Regelung, die jegliche Beeinträchtigungen des Wettbewerbs durch die Mitgliedstaaten untersagt, nicht explizit normiert. Bei hoheitlichen Beschränkungen besteht somit eine Lücke im Wettbewerbsschutz. Dies erscheint nicht nur vor dem Hintergrund bedenklich, dass der Gerichtshof aus Art. 3 Abs. 1 lit. g EG die Notwendigkeit eines grundsätzlich umfassenden Wettbewerbsschutzes folgert. Es besteht zudem die Gefahr, dass die Grenzen für staatliche Wettbewerbseingriffe bewusst umgangen werden, indem die Mitgliedstaaten verstärkt auf direkte hoheitliche Regulierungen zurückgreifen, um Wettbewerbsbeschränkungen durchzusetzen[643]. Das Festbetrags-Anpassungsgesetz, mit dem die Festbetragsfestsetzung für Arzneimittel durch die Spitzenverbände durch eine Festsetzung durch Rechtsverordnung ersetzt wurde, ist hierfür ein anschauliches Beispiel.

II. Ansätze in der Literatur zur Bindung der Mitgliedstaaten an den Grundsatz unverfälschten Wettbewerbs

Zur Vermeidung dieses unerwünschten Ergebnisses wurde in der Literatur nach Wegen gesucht, den Systemanspruch des Art. 3 Abs. 1 lit. g EG auch gegenüber staatlichen Wettbewerbsbeschränkungen einzulösen. Ausgangspunkt für eine Pflicht der Mitgliedstaaten, bei jeglichen staatlichen Maßnahmen das Prinzip des unverfälschten Wettbewerbs zu beachten, ist dabei die Vertragszielbestimmung des Art. 3 Abs. 1 lit. g EG sowie die in Art. 10 Abs. 2 EG niedergelegte Treuepflicht der Mitgliedstaaten. Statt jedoch auf die Verknüpfung mit unternehmerischem Handeln abzustellen, greifen die in der Literatur vertretenen Ansichten auf einen wettbewerbsfunktionaler Ansatz zurück: Für einen Verstoß komme es nur darauf an, ob die staatliche Maßnahme wegen ihrer Wirkung auf den Wett-

---

640 Siehe unter § 3 I Ziff. 2 b.

641 A.A. *Ehricke*, a.a.O., S. 136 f.

642 *Ehricke*, Staatliche Eingriffe in den Wettbewerb , S. 135; *Schwarze*, EuZW 2000, S. 613 (622).

643 *Dreher*, WuW 1994, S. 193 (204); *Ehricke*, Staatliche Eingriffe in den Wettbewerb, S. 100; *ders.*, EuZW 1990, S. 507 (509).

bewerb mit dem Prinzip unverfälschten Wettbewerbs unvereinbar sei[644]. Diese sehr allgemein gehaltene Pflicht bedarf allerdings der Konkretisierung, um praktisch handhabbar zu sein, da sie noch keine Aussage darüber trifft, wann hoheitliches Handeln im Einzelfall das Wettbewerbsprinzip beeinträchtigt und wann nicht. Überwiegend wird hierzu der Vorschlag gemacht, den Inhalt dieser Verpflichtung anhand der in den Art. 81, 82 EG zum Ausdruck kommenden Wertungen zu konkretisieren. Der staatlichen Maßnahme muss danach objektiv dieselbe Funktion wie einer Vereinbarung nach Art. 81 Abs. 1 EG zukommen[645]. Werde beispielsweise durch eine solche hoheitliche Maßnahme der Preiswettbewerb beseitigt oder die Absatzmengen beschränkt, und wirke sich dies über die nationalen Märkte hinaus auf den gemeinsamen Markt aus, widerspreche dies der in Art. 81 Abs. 1 lit. a, b EG niedergelegten Wertung[646]. In jedem Fall unzulässig sei eine Maßnahme jedenfalls dann, wenn der Wettbewerb durch sie völlig ausgeschaltet werde[647]. Nach anderer Ansicht soll die Verpflichtung nur solche staatlichen Maßnahmen erfassen, bei denen sich der Staat ein unternehmerisches Interesse zu eigen gemacht hat[648]. Die staatliche Maßnahme müsste somit zwar nicht akzessorisch zu einem unternehmerischen Verhalten sein, jedoch unternehmerisch motiviert sein[649].

Eine aus der Treuepflicht und der Zielbestimmung des Art. 3 Abs. 1 lit. g EG abgeleitete Kontrolle staatlicher Regelungen auf ihre Vereinbarkeit mit dem Prinzip unverfälschten Wettbewerbs muss jedoch auch die Verteilung der Kompetenzen zwischen Mitgliedstaaten und Gemeinschaft berücksichtigen. Die alleinige Zuständigkeit der Mitgliedstaaten in bestimmten Wirtschaftsbereichen schließt es aus, jegliche nationale Interventionsmaßnahme unter Berufung auf den Grundsatz unverfälschten Wettbewerbs zu untersagen[650]. Es bedarf daher

---

644 Immenga/Mestmäcker-*Mestmäcker*, EG-Wettbewerbsrecht Band 2, Art. 37, 90 Kap. B Rn. 49; *Dreher*, WuW 1994, 193 (207); *Schubert*, Der Gemeinsame Markt als Rechtsbegriff, S. 270; *Bach*, Wettbewerbsrechtliche Schranken, S. 255.

645 Immenga/Mestmäcker-*Mestmäcker*, a.a.O., Art. 37, 90 Kap. B Rn. 50; *Bauer*, Wettbewerbsbeschränkungen durch Staaten ?, S. 152; *Dreher*, a.a.O., 193 (205, 207); *Schubert*, a.a.O., S. 272; Generalanwalt *Lenz*, Schlussanträge in der Rs. „Vlaamse Reisbureaus", Slg. 1987, 3801 (3816) Rn. 42.

646 *Bach*, Wettbewerbsrechtliche Schranken, S. 258 f.

647 *Bach*, a.a.O., S. 258; ähnlich *Steinberger*, Staatliche Wirtschaftsinterventionen, S. 109 ff., die nur bei einem Ausschluss des Wettbewerbs oder vergleichbaren Eingriffen in den Kernbereich des Art. 3 Abs. 1 lit. g EG einen Verstoß ohne weiteres befürwortet; außerhalb des Kernbereichs bedürfe es einer Konkretisierung der Pflichten durch eine Gemeinschaftspolitik.

648 *Bauer*, Wettbewerbsbeschränkungen durch Staaten ?, S. 156.

649 *Giesen*, Sozialversicherungsmonopol, S. 66.

650 *Bach*, Wettbewerbsrechtliche Schranken, S. 249; *Niemeyer*, WuW 1994, S. 721 (728); *Ehricke*, WuW 1991, S. 183 (190).

eines Korrektivs zum Schutz legitimer Interessen der Mitgliedstaaten. Um die aus Art. 3 Abs. 1 lit. g, 10 Abs. 2 EG abgeleitete Pflicht sinnvoll zu begrenzen, wird vorgeschlagen, Beeinträchtigungen des Prinzips unverfälschten Wettbewerbs nur dann zuzulassen, wenn mit der Maßnahme gemeinschaftskompatible bzw. vertragskonforme Ziele verfolgt werden[651]. Vergleichend werden dabei die vom Gerichtshof im Rahmen von Art. 30 EG sowie im Rahmen der „zwingenden Erfordernisse" anerkannten Gründe zur Rechtfertigung von Eingriffen in die Grundfreiheiten herangezogen[652]. Ein Verstoß gegen Art. 3 Abs. 1 lit. g, 10 Abs. 2 EG kann beispielsweise dann gerechtfertigt sein, wenn er dem Ziel der Sicherung der finanziellen Stabilität der gesetzlichen Krankenversicherung dient[653]. Analog zu den Grundfreiheiten wird jedoch auch hier gefordert, dass der Mitgliedstaat bei der Einschränkung des Wettbewerbsprinzips den Grundsatz der Verhältnismäßigkeit zu achten habe[654]. Der Prognose- und Beurteilungsspielraum der Mitgliedstaaten bei wirtschaftspolitischen Entscheidungen beschränke die Verhältnismäßigkeitskontrolle jedoch auf den Ausschluss von Extremlösungen, so dass nur ganz offensichtlich unverhältnismäßige Maßnahmen ausgeschieden werden können[655].

III. Stellungnahme

Mit dem Ansatz der Literatur wird das von Art. 3 Abs. 1 lit. g EG geforderte System unverfälschten Wettbewerbs umfassend verwirklicht. Mitgliedstaaten können auch im hoheitlichen Bereich nicht mehr interessenpolitische Ziele ohne Rücksicht auf den Wettbewerb in der Gemeinschaft verfolgen. Fraglich ist jedoch, ob die Treuepflicht und das Verfassungsprinzip Wettbewerb eine ausreichende Grundlage für ein Verbot wettbewerbsbeschränkender Regelungen auch im hoheitlichen Bereich bilden können.

---

651 *Bach*, a.a.O., S. 259; *Steinberger*, a.a.O., S. 122.

652 *Bleckmann*, Das Verbot der Wettbewerbsverfälschung im EG-Vertrag, S. 271 (284), in: FS Lukes; *Schubert*, Der Gemeinsame Markt als Rechtsbegriff, S. 273; *Bach*, Wettbewerbsrechtliche Schranken, S. 260; *Ehricke*, WuW 1991, S. 183 (190).

653 *Bach*, a.a.O., ebenda.

654 *Bach*, a.a.O., S. 260 ff.; *Bleckmann*, Das Verbot der Wettbewerbsverfälschung im EG-Vertrag, S. 271 (284), in: FS Lukes; *Steinberger*, Staatliche Wirtschaftsinterventionen, S. 125 f.; Immenga/Mestmäcker-*Mestmäcker*, EG-Wettbewerbsrecht Band 2, Art. 37, 90 Kap. B Rn. 50; Monopolkommission, Hauptgutachten 1988/89, S. 408 ff.

655 *Bach*, a.a.O., S. 262; *Steinberger*, a.a.O., S. 125.

1. Verfassungsprinzip „Wettbewerb" und Treuepflicht als Kern eines Verbots staatlicher Wettbewerbsbeschränkungen

Dem Ansatz der Literatur könnte zunächst entgegengehalten werden, dass Art. 3 Abs. 1 lit. g EG lediglich ein Ziel der Gemeinschaft benenne und daher nicht aus sich heraus, sondern nur konkretisiert durch Sachnormen des Vertrages die Grundlage für eine Verpflichtung bilden könne[656]. Die Konkretisierung des Art. 3 Abs. 1 lit. g EG erfolgt in erster Linie durch die Art. 81, 82 EG, die sich aber nur an Unternehmen wenden und die zur Kontrolle staatlicher wettbewerbsbeschränkender Maßnahmen wie erörtert nicht geeignet sind. Zudem könnte eine Überprüfung staatlicher Maßnahmen anhand von Art. 3 Abs. 1 lit. g, 10 Abs. 2 EG auch gegen das Prinzip der begrenzten Ermächtigung verstoßen, da der EG-Vertrag ja gerade kein ausdrückliches, auch die Mitgliedstaaten verpflichtendes Verbot von Wettbewerbsbeschränkungen enthält[657].

Ein solch restriktives Verständnis des Art. 3 Abs. 1 lit. g EG würde jedoch weder dem dynamischen Charakter der Gemeinschaftsrechtsordnung noch der Funktion dieser Norm im Gefüge des EG-Vertrages gerecht. Es handelt sich bei dieser Vorschrift gerade nicht um einen bloßen Programmsatz sondern um ein verbindliches Rechtsprinzip mit zwingender Geltung für Gemeinschaft und Mitgliedstaaten[658]. Aus Art. 3 Abs. 1 lit. g EG direkt lässt sich die Notwendigkeit entnehmen, den Wettbewerb als Mittel zur Verwirklichung der Gemeinschaftsziele möglichst umfassend zu schützen: Es muss stets so viel Wettbewerb vorhanden sein, dass die grundlegenden Forderungen des Vertrages erfüllt werden können[659]. Eine Beschränkung dieses Wettbewerbs berührt die Bestandsgarantie des Art. 3 Abs. 1 lit. g EG, unabhängig davon, ob sie durch hoheitliche oder durch unternehmerische Entscheidungen erfolgt. Für letztere konkretisieren die Art. 81 ff. EG das in Art. 3 Abs. 1 lit. g EG niedergelegte Verbot der Beeinträchtigung des Wettbewerbsprinzips. Für hoheitliche Beschränkungen ohne Bezug zu unternehmerischem Verhalten muss dagegen, da diese weder direkt noch zusammen mit Art. 3 Abs. 1 lit. g, 10 Abs. 2 EG an den Wettbewerbsregeln gemessen werden können, unmittelbar auf den Verfassungsgrundsatz des Art. 3

---

656 *Niemeyer*, WuW 1994, S. 721 (727).

657 *Niemeyer*, a.a.O., S. 721 (728).

658 EuGH Slg. 1973, 215 (244) Rn. 23 – Continental Can; *Schubert*, Der Gemeinsame Markt als Rechtsbegriff, S. 260 ff.; *Mestmäcker*, Zur Anwendbarkeit der Wettbewerbsregeln auf die Mitgliedstaaten und die europäischen Gemeinschaften, S. 277 (283), in: FS Börner, S. 277 (285).

659 EuGH Slg. 1977, 1875 (1904) Rn. 20 – Metro/Kommission.

Abs. 1 lit. g zurückgegriffen werden[660]. Ein solches Verständnis des Art. 3 Abs. 1 lit. g EG als umfassendes Verbot von Wettbewerbsverfälschungen sichert, ähnlich wie die extensive Auslegung des Merkmals „Maßnahme gleicher Wirkung" durch den Gerichtshof im Rahmen von Art. 28 EG, die Verwirklichung der Ziele des EG-Vertrages, indem die einzelnen Vorschriften anhand systematischer und teleologischer Überlegungen ausgelegt und angewendet werden[661].

Dass auch aus der Zielbestimmung des Art. 3 Abs. 1 lit. g EG unmittelbare Verpflichtungen resultieren können, hat der Gerichtshof bezogen auf die Rechtssetzung durch Gemeinschaftsorgane in dem sogenannten „Altöl"-Urteil bestätigt[662]. Im Einzelnen ging es um die Frage, ob der Rat mit dem Erlass einer Richtlinie über Altölbeseitigung, in der das ausschließliche Recht bestimmter Unternehmen zur Sammlung von Altölen vorgesehen war, gegen EG-Recht verstoßen hatte. Der Gerichtshof betonte die Bedeutung des freien Warenverkehrs und des freien Wettbewerbs, die allgemeine Grundsätze des Gemeinschaftsrechts darstellen; an diesen Grundsätzen seien die Vorschriften der Richtlinien zu messen[663]. Damit wurde deutlich, dass die Gemeinschaftsorgane auch bei legislativen Akten den Grundsatz des freien Wettbewerbs zu achten haben und insoweit an Art. 3 Abs. 1 lit. g EG gebunden sind[664]. Entsprechendes muss dann auch für die Mitgliedstaaten gelten. Bei diesen kommt die in Art. 10 Abs. 2 EG niedergelegte Verpflichtung hinzu, die Ziele der Gemeinschaft nicht zu gefährden. Die Treuepflicht konkretisiert insoweit die Bindung an das „Verfassungsprinzip" des unverfälschten Wettbewerbs.

Zwar wird hiergegen angeführt, dass die Treuepflicht aus Art. 10 Abs. 2 EG keine Grundlage für eigenständige mitgliedstaatliche Pflichten bilden könne, da es sich um ein bloßes „Loyalitätsgebot" und keine Anspruchsnorm zur Begründung von Pflichten handle[665]. Der Gerichtshof begreift allerdings Art. 10 Abs. 2

---

660 So Generalanwalt *Mancini* in den Schlussanträgen im Verfahren Kommission/Frankreich: Der konkrete Inhalt des Art. 5 Abs. 2 (jetzt 10 Abs.2) bestimme sich nach spezifischen Vorschriften; Art. 5 Abs. 2 selbst könne dagegen nicht als Grundlage konkreter Pflichten der Staaten angesehen werden, *„es sei denn..., dass eine derartige Grundlage fehlt oder nicht geeignet ist, um gegen die Ziele des Vertrages verstoßende Handlungen oder Praktiken zu ahnden"*, Slg. 1985, 439 (442).

661 *Bleckmann*, Das Verbot der Wettbewerbsverfälschung im EWG-Vertrag, S. 271 (276), in: FS Lukes; allgemein zu der vorrangig auf teleologische und systematische Aspekte gestützten Auslegungspraxis des Gerichtshofs *ders.*, NJW 1982, S. 1177 (1181).

662 EuGH Slg. 1985, 531 – Procureur de la République/ADBHU.

663 EuGH a.a.O., 531 (548) Rn. 9.

664 *Bach*, Wettbewerbsrechtliche Schranken, S. 242.

665 *Ehricke*, Staatliche Eingriffe, S. 97 f., zu der aus Art. 3 Abs. 1 lit. g, 10 Abs. 2 i.V.m. 81, 82 EG abgeleiteten mittelbaren Verpflichtung der Mitgliedstaaten.

EG als allgemeine Verpflichtung der Mitgliedstaaten, deren konkreter Inhalt sich nicht nur aus einzelnen Vertragsbestimmungen, sondern auch aus

„den sich aus dem allgemeinen System des Vertrages ergebenden Rechtsnormen"

ergeben könne[666]. Für diese Sichtweise spricht nicht zuletzt auch der Wortlaut des Art. 10 Abs. 2 EG, der den Mitgliedstaaten ausdrücklich untersagt, die „Ziele" des Vertrages zu gefährden[667]. Bei der Verpflichtung, das Prinzip unverfälschten Wettbewerbs auch bei Maßnahmen im hoheitlichen Bereich zu beachten, handelt es sich um eine Pflicht, die sich wie dargelegt aus Art. 3 Abs. 1 lit. g EG ableiten und mittels der in den Art. 81, 82 EG zum Ausdruck kommenden Wertungen konkretisieren lässt. Die in Art. 81 Abs. 1 EG aufgeführten Beschränkungen wie etwa der Ausschluss des Preiswettbewerbs oder die Aufteilung der Märkte führen dazu, dass der Wettbewerb seine Integrationsfunktion nicht erfüllen kann, und werden daher vom Vertrag sanktioniert. Nichts spricht dagegen, diese Wertungen auf staatliche Maßnahmen zu übertragen: Schließlich beeinträchtigt ein Ausschluss des Preiswettbewerbs die Integrationsfunktion auch dann, wenn er Folge einer staatlichen Maßnahme ist und sich über den nationalen Markt auf gemeinsame Märkte auswirkt. Eine Übernahme dieser Tatbestände ist mit dieser vergleichenden Heranziehung der Wertungen nicht verbunden: Grundlage der Verpflichtung ist allein Art. 3 Abs. 1 lit. g, 10 Abs. 2 EG.

2. Begrenzung der Verpflichtung zum Schutz legitimer Interessen der Mitgliedstaaten

Zuzustimmen ist auch dem Gedanken, die Rechtfertigungsgründe im Rahmen der Grundfreiheiten auf die Verpflichtung aus Art. 3 Abs. 1 lit. g, 10 Abs. 2 EG übertragen. Auf diese Weise wird gewährleistet, dass Beeinträchtigungen des Wettbewerbs und der Grundfreiheiten als Kernelemente des Gemeinsamen Marktes unter denselben Voraussetzungen gerechtfertigt werden können[668]. Gleichzeitig stellt das Verhältnismäßigkeitsprinzip sicher, dass die Mitgliedstaaten ihre Kompetenzen nur im Rahmen des Gemeinschaftsrechts ausüben können. Dieses Prinzip als allgemeiner und in Art. 5 Abs. 3 EG verankerter Grundsatz des Gemeinschaftsrechts wird vom Gerichtshof stets bei der Überprü-

---

666 EuGH Slg. 1971, 487 (498) Rn. 5 – Deutsche Grammophon/Metro.

667 *Dreher*, WuW 1994, S. 193 (207); *Steinberger*, Staatliche Wirtschaftsinterventionen, S. 105.

668 *Schubert*, Der Gemeinsame Markt als Rechtsbegriff, S. 273.

fung von Rechtsakten der Gemeinschaft herangezogen[669]. Unabhängig von der auf Maßnahmen der Gemeinschaft beschränkten Festschreibung in Art. 5 Abs. 3 EG gilt der Grundsatz aber auch für Maßnahmen der Mitgliedstaaten, soweit sie gemeinschaftsrechtliche Interessen berühren[670]. Dies verdeutlicht die vom Gerichtshof entwickelte Rechtsprechung zu den zwingenden Erfordernissen im Rahmen der Grundfreiheiten, welche einer Verhältnismäßigkeitskontrolle unterworfen wurden[671].

Es leuchtet allerdings ohne weiteres ein, dass sich diese Prüfung auch hier nicht darauf beziehen kann, ob der Mitgliedstaat das zur Problemlösung optimale Mittel ergriffen hat. Politische Entscheidungen der Mitgliedstaaten im Bereich der Wirtschaft und des Sozialen können vom Gemeinschaftsrecht, das die nationalen Kompetenzen in diesen Bereichen anerkennt, nur sehr behutsam einer Kontrolle unterzogen werden. Es muss vermieden werden, dass der Gerichtshof den Beurteilungs- und Ermessenspielraum der Mitgliedstaaten missachtet und seine Bewertung an die Stelle der Legislative setzt[672]. Wie bereits im Rahmen der Grundfreiheiten und bei Art. 86 Abs. 2 S. 1 EG festgestellt werden konnte, beschränkt sich die Verhältnismäßigkeitsprüfung daher auf den Ausschluss offensichtlich unzulässiger Eingriffe. Diese Beschränkung gilt in noch größerem Maße für die Kontrolle staatlicher Maßnahmen anhand von Art. 3 Abs. 1 lit. g, 10 Abs. 2 EG. Denn der aus dem Verfassungsgrundsatz Wettbewerb und der Treuepflicht abgeleitete Tatbestand ist trotz der Heranziehung der in Art. 81 Abs. 1 EG niedergelegten Beispiele weit weniger präzise als die Verbote der Art. 28 oder 86 Abs. 1 EG, bei denen der Inhalt der Verpflichtung auf Grundlage einer ausdifferenzierten Rechtsprechung oder eindeutiger Tatbestandsvoraussetzungen klar bestimmbar ist. Der Ermessensspielraum der Mitgliedstaaten dürfte daher schon aus diesem Grund noch größer sein als im Rahmen der Grundfreiheiten[673]. Ein Vertragsverletzungsverfahren wegen der Verletzung der Verpflichtung aus Art. 3 Abs. 1 lit. g, 10 Abs. 2 EG dürfte daher nur bei ganz offensichtlichen Verstößen erfolgversprechend sein, etwa wenn die staatliche, den Wettbewerb beschränkende Maßnahme eindeutig ungeeignet ist, um das anvisierte Ziel zu erreichen[674]. Man kann daher zu Recht einwenden, dass mit dieser Konzeption staatliche Maßnahmen zwar einer tatbestandsmäßigen Prü-

---

669 EuGH Slg. 1971, 411 (427) Rn. 73/74 – International Fruit Company/Kommission; Slg. 1980, 3393 (3422) Rn. 25 f. – Maizena/Rat; Slg. 1985, 531 (549) Rn. 13 – Procureur de la République/ ADBHU.

670 *Hirsch*, Verhältnismäßigkeitsprinzip, S. 20.

671 Siehe oben unter § 1 II 1 c.

672 *Steinberger*, Staatliche Wirtschaftsinterventionen, S. 129.

673 *Schubert*, Der Gemeinsame Markt als Rechtsbegriff, S. 264.

674 *Bach*, Wettbewerbsrechtliche Schranken, S. 264.

fung unterzogen werden, in der Mehrzahl der Fälle jedoch gerechtfertigt werden können[675]. Dies ist Konsequenz der Tatsache, dass eine aus Art. 3 Abs. 1 lit. g, 10 Abs. 2 EG abgeleitete Kontrolle staatlicher Maßnahmen nicht in Hoheitsrechte der Mitgliedstaaten eingreifen darf. Dennoch stellt diese Lösung eine Verbesserung im Vergleich zur jetzigen Praxis dar, da die Mitgliedstaaten bei Wettbewerbsbeschränkungen durch hoheitliche Maßnahmen unter Rechtfertigungsdruck gesetzt werden. Beliebige Eingriffe, insbesondere zur Umgehung der schon bisher anerkannten Verpflichtung aus Art. 3 Abs. 1 lit. g, 10 Abs. 2 i.V.m. 81 EG sind damit unzulässig.

3. Allokationsdefizite als Voraussetzung für Eingriffe in den Wettbewerb

Nicht zuletzt wegen der Übertragung der Rechtfertigungsgründe ist der Prüfungsrahmen bei Verstößen gegen Art. 3 Abs. 1 lit. g, 10 Abs. 2 EG wie bei Verstößen gegen die Grundfreiheiten weitgehend vergleichbar. Er weist aber auch eine deutliche Parallele zu Art. 86 Abs. 2 EG auf. Bei dieser Vorschrift konnte festgestellt werden, dass Eingriffe in den Wettbewerb nur zulässig sind, wenn der Allokationsmechanismus Wettbewerb versagt. Dies wirft die Frage auf, ob auch ein Verstoß gegen Art. 3 Abs. 1 lit. g, 10 Abs. 2 EG zur Verfolgung eines anerkannten Ziels dann offensichtlich unzulässig ist, wenn er den Wettbewerb beschränkt, obwohl das nationale Ziel auch unter Wettbewerbsbedingungen erreichbar ist.

Bei Art. 86 Abs. 2 EG wurde diese Einschränkung aus dem der Norm zugrundeliegenden Spannungsverhältnis abgeleitet. Maßgebend war dabei die Verpflichtung der Gemeinschaft und der Mitgliedstaaten auf den Wettbewerb als vertraglich vorgesehenes Verfahren zur optimalen Güterverteilung. Die Verpflichtung zur Beachtung dieses Prinzips ist nach dem oben Gesagten aber prinzipiell nicht davon abhängig, ob sich die Mitgliedstaaten hoheitlich betätigen, ob sie selbst wirtschaftlich tätig werden oder ob sie auf die wirtschaftliche Tätigkeit von Unternehmen Einfluss nehmen. Es erscheint daher nur konsequent, auch die Zulässigkeit hoheitlicher Eingriffe von einem Versagen des Wettbewerbsprinzips abhängig zu machen. Freilich lässt sich gegen eine solche Verpflichtung der Mitgliedstaaten zunächst anführen, dass es an einer Norm wie Art. 86 Abs. 2 S. 2 EG oder Art. 30 S. 2 EG, die den Vorrang des Gemeinschaftsinteresses anspricht, gerade fehlt. Zudem erscheint es auf den ersten Blick möglicherweise zu weitgehend, hoheitliche Eingriffe in den Wettbewerb nur bei einer entsprechenden wettbewerbstheoretischen Legitimation derselben zuzulassen, da dies den Handlungsspielraum der Mitgliedstaaten nicht unerheblich beschränken würde.

---

675 *Niemeyer*, WuW 1994, S. 721 (730).

Erkennt man jedoch an, dass Art. 86 Abs. 2 S. 2 EG wie Art. 30 S. 2 EG in erster Linie als Hinweis auf die Verhältnismäßigkeitsprüfung zu verstehen sind, so geht das Argument der fehlenden normativen Grundlage ins Leere: Bei dem Verhältnismäßigkeitsgrundsatz handelt es sich um einen allgemeinen Grundsatz des Gemeinschaftsrechts, der wie erörtert stets zur Abwägung widerstreitender Interessen herangezogen werden kann[676]. Das bei der Abwägung zu berücksichtigende Gemeinschaftsinteresse in Gestalt des Wettbewerbsprinzips ergibt sich nicht aus Art. 86 Abs. 2 S. 2 EG, sondern bereits aus den Art. 2, 3 Abs. 1 lit. g EG: Der unverfälschte Wettbewerb gehört zu den Mitteln, mit denen die Ziele der Gemeinschaft verwirklicht werden sollen. Er wird beeinträchtigt, wenn die Güterverteilung nicht mehr der Initiative der Vertragsparteien überlassen wird, sondern einzelne Wettbewerbsparameter durch staatliche Vorgaben dem freien Spiel der Marktkräfte entzogen werden. Dies folgt allgemein aus dem Verfassungscharakter des Wettbewerbsprinzips im EG-Vertrag und dem Grundsatz des Vorrangs des Gemeinschaftsrechts und ist nicht auf den Anwendungsbereich der Art. 81 ff. EG beschränkt. Dem EG-Vertrag lässt sich kein Anhaltspunkt entnehmen, dass die Mitgliedstaaten bei hoheitlichen Maßnahmen nicht im Einklang mit dem Prinzip unverfälschten Wettbewerbs handeln müssten. Aus dem bereits angesprochenen Art. 4 EG, insbesondere aber auch aus der Verpflichtung der Mitgliedstaaten in Art. 98 EG folgt vielmehr im Gegenteil, dass die Mitgliedstaaten auch bei Maßnahmen im nationalen Kompetenzbereich im Einklang mit diesem Prinzip handeln müssen.

Beeinträchtigungen der Freiheit der wirtschaftlichen Betätigung des Einzelnen als Grundlage des Wettbewerbs durch hoheitliche Maßnahmen bedürfen daher einer besonderen Begründung[677]. Im Einklang mit dem Gemeinschaftsrecht stehen nach dem oben Gesagten Maßnahmen, welche als Reaktion auf Wettbewerbsdefizite getroffen werden. Wird der Wettbewerb zur Durchsetzung eines gemeinschaftsrechtlich anerkannten Ziels durch eine hoheitliche Maßnahme eingeschränkt oder ausgeschaltet, obwohl dieses Ziel auch unter den Bedingungen eines unverfälschten Wettbewerbs zur erreichen wäre, liegt ein offensichtlicher Verstoß gegen Art. 3 Abs. 1 lit. g, 10 Abs. 2 EG vor.

---

676 *Steinberger*, Staatliche Wirtschaftsinterventionen, S. 117; *Schwarze*, Europäisches Verwaltungsrecht, S. 830; *Hirsch*, Verhältnismäßigkeitsprinzip, S. 8; *Slot*, E.C.L.R. 2003, S. 580 (593).

677 Schwarze-*Hatje*, Art. 4 EG Rn. 9.

IV. Anwendung auf hoheitliche Wettbewerbsbeschränkungen im Bereich der Leistungsbeschaffung

1. Positiv- und Negativliste

Positiv- und Negativliste beeinträchtigen das Prinzip freien Wettbewerbs wegen ihrer bundesweiten Geltung spürbar, verfolgen aber mit der Sicherung der finanziellen Stabilität der gesetzlichen Krankenversicherung ein gemeinschaftsrechtlich anerkanntes Ziel. Sie sind daher nicht zu beanstanden, wenn die Beschränkungen als Reaktion auf Wettbewerbsdefizite erfolgten, wobei der weite Ermessensspielraum der Mitgliedstaaten zu berücksichtigen ist.

Wie erörtert ist das Wirtschaftlichkeitsgebot wegen der Wettbewerbs- bzw. Marktdefizite als Folge der Dreiteilung der Nachfrage unter Wettbewerbsbedingungen nicht zu verwirklichen. Es ist daher nicht zu beanstanden, wenn der Mitgliedstaat im Rahmen seines Beurteilungs- und Ermessensspielraumes zu der Einschätzung kommt, dass ein Ausschluss sogenannter unwirtschaftlicher Arzneimittel geeignet ist, diese Defizite auszugleichen und zu einer Senkung der Arzneimittelkosten beizutragen. Der Ausschluss vom Markt ist auch nicht bereits deshalb offensichtlich unverhältnismäßig, weil die Festsetzung von Festbeträgen den Arzneimittelherstellern die Möglichkeit von Preissenkungen und damit einen Verbleib auf dem Markt ermöglicht und somit als milderes Mittel zu bewerten ist. Denn es ist gemeinschaftsrechtlich nicht zu beanstanden, wenn der Mitgliedstaat zu der Einschätzung kommt, dass eine wirtschaftliche Arzneimittelversorgung es erfordert, neben der Preissenkung bei Festbetragsarzneimitteln sogenannte unwirtschaftliche Arzneimittel generell von der Verordnungsfähigkeit auszuschließen[678]. Diese politische Prognoseentscheidung hat das Gemeinschaftsrecht hinzunehmen.

2. Festbetragsfestsetzung durch Rechtsverordnung, § 35a SGB V

Als bundesweit wirkende, faktische Höchstpreisfestsetzung beeinträchtigt auch die Festbetragsfestsetzung durch Rechtsverordnung den Wettbewerb spürbar. Für sie gilt jedoch nichts anderes wie im Rahmen der Festbetragsfestsetzung nach §§ 35, 36 SGB V: Wegen der Wettbewerbsdefizite auf dem Markt ist dieser Eingriff erforderlich, um das Wirtschaftlichkeitsgebot durchzusetzen und damit das Ziel der Sicherung der finanziellen Stabilität der gesetzlichen Kran-

---

678 Der Begründung zum Regierungsentwurf des GKV-Reformgesetzes 2000 lässt sich beispielsweise entnehmen, dass eine Positivliste neben den bestehenden Steuerungsinstrumenten für unverzichtbar gehalten wurde, um eine wirtschaftliche Arzneimittelversorgung sicherzustellen, vgl. BT-Drucks. 14/1245, S. 54.

kenversicherung zu erreichen. Die Bundesrepublik verstößt mit der Festbetragsfestsetzung nach § 35a SGB V somit nicht gegen Art. 3 Abs. 1 lit. g, 10 Abs. 2 EG.

§ 7 Ergebnis zu Teil 3

Wettbewerbsbeschränkungen im Rahmen der Leistungsbeschaffung können zunächst an den Grundfreiheiten gemessen werden, unabhängig davon, ob sie von Krankenkassen oder direkt durch staatliche Regelungen bewirkt werden. Da bei den Grundfreiheiten jedoch der Schutz des grenzüberschreitenden Handels im Vordergrund steht, sind Beschränkungen des Wettbewerbs zulässig, wenn keine Beeinträchtigung des Handels vorliegt oder diese gerechtfertigt ist.

Die Leistungsbeschaffung durch die Krankenkassen ist unter Zugrundelegung des vom Europäischen Gerichtshof auch im Sozialbereich angewendeten funktionalen Unternehmensbegriffs jedoch als wirtschaftliche Tätigkeit im Sinne der Wettbewerbsregeln einzustufen. Die hiergegen teilweise angeführte Rechtsprechung des Gerichtshofs zu Sozialversicherungsmonopolen entwickelt lediglich Kriterien zur Abgrenzung hoheitlicher von wirtschaftlichen Versicherungstätigkeiten, lässt aber an der Anwendung des funktionalen Unternehmensbegriffs keine Zweifel. Die wettbewerbsbeschränkenden Verhaltensweisen der Krankenkassen, ihrer Verbände sowie des Bundesausschusses sind daher an den Art. 81, 82 EG zu messen. Parallel dazu tritt das an die Bundesrepublik Deutschland gerichtete Verbot aus Art. 86 Abs. 1 EG, diese Institutionen nicht zu entsprechenden Verhaltensweisen zu veranlassen. Von den beispielhaft dargestellten Steuerungsinstrumenten erfüllen die Festbetragsfestsetzung nach §§ 35, 36 SGB V und der Verordnungsausschluss durch Arzneimittelrichtlinien die Tatbestandsvoraussetzungen des Kartellverbots nach Art. 81 Abs. 1 EG und das Missbrauchsverbots nach Art. 82 EG. Die Beschränkungen des Wettbewerbs durch Rechtsverordnungen der Regierung unterliegen wegen ihres hoheitlichen Charakters dagegen keiner wettbewerbsrechtlichen Kontrolle. Es bedarf hier daher einer aus Art. 3 Abs. 1 lit. g, 10 Abs. 2 EG abzuleitenden Verpflichtung der Mitgliedstaaten, wonach auch in Bereichen des hoheitlichen Handelns ohne Bezug zu Unternehmen das Prinzip unverfälschten Wettbewerbs beachtet werden muss.

Die auch vom Europäischen Gerichtshof grundsätzlich anerkannte Zielsetzung der Eingriffe, die finanzielle Stabilität der gesetzlichen Krankenversicherung zu sichern rechtfertigt es nicht, bereits tatbestandlich von einem entsprechenden Verstoß gegen das europäische Wettbewerbsrecht abzusehen. Geeigneter Standort für die Berücksichtigung dieser Zielsetzung ist vielmehr Art. 86 Abs. 2 EG.

Diese Ausnahmevorschrift ermöglicht den Mitgliedstaaten auch den Einsatz von Unternehmen im Widerspruch zu den Wettbewerbsregeln. Vor dem Hintergrund dieses Zwecks und der Systematik ist sie mit der neueren Rechtsprechung des Gerichtshofs dahingehend auszulegen, dass den Mitgliedstaaten ein weitgehender Freiraum bei der Auswahl der Mittel zur Durchsetzung ihrer Ziele zukommt, der nur einer gemeinschaftsrechtlichen Kontrolle auf offenkundige Fehler unterliegt. Begrenzt wird dieser Freiraum jedoch durch Art. 86 Abs. 2 S. 2 EG, der vertragskonform dahingehend auszulegen ist, dass das nationale Interesse nur dann das Gemeinschaftsinteresse an einem unverfälschten Wettbewerb überwiegt, wenn die Beschränkung des Wettbewerbs zur Durchsetzung des nationalen Ziels allokationstheoretisch notwendig ist. Dies ist bei den festgestellten Verstößen, insbesondere bei der umstrittenen Festbetragsfestsetzung nach §§ 35, 36 SGB V wegen der bestehenden Markt- und Wettbewerbsdefizite zu bejahen. Sie sind daher nach Art. 86 Abs. 2 EG gerechtfertigt.

Zusammenfassung

Ausgangspunkt der Untersuchung ist die Feststellung, dass die Leistungen zur Versorgung der Versicherten von den Krankenkassen nach der Konzeption des SGB V mit den Mitteln des Wettbewerbs zu beschaffen sind. Die Krankenkassen und ihre Verbände treten bei wirtschaftlicher Betrachtung als Nachfrager von Gesundheitsleistungen auf den Märkten auf. Wegen des wirtschaftlichen Charakters dieser Tätigkeit unterliegen sie daher ebenso wie der Bundesausschuss der Ärzte und Krankenkassen im Grundsatz dem nationalen und europäischen Wettbewerbsrecht.

Allerdings vermag auf nationaler Ebene das GWB Eingriffe in den Wettbewerb bei der Leistungsbeschaffung nicht mehr wirkungsvoll zu begrenzen. Der Gesetzgeber hat, neben einer Zuweisung EG-kartellrechtlicher Streitigkeiten an die Sozialgerichte, mit § 69 SGB V in der Fassung des Gesundheitsreformgesetzes 2000 einen wettbewerbsrechtlichen Ausnahmebereich geschaffen. Entgegen der in Teilen der Literatur und der Rechtsprechung vertretenen Auffassung folgt dieser materielle Gehalt eindeutig aus der Entstehungsgeschichte und der systematischen Stellung der Vorschrift. Ansprüche auf Grundlage des UWG und GWB sind damit seit dem 01.01.2000 ausgeschlossen. Wie festgestellt werden konnte, verstößt der Gesetzgeber mit diesem auf den Bereich der gesetzlichen Krankenversicherung beschränkten Ausnahmebereich gegen Art. 3 Abs. 1 GG, da ein sachlich einleuchtender Grund hierfür nicht ersichtlich ist. Da sich die Ungleichbehandlung jedoch auch durch eine Ausweitung des Ausnahmebereichs auf andere Bereiche der Sozialversicherung beseitigen lässt, führt der Verfassungsverstoß nicht zwangsläufig zur Nichtigkeit der Bereichsausnahme.

Auf die Anwendung des europäischen Rechts, insbesondere der Wettbewerbsregeln hat die Vorschrift des § 69 SGB V schon wegen des Grundsatzes des Vorrangs des Gemeinschaftsrechts keine Auswirkungen. Im Vordergrund steht hier aber die Frage, ob die handelnden Institutionen überhaupt als Adressaten der wettbewerbsrechtlichen Verbote in Betracht kommen. Wie anhand der Entscheidungspraxis des Europäischen Gerichtshofs nachgewiesen werden konnte, findet der funktionale Unternehmensbegriff auch im Sozialbereich Anwendung. Eine faktische Bereichsausnahme als Ausfluss der vom Gerichtshof anerkannten mitgliedstaatlichen Zuständigkeit bei der Ausgestaltung der sozialen Sicherungssysteme lässt sich der Rechtsprechung nicht entnehmen. Die Beschaffungstätigkeit der Krankenkassen, ihrer Verbände sowie des Bundesausschusses der Ärzte und Krankenkassen unterliegt wegen ihres wirtschaftlichen Charakters daher prinzipiell den EG-Wettbewerbsregeln. Gleichzeitig hat die Bundesrepublik Deutschland im Hinblick auf diese Institutionen das Verbot des Art. 86 Abs.

1 EG zu beachten, welches als lex specialis vorrangig vor der allgemeinen, aus Art. 3 Abs. 1 lit. g, 10 Abs. 2 i.V.m. 81, 82 EG abgeleiteten Verpflichtung Anwendung findet. Auf der Grundlage eines aus Art. 3 Abs. 1 lit. g, 10 Abs. 2 EG abzuleitenden allgemeinen Verbots von Wettbewerbsbeschränkungen sind zudem hoheitliche Maßnahmen, die im Widerspruch zu dem Prinzip unverfälschten Wettbewerbs stehen, untersagt.

Wie im Verlauf der Untersuchung weiter gezeigt werden konnte, verstößt die Einflussnahme auf die Marktverhältnisse zur Sicherstellung einer „günstigen" Leistungsbeschaffung in bestimmten Fällen gegen die wettbewerbsrechtlichen Verbote der Art. 81, 82 EG. Weder die Gestaltungsbefugnis der Mitgliedstaaten im Sozialbereich noch der notwendige Ausgleich bestehender Marktdefizite sind geeignet, um ein entsprechendes Verhalten bereits tatbestandlich dem Wettbewerbsrecht zu entziehen. Nach der hier vertretenen Lösung ist vielmehr Art. 86 Abs. 2 EG der richtige Standort, um die widerstreitenden nationalen und Gemeinschaftsinteressen in Ausgleich zu bringen. Die Vorschrift ist dahingehend auszulegen, dass eine Ausnahme von den Wettbewerbsregeln immer dann zulässig ist, wenn Allokationsdefizite bestehen, wenn das jeweilige Unternehmen die ihm übertragene Aufgabe somit nicht unter Bedingungen des unverfälschten Wettbewerbs erfüllen kann.

Mit dieser Interpretation wird nicht nur die Gestaltungsentscheidung der Mitgliedstaaten weitgehend gewahrt. Sie stellt gleichzeitig sicher, dass das Prinzip des unverfälschten Wettbewerbs so weit wie möglich bei der Ausgestaltung der Sozialversicherungssysteme Beachtung findet. Beschränkungen des Wettbewerbs bei der Leistungsbeschaffung sind daher nach Art. 86 Abs. 2 EG gerechtfertigt, wenn die Krankenkassen bzw. ihre Verbände ohne entsprechende Eingriffe in den Wettbewerb den Auftrag einer möglichst günstigen Leistungsbeschaffung nicht erfüllen könnten. Dies zeigt, dass das Gemeinschaftsrecht mit Art. 86 Abs. 2 EG eine sinnvolle Regelung enthält, die es den Mitgliedstaaten gestattet, Marktdefiziten als Folge eines nach dem Sachleistungsprinzip organisierten Gesundheitswesens entgegenzuwirken. Es steht somit nicht zu befürchten, dass die Anwendung des europäischen Wettbewerbsrechts eine grundsätzliche Änderung der Strukturen der gesetzlichen Krankenversicherung erfordert.

Literaturverzeichnis

Axer, Peter, Europäisches Kartellrecht und nationales Krankenversicherungsrecht – Die Festbetragsfestsetzung als Prüfstein für den Einfluss des Gemeinschaftsrechts auf die Ausgestaltung sozialer Sicherungssysteme, NZS 2002, S. 57-65.

Bach, Albert, Wettbewerbsrechtliche Schranken für staatliche Maßnahmen nach europäischem Gemeinschaftsrecht, Tübingen 1992.

Badura, Peter, Wirtschaftliche Betätigung der öffentlichen Hand zur Gewährleistung der Daseinsvorsorge, in: Schwarze, Jürgen (Hrsg.), Daseinsvorsorge im Lichte des Wettbewerbsrechts, Baden-Baden 2001.

Bala, Andreas, Art. 90 Abs. 2 EGV im System unverfälschten Wettbewerbs – unter besonderer Berücksichtigung der Elektrizitätsversorgungswirtschaft, Diss. Münster 1997.

Baldi, Marion, Die Freistellung vom EWG-Kartellverbot – Funktion und Inhalt von Art. 85 Abs. 3 EWGV, Bern 1972.

Bauer, Günter, Wettbewerbsbeschränkungen durch Staaten? – Die Verantwortung der Mitgliedstaaten der Europäischen Gemeinschaft für den Wettbewerb im Gemeinsamen Markt, München 1990.

Bauer, Hans-Holger/Mühlhausen, Karl-Heinz, Kartellrechtliche Regulierung des GKV Wettbewerbs – Risiko oder Chance?, DOK 1997, S. 285-290.

Baumbach, Adolf/Hefermehl, Wolfgang, Wettbewerbsrecht, 22. Auflage, München 2001.

Bechthold, Rainer, Kartellgesetz/Gesetz gegen Wettbewerbsbeschränkungen, 2. Auflage, München 1999.

Beck, Jürgen, Festsetzung von Festbeträgen in der GKV, SozSich 2003, S. 50-52.

Begründung zum Regierungsentwurf „Festbetrags-Anpassungsgesetz" vom 25.06.2001, in: BT-Drucks. 14/6408.

Begründung zum Regierungsentwurf „GKV-Reformgesetz 2000" vom 23.06.1999, in: BT-Drucks. 14/1245; vom 06.10.1999, in: BT-Drucks. 14/1721.

Begründung zum Regierungsentwurf „Gesundheits-Strukturgesetz" vom 05.11.1992, in: BT-Drucks. 12/3608.

Begründung zum Regierungsentwurf „GKV-Reformgesetz 1988“ vom 03.05.1988, in: BT-Drucks. 11/2237; vom 24.11.1988, in: BT-Drucks. 11/3480.

Begründung zum Regierungsentwurf „Kostendämpfungs-Ergänzungsgesetz“ vom 28.09.1981, in: BT-Drucks. 9/845.

Begründung zum Regierungsentwurf „Gesetz gegen Wettbewerbsbeschränkungen“ vom 22.01.1955, in: BT-Drucks. 2/1158.

Behrends, Behrend, Grenzen des Privatrechts in der gesetzlichen Krankenversicherung – Das Leistungs- und Vertragsrecht der GKV im Spannungsverhältnis zwischen öffentlichem Recht und Privatrecht, Berlin 1986.

Behrens, Peter, Rechtliche Grundlagen der europäischen und deutschen Wettbewerbsordnung, S. 284-297, in: Igl, Gerhard (Hrsg.), Das Gesundheitswesen in der Wettbewerbsordnung, Wiesbaden 2000.

Benisch, Werner/Axter, Oliver u.a. (Hrsg.), Gesetz gegen Wettbewerbsbeschränkungen und europäisches Kartellrecht, Gemeinschaftskommentar, 4. Auflage, Köln/Berlin/Bonn/München 1980; zitiert: GK-*Bearbeiter*.

Berg, Werner, Neue Entscheidungen des EuGH zur Anwendung des EG-Kartellrechts im Bereich der sozialen Sicherheit, EuZW 2000, S. 170-173.

Bericht des Ausschusses für Gesundheit zum Gesetzentwurf „GKV Gesundheitsreform 2000“, in: BT-Drucks. 14/1977.

Bericht der Kommission zur Untersuchung der Wettbewerbsgleichheit von Presse, Funk/Fernsehen und Film („Michel“-Gutachten), in: BT-Drucks. 5/2120.

Bettermann, Karl-August, Anmerkung zu BGH DVBl. 1977, S. 177, DVBl. 1977, S. 180-183.

Beuthien, Volker, Krankenkassen zwischen Wirtschaftlichkeitsgebot und Wettbewerbsrecht, MedR 1994, S. 253-267.

Bieback, Karl-Jürgen, Etablierung eines Gemeinsamen Marktes für Krankenbehandlung durch den EuGH, NZS 2001, S. 561-569.

Derselbe, Die Einbindung nichtärztlicher Leistungserbringer in das System der gesetzlichen Krankenversicherung (Teil 1), NZS 1997, S. 393-398.

Derselbe, Die Kranken- und Pflegeversicherung im Wettbewerbsrecht der EG, EWS 1999, S. 361-372.

Bill, Christian, Gesetzliche Krankenversicherung und Wettbewerb im Lichte des GKV-Gesundheitsreformgesetzes 2000, SGb 2000, S. 359-361.

Birk, Axel, Das Prinzip unverfälschten Wettbewerbs und seine Bedeutung im europäischen Gemeinschaftsrecht, Baden-Baden 2000.

Bleckmann, Albert, Europarecht, 6. Auflage, Köln/Berlin/Bonn/München 1997.

Derselbe, Staatsrecht II – Die Grundrechte, 3. Auflage, Köln/Berlin/Bonn/ München 1989.

Derselbe, Zu den Auslegungsmethoden des Europäischen Gerichtshofs, NJW 1982, S. 1177-1182.

Derselbe, Das Verbot der Wettbewerbsverfälschung im EWG-Vertrag, S. 271-286; in: Leßmann, Herbert/Großfeld, Bernhard/Vollmer, Lothar (Hrsg.), Festschrift für Rudolf Lukes zum 65. Geburtstag, Köln/Berlin/Bonn/München 1989.

Boecken, Winfried, Rechtliche Schranken für die Beschaffungstätigkeit der Krankenkassen im Hilfsmittelbereich nach der Publizierung des Vertragsrechts – insbesondere zum Schutz der Leistungserbringer vor Ungleichbehandlungen, NZS 2000, S. 269-277.

Boerner, Dietmar, Neue Grundsatznorm für das Vertragsrecht der gesetzlichen Krankenversicherung, NJW 2000, S. 2718-2719.

Borchard, Knut/Fikentscher, Wolfgang, Wettbewerb, Wettbewerbsbeschränkung, Marktbeherrschung, Stuttgart 1957.

Brohm, Winfried, Wirtschaftstätigkeit der öffentlichen Hand und Wettbewerb, NJW 1994, S. 281-289.

Bumiller, Ursula, Zur Zuständigkeit der Sozialgerichte für kartellrechtliche Streitigkeiten, GRUR 2000, S. 484-490.

Bundeskartellamt, Tätigkeitsbericht für das Jahr 1959, in: BT-Drucks. 3/1795.

Dasselbe, Tätigkeitsbericht für die Jahre 1987/1988, in: BT-Drucks. 11/4611.

Dasselbe, Tätigkeitsbericht für die Jahre 1995/1996, in: BT-Drucks. 13/7900.

Bundesministerium für Gesundheit (Hrsg.), Statistisches Taschenbuch Gesundheit, Ausgabe 2001.

Bundesverband der pharmazeutischen Industrie (Hrsg.), Pharma Daten 2001, 31. Auflage, Dresden 2001.

Callies, Christian/Ruffert, Matthias (Hrsg.), Kommentar des Vertrages über die Europäische Union und des Vertrages zur Gründung der Europäischen Gemeinschaften – EUV/EGV – , 2. Auflage, Neuwied/Kriftel 2002.

Deselaers, Wolfgang/Obst, Silke, Weißbuch zum Europäischen Kartellrecht – Rechtssicherheit ade ?, EWS 2000, S. 41-46.

Dreher, Meinrad, Die einzelstaatliche Regulierung des Wettbewerbs und das europäische Recht WuW 1994, S. 193-210.

Ebsen, Ingwer, Öffentlich-rechtliches Handeln von Krankenkassen als Gegenstand des Wettbewerbsrechts ? – Probleme materiellrechtlicher und kompetenzrechtlicher Koordinierung, S. 298-315, in: Igl, Gerhard (Hrsg.), Das Gesundheitswesen in der Wettbewerbsordnung, Wiesbaden 2000.

Derselbe, Rechtliche Instrumente der Freiheitssicherung und Steuerung bei der Leistungserbringung, S. 7-26, in: Freiheit und Bindung bei der Leistungserbringung im Gesundheitswesen, herausgegeben vom Deutschen Sozialrechtsverband e.V., Wiesbaden 1994.

Edward, David/Hoskins, Mark, Article 90: Deregulation and EC Law. Reflections arising from the XVI FIDE Conference, CML Rev. 1995, S. 157-186.

Ehle, Dirk, Die Einbeziehung des Umweltschutzes in das Europäische Kartellrecht, Köln/Berlin/Bonn/München 1996.

Ehricke, Ulrich, Staatliche Regulierung und EG-Wettbewerbsrecht, WuW 1991, S. 183-191.

Derselbe, Staatliche Eingriffe in den Wettbewerb – Kontrolle durch Gemeinschaftsrecht; ein rechtsvergleichender Beitrag zu den Grenzen staatlicher Wirtschaftslenkungsmaßnahmen im Gemeinschaftsrecht und im US-amerikanischen Recht, Baden-Baden 1994.

Derselbe, Zur Konzeption von Art. 37 I und Art. 90 II EGV, EuZW 1998, S. 741-747.

Derselbe, Der Art. 90 EWGV – eine Neubetrachtung, EuZW 1993, S. 211-216.

Derselbe, Staatliche Regulierung eines Marktes und EG-Wettbewerbsrecht, EuZW 1990, S. 507-509.

Eichenhofer, Eberhard, Anmerkung zu EuGH NJW 1993, S. 2597 – Poucet et Pistre, NJW 1993, S. 2598.

Derselbe, Richtlinien der gesetzlichen Krankenversicherung und Gemeinschaftsrecht, NZS 2001, S. 1-7.

Emmerich, Volker, Das Wirtschaftsrecht öffentlicher Unternehmen, Bad Homburg/Berlin/Zürich 1969.

Derselbe, Kartellrecht, 9. Auflage, München 2001.

Derselbe, Unlauterer Wettbewerb, 6. Auflage, München 2002.

Derselbe, Der unlautere Wettbewerb der öffentlichen Hand, Tübingen 1969.

Derselbe, Staatliche Interventionen, Arzneimittelmarkt und EWG-Vertrag, Baden-Baden 1990.

Engelmann, Klaus, Sozialrechtsweg in Streitigkeiten zwischen Institutionen der gesetzlichen Krankenversicherung und Leistungserbringern bei wettbewerbs- und kartellrechtlichem Bezug, NZS 2000, S. 213-222.

Enquete-Kommission "Strukturreform der gesetzlichen Krankenversicherung", Bericht vom 12.02.1990, in: BT-Drucks. 11/6380.

Entwurf eines Gesetzes über die Verordnungsfähigkeit von Arzneimitteln in der vertragsärztlichen Versorgung, BT-Drucks. 15/800.

Esch, Bastiaan van der, Der Stellenwert des unverfälschten Wettbewerbs in der Rechtsprechung des Europäischen Gerichtshofes und der Verwaltungspraxis der Kommission, WuW 1988, S. 563-575.

Derselbe, Die Artikel 5, 3 f, 85/86 und 90 EWGV als Grundlage der wettbewerblichen Verpflichtungen der Mitgliedstaaten, ZHR 155 (1991), S. 274-299.

Fahlbusch, Jonathan , Anmerkung zu BVerfG SGb 2003, S. 458, SGb 2003, S. 464-468.

Fesenmair, Joseph, Öffentliche Dienstleistungsmonopole im europäischen Recht – Eine juristisch-ökonomische Analyse unter besonderer Berücksichtigung der Theorie der natürlichen Monopole, Berlin 1996.

Fezer, Karl-Heinz, Verantwortete Marktwirtschaft, JZ 1990, S. 657-663.

Fikentscher, Wolfgang, Recht und wirtschaftliche Freiheit, Band 1 – Die Freiheit des Wettbewerbs, Tübingen 1992.

Franke, Karl, Vorsprung durch Rechtsbruch gem. § 1 UWG im Recht des SGB V, NZS 2000, S. 317-321.

Freudenberg, Ulrich, Beitragssatzstabilität in der gesetzlichen Krankenversicherung – Zur rechtlichen Relevanz einer politischen Zielvorgabe, Baden-Baden 1995.

Fuchs, Maximilian, Die Vereinbarkeit von Sozialversicherungsmonopolen mit dem EG Recht, ZIAS 1996, S. 338-354.

Fuchs, Maximilian/Giubboni, Stefano, Das Monopol der gesetzlichen Unfallversicherung auf dem Prüfstand des Europäischen Gerichtshofs, BG 2001, S. 320-330.

Gandenberger, Otto, Was ist ein Unternehmen? – Volkswirtschaftliche Überlegungen zum Gesetz gegen Wettbewerbsbeschränkungen, Heidelberg 1963.

Gassner, Ulrich, Nationaler Gesundheitsmarkt und europäisches Kartellrecht, VSSR 2000, S. 121-148.

Gern, Alfons, Neuansatz der Unterscheidung des öffentlichen Rechts vom Privatrecht, ZRP 1985, S. 56-61.

Giesen, Richard, Die Vorgaben des EG-Vertrages für das Internationale Sozialrecht, Köln/Berlin/Bonn/München 1999.

Derselbe, Sozialversicherungsmonopol und EG-Vertrag, Baden-Baden 1995.

Derselbe, Das Kartellrecht der GKV-Leistungserbringung und die dafür gültige neue Rechtswegzuweisung, G+G 2001, Beilage Nr. 2, S. 19-23.

Derselbe, Wettbewerb zwischen Sozialversicherungsträgern und Privatversicherungen nach europäischem Kartellrecht, S. 123-146 in: Soziale Sicherheit und Wettbewerb, herausgegeben vom Deutschen Sozialrechtsverband e.V., Wiesbaden 2001.

Gitter, Wolfgang, Sozialrecht, 4. Auflage, München 1996.

Derselbe/Oberender, Peter, Möglichkeiten und Grenzen des Wettbewerbs in der Gesetzlichen Krankenversicherung – eine ökonomische und juristische Untersuchung zur Strukturreform der GKV, Baden-Baden 1987.

Gleiss, Alfred/Hirsch, Martin, Kommentar zum EG-Kartellrecht, 4. Auflage, Heidelberg 1993.

Grabitz, Eberhard/Hilf, Meinhard, Das Recht der Europäischen Union, Kommentar Band 1, München, Stand: Februar 2002.

Groeben, Hans von der/Thiesing, Jochen/Ehlermann, Claus-Dieter (Hrsg.), Kommentar zum EU-/EG-Vertrag, Band 2/I, Band 2/II, 5. Auflage, Baden-Baden 1999, zitiert: Groeben-*Bearbeiter.*

Hänlein, Andreas, Festlegung der Grenzen der Leistungspflicht der Krankenkassen, SGb 2003, S. 301-310.

Derselbe/Kruse, Jürgen, Einflüsse des europäischen Wettbewerbsrechts auf die Leistungserbringung in der gesetzlichen Krankenversicherung, NZS 2000, S. 165-176.

Hart, Dieter/Reich, Norbert, Integration und Recht des Arzneimittelmarktes in der EG – Eine Untersuchung zum Produkt- und Marktrecht der Gemeinschaft und ausgewählter Mitgliedstaaten, Baden-Baden 1990.

Haverkate, Görg, Der Ordnungsrahmen für Wettbewerb innerhalb der gesetzlichen Krankenversicherung, VSSR 1999, S. 177-196.

Derselbe/Huster, Stefan, Europäisches Sozialrecht, 1. Auflage, Baden-Baden 1999.

Heiduk, Günter/Emmerich, Volker, Arzneimittelmarkt und europäisches Wettbewerbsrecht, Baden-Baden 1985.

Heinemann, Andreas, Grenzen staatlicher Monopole im EG-Vertrag, München 1996.

Heinze, Meinhard, Anmerkung zu OLG Düsseldorf, SGb 1992, S. 32, SGb 1992, S. 33-36.

Derselbe, Versorgung mit Arznei-, Heil- und Hilfsmitteln, S. 69-86, in: Freiheit und Bindung bei der Leistungserbringung im Gesundheitswesen, herausgegeben vom Deutschen Sozialrechtsverband e.V., Wiesbaden 1994.

Helios, Marcus, Anmerkung zu EuG EuZW 2003, S. 283 – FENIN, EuZW 2003, S. 288.

Herdzina, Klaus, Wettbewerbspolitik, 4. Auflage, Stuttgart/Jena 1993.

Hirsch, Günter, Das Verhältnismäßigkeitsprinzip im Gemeinschaftsrecht, Bonn 1997.

Hoffmann, Martin, Der grundrechtliche Schutz der marktwirtschaftlichen Unternehmenstätigkeit und der gesellschaftsrechtlichen Unternehmensorganisation durch die „Unternehmensfreiheit", München 1988.

Immenga, Ulrich/Mestmäcker, Ernst-Joachim, GWB, Kommentar zum Kartellgesetz, 3. Auflage, München 2001, zitiert: Immenga/ Mestmäcker-*Bearbeiter,* GWB.

Dieselben, EG-Wettbewerbsrecht, Kommentar Band 1 und 2, München 1997; zitiert: Immenga/Mestmäcker-*Bearbeiter,* EG-Wettbewerbsrecht.

Jaeger, Wolfgang; Krankenkassen als Adressaten des Kartellrechts, S. 23-38, in: Löwisch, Manfred (Hrsg.), Wettbewerb, Kollektivverträge und Konfliktlösung in der Reform des Gesundheitswesens, Baden-Baden 1999.

Jarras, Hans/Pieroth, Bodo, Grundgesetz für die Bundesrepublik Deutschland, 6. Auflage, München 2002.

Kaesbach, Wolfgang, Arzneimittel-Festbeträge: Wende oder Ende ?, BKK 2001, S. 161-166.

Kasseler Kommentar zum Sozialversicherungsrecht, Band 1, München, Stand: April 2002; zitiert: KassKom-*Bearbeiter.*

Kingreen, Thorsten, Das Leistungserbringungsverhältnis der gesetzlichen Krankenversicherung nach dem EuGH-Urteil Müller-Fauré/van Riet, ZESAR 2003, S. 199-204.

Knispel, Ulrich, Zur Bedeutung des europäischen Wettbewerbsrechts für die gesetzliche Krankenversicherung, G+G 2001, Beilage Nr. 2, S. 7-12.

Derselbe, Auswirkungen der Neuregelung der Rechtsbeziehungen der Krankenkassen und ihrer Verbände zu den Leistungserbringern durch das GKV-Gesundheitsreformgesetz 2000, NZS 2001, S. 466-474.

Derselbe, Krankenkassen als Adressaten des Kartellrechts – Eine Stellungnahme zu Schultz, NZS 1998, S. 565-566.

Derselbe, EG-Wettbewerbswidrige Festbetragsfestsetzungen und Arzneimittelrichtlinien? NZS 2000, S. 379-385.

Koenig, Christian/Sander, Claude, Zur Vereinbarkeit des Festbetragssystems für Arzneimittel mit dem EG-Wettbewerbsrecht, WuW 2000, S. 975-987.

Dieselben, Staatshaftung und Festbeträge, NZS 2001, S. 617-623.

Kommission der Europäischen Gemeinschaften, Mitteilung über den Binnenmarkt für Arzneimittel, KOM (98) 588, in: BR-Drucks. 991/98.

Kracht, Friedrich, Kartellrechtliche Beurteilung der Praxis der Sozialversicherungsträger, NJW 1962, S. 187-189.

Kraftberger, Petra, Verfassungsrichter bestätigen Festbeträge, BKK 2003, S. 38-43.

Dieselbe, Festbeträge für Arzneimittel – Das Bundesverfassungsgericht gibt grünes Licht für die Selbstverwaltung, GSP 2003, S. 46-51

Krauskopf, Dieter (Hrsg.), Soziale Krankenversicherung/Pflegeversicherung, München 2002; zitiert: Krauskopf-*Bearbeiter.*

Kröck, Alexander, Der Einfluß der europäischen Grundfreiheiten am Beispiel der Ärzte und Arzneimittel, München 1998.

Kulbe, Arthur, Die gesetzliche und private Krankenversicherung, Freiburg 1993.

Lampert, Heinz, Lehrbuch der Sozialpolitik, 5. Auflage, Berlin/Heidelberg 1998.

Lange, Knut-Werner (Hrsg.), Handbuch zum deutschen und europäischen Kartellrecht, Heidelberg 2001.

Langen, Eugen/Bunte, Hermann-Josef, Kommentar zum deutschen und europäischen Kartellrecht, Band 1, 9. Auflage, Neuwied/Kriftel 2001; zitiert: Langen/Bunte-*Bearbeiter.*

Larenz, Karl/Canaris, Claus-Wilhelm, Methodenlehre der Rechtswissenschaft, 3. Auflage, Heidelberg 1995.

Lenz, Carl Otto, Kommentar zu dem Vertrag zur Gründung der EG, 2. Auflage, Köln 1999; zitiert: Lenz-*Bearbeiter.*

Lober, Andreas, Anmerkung zu EuG Urt. v. 4.03.2003 – „FENIN“, EWiR 2003, S. 575-576.

Loytved, Helge, Der Wettbewerb in der Krankenversicherung – Anwendung des Wettbewerbsrechts auf private Krankenversicherer und gesetzliche Krankenversicherungsträger, Diss. Bayreuth 1980.

Maassen, Bernhard; Verfassungs- und EG-rechtliche Grundanforderungen an Maßnahmen der Kostendämpfung im Arzneimittelbereich, S. 145-165, in: Bitburger Gespräche Jahrbuch 1996, Hrsg. von der Gesellschaft für Rechtspolitik Trier, München 1996.

Maaßen, Hans-Joachim/Schermer, Joachim/Wiegand, Dietrich/Zipperer, Manfred (Hrsg.), Gesetzliche Krankenversicherung, GKV-Kommentar, Heidelberg 2002, Stand: Mai 2002; zitiert: Maaßen-*Bearbeiter.*

Maltzahn, Falk Freiherr von, Zur kartellrechtlichen Kontrolle öffentlichrechtlicher Verträge, GRUR 1993, S. 235-240.

Manhardt, Silja, Die Festbetragsregelung des Gesundheits-Reformgesetzes – Verfassungsrechtliche Probleme der staatlichen Einflußnahme auf die Arzneimittelpreise, Baden-Baden 1990.

Martini, Peter, Art. 3 Abs. 1 GG als Prinzip absoluter Rechtsgleichheit, Köln/Berlin/Bonn/München, 1997.

Maurer, Hartmut, Allgemeines Verwaltungsrecht, 13. Auflage, München 2000.

Maydell, Bernd Baron von, Auf dem Wege zu einem gemeinsamen Markt für Gesundheitsleistungen in der Europäischen Gemeinschaft, VSSR 1999, S. 3-19.

Derselbe, Leistungsbeschaffung (insbesondere von Heil- und Hilfsmitteln) durch die gesetzlichen Krankenkassen zwischen öffentlichem und privatem Recht, DB 1985, S. 276-282.

Mestmäcker, Ernst-Joachim, Staat und Unternehmen im europäischen Gemeinschaftsrecht, RabelsZ 52 (1988) S. 526-586.

Derselbe, Die Abgrenzung von öffentlich-rechtlichem und privatrechtlichem Handeln im Wettbewerbsrecht, NJW 1969, S. 1-6.

Derselbe, Europäisches Wettbewerbsrecht, München 1974.

Derselbe, Zur Anwendbarkeit der Wettbewerbsregeln auf die Mitgliedstaaten und die Europäischen Gemeinschaften, S. 277-288, in: Baur, Jürgen F./Müller-Graff, Peter-Christian/Zuleeg, Manfred (Hrsg.), Europarecht – Energierecht – Wirtschaftsrecht, Festschrift für Bodo Börner zum 70. Geburtstag.

Derselbe, Vereinbarkeit von Preisregelungen auf dem Arzneimittelmarkt mit dem Recht der Europäischen Wirtschaftsgemeinschaft, Baden-Baden 1979.

Meydam, Jan, Gewährleistungspflicht, Sachleistungsgrundsatz und Kostenerstattung im neu normierten Leistungsrecht der gesetzlichen Krankenversicherung, SGb 1991, S. 377-381.

Mikroulea, Alexandra, Wettbewerbsbeschränkende Maßnahmen der Mitgliedstaaten und EWG-Vertrag – Ihre Vereinbarkeit am Beispiel der Banken, Baden-Baden 1995.

Millarg, Eberhard, Die Arzneimittel-Richtlinien des BÄK und Art. 85 des EG-Vertrages, Pharm. Ind. 1999, S. 698-700.

Möhring, Philipp, Die Bedeutung der Rule of Reason im Kartellrecht, WuW 1955, S. 5-19.

Möller, Johannes, Die gemeinschaftsrechtlichen Vorgaben für Sozialversicherungsmonopole und ihr Verhältnis zum Grundgesetz, VSSR 2001, S. 25-64.

Monopolkommission, Wettbewerbspolitik vor neuen Herausforderungen, Hauptgutachten 1988/89, Baden-Baden 1990.

Möschel, Wernhard, Recht der Wettbewerbsbeschränkungen, Köln 1983.

Mühlhausen, Karl-Heinz, Der Meinungsstand zur Anwendbarkeit des UWG auf wettbewerbsrelevantes Verhalten von Krankenkassen, insbesondere bei der Mitgliederwerbung, NZS 1999, S. 120-126.

Derselbe, Beitragsökonomische Steuerung der Leistungserbringung durch die Krankenkassen im Lichte des nationalen Kartellrechts (GWB), SGb 2000, S. 528-531.

Müller-Graff, Peter-Christian, Die Freistellung vom Kartellverbot, EuR 1992, S. 1-40.

Münch, Ingo von/Kunig, Philip, Grundgesetz-Kommentar, 5. Auflage, München 2000; zitiert: v. Münch-*Bearbeiter.*

Neumann, Daniela, Kartellrechtliche Sanktionierung von Wettbewerbsbeschränkungen im Gesundheitswesen, Baden-Baden 2000.

Dieselbe, Verbannung des Kartell- und Wettbewerbsrechts aus der gesetzlichen Krankenversicherung ?, WuW 1999, S. 961-967.

Niemeyer, Hans-Jörg, Die Anwendbarkeit der Art. 85 und 86 EG-Vertrag auf staatliche Maßnahmen, WuW 1994, S. 721-731.

Oppermann, Dagmar, Verstoß gegen europäisches Recht des Wettbewerbs ? – Umstrittene Festbeträge für Arzneimittel, SozSich 2002, S. 93-97.

Oppermann, Thomas, Europarecht, 2. Auflage, München 1999.

Peikert, Peter /Kroel, Mark, Das GKV-Gesundheitsreformgesetz 2000 und die Auswirkungen auf kartellrechtliche Streitigkeiten zwischen Leistungserbringern und den Institutionen der gesetzlichen Krankenversicherung und Dritten, insbesondere den Rechtsweg betreffend, MedR 2001, S. 14-20.

Penner, Andreas, Monopolschutz für die Unfallversicherung, NZS 2003, S. 234-239.

Peters, Horst, Handbuch der Krankenversicherung Teil II – Sozialgesetzbuch V, 19. Auflage, Stuttgart 1989, Stand: Februar 2002.

Derselbe/Sautter, Theodor/Wolff, Richard (Hrsg.), Kommentar zur Sozialgerichtsbarkeit, 4. Auflage, Stuttgart/Berlin/Köln 1966, Stand: April 2002.

Pitschas, Rainer, Europäisches Wettbewerbsrecht und soziale Krankenversicherung, VSSR 1999, S. 221-237.

Plassmann, Norbert, Rechtsbegriffe im Wettbewerbsrecht , JZ 1968, S. 81-90.

Plute, Gerhard, Arzneimittelmarkt und freier Warenverkehr, NZS 1993, S. 526-533.

Ramsauer, Martin, Die staatliche Ordnung der Arzneimittelversorgung, Stuttgart/München/Hannover 1988.

Reich, Norbert, Wirkungen des Wettbewerbs auf den „Kunden" im europäischen Kontext, S. 449-474, in: Igl, Gerhard (Hrsg.), Das Gesundheitswesen in der Wettbewerbsordnung, Wiesbaden 2000.

Derselbe, Rechtfertigung der Festbetragsregelung durch GKV-Spitzenverbände nach Art. 86 EG ?, EuZW 2000, S. 653-659.

Reimann, Günter, Kartellrecht und Sozialbereich, WRP 1962, S. 151-154.

Rittner, Fritz, Wettbewerbs- und Kartellrecht, 6. Auflage, Heidelberg 1999.

Rolfs, Christian, Europarechtliche Grenzen für die Monopole der Sozialversicherungsträger ?, SGb 1998, S. 202-208.

Rüthers, Bernd, Rechtstheorie, München 1999.

Sachs, Michael, Grundgesetz, Kommentar, 2. Auflage, München 1999.

Sachverständigenrat für die konzertierte Aktion im Gesundheitswesen (Hrsg.), Bedarfsgerechtigkeit und Wirtschaftlichkeit, Addendum zum Gutachten 2000/2001.

Sandrock, Otto, Grundbegriffe des Rechts der Wettbewerbsbeschränkungen, München 1968.

Schmitt, Jochem, Leistungserbringung durch Dritte im Sozialrecht, Köln/Berlin/ Bonn/München 1990.

Scholz, Rupert, Wettbewerbsrecht und öffentliche Hand, ZHR 132 (1969), S. 97-148.

Schubert, Thure, Der Gemeinsame Markt als Rechtsbegriff – Die allgemeine Wirtschaftsfreiheit des EG-Vertrages, München 1999.

Schulin, Bertram (Hrsg.), Handbuch des Sozialversicherungsrechts, Band 1 - Krankenversicherungsrecht, München 1994; zitiert: Schulin-*Bearbeiter,* Handbuch KV.

Derselbe, Handbuch des Sozialversicherungsrechts, Band 4 – Pflegerversicherungsrecht, München 1997, zitiert: Schulin-*Bearbeiter,* Handbuch PV.

Derselbe, Patentschutz und Festbeträge für Arzneimittel – Dargestellt am Beispiel der ACE-Hemmer, Baden-Baden 1993.

Derselbe/Igl, Gerhard; Sozialrecht, 7. Auflage, Düsseldorf 2002.

Schultz, Klaus-Peter, Krankenkassen als Adressaten des Kartellrechts, NZS 1998, S. 269-274.

Schwarz, Theo, Die wirtschaftliche Betätigung der öffentlichen Hand im Kartellrecht, Köln/Berlin/Bonn/München 1969.

Derselbe, Die Anwendbarkeit des kartellrechtlichen Unternehmensbegriffes auf die Beschaffungstätigkeit der öffentlichen Hand, BB 1973, S. 1283-1287.

Schwarze, Jürgen, EU-Kommentar, Baden-Baden 2000.

Derselbe, Europäisches Verwaltungsrecht – Entstehung und Entwicklung im Rahmen der Europäischen Gemeinschaft, Band 2, Baden-Baden 1988.

Derselbe, Der Staat als Adressat des europäischen Wettbewerbsrechts, EuZW 2000, S. 613-627.

Derselbe, Daseinsvorsorge im Lichte des europäischen Wettbewerbsrechts, EuZW 2001, S. 334-339.

Schwerdtfeger, Gunther, Verfassungsrechtliche Grenzen der Freiheit und Bindung bei der Leistungserbringung im Gesundheitswesen, S. 27-48, in: Freiheit und Bindung bei der Leistungserbringung im Gesundheitswesen, herausgegeben vom Deutschen Sozialrechtsverband e.V., Wiesbaden 1994.

Derselbe, Die Neufassung des § 69 SGB V im Gesetzentwurf „GKV Gesundheitsreform 2000" – ein rechtsstaatlicher Rückschritt ohne sachliche Rechtfertigung, Pharm. Ind. 2000, S. 106-110, S. 185-189.

Schwintowski, Hans-Peter, Der Begriff des Unternehmens im europäischen Wettbewerbsrecht, ZEuP 1994, S. 294-300.

Seiler, Christian, Auslegung als Normkonkretisierung, Heidelberg 2000.

Simm, Marion, Der Gerichtshof der Europäischen Gemeinschaften im föderalen Kompetenzkonflikt – Kontinuität und Neubesinnung in der Rechtsprechung vor und nach „Maastricht", Baden-Baden 1998.

Slot, Piet Jan, Applying the Competition Rules in the Healthcare Sector, E.C.L.R. 2003, S. 580-593.

Statistisches Bundesamt (Hrsg.), Gesundheitsausgaben 1992 bis 2000, Wiesbaden 2002.

Steinberger, Daniela, Staatliche Wirtschaftsinterventionen als Verstoß gegen die Wettbewerbsregeln des EG-Vertrages, Köln/Berlin/Bonn/München 1994.

Steinmeyer, Heinz-Dietrich, Wettbewerbsrecht im Gesundheitswesen – Kartellrechtliche Beschränkungen in der gesetzlichen Krankenversicherung, Berlin 2000.

Stober, Rolf, Allgemeines Wirtschaftsverwaltungsrecht – Grundlagen und Prinzipien. Wirtschaftsverfassungsrecht; 11. Auflage, Stuttgart/Berlin/Köln 1988.

Storr, Stefan, Die Stellung der Sozialversicherung im europäischen Wettbewerbsrecht am Beispiel der gesetzlichen Krankenversicherung, ZESAR 2003, S. 249-257.

Stumpf, Cordula, Aufgabe und Befugnis – Das wirtschaftsverfassungsrechtliche System der europäischen Gemeinschaftsziele, dargestellt in seinen Auswirkungen auf die Freistellung vom Kartellverbot, Frankfurt a.M. 1999.

Temple Lang, John, Community Antitrust Law and Government Measures Relating to Public and Privileged Enterprises: Art. 90 EEC Treaty, S. 543-581, in: Fordham Corp. Law Inst. 1984.

Thier, Uwe, Das Recht des EG-Arzneimittelmarktes und des freien Warenverkehrs – Freier Warenverkehr in der EG, europäisches Arzneimittelsicherheitsrecht und das Verhältnis zu nationalem Arzneimittelpreis- und –versorgungsrecht unter besonderer Berücksichtigung des Rechts der BRD, Frankfurt a.M. 1990.

Trefz, Ulrich, Ungleichbehandlung von Leistungserbringern der häuslichen Krankenpflege, PKR 2000, S. 64-66.

Ulmer, Peter, Rule of Reason im Rahmen von Artikel 85 EWG-Vertrag, S. 37-56, in: Studienvereinigung Kartellrecht e.V., XI. Internationales EG-Kartellrechts-Forum, München 1986.

Vogelbruch, Birgit, Festbeträge für Arzneimittel, Hamburg 1992.

Wigge, Peter, Die kartellrechtliche Stellung der Leistungsträger zu den Leistungserbringern in der gesetzlichen Krankenversicherung – am Beispiel der Arzneimittelversorgung, S. 79-99, in: Soziale Sicherheit und Wettbewerb, herausgegeben vom Deutschen Sozialrechtsverband e.V., Wiesbaden 2001.

Derselbe, Kartellrechtliche Streitigkeiten von Leistungserbringern vor den Sozialgerichten ?, NZS 2000, S. 533-535.

Willemsen, Adriaan, Wettbewerbstheorie – Wettbewerbspolitik und die kartellrechtlichen Bestimmungen des EWG-Vertrages und des EFTA-Vertrages, Bern 1971.

Würdinger, Hans, Freiheit und persönliche Entfaltung, Kartell- und Wettbewerbsrecht, WuW 1953, S. 721-734.

Zechel, Stephan, Die territorial begrenzte Leistungserbringung der Krankenkassen im Lichte des EG-Vertrages, Berlin 1995.

Zuck, Rüdiger, Die Apotheke in der GKV-Gesundheitsreform 2000 – Eine verfassungsrechtliche Kritik in 15 Thesen, Stuttgart 1999.

Peter Lang · Europäischer Verlag der Wissenschaften

Olaf Christiansen

Gemeinsame Beschaffung und Wettbewerb

Einkaufskooperationen im EG-Kartellrecht

Frankfurt am Main, Berlin, Bern, Bruxelles, New York, Oxford, Wien, 2003.
L, 226 S.
Europäische Hochschulschriften: Reihe 2, Rechtswissenschaft. Bd. 3769
ISBN 3-631-51242-2 · br. € 51.50*

Kooperationen im Bereich des Einkaufs werden gerade für kleinere und mittlere Unternehmen, aber auch für Großunternehmen zum Bestehen im Wettbewerb immer bedeutender. Die Arbeit beleuchtet umfassend die kartellrechtlichen Probleme, die sich aus den verschiedenen dargestellten Formen der Zusammenarbeit im Bereich des Einkaufs ergeben können. Aus dem Blickwinkel des europäischen Kartellrechts wird diskutiert, inwieweit die Zusammenarbeit im Einkauf überhaupt wettbewerbsbeschränkend wirken kann, wenn der Begriff der Wettbewerbsbeschränkung kooperationsfreundlich, in Einklang mit dem Schutzbedürfnis des freiheitlichen Wettbewerbs und den Prämissen des Gemeinschaftsrechts ausgelegt wird. Leitbild ist hierbei immer der Erhalt der Autonomie des kooperierenden Unternehmens. Ferner werden Möglichkeiten der Freistellung vom Kartellverbot und fusionskontrollrechtliche Implikationen untersucht.

Aus dem Inhalt: Einführung · Einkaufskooperationen · Konzeption des Europäischen Kartellrechts · Einkaufskooperationen und Art. 81 EG · Einkaufskooperationen und die Fusionskontrollverordnung · Ergebnisse der Untersuchung

Kolibri 360 GmbH
Ferdinand-Jühlke-Straße 7
99095 Erfurt, Deutschland
produktsicherheit@kolibri360.de

Druck:
CPI Druckdienstleistungen GmbH
im Auftrag der
Kolibri 360 GmbH
Ferdinand-Jühlke-Str. 7
99095 Erfurt